Jason Elias
Katherine Ketcham

Im Haus des Mondes

Heilen durch Intuition und weibliche Weisheit

Aus dem Amerikanischen von
Clemens Wilhelm

Knaur®

Hinweis

Dieses Buch enthält Informationen über die westlichen Interpretationen und Behandlungsformen verschiedener Gesundheitsstörungen einerseits und die Interpretationen und komplementären Behandlungen der Traditionellen Chinesischen Medizin andererseits. Unsere Absicht ist nicht, die beiden medizinischen Modelle zu vergleichen, sondern vielmehr aufzuzeigen, wie der Verständnisrahmen erweitert werden kann und wie die Symptome als Manifestationen tiefer liegender Disharmonien und Ungleichgewichte neu interpretiert werden können. Dieses Buch ist nicht als Ersatz für die Beratung durch Ihren Arzt gedacht. Die Leserinnen und Leser werden gebeten, regelmäßig bei gesundheitlichen Störungen den Rat ihres Arztes einzuholen, auch vor dem Beginn einer Ernährungsumstellung oder einer komplementären Therapie.
Jedes »Symptom« kann ein Hinweis auf eine schwerere Erkrankung sein. Wenn die hier angebotenen Verfahren keine Besserung bewirken oder wenn sich die Symptome verschlimmern, müssen Sie einen qualifizierten Therapeuten aufsuchen.

Das Weibliche ist wie der Mond hell und dunkel zugleich.

Marija Gimbutas

Inhalt

Anhang

Einleitung

An dem Tag, als mein Vater starb, kam mein Onkel Pincus mit seiner Familie zum »Schiwe-Sitzen«, der jüdischen Tradition, mit der der Geist des Verstorbenen von nahen Angehörigen sieben Tage lang gefeiert und geehrt wird. Nächtelang blieben Pincus und ich noch auf, nachdem alle anderen zu Bett gegangen waren, und wir weinten, lachten und erzählten uns Geschichten aus der alten Zeit. Pincus berichtete mir von dem Entschluß seiner Familie, meinen Vater, der damals gerade dreizehn war, aber aufgeweckt und wagemutig, auf einem griechischen Frachter nach Manhattan zu schmuggeln, wo er, wie man hoffte, viel Geld verdienen und dann die übrige Familie nachholen würde. Aber es brach der Zweite Weltkrieg aus, und acht Angehörige der Familie meines Vaters starben in den Gaskammern von Auschwitz. Nur meine Großmutter Nona und ihr Sohn Pincus, der seine Frau und drei Kinder in Auschwitz verlor, überlebten. Nach dem Krieg ließ mein Vater Nona, Pincus, seine zweite Frau Sulika und ihre beiden kleinen Kinder kommen, und so lebten wir viele Jahre als eine große Familie – gebrochen, aber ganz.

In jenen ersten Tagen nach dem Tod meines Vaters machte mir Pincus das Geschenk seiner Erinnerungen an seinen älteren Bruder, meinen Vater. Bis in die frühen Morgenstunden hinein schweiften seine Gedanken immer weiter in die Vergangenheit zurück, und er erzählte mir von seiner Kindheit auf der griechischen Insel Kastoria. In diesen Erinnerungen spielte meine Urgroßmutter eine überragende Rolle. Sie war die vielgeliebte Heilerin der Insel, eine zierliche Frau mit einer unglaublichen Energie, die die Inselbewohner »die kleine Ärztin« nannten. Sie braute komplizierte Kräutermischungen in einem gußeisernen Kessel über einem offenen Kaminfeuer, half den Kranken und Sterbenden mit ihren heilenden Kräutern, ihren sanften Händen, ihrem reichen Schatz an Gebeten und Anrufungen, und es hieß, daß sie viele Wunder vollbrachte. Einmal, so wird berichtet, schloß sie sich mit einem jungen Mann, den eine furchtbare

Krankheit an den Rand des Todes gebracht hatte, in einer Hütte ein. Als sie drei Tage später wieder herauskamen, war der Todkranke völlig wiederhergestellt und erzählte seinen Enkeln davon, wie er in den Händen der »kleinen Ärztin« Tod und Wiedergeburt erlebt hatte.

Die heilende Macht meiner Urgroßmutter ging auf ihre Tochter über, meine Großmutter, die mit unserer Familie in Brooklyn lebte, bis sie als Sechsundsiebzigjährige an einer Lungenentzündung starb. Wenn einer ihrer Enkel eine Erkältung oder Grippe hatte, rührte Nona eine Handvoll eigenartig riechender Kräuter in einen besonderen Topf, der auf dem Herdfeuer köchelte, und nach langem Abschmecken und Murmeln über ihren hochgeschätzten Rezepturen gab sie das widerlich schmeckende Gebräu ihren widerstrebenden »Bubbas« zu trinken und redete uns mit einem Kauderwelsch aus jiddischen, griechischen und spanischen Brocken gut zu, als wollte sie die Medizin dadurch wohlschmeckender machen. Wenn eine Krankheit besonders hartnäckig war, rieb Nona unsere nackten Körper mit heilkräftigen Salben ein und setzte die gläsernen *Bonka*-Schröpfköpfe an strategischen Punkten auf unserem Rücken an, um die »schlechte« Energie durch die Poren der Haut herauszuziehen. Zwiebeln waren das Mittel der Wahl für Abschürfungen, Gurken wirkten Wunder bei Quetschungen und »blauen Augen«, und wenn gar nichts mehr helfen wollte, gab es immer noch die Hühnersuppe, das Allheilmittel für Verletzungen an Körper, Seele und Geist.

Als ich in den Tagen nach dem Tode meines Vaters mit Onkel Pincus sprach, seinen Erzählungen über meine Urgroßmutter lauschte und die lieben Erinnerungen an Nona wachrief, wurde mir plötzlich die Macht des Blutes klar, das durch meine Adern rann. Ich war der Sohn meines Vaters, aber es war das Blut seiner Mutter und seiner Großmutter, das gemeinsam mit der liebevollen Zuwendung meiner Mutter mein Schicksal bestimmte, denn ich war von derselben Begeisterung für die Kunst des Heilens und die komplexen Zusammenhänge zwischen Körper, Seele und Geist erfüllt wie meine weiblichen Vorfahren. Auf dem College studierte ich Psychologie als Hauptfach, und ich fühlte mich sofort von der humanistischen Psychologie von Maslow und Perls und den Schriften von C. G. Jung angezogen, der stark von der östlichen Philosophie beeinflußt war und im Zusammenhang mit dem chinesischen Klassiker *I-ching* bemerkte, daß »die Gedanken der alten Meister für mich einen größeren Wert haben als die philosophischen Vorurteile des westlichen Denkens«.

Mein Vater hielt jedoch nichts von meinem Interesse an Psychologie und Heilen. »Das ist etwas für Frauen, nichts für Männer«, schalt er mich oft, und er hoffte immer, daß ich mich eines Tages doch zusammenreißen und Interesse am Textilgroßhandel der Familie zeigen würde. Mein Bruder Butch, der auf dem Gymnasium Anführer der Straßenbande »The Garrisons« war (sie trugen mit Nägeln beschlagene Gürtel, die sie doppelt legten und als Waffe benutzten), gab meinem Vater recht, daß ich einmal ein »weibischer Waschlappen« werden würde, und dies war zweifellos das Schlimmste, was man einem jüdischen Jungen in dem Brooklyn-Ghetto »Hell's Kitchen« vorhersagen konnte. Ich riß mich also zusammen, tat mich in rauhen Sportarten hervor, legte mir einen kraftstrotzenden Gang zu und pfiff den Mädchen nach, wie Butch es mir vormachte, aber ich hatte immer das Gefühl, daß dies nur eine Fassade war. Ich wußte als junger Mensch schon, daß dies alles irgendwie nicht zu mir paßte, denn ich stand immer im Widerstreit mit der weicheren, mitfühlenderen und intuitiven Seite meines Wesens, die von den komplexen Beziehungen zwischen Menschen fasziniert war und in der sich der Geist meiner weiblichen Verwandten aussprach, die den Dienst am Nächsten zu ihrer Lebensaufgabe gemacht hatten.

Im Sommer nach dem Tode meines Vaters ging ich in das kalifornische Big Sur, um mich am Esalen-Institut in Gestalttherapie ausbilden zu lassen. Dort lernte ich bei Koryphäen wie Ilana und Frank Rubenfeld, Ida Rolf, Alan Watts, Al Huang und Joseph Campbell. In Esalen begann ich zu begreifen, daß die weichere Seite meines Wesens, die sich so stark mit dem Leiden anderer verbinden konnte, meine Stärke, nicht meine Schwäche war. Als mir diese Erkenntnis dämmerte, begann ich, die komplexen Emotionen und spirituellen Sehnsüchte wieder zuzulassen, die ich in meiner Jugend so lange zu unterdrücken versucht hatte.

Als ich nach jenem Sommer in Esalen nach New York zurückkehrte und auf mein Psychologiediplom hinarbeitete, fühlte ich mich gestärkt und erneuert; zum ersten Mal in meinem Leben wußte ich, daß ich mich meiner nicht zu schämen brauchte. Meine Freunde sahen mich von der Seite an, und sie meinten, daß ich mich verändert hätte – irgendwie gefestigter, ja sogar »männlicher«. Ihre ironischen Bemerkungen berührten mich zutiefst, denn ihre äußerlichen Wahrnehmungen entsprachen genau demjenigen, was ich im Inneren erlebte – die Empfindung, daß auseinandergerissene und gebrochene Stücke wieder zusammengefügt wurden, daß sie heilten und zu einem Ganzen wurden. Weil die weiblichen und die männlichen Elemente meines Wesens endlich lernten, einander zu ergänzen und zu vervollständigen, befand ich mich nicht mehr im Widerstreit mit mir selbst.

Nachdem ich einige Jahre in New York City eine psychotherapeutische Praxis geführt hatte, beschloß ich, das kleine Erbe, das mir mein Vater hinterlassen hatte, dafür zu verwenden, die Welt zu bereisen und verschiedene Heiltraditionen kennenzulernen. Vor allem interessierte mich das uralte Konzept des »Energieheilens«, denn jede große Weltkultur (nur nicht die unsere) praktiziert eine Variante der alten Kunst des Handauflegens, bei der unsichtbare Quellen spiritueller Energie genutzt werden, um den Heilungsprozeß zu lenken und zu fördern. Ich hatte es in meiner eigenen Praxis erlebt, wie Körper und Geist die Fähigkeit des Körpers stärken können, sich von Krankheiten und Mißbefindlichkeiten zu befreien; weil aber die westliche medizinische Welt sich so beharrlich sträubt, Heilverfahren anzuerkennen, die den »Geist« einbeziehen, war mir klar, daß ich die Antwort auf meine Fragen woanders suchen mußte.

In Japan setzte ich mein Studium des Aikido fort, der Kunst, den Gegner mit dessen eigener Energie (*ki*) zu schlagen. Wie die chinesische Kampfkunst T'ai-chi nutzt auch Aikido die ihrem Wesen nach »weibliche« Fähigkeit der Empfänglichkeit und Nachgiebigkeit. Wenn sich der Aikido-Meister mit negativer Energie konfrontiert sieht, weicht er ihr aus, bevor sie ihm schaden kann, und lenkt dann mit seiner eigenen Kraft die Energie auf den Angreifer zurück und nimmt ihm dadurch seine Wirkung. Aikido und T'ai-chi versuchen, die Macht des Wassers nachzuahmen, das flüssig und nachgiebig ist, im Laufe der Zeit aber selbst die höchsten Berge abtragen kann. Lao-tzu beschrieb die sanfte Macht des Wassers in seiner wunderschönen Gedichtsammlung, dem *Tao-te ching*:

Auf der ganzen Welt
gibt es nichts Weicheres und Schwächeres als das Wasser.
Und doch in der Art, wie es dem Harten zusetzt,
kommt nichts ihm gleich.

Das Weiche siegt über das Harte.
Das Schwache siegt über das Starke.
Jeder weiß, daß dies wahr ist,
aber wenige können es verwirklichen.

Auf den Philippinen studierte ich psychische Chirurgie, eine bizarre Heilkunst, die ihre Wurzeln in einer unglaublichen Mischung aus glühendem Katholizismus und Stammesaberglauben hat. Ich war Zeuge, wie »Geistheiler« mit ihren bloßen Händen aus dem Körper von Patienten Blutgerinnsel und Tumoren entfernten. Obwohl keine Narkosemittel verwendet wurden, schienen die Patienten keine Schmerzen zu verspüren; nach dem Eingriff erklärten sie sich für geheilt und gingen mit einem seligen Lächeln auf ihrem Gesicht in ihren blutbefleckten Kleidern nach Hause. Die psychische Chirurgie ist unzweifelhaft aggressiv und invasiv, doch glauben die Geistheiler, daß sie lediglich die »Vehikel« der Heilungsfähigkeiten von Jesus, der Jungfrau Maria und alter Stammesgeister sind. Ihr Glaube führt sie in die Geisterwelt, wo sie, wie sie behaupten, eine mächtige Heilenergie anzapfen, die die Gesundheit und Vitalität Kranker und Verletzter wiederherstellen kann.

Nach einem halben Jahr auf den Philippinen reiste ich nach Hongkong, wo ich mich bei einem chinesischen Akupunkteur und Kräuterheilkundler schulte und aus erster Hand Zeuge der dramatischen Wirkungen dieser alten Heilkunst bei Erkrankungen wurde, die von

Eierstockzysten über Arthritis bis Migräne reichten. Nach chinesischer Überzeugung ist der menschliche Körper von einem Netz von Energieleitbahnen überzogen, die längs bestimmter »Meridiane« verlaufen; indem man mit Hilfe von Akupunkturnadeln, Massage, Kräutern und Änderungen der Lebensweise in dieses Energiesystem eingreift, werden Ungleichgewichte des *Ch'i* (Energie) beseitigt und die Gesundheit wiederhergestellt.

Meine letzte Etappe war Indien, wo ich in einem Ashram, einer spirituellen Gemeinschaft, lebte und Ayurveda studierte, die alte indische Medizin, der zufolge die Energie von Seele und Geist die Lebenskraft (Prana) im Gleichgewicht hält, die durch zahllose unsichtbare Kanäle im Körper fließt. Im Ayurveda werden ähnliche diagnostische Verfahren angewandt wie in der chinesischen Medizin, und es werden die heilenden Wirkungen von Kräutern, Yoga, Atemübungen, verschiedenen rituellen Reinigungen, Ernährungsumstellung, Meditation und Gebet genutzt, um die Ausgewogenheit und Harmonie des Prana zu erhalten.

In allen diesen Kulturen und Heiltraditionen findet sich derselbe Grundgedanke: Körper, Seele und Geist sind integrale Bestandteile eines Ganzen, so daß ein Ungleichgewicht in einem Bereich notwendigerweise Auswirkungen auf das ganze System hat. Wenn eine solche Disharmonie nicht beseitigt wird, treten Schmerzen und Beschwerden auf, und wenn diese Symptome nicht in geeigneter Weise behandelt werden, kommt es zu Erkrankungen. Gleichgewicht entsteht dadurch, daß man in Harmonie mit der Natur und den Mitmenschen lebt, daß man flexibel und anpassungsfähig bleibt und den Geist und die Seele für die Heilenergien öffnet, die in uns, durch uns und um uns fließen.

Alle Heiler, bei denen ich lernte und mich weiterbildete, traten ihren Patienten in Bescheidenheit gegenüber. Sie bekannten aufrichtig, daß sie nur Mittler seien, die Körper, Seele und Geist beim Heilungsprozeß unterstützten. Ihre wichtigsten Werkzeuge seien die archetypisch »weiblichen« Wesensmerkmale einfühlsamer Zuwendung, sanfter Berührung oder Massage, sorgfältige Prüfung des Verhaltens und der Emotionen, Sensibilität für die emotionalen Bedürfnisse und spirituellen Sehnsüchte des Menschen und die tief verwurzelte Überzeugung, daß Gesundheit und Glück ohne Achtung vor der Natur und ohne die Bereitschaft, in Harmonie mit ihren unwandelbaren Gesetzen zu leben, nicht möglich sind.

Als ich 1974 in die Vereinigten Staaten zurückkehrte, eröffnete ich eine Privatpraxis, in der ich eine Kombination von Psychotherapie, Akupressur und Massage auf den philosophischen Grundlagen des »Energieheilens« anbot. Im Laufe der Zeit fühlte ich mich immer mehr zu der Philosophie und Praxis der Traditionellen Chinesischen Medizin (TCM) hingezogen, die nach meiner Überzeugung die Weisheit der alten Heilkünste in der ausgereiftesten Form zusammenfaßt. 1980 begann ich eine dreijährige Ausbildung in der Technik der traditionellen Akupunktur; nach der Zulassung als Akupunkteur brachte ich drei Sommer beim Kräuterheilkundler Simon Mills in England zu und schloß später ein zweijähriges Qualifikationsprogramm in der chinesischen Kräutermedizin ab.

Der Schwerpunkt meiner Praxis verlagerte sich schließlich ganz auf Akupunktur und Kräutermedizin, denn die Traditionelle Chinesische Medizin lieferte mir die verbindende Metapher, die Körper, Seele und Geist zu einen dynamischen Ganzen zusammenführt. Etwa fünfundsiebzig Prozent meiner Klienten waren Frauen, deren Beschwerden von wiederkehrender Akne bis Unfruchtbarkeit, von Myomen bis zu Osteoporose reichten. Diese Klientinnen schienen ein intuitives Verständnis für den Zusammenhang zwischen Körper, Seele und Geist und für die Notwendigkeit zu haben, über die physischen Symptome von Schmerz und Krankheit hinaus auf die tieferen emotionalen und spirituellen Probleme zu blicken, die allen Erkrankungen zugrunde liegen – unabhängig davon, wie alt sie waren, welche Krankengeschichte sie hatten und aus welchen sozialen Verhältnissen sie kamen.

Bei der Arbeit mit ihnen kam mir oft Lao-tzus berühmtes Wort »Je mehr du weißt, desto weniger verstehst du« in den Sinn; und in der Tat wurde ich mit zunehmender Erfahrung immer bescheidener, denn ich erkannte, daß meine Aufgabe darin bestand, durch Einsichten, Metaphern, Geschichten und Aufmunterung die Tür zur

Heilung zu öffnen und dann beiseite zu treten, um den Samen der Veränderung, die aufkeimen und wachsen wollten, Raum zu geben. Meine Rolle als Teilnehmer am Heilungsprozeß bestand darin, anzuleiten, ohne einzugreifen, und meinen Patienten zu helfen, ganz zu werden, indem sie die verlorenen und zerbrochenen Teile des Selbst ausfindig machten, wieder in ihren Besitz nahmen und wieder zusammenfügten. Mir wurde schließlich sogar die Bezeichnung »Heiler« suspekt, denn sie würde ja besagen, daß ich die Gesundheit wiederherstellte, während ich in Wirklichkeit nur einen Beitrag zu dem machtvollen Prozeß der Selbstheilung leistete. Meine Patientinnen waren es, die mich führten, denn sie wußten intuitiv selbst am besten, wo sie am tiefsten verwundet waren. Wenn ich nur die richtigen Fragen stellte, führten sie mich unweigerlich mit großem Mut und großer Entschlossenheit an die Wurzel ihres Problems.

Je mehr mir die erstaunliche Wirkung der Traditionellen Chinesischen Medizin auf die inneren Selbstheilungskräfte meiner Patientinnen bewußt wurde, desto stärker wurde in mir der Gedanke, ein Buch über »komplementäre Medizin» zu schreiben. So viele meiner Patientinnen äußerten, wie sehr ihnen die westliche Medizin ein Gefühl der Hoffnungslosigkeit und Machtlosigkeit gab; sie alle gaben fast gleichlautend als Grund für die Hinwendung zu alternativen Therapien an, daß sie wie ein ganzer Mensch mit Seele und Geist behandelt werden wollten, nicht einfach als physischer Körper mit einer spezifischen diagnostizierten Krankheit. Sosehr aber die westliche Medizin hinsichtlich der Hinwendung zum ganzen Menschen versagt hat, so erfolgreich ist sie andererseits bei der Diagnose und Behandlung akuter und lebensbedrohlicher Erkrankungen. Die Traditionelle Chinesische Medizin und andere Heilkünste, die den Schwerpunkt auf die Vorbeugung und auf sanfte Heilverfahren legen, können nicht alle Antworten auf die Probleme und Geißeln der modernen Welt bieten – auch die Chinesen zögern nicht, sich unverzüglich an einen westlichen Arzt zu wenden, wenn eine Situation lebensbedrohlich ist und ein massiver Eingriff notwendig wird. Es schien mir, daß man eine Partnerschaft begründen müsse, in der Ost und West ihre jeweiligen Stärken einbringen und ein Heilsystem

schaffen könnten, das die Beschränkungen des jeweils anderen Partners ausglich. Die westliche Medizin könnte die fortschrittliche Technik und die lebensrettenden Interventionen einbringen, während die östliche Medizin zur Krankheitsvorbeugung und zur Wiederherstellung einer Beziehung des Patienten zu den emotionalen und spirituellen Elementen der Krankheit dienen könnte.
Ich wandte mich mit meiner Idee an die Literaturagentin Janis Vallely. Als sie Interesse für mein Projekt zeigte, bat ich sie, zu einer Behandlung in meine Praxis zu kommen, weil ich hoffte, sie von der uralten Weisheit überzeugen zu können, die meiner Arbeit zugrunde lag. Ich sprach zwei Stunden lang mit Janis, fühlte ihren Puls und untersuchte ihre Zunge, nadelte sechs Punkte auf dem Lebermeridian, um den Energiefluß durch die blockierten Kanäle in Gang zu bringen, erzählte ihr einige Parabeln und verschrieb ihr ein Tonikum aus indianischen und chinesischen Kräutern. Janis zeigte sich »verblüfft« über den Energiestrom, den sie nach dieser einzigen Behandlung verspürte, und mit wachsender Begeisterung setzten wir uns nieder, um über das Buch zu sprechen.
»Sie sprechen so viel über Ihre weiblichen Patienten und wieviel Sie von ihnen über das Heilen lernen«, sagte Janis plötzlich. »Wollen Sie nicht die Probleme, mit denen so viele Frauen in unserer modernen Kultur zu kämpfen haben, zum Thema Ihres Buches machen, Ihre Perspektive als Akupunkteur und Kräuterheilkundler darlegen und Fallgeschichten und Parabeln einstreuen?«
Die Idee faszinierte mich, aber ich wußte, daß ich mir nicht anmaßen konnte, für Frauen zu sprechen oder zu schreiben. Ich brauchte eine Führerin, die mich in die Seele der weiblichen Erfahrung einführen und mir helfen könnte, die Lyrik und Poesie der chinesischen Energielehren mitteilbar zu machen. Janis setzte sich mit der erfahrenen Literaturagentin Jane Dystel in Verbindung, und Jane empfahl sofort Katherine Ketcham für dieses Projekt. Schon beim ersten Gespräch mit Kathy wußte ich, daß ich eine Seelenfreundin gefunden hatte, denn wir hatten sofort einen spontanen, herzlich empfundenen »Draht« zueinander. Als wir über unsere Träume bezüglich dieses Buches sprachen, stellten wir fest, daß wir dieselben Träume hatten,

und wir erkannten, daß der weibliche Geist des Heilens sogar noch die Abfassung dieses Buches leitete – das Buch schien sich gewissermaßen selbst hervorzubringen und uns sanft zu ermuntern, uns seiner Führung anzuvertrauen.

Als aus den Wochen des Recherchierens, Organisierens und Schreibens Monate und schließlich Jahre wurden, nahm *Im Haus des Mondes* schließlich seinen eigenen »Geist« an. Es wurde uns klar, daß wir rückwärts gehen mußten, bevor wir vorwärts schreiten konnten; wir mußten tiefer vordringen als bis zur praktischen Information, tiefer noch als bis zur Philosophie und Dichtung und in die ferne Vergangenheit jener Zeiten reisen, als die Worte »weiblich« und »heilen« noch Synonyme waren. Deshalb entwickelte sich der erste Teil des Buches zu einer Suche nach den »verlorenen Schlüsseln«, den Stückchen und Splittern der Weisheit, die systematisch zerstört wurde, als die westliche Zivilisation sich immer mehr dem Drang, zu herrschen und zu kontrollieren, ergab und die Kunst des Heilens sich allmählich in die Wissenschaft der Medizin mit ihrer scharfen Trennung zwischen Körper und Geist verwandelte.

Und doch ist der weibliche Geist des Heilens niemals ganz untergegangen. Während die westliche Welt mit wachsender Begeisterung auf durchschlagende Behandlungen und chemische Mittel setzte und verbissen dem analytischen, linearen Weg zur Erkenntnis folgte, blieb die östliche Welt fest in den lebenswichtigen Zusammenhängen zwischen Gesundheit, Heilen und Ganzheit verwurzelt. In Teil II des Buches erkunden wir die lyrische Pragmatik des alten chinesischen Denkens und wenden uns ausführlich dem diagnostischen Rahmen der »fünf Wandlungsphasen« zu. Jeder Mensch hat eine ausgeprägte konstitutionelle Neigung zu einer dieser Phasen, und diese »Affinität« hat tiefgreifende Wirkungen auf unseren Körper, unseren Geist und unsere Seele. Wenn wir verstehen, welche Kräfte uns durchströmen, dann können wir es auch erkennen, wenn sie aus dem Gleichgewicht geraten sind, und einen Selbstheilungsprozeß in Gang bringen, der die Grundlage aller traditionellen Heilverfahren ist.

In Teil III widmen wir uns den Jahreszeiten des Lebens einer Frau und zeigen, daß die Übergangsphasen der Pubertät, Mutterschaft,

Menopause und des Alters (»die Jahre der Erlangung der Weisheit«) die »quintessentiellen« Stufen sind, auf denen man Zugang zu der inneren Macht des weiblichen Geistes erlangt. Das weibliche Blut ist lebensspendend und lebenerhaltend; durch ihre monatlichen Zyklen hat die Frau die Möglichkeit, ihre Verbindung zur natürlichen Welt zu kräftigen und neu zu beleben. Wenn sie jeden Monat ihr Blut wegschenkt, hat sie an dem geheimnisvollen, immerwährenden Kreislauf von Leben, Tod und Wiedergeburt teil; wenn ihre Zyklen schwächer werden und schließlich in der Menopause aufhören, gibt sie das Geschenk des Blutes an sich selbst zurück: Sie kräftigt ihren Körper, während sie ihren Geist für die Herausforderungen und Wagnisse reinigt und erneuert, die in den letzten Jahren ihres Lebens auf sie warten.

In vielen indianischen Kulturen wurde die Macht des Menstruationsblutes als heilige Quelle des Lebens verehrt, und Frauen wurde Achtung und Ehrfurcht zuteil, weil sie die Kraft besaßen, Leben zu erzeugen und zu erhalten. Während der Zeit ihrer Regelblutung zogen sich Frauen in die Mondhütte zurück, um dort zu ruhen, nachzudenken, zu träumen und Weisheit zu sammeln. Im Haus des Mondes lernten sie, in Harmonie mit den Zyklen des Mondes zu leben, ihren Körper zu pflegen, sich auf ihre seelischen Energien zu konzentrieren und ihren Geist zu verfeinern. Bei jedem Mondzyklus spürten Frauen, wie der Mond ihre inneren Gezeiten in Gang hielt und sie tiefer in die Schatten und dunklen Mysterien hineinzog. Wie der Mond seinen Schatten abwirft, um neu geboren zu werden, so vergießen Frauen ihr Blut in einem fortwährenden Prozeß der Erneuerung. Der Mond, der sich mit Licht erfüllt und sich in die Dunkelheit entleert, wurde zum Symbol der dynamischen, ewigen Natur des Lebens. Weil der Körper der Frau das Privileg hat, diesen natürlichen Zyklen folgen zu dürfen, tragen Frauen in ihren Herzen und Seelen die sanfte Weisheit des Mondes.

Im Haus des Mondes will der zyklischen, heiligen Natur der weiblichen Erfahrung Ehre erweisen, Einsichten und Erkenntnisse bieten, durch die wir unsere Verbindung zur Welt des Geistigen und Seelischen stärken können. Zwar sind diese Lektionen aus der weiblichen

Erfahrung genommen, doch sind sie nicht nur für Frauen gedacht; auch Männer können lernen, die heilende Weisheit des weiblichen Geistes in sich wiederzuentdecken und sie dafür einzusetzen, in ihrem Leben Ganzheit zu schaffen. Das *I-ching* rät: »Wenn sich männlich und weiblich verbinden, gelangt alles zur Harmonie.«

Teil I

Die verlorenen Schlüssel

1 Die Empfindung des Gleichgewichts

Was nützt es uns, wenn wir zum Mond reisen können,
aber nicht fähig sind, den Abgrund zu überwinden,
der uns von uns selbst trennt?

Thomas Merton, Weisheit der Wüste

Wenn du ganz werden willst,
lasse dich geteilt sein.
Wenn du gerade werden willst,
lasse dich krumm sein.
Wenn du voll werden willst,
lasse dich leer sein.
Wenn du wiedergeboren werden willst,
lasse dich sterben.
Wenn du alles erlangen willst,
gib alles auf.

Lao-tzu, Tao-te ching

Die Fähigkeit, nachzugeben und zu fließen, zu schmelzen und zu verschmelzen, beruht ihrem Wesen nach auf dem Wissen, daß das ganze Leben ein Kreislauf ohne Anfang und Ende ist. Was wir uns im Westen als zwei streng getrennte Parallelen vorstellen – männlich und weiblich, hell und dunkel, Tag und Nacht, Sonne und Mond, Himmel und Erde, Leben und Tod –, sind in Wirklichkeit zwei sanfte Bögen, die sich aufeinander zuneigen, sich biegen, bis ihre Kräfte sich miteinander verbinden und sich als Eines fortsetzen – ein Kreis ohne Anfang und Ende, ohne Unterbrechung, ganz und vollständig. Wir alle, Männer und Frauen, sind Teil des Kreises des Lebens, den die Indianer den »heiligen Reifen« und die Chinesen »Tao« nennen. Wenn uns Krankheit bedroht, wenn wir an Körper, Seele oder Geist verletzt sind, wenn wir von dem Ganzen getrennt sind, dessen Teil wir einmal waren, quälen uns Schmerz, Kummer und Zersplitterung, jenes Gefühl, für das die deutsche Sprache den so treffenden Begriff Zerrissenheit hat. Dann verspüren wir eine Sehnsucht nach Ganzheit, ein Verlangen nach Gelassenheit, nach einer Heilung für unsere Zerrissenheit.

Wie können wir anfangen, unser Verletztsein zu heilen und wieder ganz zu werden? Der weibliche Geist des Heilens lehrt uns, daß der erste Schritt zur Ganzheit darin besteht, aus uns selbst »herauszukommen« und auf andere zuzugehen. Nur dann, wenn wir auf der »Ebene des Herzens« agieren, wie Joseph Campbell in *The Power of Myth* erklärt, können wir »aus der Region des animalischen Handelns in eine Region vordringen, die wirklich menschlich und spirituell ist«. Diese Erweckung des Herzens wird durch die zutiefst menschliche Fähigkeit des Mitleids ermöglicht, die Teilnahme am Leiden anderer Menschen in einer solchen Intensität, daß ihr Schmerz und Kummer zu unserem eigenen wird. Mitleid beinhaltet die Erkenntnis, daß wir alle verwundet sind und daß wir nur in der Gemeinschaft die Verletzungen von Körper, Seele und Geist heilen und wieder ganz werden können.

Diese uralte Erkenntnis wird auch heute noch von vielen Heilern anerkannt. Eine meiner liebsten modernen Heilungsgeschichten stammt von Dr. Rachel Naomi Remen, die ihre Erfahrungen mit einem Patienten während dessen langer Genesung von einer lebensbedrohlichen Krankheit erzählt. Wie so viele Geschichten ist auch dies eine Geschichte in einer Geschichte in einer Geschichte ... eine wundersame Entfaltung von Fragen auf Antworten auf Fragen ...

> Ein Mann mit Knochenkrebs kam zu mir in die Praxis. Sein Bein war am Oberschenkel amputiert worden, um sein Leben zu retten.
>
> Er war vierundzwanzig, als ich mit ihm zu arbeiten begann, und er war ein sehr zorniger Mensch mit einer großen Verbitterung. Er war wütend über die Ungerechtigkeit des Schicksals und trug einen tiefen Haß auf alle gesunden Menschen in sich, denn es schien ihm ungerecht, daß ihn schon so früh in seinem Leben diese furchtbare Krankheit treffen mußte.

Ich arbeitete mich mit diesem Mann durch seinen Kummer, seinen Zorn und seinen Schmerz mit Malen, Phantasiearbeit und Tiefenpsychologie hindurch. Nachdem ich über zwei Jahre mit ihm gearbeitet hatte, trat eine nachhaltige Veränderung ein. Er kam allmählich aus sich heraus. Später begann er, andere Menschen zu besuchen, denen Körperteile amputiert worden waren, und er erzählte mir die wunderbarsten Geschichten über seine Besuche.
Einmal war er bei einer jungen Frau, die etwa in seinem Alter war. Es war an einem heißen Tag in Palo Alto, und er ging in kurzen Hosen, so daß sein künstliches Bein zu sehen war, als er in ihr Krankenzimmer kam. Die Frau war über den Verlust ihrer beiden Brüste so niedergeschlagen, daß sie ihn nicht einmal ansehen wollte, ihn nicht beachten wollte. Die Schwestern hatten ihr Radio angestellt, vermutlich um sie aufzuheitern. Um also irgendwie ihre Aufmerksamkeit zu erregen, schnallte er sein Bein ab und begann auf einem Bein im Zimmer herumzutanzen, indem er mit den Fingern zu der Musik schnippte. Sie blickte ihn erstaunt an, brach dann in Lachen aus und sagte: »Also wenn Sie tanzen können, dann kann ich singen.«
Ein Jahr später setzten wir uns zusammen, um gemeinsam unsere bisherige Arbeit durchzusehen. Er zeigte mir eine seiner frühesten Zeichnungen. Ich hatte ihm geraten, ein Bild seines Körpers zu zeichnen. Er hatte das Bild einer Vase gezeichnet, und durch die Vase verlief ein tiefer schwarzer Riß. Dies war das Bild seines Körpers, und er hatte einen schwarzen Stift genommen und den Riß immer wieder nachgezeichnet. Damals knirschte er vor Wut mit den Zähnen. Dies war äußerst schmerzhaft für ihn, denn es schien ihm, daß diese Vase niemals mehr eine Funktion als Vase würde erfüllen können. Sie könnte niemals mehr mit Wasser gefüllt werden.

Als er jetzt, einige Jahre später, dieses Bild betrachtete, sagte er: »Oh, das Bild ist noch nicht fertig.« Ich gab ihm eine Schachtel mit Stiften und fragte: »Wollen Sie es nicht fertigzeichnen?« Er nahm einen gelben Stift, legte seinen Finger auf den Riß und sagte: »Sehen Sie, hier, wo die Vase gebrochen ist, hier kommt Licht heraus.« Und er zeichnete mit dem Stift Licht, das durch den Riß in seinen Körper strömte.

Diese wunderbare Geschichte über Verletzung und Heilung erinnert uns an viele tiefe Wahrheiten. Als dieser junge Mann auf der Reise durch seinen Schmerz und seinen Verlust die heilende Kraft des Mitleids und der Ausrichtung auf andere kennenlernte, durfte er am weiblichen Geist des Heilens teilhaben, wie dies seit allen Zeiten praktiziert wird. Seine Ärztin, zweifellos eine weise Heilerin im alten Sinne, wußte, daß zwar seine Krankheit geheilt war, der Patient aber noch nicht »ganz« war. Mit Mitleid und großer Geduld verließ sie sich auf die heilende Kraft der Metaphern, der Bilder und des reinigenden Seelengesprächs, um den Heilungsprozeß tief im Herzen und der Seele wirksam werden zu lassen. Im Laufe der Zeit erkannte der Patient, daß er mit seinem Leiden nicht allein war, und er begann, aus sich herauszugehen und auf andere zuzugehen. Gebrochen und zersplittert, wie er war, wurde er mit Hilfe anderer wieder ganz, die ebenfalls verwundet waren und auf ihrem Genesungsweg seine Unterstützung brauchten. Die »Risse« in seinem Körper, seinem Geist und seiner Seele schwächten seine Kraft nicht, sondern schufen vielmehr den Raum, in den das Licht des Mitleids und der Zuwendung dringen und die Finsternis erhellen konnte. Als er sich selbst akzeptierte – *ich bin, was ich bin, mit allen meinen Wunden* –, schuf er sich selbst neu.
Alles Heilen hat mit Gleichgewicht und Harmonie zu tun, denn Heilen ist die Kunst der Wiederherstellung der Ganzheit. Seit den Anfängen der Menschheit gilt Heilen als »weibliche« Kunst, wie sie in der liebevollen, fürsorglichen Beziehung zwischen Mutter und Kind ihren Ausdruck findet. Frauen sind Lebensspenderinnen, aber sie sind auch Lebenserhalterinnen, die verstanden haben, daß der mächtigste Verbündete der Heilerin schlichter menschlicher Kontakt ist – die Bereitschaft, zuzuhören, zu leiten, ohne einzugreifen, zärtlich zu berühren, die innere Selbstheilungskraft des Körpers zu respektieren. Heilerinnen und Heiler haben zu allen Zeiten versucht, die Mut-

ter-Kind-Beziehung nachzuahmen und zärtliches Mitgefühl, intuitive Weisheit, Bilder, Metaphern, Mythen und Geschichten anzubieten, die die Wunden von Körper, Seele und Geist lindern können. Gesundheitsstörungen werden als Symptome einer tieferen Störung betrachtet, die den Heiler anleitet, über die oberflächlichen Schmerzen hinauszublicken und auf mögliche Störungen oder Disharmonien in den Beziehungen des Betreffenden zu seinen Angehörigen, zu seiner Gemeinschaft und zu Mutter Erde zu achten. Die physischen Wunden werden gepflegt, doch wird darüber hinaus zerbrochenen und gestörten Beziehungen und unerfüllten Sehnsüchten sorgfältige Aufmerksamkeit zuteil, die das Ganze spalten und es verletzen.
Heiler wissen seit unvordenklichen Zeiten um die Weisheit des Geistes, und sie wissen, wie ein »kranker Geist« sich durch verschiedene körperliche und seelische Symptome bemerkbar machen kann. Mit Sensiblität und Mitgefühl versuchen sie, die abgerissenen Verbindungen wiederherzustellen, und es ist ihnen bewußt, daß die Gesundheit und Integrität des Ganzen von der Harmonie und dem Gleichgewicht eines jeden einzelnen Teils abhängt. In den letzten Jahrhunderten wurde jedoch die alte Kunst der Behandlung von Körper, Seele und Geist als gleichermaßen wesentlichen Elementen für Gesundheit und Ganzheit systematisch zugrunde gerichtet. Leib und Seele wurden zu getrennten, nicht zusammenhängenden Realitäten zergliedert, während der Geist auf die Spielwiese der philosophisch Interessierten verbannt wurde. Da das Heilen zu einer wissenschaftlichen Disziplin wurde, die an nichts als »Lösungen« interessiert war, und die Wissenschaft der Medizin die alte Kunst des Heilens unter ihr Joch beugte, haben wir unsere Empfindung für Gleichgewicht und grundlegende Harmonie verloren. Die archetypisch »weiblichen« Tugenden der spirituellen Fürsorge, des Strebens nach Frieden und Harmonie und der sensiblen Wahrnehmung der Bedürfnisse anderer werden in einer Welt, die zunehmend den archetypisch »männlichen« Idealen der Konkurrenz, der Konfrontation und der Unterwerfung verfällt, unterdrückt und entwertet.
Weil die Zusammenarbeit dem Wettbewerb, die Synthese der Analyse und die intuitive Weisheit der rationalen Erkenntnis gewichen ist,

ist das dynamische Gleichgewicht zwischen den männlichen und weiblichen Aspekten der menschlichen Erfahrung und ihrer komplementären Erkenntnismodi (was die Chinesen Yin und Yang nennen) gestört. Jetzt, in der letzten Dekade des zwanzigsten Jahrhunderts, spüren wir die Spätfolgen dieses Ungleichgewichts. Alle unsere Beziehungen sind davon betroffen, denn alles im Leben ist miteinander verbunden, wie die Weisen und Heiligen aller Kulturen und Traditionen lehren. Unser Sinn für verwandtschaftliche Bande und für unsere Bindungen an unsere Familie, unsere Gemeinschaften, unseren Körper, unseren Geist und unsere Seele und an die Erde selbst leidet unter dem Verlust der pflegenden und regenerierenden Macht der weiblichen Weisheit und Erfahrung. Weil wir den Geist über den Körper stellen, haben wir unsere Seele verloren – die mitfühlende, heilende Mitte der menschlichen Erfahrung.

Wie können wir beginnen, das Gleichgewicht wiederherzustellen und die Bruchstücke wieder zusammenzufügen? Heilen beginnt notwendigerweise mit der Anerkennung unserer Verwundungen und der Notwendigkeit von Beziehungen – männlich *und* weiblich, Logik *und* Intuition, Analyse *und* Synthese, Körper *und* Geist –, um die Wunden zu schließen und das Gleichgewicht zu erzeugen, das die Basis der Ganzheit ist. In seiner allereinfachsten Form ist Heilen Bewußtheit – die Kunst, für den Augenblick wach und bewußt zu sein, wie er sich jetzt vollzieht, nicht trotz unserer Wunden, sondern wegen unserer Wunden, die uns daran erinnern, daß wir das Selbst nur dadurch erlangen können, daß wir uns dem anderen zuwenden. Unsere Symptome des Schmerzes, der Angst und der Zerrissenheit sind das Mittel zu unserer Errettung, denn sie erinnern uns daran, daß etwas nicht in Ordnung ist und wieder in Ordnung gebracht werden muß.

Wenn wir so im Dunkeln nach den Antworten auf unsere ängstlichen Fragen tasten, stellen wir irgendwann fest, daß wir nicht alleine sind – eine Erkenntnis, die uns langsam, aber sicher zum Licht des Heilens und der Ganzheit hinführt. In einer meiner liebsten Sammlungen moderner Erzählungen (*Jacob the Baker* von benShea) bekräftigt ein einfacher Mann namens Jakob der Bäcker die Notwendigkeit, sich mit anderen Menschen zu verbinden, um die individuelle Furcht und Verwirrung zu überwinden:

> Einer von Jakobs Nachbarn mußte zu einer Reise aufbrechen, aber es war mitten in der Nacht.
> Er konnte sich nicht entschließen zu gehen, er konnte sich nicht entschließen zu bleiben – und so ging er zu Jakob.
> »Auf dem Weg ist kein Licht«, klagte er.
> »Nimm jemanden mit«, riet ihm Jakob.
> »Jakob, was meinst du? Dann werden sich zwei Blinde führen ...«
> »Nein«, sagte Jakob. »Wenn zwei Menschen entdecken, daß sie beide blind sind, dann beginnt es schon heller zu werden.«

Heilen, wie es Jakob der Bäcker versteht, ist etwas Bedeutungsvolles, eine tief moralische Reaktion, die die grundsätzliche Integrität von Körper, Seele und Geist des Menschen bekräftigt. Heilen blickt über das Selbst hinaus auf andere, die Schmerzen haben, die ein gütiges Herz, ein offenes Ohr und einen offenen Geist brauchen. Die altruistische Haltung des Heilens ist entscheidend, denn Isolierung verschärft unser Leiden, während Gemeinschaft, die uns das Bewußtsein gibt, daß unser Leben für jemand anderen bedeutsam ist, der lebendige Quell und Ursprung unseres Menschseins ist. Heilen beginnt mit Fragen: *Woher komme ich? Wer bin ich? Wie soll ich mein Leben gestalten?* Aber es kann nur fortschreiten, wenn wir zu der Einsicht bereit sind, daß wir uns mit jeder Antwort, die wir finden, tiefer in die Frage verstricken. John Updike sagte einmal, daß ein Problem mit einer Lösung kein Problem ist. Gertrude Stein formulierte dies noch unerbittlicher: »Es gibt keine Antwort. Es wird niemals eine Antwort geben. Es gab noch nie eine Antwort. Das ist die Antwort.« Auf unserer Reise zur Wiederentdeckung der alten Kunst des Heilens geht dieses Buch spielerisch mit der Frage um, was es bedeutet, *ganz* Mensch zu sein. *Im Haus des Mondes* wird nicht die eine, endgültige Antwort auf diese Frage geben, denn schon die bloße Annahme, daß eine einzige Antwort genügen könnte, führt uns von den Geheimnissen fort, die wir erkunden wollen. Statt der geraden analytischen Linie – weg vom Territorium des Herzens und der Seele – zu folgen, schiebt dieses Buch die Grenzen von Fragen und Antworten hinaus, indem es Geschichten, Mythen, Parabeln und Sagen erzählt, die den Globus des menschlichen Bewußtseins umschiffen und uns in einer wunderbaren Weise und doch auch zwangsläufig wieder zu uns selbst zurückbringen.

Es war einmal ein Kind ganz aus Salz, das wissen wollte, woher es kam. Es brach also zu einer langen Reise auf, die es in viele Länder führte, um seine Frage zu beantworten. Schließlich kam es an das Ufer eines großen Meers. »Wie herrlich«, rief es aus und steckte einen Fuß ins Wasser. Das Meer lud es ein, näher zu kommen, und sagte: »Wenn du wissen willst, wer du bist, so habe keine Furcht.« Das Salzkind ging tiefer und tiefer in das Wasser und löste sich mit jedem Schritt weiter auf, und schließlich rief es aus: »Ach, jetzt weiß ich, wer ich bin.« (Nach Feldman/Kornfield)

2 Die Weisheit des Ganzen

> Alle wissen, daß der Tropfen im Meer verschwindet, aber wenige wissen, daß das Meer im Tropfen verschwindet.
>
> *Kabir*

> Man kann erst klar sehen, wenn man in sein eigenes Herz blickt. Wer nach außen blickt, träumt; wer nach innen blickt, erwacht.
>
> *C.G. Jung*

> Im Ruhepunkt in der Mitte unseres Wesens begegnen wir einer Welt, in der alles in derselben Weise in Ruhe ist. Dann wird ein Baum zu einem Geheimnis, eine Wolke zu einer Offenbarung und jeder Mensch zu einem Kosmos, von dessen Reichtümern wir nur einen flüchtigen Blick erhaschen können. Das einfache Leben ist einfach, aber es schlägt für uns ein Buch auf, bei dem wir nicht über die erste Silbe hinausgelangen.
>
> *Dag Hammarskjöld*

In der urfernen Vergangenheit stellten sich unsere Vorfahren die Welt als einen Kreis vor, bei dem jeder Punkt auf dem Umfang zugleich Anfang und Ende war, Mittelpunkt und fernster Punkt zugleich. Alles Leben war in diesem Kreis beschlossen, und die Menschen nahmen die Verantwortung auf sich, das Gleichgewicht und die Harmonie zu erhalten, indem sie die spirituellen Verbindungen zwischen den Geschöpfen der Erde und den Kräften des Universums kräftigten. Im Laufe der Jahrhunderte galt jedoch die Harmonie des Ganzen immer weniger und der Wert des Individuums immer mehr, und der Geist der Verbundenheit und Einheit trat hinter die Verfolgung der Eigeninteressen zurück. Löcher und Risse erschienen auf dem feinen Gewebe des heiligen Reifens, und die Struktur begann sich aufzulösen, brach in zusammenhanglose Stücke auseinander. Die Weisheit der alten Lebensformen wurde in alle Winde zerstreut, und selbst die Geschichten gingen verloren, denn Geschichten zu erzählen und Geschichten zu lauschen setzt ein Wissen um die Einheit und Verbundenheit des Lebens voraus.

Als die Menschen ihre Verbindung zur geistigen Welt und ihren dunklen Mysterien lösten, ließ die Hand los, die uns einst geführt hatte, und es trieb uns allein und ohne die Hilfe und den Trost anderer in die Konfrontation mit einer scheinbar feindlichen Welt. Von der sengenden Intensität des Unbekannten geblendet, kamen wir weit von unserem Pfad ab, erkundeten wir die tiefe, unheimliche Leere, die alle Kinder empfinden, wenn sie von ihrer Familie getrennt sind und sich nach der wärmenden Nähe ihres Zuhauses sehnen. Indem wir uns immer weiter von der Mitte entfernen, wurden wir voneinander und von dem Ganzen getrennt, dessen Teil wir einst waren. In unserer Angst und Verwirrung beginnen wir, die Welt in immer kleinere, handlichere Stücke zu zerlegen, und hoffen, in den Fragmenten die Weisheit zu finden, die uns das Verlorengegangene wiedergeben könnte.

In einer häufig erzählten Geschichte aus Indien geht es um diese Empfindung des Getrenntseins und die Sehnsucht, die Stücke wieder zusammenzufügen, um das Ganze neu zu schaffen. Ich erinnere mich, wie mir meine Mutter eine Version dieser Geschichte vorlas, als ich fünf oder sechs Jahre alt war. Ich lauschte ihrer Stimme mit dem reizvollen singenden Akzent der Alten Welt, ich schloß meine Augen und streichelte ihren Arm, spürte die Haut und die weichen Muskeln, die wie Ton unter meinen Fingern waren, fuhr die höckerige Erhebung ihrer Knöchel ab, glitt ihre Fingernägel entlang, die glatt wie Glas waren, und ich fragte mich: Ist es dies, was ein Blinder spüren würde? Sind diese Berge und Ebenen, diese verborgenen Täler und kanalisierten Flüsse meine ganze Mutter?

Hinter Ghor lag eine Stadt, deren Bewohner alle blind waren. In der Nähe kam ein König mit seinem Gefolge an; er hatte sein

Heer bei sich und schlug in der Wüste sein Lager auf. Er führte einen mächtigen Elefanten mit, mit dem er Angriffe ritt und die Menschen einschüchterte.
Die Bevölkerung war begierig, diesen Elefanten zu sehen, und einige aus dieser blinden Gemeinde liefen wie besessen hinaus, um ihn zu suchen.
Weil sie nichts über die Gestalt und das Aussehen des Elefanten wußten, betasteten sie ihn und machten sich ein Bild von ihm, indem sie einen Teil von ihm berührten.
Jeder glaubte, daß er etwas in Erfahrung gebracht hätte, weil er einen Teil fühlen konnte.
Als sie zu ihren Mitbürgern zurückkehrten, versammelte sich alles in großer Aufregung um sie. Alle wollten die Wahrheit erfahren. Sie fragten nach der Gestalt, den Umrissen des Elefanten, und sie nahmen begierig alles auf, was ihnen erzählt wurde.
Sie fragten denjenigen, dessen Hand ein Ohr zu fassen bekommen hatte, und er antwortete: »Es ist etwas Großes, Rundes, ausgedehnt und breit, wie ein Lappen.«
Derjenige, der den Rüssel gefühlt hatte, sagte: »Ich weiß genau, wie er aussieht: Es ist wie ein langes und hohles Rohr, furchterregend und zerstörerisch.«
Derjenige, der Fuß und Bein des Elefanten ertastet hatte, sagte: »Es ist mächtig und fest, wie eine Säule.«

Diese Geschichte beeindruckte mich über die Maßen, denn sie machte mir deutlich, daß die Welt viel komplizierter war als die einfachen mathematischen Formeln, die darauf beharren, daß eins und eins zwei ist. Als ich älter wurde und weiter über die Bedeutung dieser Geschichte nachdachte, wurde mir klar, daß meine Wirklichkeit nur eine Version der ganzen Wirklichkeit war, und während sich meine Wirklichkeit änderte – und sie schien sich jeden Tag zu ändern –, wurde es immer schwieriger, das Ganze zu verstehen. Ich begann allmählich die alte Wahrheit zu begreifen, daß wir, wenn wir nur mit den Augen sehen, eben nur das sehen, was unsere Augen sehen können. Wenn wir nur mit unseren Händen berühren, fühlen wir nur, was unsere Hände fühlen können. Wenn wir die Wahrheit erforschen wollen und in unserer Blindheit hoffen, die »harten Tatsachen« zu entdecken, formen wir nur die Wirklichkeit nach unseren Erwartungen. Wenn wir Wissen über die auseinandergebrochenen Teile haben, glauben wir fälschlicherweise, die Weisheit des Ganzen verstanden zu haben.

Die alte indische Fabel von den Blinden und dem Elefanten wirft ein Schlaglicht auf die zählebige menschliche Neigung, das Ganze zu zergliedern und die Antworten in den Bruchstücken zu suchen. Seit Jahrtausenden versuchen die Menschen, die Welt zu verstehen, indem sie sie zerlegen, um aus den Bruchstücken die Goldkörnchen der Wahrheit herauszuwaschen. Allerdings wurde dieses systematische Streben nach Fakten erst im siebzehnten Jahrhundert als »Wissenschaft« bezeichnet und als der wirkliche und einzige Weg zu Wissen und Erkenntnis auf den Schild gehoben. Als der Philosoph und Mathematiker René Descartes die naturwissenschaftliche Methode entwickelte, die darin besteht, Probleme in Teilstücke zu zerlegen, die sich in einer logischen Ordnung aufreihen lassen, streckte er damit die ineinander verschlungenen Bögen und Krümmungen der Welt zu geraden, parallelen Linien. Als das Geflecht der inneren Zusammenhänge zwischen Mensch, Erde und Kosmos systematisch auseinandergezerrt wurde, wurde aus dem heiligen Reifen der Welt ein Quadrat mit starren, geraden Grenzlinien.

Descartes verfocht den Gedanken, daß Körper und Geist zwei voneinander unabhängige, grundsätzlich voneinander verschiedene Reiche seien, und er behauptete, daß »im Begriff des Körpers nichts vorhanden ist, was dem Geist angehörte, und im Begriff des Geistes nichts, was dem Körper angehörte«. Wenn also der Geist herausgelöst und abgetrennt wird, dann kann man den Körper als ein Präzisionsinstrument auffassen, das von bestimmten mathematischen Gesetzen regiert wird. Descartes verglich Tiere mit einem Uhrwerk »aus Rädern und Federn«, und er dehnte diese Metapher auf den Menschen aus. »Ich betrachte den Menschen als Maschine«, verkündete Descartes. »Mein Denken... setzt einen Kranken und eine mangelhaft gebaute Uhr meiner Idee von einem gesunden Menschen und einer gut gebauten Uhr gegenüber.«

Aber wo bleiben hier Geist und Seele, wo bleiben die intuitiven, metaphorischen und synthetisierenden Aspekte des Menschen? Descartes bot diese wissenschaftlich nicht faßbaren Abstrakta der Kirche an und erbat sich im Gegenzug das Recht, die Körpermaschine aus Fleisch und Blut studieren zu dürfen. Die Kirche willigte ein; sie akzeptierte das kartesische Argument, daß die Zergliederung des Körpers der Seele nicht schaden könne, und so wurde der Handel abgemacht. Der Mensch wurde nun sorgfältig zerlegt; die Naturwissenschaftler nahmen sich, was analysiert, gemessen und gewogen werden konnte, während sich die religiösen Führer mit dem Anspruch auf das Ätherreich des Bewußtseins zufriedengaben, in dem die Seele schwebte.

Der Körper als Maschine war eine zugkräftige Metapher für ein neues Zeitalter, in dem Wissenschaftler nach spezifischen Ursachen für Krankheiten suchten, wobei sie sich an Anatomie und Körperbau orientierten. Diese Metapher war so wirksam, daß sie sich bis heute im menschlichen Bewußtsein festgesetzt hat. »Stellen Sie sich Ihren Körper als ein Superauto vor«, ruft uns das Selbsthilfebüchlein *How to Live Cheap but Good (Wie man billig, aber gut lebt)* zu. »Wenn Sie nicht zu lange zu schnell damit fahren und wenn Sie das richtige Benzin nehmen, die Inspektionen machen und vielleicht ab und zu in die Waschanlage fahren, dann bekommen Sie auch keine Probleme...«

Wenn das »Superauto« Körper aber doch einmal mit Krankheit oder Lustlosigkeit Probleme macht, dann soll der »Halter« zum Fachmann gehen und dies in Ordnung bringen lassen. Und wenn die »Batterie« schwach wird und unser »Antrieb« stottert, dann bekommen wir den unwiderstehlichen Drang, der alten bockigen Mühle kräftig auf die Sprünge zu helfen. Wenn wir uns hilflos, machtlos fühlen, weil jene fleischliche Hülle, die der Träger von Herz und Seele ist, »streikt«, suchen wir außerhalb von uns nach Antworten auf unsere Fragen. Wir schlucken starke Chemikalien, willigen in High-Tech-Eingriffe ein und lassen uns sogar wesentliche Teile herausschneiden oder ersetzen, in der Hoffnung, unsere »Fahrt« so schnell und problemlos wie möglich fortsetzen zu können.

Die kartesische Trennung von Geist und Materie hat dazu geführt, daß wir uns unseren Körper als getrennt von unserer Seele und unserem Geist vorstellen. Wenn also unser Körper den Dienst versagt, sind wir nur allzugern bereit, diesen zersplitterten Teil von uns selbst den erfahrenen Mechanikern zu übergeben, den Ärzten, den Göttern in Weiß. Wir sind unserem Körper so sehr entfremdet, daß wir erst dann von der Störung unseres Gleichgewichts (und anderes) wissen, wenn ein anderer diesen Befund ausspricht. Als Murray Haydon, dem ein künstliches Herz eingepflanzt wurde, darüber nachdachte, wie es ihm eigentlich ginge, witzelte er: »Könnte jemand den Fernseher einschalten? Ich möchte sehen, ob ich noch lebe und wie es mir geht.« Möglicherweise reagierte Haydon damit nur auf den Medienrummel, der um seine Person entstanden war; ich könnte mir aber auch vorstellen, daß ihm die Tatsache, daß er ein künstliches mechanisches Gerät in seiner ansonsten menschlichen Brust trug, eine plötzliche Erkenntnis bescherte. Vielleicht wurde ihm jene moderne Wahrheit mit besonderer Eindringlichkeit bewußt: daß nämlich Körper und Geist so sehr voneinander getrennt sind, daß dieser ohne das priesterliche Verdikt der hohen Technik nicht mehr weiß, wie es jenem ergeht.

Wir alle kennen die folgende Erfahrung: Wir gehen wegen einer unklaren Beschwerde zum Arzt, bekommen ein paar Fragen gestellt und warten dann geduldig darauf, den Befund in Empfang nehmen zu dürfen. Wir wissen, etwas ist nicht in Ordnung, aber wir können es nicht benennen, und wir wissen auch nicht, wie wir es beheben können. Wenn die Laboruntersuchungen und die verschiedenen diagnostischen Erhebungen ergeben, daß alles im Bereich des »Normalen« liegt, dann bekommen wir den Bescheid, es läge nichts vor – eine Aussage, die nicht mit unserer inneren Empfindung des Ungleichgewichts und der Disharmonie korrespondiert. Wenn uns andererseits gesagt wird, wir hätten eine Krankheit, die behandelt werden muß, warten wir wiederum geduldig auf weitere Auskünfte, doch bekommen wir nicht die Aufmerksamkeit, die wir verdient hätten.

Dies kommt zum Beispiel zum Ausdruck im nachfolgenden Witz, den Ärzte untereinander gerne erzählen:

»Hallo«, sagt der Anrufer zur Stationsschwester. »In Ihrer Abteilung liegt doch ein gewisser Herr Meier. Können Sie mir sagen, wie es ihm geht?«
»Es geht ihm gut«, antwortet die Schwester. »Der Arzt will morgen die Fäden ziehen, und in einer Woche wird er wieder auf den Beinen sein.«
»Danke«, sagt der Anrufer.
»Soll ich Herrn Meier ausrichten, wer angerufen hat?«
»Selbst am Apparat«, sagt der Anrufer. »Der Arzt sagt mir ja nichts!«

Die weniger spaßige Seite des Problems rückt in den Vordergrund, wenn man den Blick auf die langfristigen Folgen eines solchen katastrophalen Versagens der Kommunikation richtet. In meiner Praxis sehe ich immer wieder Menschen, deren Krankheiten von ihren Ärzten mit höchster fachlicher Kompetenz und Effizienz behandelt wurden, die sich aber trotzdem noch an Herz und Seele »krank« fühlen. Sie wurden kuriert, aber weil sie als Körper ohne Seele behandelt wurden, sind sie nicht geheilt. So sagte mir beispielsweise eine Frau, die von einer Krebserkrankung »geheilt« war: »Wenn meine Ärzte meinen Körper berühren, habe ich das Gefühl, sie haben vergessen, daß sich im Innern ein Mensch verbirgt.«
In seiner Autobiographie *At the Will of the Body* erzählt Arthur Frank, wie er mit neununddreißig einen Herzinfarkt erlitt; er überlebte ihn, doch wurde eineinhalb Jahre später bei ihm Hodenkrebs festgestellt: »Was ist los mit mir?« lautete die Frage, die er buchstäblich um sein Leben gern beantwortet hätte. »Mein Arzt gab mir eine medizinische Antwort«, schreibt Frank, »aber ich habe Jahre gebraucht, um zu verstehen, warum dies nicht *meine* Antwort war. Wir sprachen über mein Herz, als ob es irgendein Computer wäre, der falsche Werte anzeigte. ›Es‹ war nicht in Ordnung. Wir sprachen gewählter, als ich mich normalerweise mit dem Mechaniker unterhalte, der mein Auto

repariert, aber nur deshalb, weil mein Arzt und ich uns in Floskeln ergingen. Er sprach allerdings nicht so präzise, wie sich mein Mechaniker normalerweise ausdrückt.«

Wonach Franks Körper, Seele und Geist verlangten, war eine Möglichkeit, hinter diesem Leiden einen Sinn zu sehen, über die Veränderungen zu sprechen, die die Krankheit in seinem Leben bewirkte, einem anderen Menschen das intensive Drama seiner persönlichen Erfahrungen mitzuteilen. Er mußte wissen, *wie man mit einer Krankheit lebt.* »Die Hilfe, die ich brauche, besteht nicht in der Beantwortung von Fragen, sondern in der Teilnahme an dem Versuch, in einer bestimmten Weise zu leben«, sagt Frank, wobei er sich in der Gegenwart ausdrückt, wiewohl er von seiner Krankheit geheilt ist. »Ich will keine Antworten auf meine Fragen. Ich will, daß man meine Erfahrungen wahrnimmt.«

Dieses intensive Bedürfnis, unsere Lebensdramen anderen mitzuteilen, wird im Laufe der Zeit nicht weniger. Die vielleicht wirksamste Heilungsmaßnahme, die ich bei meinen älteren Patienten durchführen kann, ist, ihren Geschichten zuzuhören, und nichts weiter, als ihnen meine Aufmerksamkeit zu schenken, ihnen zu sagen, daß ihr Leben und ihre Erfahrungen Sinn und Wert haben. Wenn unsere Kultur auf die Alten blickt, sieht sie die Spuren, die die Zeit an Körper und Geist hinterlassen hat, aber wir achten nicht auf die tiefe und bleibende Weisheit der Seele. In Ram Dass' Buch *How can we help* beschreibt die Insassin eines Altersheims ihr Bedürfnis, ihre Geschichte, die Geschichte ihres Lebens zu erzählen und jemanden zu haben, der zuhört und das Geschenk zu würdigen weiß, das in dieser Geschichte liegt. Aber sie muß feststellen, daß Zuhören eine untergegangene Kunst ist:

> Gehört zu werden ... wenn man nur verstehen würde, wie wichtig es ist, daß man uns zuhört! Ich kann damit leben, daß ich in einem Altersheim bin. Es ist in Ordnung, und ich meine es so. Meine Tochter ist berufstätig und hat drei Kinder, und sie hat alle Hände voll zu tun. Sie besucht mich regelmäßig. Ich verstehe das.

Aber die meisten Menschen hier wollen einfach nur ihre Geschichte erzählen. Dies ist etwas, was sie uns geben können – versteht man dies nicht? Es ist ihnen kostbar. Sie wollen uns ihr Leben zum Geschenk machen. Man möchte meinen, daß man verstehen könnte, was uns dies bedeutet, unser Leben in einer Geschichte zu schenken.
So hören wir einander zu. Die Menschen tun hier eigentlich nichts anderes, als einander Geschichten zuzuhören. Die Leute, die hier arbeiten, glauben, dies wäre eben ein Zeitvertreib. Wenn sie nur wüßten! Wenn sie sich nur eine Minute Zeit nähmen, um zuzuhören!

Durch unsere beschränkte Ausrichtung auf Körper und Geist haben wir den Kontakt zu dem weiblichen Geist des Heilens verloren, der Körper, Seele und Geist zu einem funktionstüchtigen Ganzen verbinden könnte. Wir haben wirklich die *Kunst* des Heilens verloren: die Kunst des Zuhörens, ohne Antworten oder Lösungen feilzubieten, die Kunst, einen Augenblick innezuhalten und an der Lebenserfahrung eines anderen Menschen teilzuhaben, die Kunst, die tiefen Veränderungen wahrzunehmen, die Krankheit erzeugt, und deren Bedeutung nachzuspüren, die Kunst einzusehen, daß alles, was den Körper betrifft, auch Seele und Geist, das *Leben* des Menschen berührt.
Der Körper ist zu einer abgelösten und fernen Sache geworden, zu einem Raum, den wir nur zufällig einnehmen, ein »Es«, das wir messen, wägen und objektivieren. *Wie* wir in diesem Körper leben, *wie* wir das Leben in seinen chemischen und atomaren Abläufen erfahren, ist eine Frage, mit der sich wenige auseinandersetzen, denn wir lieben keine Fragen, auf die es keine einfachen Antworten gibt. Wir haben keine Geduld mehr mit Paradoxa. Weil unser Geist nachdrücklich geschult wurde, das Ganze zu zerlegen und die Teile zu analysieren, fällt es uns schwer, uns das Ganze anders vorzustellen als etwas, was nur darauf wartet, zerlegt zu werden, wie auch ein Puzzle oder ein Baukasten »fertig« viel weniger interessant ist als das Durcheinander der losen Teile.

Wenn man Menschen aber nur als eine Ansammlung von Teilen betrachtet, die man nach Bedeutung, Gewicht oder Einfluß hierarchisch einordnen kann, dann geht uns unwiderruflich etwas sehr Wertvolles verloren: Zusammenhanglose Stücke sind zu keiner Interaktion fähig; weil sie von ihrem Ursprung abgeschnitten sind, suchen sie mit blinden Augen, ohne den Ort finden zu können, an den sie gehören. Unordnung und Entfremdung treten an die Stelle von Harmonie und Gleichgewicht, und in jedem Aspekt unseres Lebens leiden wir an den Folgen der Zersplitterung. Weil wir keine Verbindung zu unserem eigenen Körper mehr haben, haben wir auch die Verbindung zu der grundlegenden Wahrheit verloren, daß alles, was uns selbst geschieht, auch den konzentrischen Kreisen von Familie, Gemeinschaft, Erde und Kosmos geschieht, die das Leben erhalten und seinen Fortbestand gewährleisten. Weil wir den Blick auf die grundlegende Wahrheit verloren haben, daß alles Leben miteinander verwoben und voneinander abhängig ist, ein großes vernetztes Gefüge von Beziehungen, haben wir auch unsere haltgebende Grundlage verloren und treiben orientierungslos in einer Welt, die sinnlos geworden ist.

Was wir nun so lange zu zerlegen versucht haben, müssen wir heute wieder zusammenzufügen versuchen. Seit Jahrtausenden benutzen Menschen Metaphern und Bilder, um die Wirklichkeit in einen neuen Rahmen zu stellen und eine neue Orientierung zu finden. Mythen und Erzählungen bewirken eine sanfte Richtungskorrektur, leiten uns in einer subtilen Weise an, unsere Grenzen hinauszuschieben, die Ränder der Wirklichkeit zu dehnen und eine »Heimat« zu finden, einen Ort, an dem wir uns in das größere Ganze einfügen können. Wenn wir Geschichten lauschen, spüren wir ihre ganze Wirkung vielleicht erst nach Tagen oder sogar Jahren, denn Geschichten wirken wie Depotkapseln, die ihre Weisheit in kleinen Dosen abgeben, so daß wir Zeit haben, uns anzupassen. Die Geschichten»medizin« wirkt intensiv und nachhaltig. »Es könnte ein verhängnisvoller Irrtum sein, die Macht des Mythos zu unterschätzen«, schreibt Riane Eisler in *Kelch und Schwert*. »Die menschliche Psyche scheint ein inneres Bedürfnis nach einem System von Erzählungen und Symbolen zu haben, die uns die Ordnung des Universums enthüllen und uns sagen, wo unser Platz in ihm ist. Es gibt einen Durst nach Sinn und Bedeutung, den rationalistische und logische Systeme offenbar nicht stillen können.«

Weil die Geschichten und Symbole, die wir als sinnvoll annehmen, unsere Führer sein werden, weil sie unsere Wahrnehmungen und unsere Gedanken formen und uns sagen werden, was richtig und falsch, recht und unrecht, gut und böse ist, haben wir die Verantwortung, solche Geschichten auszuwählen, die das Leben verherrlichen, nicht den Tod, das Miteinander, nicht das Gegeneinander, den Frieden, nicht den Krieg, die Harmonie mit der Natur, nicht den Kampf gegen sie. Zum Glück müssen wir diese Geschichten nicht aus neuem Garn spinnen, denn sie sind in die Weisheitstraditionen eingewebt, die von den Alten auf uns gekommen sind.

Einer meiner Lieblingsmythen dreht sich um die Geschichte der altägyptischen Göttin Isis, deren Name wörtlich »Lebenspenderin« bedeutet. Joseph Campbell befaßt sich bei seiner Erörterung der bemerkenswerten Macht der Isis in seinem Buch *Die Kraft der Mythen* ausführlich mit einer bestimmten Szene, in der Isis auf dem Leichnam ihres Gemals Osiris liegt und ein Kind empfängt, wodurch sie die transzendente Macht der Frau demonstriert, Leben aus dem Tod hervorzubringen. Meine Lieblingsversion dieses Mythos erzählte Dr. Gerald Epstein in einer Vorlesung über psychophysische Medizin am Acupuncture College in New York City. Ich gebe Dr. Epsteins Version anhand meiner Notizen aus seiner Vorlesung wieder:

> Isis, ihrem Gemahl Osiris in tiefer Liebe zugetan, empfing und gebar ihren Sohn Horus. Als Horus erwachsen wurde, erregte die Zuneigung seiner Eltern zueinander seine Mißgunst, und er ließ seinen Vater ermorden. Weil er die lebenspendende Macht seiner Mutter fürchtete, brachte er den Leichnam seines Vaters in ein viele hundert Meilen entferntes Land.
>
> Als Isis vom Tod ihres Gemahls und dem Verrat ihres Sohnes er-

fuhr, sandte sie Expeditionen aus, die den Leichnam zurückholten, und sie hauchte ihm aus der Kraft ihrer Liebe und Leidenschaft neues Leben ein. Horus war erzürnt über die Fähigkeit seiner Mutter, dem Tod zu trotzen, und er war entschlossen, seinen Hauptrivalen diesmal für immer zu beseitigen. Er ließ seinen Vater nochmals ermorden, und diesmal zerstückelte er seinen Körper in vierzehn Teile, die er über ganz Ägypten verstreute.
Isis befahl ihren Leuten, die Leichenteile ihres Gemahls wieder einzusammeln und zu ihr zurückzubringen. Als alle vierzehn Teile wieder eingesammelt waren, hauchte sie Osiris neues Leben ein und fügte seinen Körper wieder zu einem Ganzen zusammen.

In diesem alten Mythos spielt eine machtvolle Frau die Rolle der mitleidsvollen Heilerin, die die Aufgabe der Erneuerung des Lebens hat. Nachdem sie die verlorenen und zerstreuten Teile ihres Geliebten gesammelt hatte, konnte Isis durch Zusammenfügung der Glieder die Ganzheit wiederherstellen. Durch ihre Liebe und Leidenschaft konnte sie die Wunden heilen und das Wunder des Lebens neu geschehen lassen.
Die Alten glaubten an die Macht der Wunder. Unser moderner Verstand, der sorgfältig auf die Logik des rationalen Denkens getrimmt ist, kommt mit der Tatsache nicht zurecht, daß der Hauch des Heiligen alles Leben durchzieht. Eine bekannte Karikatur demonstriert unser Widerstreben gegen den Gedanken, daß sich manche Geheimnisse nicht erklären lassen:

Zwei Männer stehen vor einer Tafel und betrachten eine komplizierte mathematische Formel, die aus drei Schritten besteht. Der zweite Schritt der Gleichung, der zwischen einem komplexen Gewirr von Symbolen plaziert ist, besteht aus den Worten: »Und hier geschieht ein Wunder.«
Der ältere der beiden Männer, mit hängenden Schultern und einer Glatze, runzelt die Stirn und legt seinem Kollegen nahe: »Schritt zwei sollten Sie doch noch etwas näher erläutern.«

»Und hier geschieht ein Wunder.« Die Alten verstanden die dunkle Weisheit dieser Worte, während wir modernen Menschen darin nur eine unvollständige Gleichung und eine Nachlässigkeit im Detail sehen. Die Karikatur verdeutlicht aber auch das lästige Paradoxon des modernen Lebens, denn so clever wir sind, so kennen wir doch nicht alle Antworten. Manchmal lautet die einzige Antwort eben: »Und hier geschieht ein Wunder.« Angesichts dieses Rätsels können wir uns entweder über das Problem zu Tode ärgern und die Ermahnung eines Oscar Wilde in den Wind schlagen, der nachdrücklich sagt, daß »Denken das Ungesündeste auf der Welt ist, und man kann daran sterben wie an jeder anderen Krankheit«. Wir können aber auch lernen, mehr wie die Dichter zu sprechen, die noch nicht erklärten Geheimnisse anzuerkennen und uns über das grenzenlose Potential des Wunderbaren zu freuen.

Die Anerkennung unserer Unkenntnis könnte der Weg zu unserer Erlösung sein. Alle Weisheitstraditionen lehren, daß wir um so weniger wissen, je mehr wir lernen – ein Paradoxon, das die Physiker des zwanzigsten Jahrhunderts nachdrücklich zur Kenntnis nehmen mußten, als sie versuchten, die komplexen Erscheinungen der atomaren und subatomaren Welt zu verstehen. Das Dilemma, vor dem so hervorragende Physiker wie Albert Einstein, Max Planck, Niels Bohr und Werner Heisenberg standen, beschreibt der Physiker Fritjof Capra in seinem hervorragenden Buch *Wendezeit*:

> Jedesmal, wenn sie die Natur durch ein Experiment befragten, antwortete diese mit einem Paradoxon, und je mehr sie die Situation zu klären versuchten, desto krasser wurden die Paradoxa. In ihrem Bemühen, diese neue Wirklichkeit zu begreifen, wurden die Wissenschaftler sich schmerzlich dessen bewußt, daß ihre Grundbegriffe, ihre Sprache und ihre ganze Art zu denken nicht ausreichten, die atomaren Phänomene zu beschreiben. Ihr Problem war nicht nur intellektueller Art, sondern schloß auch eine tiefgreifende emotionale und existentielle Erfahrung ein.

Capra ist der Auffassung, daß sich in der Unfähigkeit, die Welt schlüssig zu erklären, die Unzulänglichkeit der naturwissenschaftlichen Methode ausdrückt, die dadurch Wissen zu gewinnen versucht, daß sie das Ganze in seine Bestandteile zerlegt. Als die Physiker versuchten, die atomare Welt zu zergliedern, um sie besser verstehen zu können, mußten sie erkennen, daß sich die Welt auf dieser einfachsten Ebene nicht zergliedern ließ. Capra berichtet von einem Gespräch, das Werner Heisenberg bis tief in die Nacht hinein mit Niels Bohr führte und das in Ratlosigkeit und Verwirrung endete. Als Heisenberg anschließend allein im Park spazierenging, stellte er sich immer wieder die eine Frage: »Kann die Natur wirklich so absurd sein, wie es uns in unseren atomaren Experimenten erscheint?«
Vielleicht lag es daran, daß ihre drängenden Fragen niemals eine vollständige Antwort fanden – jedenfalls gaben diese brillanten Wissenschaftler schließlich ihren Kampf auf und öffneten sich dem Wunder, der Hinnahme des Paradoxons und der Erkenntnis der grundlegenden Einheit des Lebens. »Das Universum wird nicht mehr als Maschine betrachtet, die aus einer Vielzahl von Objekten besteht«, schreibt Capra, »sondern muß als ein unteilbares, dynamisches Ganzes beschrieben werden, dessen Teile auf ganz wesentliche Weise in Wechselbeziehung stehen und nur als Strukturen eines Vorganges von kosmischen Dimensionen verstanden werden können.«
Der Physiker James Jeans äußert eine ähnliche Überzeugung und behauptet, daß das mechanistische Weltverständnis zusammenbricht und einer neuen Wirklichkeit weicht, einer kraftvollen und dynamischen Lebendigkeit des Denkens:

> Heute besteht ein großes Maß an Übereinstimmung... daß der Strom unserer Erkenntnisse sich in Richtung einer nichtmechanischen Wirklichkeit bewegt; das Universum beginnt mehr wie ein großer Gedanke denn wie eine große Maschine auszusehen.

Aber stellen wir uns nun einmal vor, wie ein angesehener Wissenschaftler in seinem Laboratorium einem Gedanken hinterherjagt, um ihn festzunageln und seine Bestandteile zu analysieren...! Die

Idee einer dynamischen, kohärenten, fortwährend sich entwickelnden Welt ist ein Abbild der alten Vorstellung, der zufolge die Welt eine große Symphonie ist, was im sechsten Jahrhundert vor Christus der griechische Philosoph und Mathematiker Pythagoras die »Sphärenharmonie« nannte. Auch wenn es den Beobachtern nicht gelingt, jede einzelne Note zu erklären oder auch nur die kleineren Motive, kann es doch keinen Zweifel geben, daß das *Ganze* großartig, ehrfurchterweckend und wunderbar ist.

Capra benutzt eine musikalische Metapher, wenn er sagt, die Materie befinde sich in einer fortwährenden tanzenden und schwingenden Bewegung, deren rhythmische Strukturen von den Konfigurationen auf der molekularen, atomaren und Kernebene bestimmt seien. Als die Physik von der Kunst der Musik (wenn nicht der Dichtkunst) durchdrungen wurde, konnte man sich Materie nicht mehr als schlummernden Stoff vorstellen, als trägen Schlamm, der passiv darauf wartete, daß ihn jemand in Bewegung setzte. Man stellte sie sich jetzt vielmehr als schwingend und lebendig vor, nach einem Rhythmus hüpfend, den der Mensch nicht erfassen kann. Diese tanzende subatomare Bewegung betrachtet man nicht als zufällige, zusammenhanglose Konvulsionen (ein Quark steht in einer kosmischen Ecke, Kopfhörer aufgesetzt, und zuckt nach irgendeinem unergründlichen Rhythmus), sondern vielmehr als einen eleganten Walzer, bei dem jede einzelne Bewegung und Reaktion wesentlicher Bestandteil eines einzigen, ungeteilten Ganzen ist. Das alle Vorstellungskraft übersteigende feine Gespinst der Welt stellte man sich jetzt vor (oder, genauer ausgedrückt, entdeckte man neu) als ein Ganzes, das von einer symmetrischen Struktur von Beziehungen getragen wurde, in der jeder subatomare Strang seinen Beitrag zur Harmonie und Integrität des Ganzen leistet. Einige der brillantesten Denker des zwanzigsten Jahrhunderts bestätigten die alte Auffassung der Welt als einem heiligen Reifen. »So erscheint die Welt als kompliziertes Gewebe von Vorgängen«, schrieb Heisenberg lyrisch, »in dem sehr verschiedenartige Verknüpfungen sich abwechseln, sich überschneiden und zusammenwirken und auf diese Art und in dieser Weise schließlich die Struktur des ganzen Gewebes bestimmen.«

•

Theoretische Wissenschaftler benutzten die geistdurchtränkten Worte von Dichtern, um die Lücken in ihrer Erkenntnis zu überbrücken. Was William Wordsworth eine »sublime Wahrnehmung« nannte, scheint durch das Kästchenschema ihrer Sinneswahrnehmungen gefallen zu sein:

> Ich verspürte... eine sublime Wahrnehmung
> von etwas, das uns viel inniger durchdringt,
> dessen Wohnung das Licht der Sonnenuntergänge ist,
> das runde Meer und die lebendige Luft,
> der blaue Himmel und der Geist des Menschen;
> eine Bewegung und ein Geist, der
> alles Denkende antreibt, alle Objekte allen Denkens
> und in allen Dingen west.

Wenn schon Physiker, die Materie, Bewegung und Energie erforschen, von Tänzen, Rhythmen, Geweben und Strukturen sprechen, wie sprechen dann Wissenschaftler, die den Menschen erforschen, von den nicht zu beantwortenden Problemen, denen sie sich in ihrer Arbeit gegenübersehen? Während die meisten Wissenschaftler nach wie vor ihr Hauptaugenmerk auf beobachtbare und verifizierbare Fakten richten, entledigen sich immer mehr Neurologen, Immunologen, Psychiater und Psychologen des Dunstes ihrer naturwissenschaftlichen Unangreifbarkeit und wenden sich den alltäglichen Mysterien – nennen wir sie ruhig Wunder – zu, die ihnen begegnen. Auch ihr Geist und ihre Seelen wurden von Wordsworth' »Etwas« angerührt, das »uns viel inniger durchdringt«. Auch sie hören die Stimmen der Alten, die ihnen zurufen.

Bill Moyers bahnbrechendes Buch *Healing and the Mind* enthält zahlreiche Interviews mit hochgebildeten, hochintelligenten Männern und Frauen, die keine Scheu davor haben, ihr Denken der Bewegung und dem Geist zu öffnen, der in Wordsworth' Worten »in allen Dingen west«. Diese brillanten Bilderstürmer sprechen nicht mit der arroganten Selbstgewißheit oder der wissenschaftlichen Präzision von Gelehrten, deren Götzen Konzepte und Beweise sind. Sie ringen um Worte, gestehen ihre Unzulänglichkeiten ein und lassen es willig zu, daß die sanften Einflüsterungen von Geist und Seele sich im harten Leib der wissenschaftlichen Fakten niederlassen. Die neue Wissenschaft der psychophysischen Medizin mit ihrer Fülle von unbeantworteten Fragen fasziniert und reizt sie.

»Wir wissen mehr vom Körper als vom Geist, oder wir glauben dies zumindest«, sagt Thomas Delbanco, außerordentlicher Professor der Medizin an der Harvard Medical School, mit einigem Zögern. »Im Grunde wissen wir auch vom Körper unglaublich wenig – aber es ist unfaßlich, wieviel wir noch über den Geist lernen müssen.« Reizt es Delbanco, das Geheimnis zu fassen, um die klaffenden Lücken seines Nichtwissens zu füllen? Erstaunlicherweise nicht: »In einem gewissen Sinne *möchte* ich gar nichts über den Geist in Erfahrung bringen, denn er ist Teil des Geheimnisses von einem selbst, und ich mag diese Empfindung des Geheimnisvollen«, sagt er, und er fügt hinzu, für ihn sei es wichtig, die Wissenschaft der Medizin in die Kunst des Verständnisses von Geist und Seele einzubetten. »Ich muß über die technischen Aspekte der Untersuchung von Körperteilen hinausgelangen. Ich muß irgendwie versuchen, den Geist des Patienten zu verstehen, und vielleicht gelingt es mir manchmal, mit ihm in Berührung zu kommen.«

Die Vorstellung, daß der Arzt darum ringt, mit dem menschlichen Geist in Berührung zu kommen, ist analog zu dem Bild des Physikers, der den »großen Gedanken« zu erhaschen versucht, den die Welt außerhalb der vier Wände seines Laboratoriums bildet. In den letzten Jahren dieses Jahrhunderts geschieht etwas Spielerisches und Erstaunliches: Die jahrhundertealten Unterscheidungen zwischen Geist und Körper brechen zusammen, und Wissenschaftler nehmen sich die Freiheit, wie Mystiker zu denken und zu sprechen. Als Moyers die Neurologin Candace Pert bittet, den Geist zu beschreiben, erzählt sie begeistert von den Aktivitäten der Neuropeptide, Aminosäureketten, die als Informationsmoleküle dienen und es den Zellen erlauben, in verschiedenen Teilen des Körpers miteinander zu »sprechen«. »Intelligenz ist in jeder einzelnen Zelle unseres Körpers«, erklärt sie. »Der Geist ist nicht auf den Raum oberhalb des

Halses beschränkt. Der Geist ist überall im Gehirn und im Körper.«
Aber was ist nun genau der Geist, will Moyers wissen, eine Frage, die Pert zunächst mit gut gespielter Entrüstung zurückweist: »Was der Geist ist? Du liebe Güte, was verlangen Sie! Ich bin bloß Naturwissenschaftlerin, und ich soll die Frage beantworten, was der Geist ist?« Dann gibt sie aber eine Definition, die weniger naturwissenschaftlich als poetisch ist: »Der Geist ist eine Art belebender Energie im Informationsreich des ganzen Gehirns und Körpers, die es den Zellen erlaubt, miteinander zu sprechen, und der Außenwelt, mit dem ganzen Organismus zu sprechen.«
Belebende Energie? Informationsreich?
Der Immunologe David Felton, Professor der Neurobiologie und Anatomie an der Universität von Rochester, betrachtete durch das Mikroskop Blutgefäße in der Milz, als er einen Strang Nervenfasern entdeckte. »Was haben Nervenfasern in der Milz in einem Knäuel mit Zellen des Immunsystems zu suchen?« fragte er sich. Als er weitere Gewebeschnitte machte, tauchten sie wieder auf, jene aufdringlichen Nervenzellen, die sich an einem Ort niederließen, an den sie vermeintlich nicht hingehörten. Nach weiteren Schnitten und einer sorgfältigen Analyse der Gewebsproben kam er zu einer einsichtigen und trotzdem völlig unlogischen Schlußfolgerung: Der Geist ist *im* Körper; der Geist spricht buchstäblich mit den Zellen, redet ihnen zu, beeinflußt die Hormonausschüttung, signalisiert Probleme, und – was nicht minder erstaunlich ist – der Körper gibt Antwort.
Wie steht es aber nun um die alte kartesische Auffassung, daß Geist und Körper voneinander getrennt sind und niemals zusammenfinden können? Diese Auffassung ist, wie Dr. Felton sagt, »obsolet«, was bedeutet, daß Menschen, die das Gehirn untersuchen, und Menschen, die den Körper untersuchen, miteinander werden reden müssen. »Früher war es so, daß Immunologen und Neurologen um Himmels willen nicht die Sprache der anderen Seite benutzten«, erklärt Dr. Felton. »Eher würden sie des jeweils anderen Zahnbürste benutzen. Aber dies ist heute kein gangbarer Weg mehr. Wir müssen lernen, miteinander zu reden und einander weiterzuhelfen.«
Hier tritt erneut die Notwendigkeit zutage, die eigene Unkenntnis zu-

zugeben, denn wenn man lernen will, wie man miteinander spricht und einander weiterhilft, dann muß man zwangsläufig den Anspruch aufgeben, im Besitz aller Antworten zu sein. Die Bereitschaft, miteinander zu kommunizieren, setzt das Eingeständnis voraus, daß es vielleicht keine Antwort gibt, jedenfalls nicht die logischen, rationalen Antworten, die wir zu suchen gelernt haben.

In den achtziger Jahren führte Dr. David Spiegel, Professor für Psychiatrie und Verhaltensforschung an der Medizinischen Fakultät der Universität Stanford, mit sechsundachtzig Frauen mit fortgeschrittenem Brustkrebs eine Studie durch. Die Frauen wurden nach dem Zufallsprinzip in zwei Gruppen geteilt; die eine Gruppe wurde mit den üblichen Krebstherapien behandelt (Bestrahlung und Chemotherapie), während die andere zusätzlich eine experimentelle Gruppenbetreuung erhielt. »Die Gruppentherapie«, erläutert Spiegel in seinem Buch *Living beyond limits*, »bestand darin, daß man mit ihnen über ihre Ängste sprach, Möglichkeiten des Umgangs mit der Bedrohung des Todes entwickelte, mit ihnen über den Verlust von Körperteilen trauerte, die Frauen Selbsthypnose lehrte, damit sie ihre Schmerzen kontrollieren konnten, und mit ihnen übte, die Kostbarkeit des Lebens wahrzunehmen.«

Als Dr. Spiegel drei Jahre später die Stimmungslage, das Schmerzniveau, die Bewältigungsstrategien und die familiären Interaktionen seiner Probanden auswertete, stellte er fest, daß die Frauen in der Versuchsgruppe weniger ängstlich und deprimiert waren und um die Hälfte weniger Schmerzen hatten als die Frauen, die die Standardbehandlung erhalten hatten. Diese positiven, aber erwarteten Ergebnisse wurden in der üblichen Form in psychiatrischen Zeitschriften veröffentlicht. Einige Jahre später wollte Dr. Spiegel nachprüfen, wie es den Frauen in seiner Studie ergangen war, weil er hoffte, den Anspruch der alternativen Medizin widerlegen zu können, daß der »Geist« das Fortschreiten körperlicher Krankheiten beeinflussen könne. Als er die Computerausdrucke mit den »Überlebenskurven« erhielt, die die Zahl der zu einem bestimmten Zeitpunkt nach dem Beginn der Studie noch lebenden Frauen zeigten, verschlug es ihm buchstäblich den Atem:

> Ich mußte mich setzen, als ich die ersten Ausdrucke bekam (und Hunderte sollten noch kommen). Die beiden Überlebenskurven verliefen zunächst übereinander, liefen jedoch nach zwanzig Monaten markant auseinander. Vier Jahre nach dem Beginn der Studie zeigte sich, daß alle Patientinnen in der Kontrollgruppe gestorben waren, während ein Drittel der Patientinnen, die gruppentherapeutisch behandelt wurden, noch lebte... Im Durchschnitt hatten die Patientinnen, die an dem Versuchsprogramm teilgenommen hatten, ab dem Zeitpunkt des Beginns der Studie *doppelt so lange* gelebt wie die Kontrollgruppe. Dies war ein so signifikanter Unterschied, daß sich eine statistische Analyse praktisch erübrigte – die Kurven sprachen für sich. Dabei hatte ich keinerlei Unterschied erwartet!

Es könnte kaum passender sein, daß Dr. Spiegel die Frauenkrankheit Brustkrebs untersuchte und daß in den gruppentherapeutischen Sitzungen die Grund»werkzeuge« des weiblichen Heilens eingesetzt wurden – mitleidsvolles Zuhören, Anleiten, ohne einzugreifen, Schützen, Trösten und liebevolle Zuwendung. Aber *wie* halfen nun diese alten Heilkünste den Frauen, länger zu leben? Wie konnte der »Geist« eine so erstaunliche Wirkung auf den Körper haben? Der kluge Arzt erkennt sowohl das Wunder als auch seine Unfähigkeit an, es zu analysieren: »Etwas in der Gruppe scheint diesen Frauen geholfen zu haben, länger zu leben«, schließt Dr. Spiegel. »Aber was es ist, kann ich nicht sagen.«

Wieder einmal steht der große Wissenschaftler an der Wandtafel, das Kinn in die Hand gestützt, und versucht, sich darüber klarzuwerden, was er mit jenem irritierenden Satz anfangen soll: »Und hier geschieht ein Wunder.« Werden unsere fähigsten, energischsten Geister jemals das *Wunder* des menschlichen Kontakts analysieren können? Kann man ein Wort synthetisieren, eine liebevolle Berührung sezieren, kann man einen Augenblick, den man in stillem Nachdenken zubringt, wägen, messen und objektivieren? Wir können die Wirkungen von Hinwendung und Mitgefühl beobachten, aber wie können wir hoffen, diese ungreifbaren Dinge jemals auf einer atomaren oder molekularen Ebene erklären oder sie in mathematische Gleichungen und chemische Formeln umsetzen zu können? Können wir etwas Tieferes sagen als die Worte: »Und hier geschieht ein Wunder«?

Aber selbst wenn wir die Sprache oder die intellektuellen Konstrukte hätten, um das »Wunder« des menschlichen Kontakts zu erklären, würde doch die Analyse nicht unbedingt unsere Wahrnehmung des Wunderbaren schmälern. In den siebziger Jahren entwickelte eine Forschergruppe an der Ohio State University eine Studie zur Untersuchung der Wirkungen einer fett- und cholesterinreichen Ernährung auf Kaninchen. Sie erwarteten, daß ihre Befunde denjenigen zahlreicher anderer Studien entsprechen würden, denen zufolge eine solche Ernährung zu einer Verstopfung der Arterien der Kaninchen führt, ein Prozeß, den man als Arteriosklerose bezeichnet und der beim Menschen zu Herzinfarkt und Schlaganfällen führt. Am Ende des Versuchszeitraums wurden die Kaninchen getötet und die Arterien mikroskopisch auf Cholesterinablagerungen untersucht. Während bei dem Großteil der untersuchten Tiere die erwarteten arteriosklerotischen Veränderungen festgestellt wurden, war bei einer Gruppe das Krankheitsvorkommen um sechzig Prozent geringer.

Die Forscher standen vor einem Rätsel. Was hatte es mit diesen Kaninchen auf sich, die der Logik trotzten und den bewiesenen toxischen Wirkungen einer cholesterinreichen Ernährung widerstehen konnten? Als sie die Möglichkeiten sichteten, isolierten sie schließlich eine unerwartete Variable: Während des Versuchsablaufs hatte ein Student, der die betreffende Gruppe von Kaninchen füttern sollte, die Tiere regelmäßig aus ihrem Verschlag genommen und sie gestreichelt.

Aber konnte es denn sein, daß eine liebevolle Beziehung zwischen Versuchskaninchen und ihrem menschlichen Pfleger eine so ausgeprägte Wirkung auf die Widerstandskraft der Tiere gegenüber physischer Krankheit haben konnte? Das ursprüngliche Experiment wurde wiederholt, und wiederum wies die Gruppe von Kaninchen, die liebevoll gepflegt wurde, ein um sechzig Prozent geringeres Auftreten von Arteriosklerose auf. Die Forscher, die ein Zufallsergebnis ausschließen wollten (und nicht an Wunder gewöhnt waren), wiederholten den Versuch nochmals und erhielten wiederum dasselbe Ergebnis: Die Kaninchen, denen liebevolle Aufmerksamkeit und Zuwendung zuteil wurde, waren eindeutig und signifikant gesünder als ihre vernachlässigten Schicksalsgenossen.

Die Naturwissenschaftler, die an der neuen Front der psychophysischen Medizin stehen, zeigen sich von ihrer eigenen Unwissenheit sehr beeindruckt. »Wir stecken mit unseren Forschungen noch in den Kinderschuhen«, sagen sie. »Wir wissen sehr wenig.« – »Wir wissen nicht, wie die Zusammenhänge sind.« – »Wir haben noch nicht die richtige Sprache...« – »Überall gibt es hier noch gewaltige Lücken.« – »Vielleicht werden wir dies eines Tages verstehen.« Und schließlich, mit dem unvermeidlichen Seufzer des Bedauerns: »Wenn wir es nur wüßten...«
Aber die »gewaltigen Lücken« scheinen ihnen weniger Sorgen zu machen als die fehlgeleiteten Versuche, diese Lücken zu überspringen und sich nur auf das zu konzentrieren, was man halten, anfassen, messen und quantifizieren kann. In der Tat beginnen sich heute viele Wissenschaftler zu fragen, ob nicht just die Lücken in unserem Wissen der Ort sind, an dem wahre Weisheit wohnt. Im Nachwort zum jüngst erschienenen Buch *Healing and the Mind* von Moyers schreibt beispielsweise Dr. David Felton:

> So wie man die physische Welt der Regenbögen, Blitze und Sterne in den Jahrhunderten vor der modernen Physik und Astronomie nicht verstand, so versteht man heute die ungreifbareren und komplexeren Aspekte des menschlichen Geistes nicht, auch nicht mit der beeindruckenden Technik, über die wir heute verfügen. Können wir die Rolle der Emotionen, Hoffnungen, des Überlebenswillens, die Macht der menschlichen Wärme und Zuwendung ignorieren, nur weil sie naturwissenschaftlich so schwierig zu fassen und unsere Unwissenheit so überaus groß ist?

Weise und Gelehrte haben zu allen Zeiten gewußt, daß die Weisheit Wurzeln schlagen kann, wenn die Erkenntnis unseres Unwissens in den Boden unseres Bewußtseins gesät wird. Unwissenheit ist die notwendige Vorbedingung, um verstehen zu können, was wir noch nicht »wissen« und vielleicht niemals wissen werden. Dies ist die Haltung, die Lao-tzu als die »Erkenntnis des Nichtwissens« bezeichnete. »Zu wissen, daß man nichts weiß, ist das beste. Zu behaupten, daß man etwas weiß, wenn man nichts weiß, ist Krankheit.«
Ray Kroc, der Gründer von McDonald's, übersetzte Lao-tzus alte Erkenntnis wie folgt: »Wenn man grün ist, wächst man; wenn man reif ist, fault man.«
Nur dann, wenn wir in die Tiefen unserer eigenen Unwissenheit eintauchen, in jenen dunklen, undurchdringlichen Ort, an dem wir akzeptieren und hinnehmen, was wir nicht wissen können, wird uns das Licht der Erkenntnis und des Wissens zugänglich. Dieser Weg ist nur scheinbar einfach, denn in die Finsternis einzutauchen, um das Licht zu entdecken, ist ein Paradoxon, das die meisten von uns nicht fassen können. Statt unsere Mängel zuzugeben und unsere Beschränkungen zu akzeptieren, suchen wir im Licht nach den Antworten auf unsere Fragen, auch wenn wir wissen, daß wir das Gesuchte unmöglich finden können. Eine meiner liebsten Lehrgeschichten, die in vielen Versionen überliefert ist, illustriert diese menschliche Neigung, die dunklen Orte zu meiden, mit einem liebevollen Humor:

> Mulla Nasrudin krabbelte auf allen vieren unter einer Laterne herum, als ein Nachbar vorbeikam. »Was tut Ihr, Mulla?« fragte sein Nachbar. »Ich suche meinen Schlüssel, den ich verloren habe.« Der Nachbar erbot sich, ihm zu helfen, und so krabbelten sie beide eine ganze Weile im Schmutz unter der Laterne umher. Als sie nichts finden konnten, wandte sich der Nachbar schließlich an Nasrudin und fragte: »Wo genau habt Ihr ihn denn verloren?« Nasrudin antwortete: »Ich habe ihn zu Hause verloren.« – »Warum, um Himmels willen, sucht Ihr dann hier?« – »Na, hier draußen ist doch mehr Licht!«

Mulla Nasrudin, der weise Narr so vieler Sufi-Geschichten, hält uns hier einen Spiegel vor und läßt uns die Torheit unseres Tuns sehen. Wir suchen im Licht, auf den ausgetretenen, hell erleuchteten Pfaden etwas, was wir nur in den Tiefen unserer eigenen Seele finden können; wir sind eifrig mit *Handeln* beschäftigt, um nicht *sein* zu müssen. Wie die Blinden, die den Elefanten beschreiben wollten, berühren wir einen Teil und sind sofort überzeugt, daß wir das Ganze verstanden hätten. Wenn unsere Bemühungen scheitern, ignorieren wir unsere innere Weisheit und Intuition und hoffen, daß jemand kommen und uns aus unserer mißlichen Lage befreien wird. Wir sind besessen von Fakten und Wahrheiten; Rätsel und Unbekanntes machen uns schaudern.

Wenn wir uns mit Problemen auseinandersetzen müssen, vermeiden wir instinktiv den Weg, der durch die Dunkelheit führen würde, schrieb C.G. Jung, der um den Widerstand des Menschen gegen die »Dunkelheit« seines eigenen Nichtwissens wußte. Wir möchten nur eindeutige Ergebnisse und vergessen völlig, daß solche Ergebnisse nur möglich sind, wenn wir uns in die Dunkelheit gewagt haben und wieder aus ihr auftauchen. Wir sträuben uns dagegen, in die Finsternis einzutauchen, weil wir wissen, daß uns dort Zweideutigkeit und Paradoxa begegnen werden, jene trüben, düsteren Hindernisse, die sich unserem Bemühen entgegenstellen, das Licht der Weisheit zu entdecken. Weil wir an Untätigkeit nicht gewohnt sind, weil uns in der Isolierung unbehaglich ist und weil wir nicht gehen wollen, wenn wir ebensogut fliegen können, suchen wir immer Abkürzungen auf dem Weg zur »Erleuchtung«:

> Einer der Jünger im Tempel war wegen seines Eifers bekannt. Tag und Nacht oblag er der Meditation und unterbrach sie nicht einmal zum Essen und Schlafen. Im Laufe der Zeit wurde er immer magerer und erschöpfter. Der Meister des Tempels riet ihm, langsamer fortzuschreiten, mehr auf sich selbst zu achten. Der Jünger aber wollte seinen Rat nicht hören.
>
> »Warum eilst du so, wohin drängt es dich?« fragte der Meister.

»Ich strebe nach Erleuchtung«, antwortete der Jünger, »ich habe keine Zeit zu verlieren.«
»Und woher weißt du«, fragte der Meister, »daß die Erleuchtung vor dir läuft, so daß du hinter ihr herlaufen müßtest? Vielleicht ist sie hinter dir, und um ihr zu begegnen, brauchst du nichts, als stillzustehen. Du aber läufst vor ihr fort!« (Nach Feldman/Kornfield)

Der Meister wußte, daß das »Licht« der Weisheit und Wahrheit nicht von einer hohen äußeren Quelle scheint und einen Weg beleuchtet, den nur die Schnellen und Flinken beschreiten können. Erleuchtung erstrahlt aus dem Inneren. Der Wind der Veränderung und der Umstände kann die Flamme flackern und schwächer werden lassen, aber bei denjenigen, die verstanden haben, daß der »Sinn in der Suche liegt«, kann sie niemals verlöschen.

Ein alter Mann war verbittert und kam mit seiner Klage zu Jakob.
»Mein ganzes Leben habe ich nach dem Sinn gesucht«, sagte er.
»Der Sinn liegt in der Suche«, sagte Jakob, ohne dem Kummer des Mannes große Bedeutung beizumessen.
»Dann werde ich den Sinn niemals finden?«
»Nein«, sagte Jakob. »Du wirst immer auf der Suche sein.« Jakob schwieg einen Augenblick, weil er sich nicht sicher war, ob er nicht zu schroff gewesen war. »Mein Freund«, setzte Jakob hinzu, »wisse, daß du ein Mann mit einer Laterne bist, der sich auf die Suche nach dem Licht macht.« (Nach benShea)

Wir suchen in der Dunkelheit das Licht und stellen fest, daß wir es schon die ganze Zeit besitzen. Wir erkennen plötzlich, daß wir nur dadurch, daß wir es langsamer angehen lassen und einfach *sind* – wach *sind*, bewußt *sind*, geduldig *sind*, wahrhaftig *sind* –, für die Geheimnisse offen und empfänglich sein können, die keine Antworten verheißen, sondern Einsichten, kein Ende unserer Reise, sondern einen neuen Anfang.
Wo kann man Erleuchtung finden? In einer Zen-Parabel ist von dem

Finger die Rede, der zum Mond weist, ein Bild mit zwei klaren Schwerpunkten – dem Finger, der den weisen Lehrer oder Führer symbolisiert, der den Weg zu Weisheit und Wahrheit weist, und dem Mond, der das Ziel bezeichnet, den Endpunkt, das enthüllte Geheimnis. In dieser einfachen Metapher fehlt uns aber vielleicht der überaus wichtige Raum, der erkundet werden will: die Weite zwischen dem Finger und dem Mond, die für die Erfahrung des Lebens selbst steht. In diesem geheimnisvollen Raum, der sowohl die Furcht vor der Leere als auch die Verheißung der Fülle enthält, müssen wir alle die Reise zur Ganzheit antreten, die nur vom Licht unserer intuitiven Weisheit geleitet wird. Wenn wir uns von unserer Furcht und dem Wunsch nach Kontrolle lösen können und uns in das Wunder des Lebendigseins fallenlassen, dann erkennen wir, daß die Antworten auf unser Dasein schon die ganze Zeit auf uns warten. Wenn wir in die Dunkelheit springen, entdecken wir, was wir nicht in Händen halten können, was wir nicht berühren und nicht aussprechen können – die verlorenen Schlüssel für das Schattenreich von Herz und Seele.

»Tretet an den Rand.«
»Nein, wir werden fallen.«
»Tretet an den Rand.«
»Nein, wir werden fallen.«
Sie traten an den Rand. Er stieß sie, und sie flogen.

Apollinaire

3 Die Göttin und die Hexe

> Wenn man eine Göttin als Schöpferin hat, ist ihr eigener Körper die Welt. Sie ist mit der Welt identisch... sie ist die gesamte Sphäre der lebenbergenden Himmel.
>
> *Joseph Campbell*

> Dies ist eine Geschichte, die wir uns nachts gerne erzählen, wenn das Feuer nur noch verlöschende Glut ist und die Wehen zu heftig sind und zu lange dauern ... wenn wir Angst haben, wenn es zu weh tut, dann erzählen wir uns gerne Geschichten von der Macht. Wie wir sie verloren, wie wir sie zurückgewinnen können. Wir erzählen uns, daß die Schreie, die wir hören, Wehenschreie sind, daß der Schmerz, den wir fühlen, ein Geburtsschmerz ist.
>
> *Starhawk*

Die Reise zur Ganzheit, zu einem Gleichgewicht von Yin und Yang, von weiblich und männlich, von Intuition und Logik in uns selbst und in der Heilpraxis unserer Gesellschaft muß notwendigerweise mit der Erkenntnis dessen beginnen, was wir verloren haben. Einst wurde die Welt sanft, aber sicher vom weiblichen Geist des Heilens geführt. Eine Empfindung der Ehrfurcht und des Staunens über die großartige Harmonie und das empfindliche Gleichgewicht des Universums durchzog alles Leben, und Frauen, die die nährende und regenerierende Kraft verkörperten, die für den fortwährenden Kreislauf des Lebens notwendig ist, besaßen eine wunderbare Heilungs- und Erneuerungskraft. Frauen wurden als die Spinnerinnen des Gewebes, die Hüterinnen der unsichtbaren Fäden verehrt, die den Menschen mit dem Kosmos verbinden. Leidenschaftlich, löwenhaft schützend und mit einer großen Intuition hielten Frauen den Menschen in Verbindung mit den heilenden Energien der natürlichen

Welt, indem sie in täglichen Ritualen und jahreszeitlichen Feiern die wilden und ungezähmten Naturmächte anriefen.
Wenn eine Krankheit den Körper bedrohte, setzten Frauen ihre Kenntnisse von Heilkräutern, lindernden Salben und reinigenden Ritualen ein, um die Gesundheit und Ganzheit des Körpers wiederherzustellen. Wenn die Seele verwirrt oder der Geist beunruhigt war, setzten Heilerinnen Mythen, Symbole und Traumbilder ein, um das Gleichgewicht wiederherzustellen. Alle Störungen beim einzelnen, in der Familie oder in der Gemeinschaft galten als Symptom einer Disharmonie mit der natürlichen Ordnung, und die Heilerin übernahm die Verantwortung dafür, die auseinandergefallenen und zerbrochenen Stücke an ihren rechtmäßigen Platz zurückzuführen. Sie schuf eine dynamische, selbstheilende soziale Struktur mit tiefen Bindungen an Mutter Erde und die Welt von Seele und Geist. Dies war die Zeit, in der, um Merlin Stones berühmtes Buch zu zitieren, Gott eine Frau war und Frauen als die irdischen Repräsentantinnen der sanften Weisheit der Großen Göttin verehrt wurden.
Wenn ich an den Frieden und die Harmonie dieser alten Gesellschaften denke, erfüllt mich eine Empfindung des Verlustes. Aber meiner Trauer hält Hoffnung das Gleichgewicht, denn der Wandel ist das Merkmal des ganzen Lebens, und selbst das Vorwärtsschreiten der Geschichte kann man sich als einen sanften Bogen vorstellen, auf dem Anfang und Ende stets miteinander verbunden sind. Der Kreis vollendet sich immer und immer wieder. Auch wenn es scheint, daß wir weit vom Weg abgekommen sind, so kündigt doch vieles eine Rückkehr zu alten Werten und Heiltraditionen an. In den letzten Jahren des zwanzigsten Jahrhunderts sind wir Zeugen einer neuen Achtung vor der Erde, der wir wieder den Ehrennamen »Mutter« geben, eines neu erwachten Interesses an der Weisheit und der Heilkunst der Indianer, einer Bewunderung für auf die Erde und die Mutter ausgerichtete Kulturen und eines auflebenden Interesses an einer ganzheitlichen Medizin und an ganzheitlichen Heilverfahren, die die tiefen Zusammenhänge zwischen Körper, Seele und Geist berücksichtigen. Die Erkenntnis bricht sich Bahn, daß die lineare, analytische Form der Problemlösung zur Entfremdung zwischen Mann und

Frau, zwischen Individuum und Familie und zwischen der menschlichen Gemeinschaft und dem Kosmos geführt hat. Frauen und Männer wenden gleichermaßen den Blick zurück in die Vergangenheit, um Anleitung zu finden, wie wir in unserem modernen technischen Zeitalter leben und überleben können. Aber was genau hoffen wir wiederzugewinnen?

Um die Wurzeln des weiblichen Geistes des Heilens verstehen zu können, müssen wir bis auf die geschichtlichen Zeiträume zurückgehen, die die Altertumsforscher als Paläolithikum (Altsteinzeit, der zwei bis drei Millionen Jahre umfassende Zeitabschnitt bis vor etwa zehntausend Jahren) und Neolithikum (Jungsteinzeit, von etwa 7500 bis 3500 vor Christus) bezeichnen. Zahlreiche gelehrte Arbeiten, vor allem Marija Gimbutas' Meisterwerk *The Gods and Goddesses of Old Europe* und Joseph Campbells Serie *Die Masken Gottes* enthüllen die Existenz alter Gesellschaften, die stabil, kulturell fortgeschritten und zutiefst dem weiblichen Geist des Heilens verpflichtet waren. Die altsteinzeitliche Kunst ist das sichtbare Zeugnis der Ehrfurcht unserer Vorfahren vor dem Wunder der Geburt, ihrer Hochachtung vor der Natur und der Verbindung der Frauen mit den Kräften, die für Fruchtbarkeit, Geburt, Leben und Tod verantwortlich sind. In Grabkammern wurden eine Fülle weiblicher Gestalten und Symbole gefunden (»Venusfiguren«), die an einer zentralen Stelle angeordnet waren. Um den Leichnam wurden vaginaförmige Kauri-Muscheln säuberlich angeordnet, und der Leichnam und die Muscheln wurden mit rotem Ockerpigment, das die lebenspendende Kraft des weiblichen Blutes symbolisierte, bedeckt. Darstellungen von rituellen Tänzen mit Priesterinnen und auffälligen weiblichen Symbolen legen die Existenz einer frühen Religionsform nahe, bei der die lebenspendende und lebenerhaltende Kraft der Frau als göttlich galt.

In der Jungsteinzeit drehte sich das Leben der Familie und der Sippe um die Gestalt der Großen Göttin, die Werte repräsentierte, denen Männer und Frauen gleichermaßen nachstrebten: Liebe zu Wahrheit und Schönheit, Leidenschaft für Gerechtigkeit, Ausübung der Heilkunst, Pflege der Weisheit und vor allen Dingen eine tiefe und ehrfürchtige Achtung vor Mutter Erde. Die Göttin war Synonym der Natur selbst, der letzten Quelle allen Heilens und aller Harmonie. Im zweiten Jahrhundert nach Christus legt der römische Schriftsteller Apuleius der Göttin in *Der goldene Esel* die folgenden Worte in den Mund (zitiert nach Insel-Tb. 146):

> Ich, Allmutter Natur, Beherrscherin der Elemente, erstgeborenes Kind der Zeit, höchste der Gottheiten, Königin der Geister, erste der Himmlischen; ich, die ich in mir allein die Gestalt aller Götter und Göttinnen vereine, mit einem Wink über des Himmels lichte Gewölbe, die heilsamen Lüfte des Meeres und der Unterwelt vielbeklagtes Schweigen gebiete. Die alleinige Gottheit, welche unter so mancherlei Gestalt, so verschiedenen Bräuchen und vielerlei Namen der ganze Erdkreis verehrt.

Bei zahlreichen Ausgrabungen in Indien, in England und auf Malta sind Heiligtümer und Figuren der Göttin in großer Zahl zum Vorschein gekommen. Allein in Südosteuropa wurden an insgesamt dreitausend Ausgrabungsorten dreißigtausend kleine Figuren aus Lehm, Marmor, Knochen und Kupfer gefunden. Kultstätten, Wandmalereien, Talismane, Amulette, chirurgische Werkzeuge und verschiedene Kräuterrezepte liefern den Beweis dafür, daß diese überwiegend Ackerbau betreibenden Gesellschaften sexuell gleichberechtigt, in den Heilkünsten bewandert und von einer tiefen spirituellen Verehrung für die Große Göttin durchdrungen waren, die die Einheit aller lebenden Geschöpfe und ihres lebenspendenden Zusammenhangs mit Mutter Erde personifizierte.
Vier Jahrtausende lang war die Große Göttin der mitfühlende, heilende Mittelpunkt der jungsteinzeitlichen Gesellschaft. Sie war Amme und Mutter, Schützerin der Schwachen und Pflegeschwester der Kranken. Sie nahm die Sterbenden liebevoll in ihren Schoß auf, und sie war die Garantin der Schönheit, Harmonie und Integrität des Lebens. Als Herrin des Lebens, Spenderin aller Dinge, Hüterin der Toten, Herrin der Natur, Königin der Geister, Öffnerin des Schoßes, als Spenderin des Lebens und diejenige, die das Leben wieder nahm,

war sie, wie Joseph Campbell sagt, die ganze Sphäre des lebenumschließenden Himmels. Mit aller Macht des Himmels und der Erde ausgestattet, bekräftigte sie das Göttliche im Menschen und war das Urbild der zutiefst menschlichen Fähigkeit, einander zu lieben und zu helfen.
Zärtliches Mitgefühl für die Schwachen war ihr Wesensmerkmal, doch war auch die erotische Liebe ihre Domäne, denn in der Sexualität der Großen Göttin wurde auch das lebenswichtige, lustvolle Band zwischen Mann und Frau verehrt. In dem Buch *Inanna. The Queen of Heaven and Earth* von Wolkstein/Kramer steht das Lied der sumerischen Göttin von ihrer Leidenschaft zu ihrem Liebhaber, dem Hirten Tammuz:

> Er formte meine Lenden mit seinen schönen Händen,
> der Hirt Tammuz füllte meinen Schoß mit Sahne und Milch,
> er streichelte mein Schamhaar,
> er begoß meinen Schoß.
> Er legte seine Hände auf meine heilige Scham,
> er glättete mein schwarzes Boot mit Sahne,
> er erquickte mein schmales Boot mit Milch,
> er liebkoste mich auf dem Lager.
> Nun will ich meinen Hohenpriester auf dem Lager liebkosen,
> ich will den treuen Hirten Tammuz liebkosen,
> ich will seine Lenden liebkosen, die Hirtenschaft des Landes,
> ein köstliches Schicksal bestimme ich ihm.

Als Gott eine Frau war, zeichneten sich die Beziehungen zwischen Frauen und Männern durch gegenseitige Hochachtung und Zuwendung und eine freudige, durch keine Zensur beeinträchtigte Leidenschaft aus. Den jungsteinzeitlichen Gesellschaften waren die lebendigen, lebenspendenden Beziehungen zwischen den Geschlechtern heilig, und jeder Versuch war ihnen fremd, zwischen Männern und Frauen eine Machthierarchie zu schaffen. Die Große Göttin war die göttliche Autorität und höchste moralische Kraft, die diese friedlichen Gesellschaften leitete, aber wir haben keine Hinweise darauf, daß es ein hierarchisches System gegeben hätte, in dem Männer unterdrückt gewesen wären; vielmehr werden in jungsteinzeitlichen Zeichnungen männliche Gottheiten oft in einer wichtigen partnerschaftlichen Rolle dargestellt. »Die männliche Gottheit in Gestalt eines jungen Mannes oder eines männlichen Tiers bestätigt und vermehrt die Macht der schöpferischen und aktiven Frau«, schreibt die Archäologin Marija Gimbutas. »Dabei gibt es keine Unterordnung: Indem sie einander ergänzen, verdoppeln sie ihre Macht.«

Bilder einer männlichen Überlegenheit, einer weiblichen Unterwerfung, Schlachtszenen, edle Krieger, siegreiche Helden und Sklaven in Ketten gibt es in der jungsteinzeitlichen Kunst nicht, denn als die Große Göttin herrschte, wurde Macht mit Liebe und Achtung vor dem Leben ausgeübt. Männer und Frauen lebten friedlich als gleichberechtigte Partner zusammen, deren gemeinsames Streben das allgemeine Wohl war. »Das ganze Leben war von einem glühenden Glauben an die Göttin Natur durchdrungen, den Ursprung aller Schöpfung und Harmonie«, schreibt der Archäologe Nikolaos Platon, der fünfzig Jahre seines Lebens mit Ausgrabungen auf Kreta zubrachte. »Die Folge war Liebe zum Frieden, Abscheu vor der Tyrannei und Achtung vor dem Gesetz. Selbst in der herrschenden Schicht scheint persönlicher Ehrgeiz unbekannt gewesen zu sein: Nirgendwo ist der Name eines Urhebers mit einem Kunstwerk verbunden, und nirgendwo finden wir Aufzeichnungen der Taten eines Herrschers.« Bei Männern und Frauen war, wie Platon schreibt, »die Furcht vor dem Tod durch die allgegenwärtige Freude am Leben beinahe ausgelöscht«.

Jahrtausendelang standen die friedlichen Göttinnenkulturen der Jungsteinzeit in Blüte. Etwa um das fünfte Jahrtausend vor Christus spiegelt sich in den archäologischen Funden zunehmend Chaos und Zerstörung. Eindringlinge aus dem asiatischen und europäischen Norden fielen in drei aufeinanderfolgenden Wellen ein, unterwarfen die friedlichen Ackerbaugesellschaften mit Waffengewalt und führten eine gewaltsame Veränderung ihrer Lebensweise herbei. Diese Eindringlinge, die halbnomadischen Stämme der Kurganen oder Indoeuropäer, verehrten einen rachsüchtigen männlichen Gott, verherrlichten den Krieg, nicht den Frieden, und setzten die ihnen zur Verfügung stehenden Möglichkeiten für Techniken der Zerstörung und Unterdrückung ein.

Die Große Göttin, deren Botschaft Frieden und Harmonie war und die den heilenden Künsten der liebevollen Zuwendung und des Mitleids verpflichtet war, konnte ihr Volk vor den eindringenden Horden mit ihren gewalttätigen männlichen Göttern nicht schützen. In einem alten Mythos, in dem sich die Zerstörung des weiblichen Geistes des Heilens bereits ankündigte, wanderte die sumerische Göttin Inanna in die Unterwelt. Als sie die Pforten der Unterwelt durchschritt, wurde sie ihrer göttlichen Fähigkeiten beraubt; sie wurde gefangengehalten und durfte nicht mehr in die Welt der Lebenden zurückkehren. Als Enkidu, der Gott der Weisheit, die Kunde von Inannas Schicksal vernahm, erkannte er, welch furchtbarer Fluch über die Menschheit gekommen war. Ohne die heilende Gegenwart der Göttin Inanna mußte die Welt ihre ausgleichende Mitte verlieren, Frieden und Harmonie würden ausgelöscht werden, und das Leben selbst stünde auf dem Spiel.

Dieser Mythos war prophetisch, denn die Zivilisation erlitt einen furchtbaren Rückschlag, als die alten Lebensformen unter den fortgesetzten brutalen Überfällen zusammenbrachen. Als die männlichen Gottheiten des Krieges die weiblichen Göttinnen des Heilens und des Mitleids vom Thron stießen, zerfiel das von Achtung getragene Bündnis zwischen Männern und Frauen. An die Stelle der partnerschaftlichen Gesellschaften jener Völker, die die Göttin verehrten, trat nach und nach ein patriarchalisches System, in dem Männer dominante Positionen einnahmen und Frauen ein untergeordneter, unterwürfiger Status zugewiesen wurde. Frauen durften nicht mehr als Ärztinnen, Priesterinnen und Schreiberinnen arbeiten, und die formelle Ausbildung in den Heilkünsten war ihnen nicht mehr erlaubt. Als ihnen Bildung und Schulung verweigert wurden, waren sie auch ihrer Unabhängigkeit und Autorität beraubt.

In ihrem Buch *Woman as Healer* berichtet Jeanne Achterberg von der Athener Ärztin Agnodike, einer fähigen, mitleidsvollen Heilerin, die die Normen ihrer männlich beherrschten Gesellschaft mißachtete, um den Frauen von Athen helfen zu können.

> Eine der bekanntesten Ärztinnen aller Zeiten war Agnodike, die bei ihren Patientinnen sehr beliebt war. Sie trug Männerkleider, wohl um ihr Geschlecht zu verbergen. Damals, im dritten oder vierten Jahrhundert vor Christus, waren Frauen als Heilerinnen in Verruf geraten, und durch ihre Verkleidung konnte sie ihrem Beruf vermutlich ungehindert nachgehen. Als ihre List entdeckt wurde, zerrte man Agnodike vor Gericht. Die Frauen Athens eilten zum Tribunal und bekundeten laut ihre Unterstützung Agnodikes. Nach der Sage drohten sie damit, ihre Ehemänner zu verfluchen und ihnen eine gewisse Gunst zu entziehen, wenn Agnodike nicht sofort freigelassen würde. Ihr Protest hatte Erfolg: Agnodike wurde freigelassen, und sie durfte weiter praktizieren, und zwar in den Kleidern, die sie tragen wollte... Es wird berichtet, daß sie nach ihrer Freilassung ihre Röcke hob, um stolz ihr Frausein zu zeigen.

Die Große Göttin hätte sicher über eine solche Demonstration von Courage gelächelt, während die gehässigen männlichen Götter über dieses unverfrorene, unehrerbietige Verhalten sicher erzürnt gewesen wären. Die herrschende Elite fürchtete kraftvolle und mutige Frauen wie Agnodike, denn sie erinnerten die Bürgerschaft an die friedliche Vergangenheit, in der eine göttliche Mutter ihr Volk Liebe zur Natur, Freude am Leben und Gleichberechtigung der Geschlechter lehrte. Der weibliche Geist des Heilens kam dem unstillbaren menschlichen Verlangen nach Frieden und Harmonie entgegen; solche Sehnsüchte bedrohten aber die Stabilität einer Gesellschaft, die die brutale Unterdrückung der Schwachen durch die Starken immer mehr zu ihrem Ideal erhob. Es konnte daher nicht ausbleiben, daß alles versucht wurde, um den weiblichen Geist selbst auszulöschen. Priesterinnen wurden ihres Amtes beraubt, Göttinnentempel und -heiligtümer wurden zerstört, und Frauen durften in den Heilkünsten keine wichtigen Positionen mehr einnehmen. Um die Macht der männlichen Götter zu festigen, wurde Schreibern (die alle Männer waren, denn ab 700 vor Christus durften Frauen diese Tätigkeit nicht mehr ausüben) die Aufgabe übertragen, die Gesetze zu ändern und die alten Mythen mit dem ausdrücklichen Ziel umzuschreiben, die Große Göttin zu demütigen und verächtlich zu machen. Es wurden neue Mythen und Legenden geschaffen, in denen Göttinnen als geringere Gottheiten oder als Gefährtinnen des allmächtigen männlichen Gottes dargestellt wurden. In vielen Geschichten und Sagen wurde die Große Göttin gefangengenommen, brutal vergewaltigt und ermordet.

In dem berühmtesten Mythos, der jemals geschaffen wurde, hören wir, daß der Mensch zunächst nach dem Bildnis Gottes gemacht und die Frau anschließend aus einer (vermutlich überflüssigen) Rippe des Mannes gebildet wurde. Gott stellte dem Mann die Frau als ein Geschenk vor, das ihm Gesellschaft leisten und ihm eine Hilfe sein sollte. Alles war im Paradies in bester Ordnung, bis die tückische Schlange kam (in Göttinnengesellschaften wurden Schlangen als das Symbol der geheimnisvollen, unsterblichen Kräfte der Natur verehrt) und die törichte Eva dem Rat der Schlange Gehör schenkte. Nachdem Eva von der verbotenen Frucht des Baums der Erkenntnis von Gut und Böse gekostet hatte, wurde sie sich ihrer Sexualität bewußt, und sie wurde sofort von dem Drang überfallen, den Mann zu sündigen sexuellen Wonnen zu verlocken.

Die grausame Strafe des rachsüchtigen männlichen Gottes ließ nicht lange auf sich warten: »Viel Mühsal bereite ich dir, sooft du schwanger wirst. Unter Schmerzen gebierst du Kinder. Du hast Verlangen nach deinem Mann; er aber wird über dich herrschen.« Durch göttliche Verfügung war es das Schicksal Evas und all ihrer weiblichen Nachfahren, bei der Geburt schwer zu leiden und nur ihren Mann zu begehren, dem das Vorrecht übertragen wurde, über sie zu herrschen.

Der Mythos von Adam, Eva und der Schlange enthüllt, daß von nun an das Weib als seinem Wesen nach lüstern und verderbt galt. Sexualität, Sünde und das Weibliche werden auf den allerersten Seiten der Bibel in einem Atemzug genannt, und diese Botschaft wiederholt der heilige Text in endlosen Abwandlungen. Aus Furcht vor der Macht der Frau, die in ihrer gefühlsbetonten, intuitiven Natur lag, schufen die hebräischen Priester die Mythen und Gesetze, die die Frau schließlich zerstörten, sie zu einem Besitz des Mannes machten und eine rasche und grausame Bestrafung über sie verhängten, wenn sie es wagte, sich Gottes Gebot zu widersetzen.

Die Bibel ist übervoll von Strafen und Demütigungen, die Frauen angedroht werden, um ihre vermeintlich eitle, sinnliche Natur zu zügeln und sie zur Unterwerfung zu zwingen. In den Büchern Levitikus und Deuteronomium, die zwischen 1000 und 600 vor Christus entstanden, sind die grausamen Gesetze und schweren Strafen für Verstöße sorgfältig aufgezeichnet:

- Alle Frauen müssen bis zur Ehe Jungfrau bleiben.
- Während Männer zahlreiche Frauen und Konkubinen haben dürfen, darf eine rechtmäßig verheiratete Frau nur mit ihrem eigenen Mann sexuelle Beziehungen unterhalten.
- Wenn eine Frau Ehebruch begeht, sind sie und ihr Liebhaber des Todes schuldig.
- Wenn ein Mann eine Jungfrau vergewaltigt, »gehört« sie ihm, und er muß sie heiraten; das Vergewaltigungsopfer aber verliert automatisch alle Rechte einer freien und unabhängigen Frau.
- Wenn eine verheiratete oder zur Ehe versprochene Frau vergewaltigt wird, werden sie und der Vergewaltiger zu Tode gesteinigt.
- Wenn ein Ehemann eine »Unreinheit« an seiner Frau feststellt, kann er einen Scheidungsbrief schreiben und sie verstoßen.
- Wenn Priestertöchter »sich als Dirne entweihen«, ist die Strafe Tod durch Verbrennen.

Im Neuen Testament wird die Tradition fortgesetzt, die Frauen ihren rechten Platz zuweist. In seinem Brief an die Epheser schreibt Paulus:

> Ihr Frauen, ordnet euch euren Männern unter wie dem Herrn (Christus), denn der Mann ist das Haupt der Frau, wie auch Chri-

stus das Haupt der Kirche ist; er hat sie gerettet, denn sie ist sein Leib. Wie aber die Kirche sich Christus unterordnet, sollen sich die Frauen in allem den Männern unterordnen.« (Epheser 5,22 bis 24).

In 1. Timotheus 2,11 bis 15 wird auf den Mythos des Paradiesgartens Bezug genommen, um deutlich zu machen, daß alle Frauen zum Schweigen gebracht werden müssen, weil ihre Stammutter sich so leicht verführen ließ:

> Eine Frau soll sich still und in aller Unterordnung belehren lassen. Daß eine Frau lehrt, erlaube ich nicht, auch nicht, daß sie über ihren Mann herrscht; sie soll sich still verhalten. Denn zuerst wurde Adam erschaffen, danach Eva. Und nicht Adam wurde verführt, sondern die Frau ließ sich verführen und übertrat das Gebot.

In 1.Korinther 11, 7 bis 9 wird dasselbe in einer wieder anderen Version dargeboten:

> ... die Frau aber ist der Abglanz des Mannes. Denn der Mann stammt nicht von der Frau, sondern die Frau vom Mann. Der Mann wurde auch nicht für die Frau geschaffen, sondern die Frau für den Mann.

In der ganzen Kirchengeschichte haben die Heiligen den Grundtenor dieser Botschaft wiederholt. Der Kirchenvater Clemens von Alexandria zitierte die Bibel zur Rechtfertigung für seine Forderung, daß Frauen körperliche Anstrengungen meiden und sich auf Spinnen, Weben und Kochen beschränken sollten. Der Kirchenlehrer Johannes Chrysostomos verkündete im fünften Jahrhundert kühn, daß »die Frau einmal gelehrt und alles ruiniert hat. Deshalb ... ist es besser, wenn sie nicht lehrt.« Augustinus stützt sich auf die Autoritäten der Bibel, wenn er sagt, nur der Mann wäre vollständig, denn er wäre nach dem Bildnis Gottes gemacht, während die Frau ohne den

Mann nicht vollständig wäre. Im sechzehnten Jahrhundert zog ein kirchlicher Bericht den Schöpfungsmythos heran, um die fleischliche Natur des Hexentums zu verdeutlichen, wobei die Notwendigkeit betont wurde, Frauen in einer Position der Unterwürfigkeit zu halten:

> Die Frau ist fleischlicher als der Mann: Die Bildung der ersten Frau war mit einem Mangel behaftet, denn sie wurde aus einer gebogenen Rippe gebildet. Sie ist unvollkommen und daher immer falsch. Hexerei kommt von der Fleischeslust. Frauen sollen keusch und ihren Männern untertan sein. (Nach Stone)

Die Metapher wurde Wirklichkeit. Frauen waren unvollkommen, daher lüstern, daher falsch und für die Einflüsterungen des Teufels empfänglich, und daher mußten sie sich dem Willen des Mannes unterwerfen und auf sexuelle Freuden verzichten. Frauen machten angst, weil Frauen mächtig waren, und vor allem war ihre sexuelle Kraft gefürchtet. Ihre unverzeihliche Sünde war letztlich ihre natürliche Sinnlichkeit. Wie die Natur selbst galt das weibliche Geschlecht als aufnahmebereit – warm, feucht, umhüllend. Und wie die Erde konnte sie völlig unberechenbar sein: Ihre »Stürme« der Intuition, des Mitgefühls und der schützenden Mütterlichkeit kollidierten mit den verstandesmäßigen Berechnungen derjenigen, für die Gut und Böse Absolutbegriffe waren, wobei Gott im Himmel wohnte und Luzifer in die Hölle verbannt war.

Daß Moral relativ sein könnte, eine Gezeitenbewegung, die von Werten, Beziehungen und Umständen abhängt, kam in einer Welt, die von der höchsten Autorität eines intoleranten und herrischen männlichen Gottes beherrscht wurde, einer Häresie nahe. Daß Sexualität und der Genuß sinnlicher Freuden ein Privileg, ja ein Grundrecht des Menschengeschlechts sein könnte, war eine Herausforderung des Moralkodexes des männlichen Gottes, dem zufolge Sinnlichkeit die Pforte zur Hölle war. Daß Frauen selbständig denken, allein leben, Besitz haben und ihre Heilfähigkeiten im Dienst anderer einsetzen könnten, stand in krassem Widerspruch zu Gottes Gebot, daß Frau-

en unterwürfig sein und sich der größeren Weisheit der Männer beugen mußten.
Das ganze weibliche Geschlecht verwandelte sich aus dem alten Bild der mitleidsvollen Mutter in die von der Kirche geförderte Sichtweise als listige Versucherin, die durch ihre bloße Gegenwart die Seelen anständiger Männer in Gefahr bringen konnte. Diese Auffassung von der ihrem Wesen nach verderbten Natur der Frau setzte sich in der Phantasie der Indoeuropäer fest, wurde durch die Lehren der Bibel und die christliche Religion institutionalisiert und fand ihren bizarrsten Ausdruck in dem europäischen Hexenwahn, einer Geschichte von so abgrundtiefem Grauen, daß der Geist es kaum zu fassen vermag. Im sechzehnten und siebzehnten Jahrhundert wurden in Europa während der von der Kirche sanktionierten Schreckensherrschaft Zehntausende von »Hexen« – einige Gelehrte sprechen von Millionen – gehängt, zu Tode gefoltert, erwürgt, in siedendes Öl geworfen oder auf dem Scheiterhaufen verbrannt. Anwälte, Priester und Gelehrte schrieben monströse Hexenhandbücher, in denen genauestens dargelegt war, wie die Frommen die irdischen Vertreterinnen des Teufels erkennen, foltern und vernichten konnten. In Tausenden von Hexenprozessen fanden sich männliche Ärzte (zu jener Zeit war die Tradition, nach der Frauen keine Unterweisung in den Heilkünsten mehr geben durften, bereits Gesetz geworden) zu Aussagen bereit, die Frauen ihren Besitz nahmen, sie barbarischen Foltermethoden überantworteten und ihr Schicksal besiegelten. Mitfühlende Beobachter, die um Milde baten, und Skeptiker, die die barbarischen Methoden der Inquisition in Frage stellten, wurden der Ketzerei angeklagt und mußten in vielen Fällen das Schicksal der Hexen auf dem Scheiterhaufen teilen.
Fünfundachtzig Prozent der Opfer waren Frauen, denn in diesen Zeiten der Pest, des Krieges und der religiösen Unterdrückung waren Frauen zu den Sündenböcken für jegliches böse Geschick geworden. Wenn ein Kind tot zur Welt kam, war die Hebamme schuld (die Geburtshilfe, einst ein angesehener Beruf, war jetzt unter der Würde der auf Universitäten ausgebildeten männlichen Ärzte). Wenn eine Kuh keine Milch mehr gab, wurde die Nachbarin (oder eine andere

Frau, die sich in der Nähe aufgehalten hatte) verurteilt. Wenn ein Mann impotent war, riet Thomas von Aquin persönlich, die Frau oder die Schwiegermutter zur Rechenschaft zu ziehen. Alles, was eigenartig war oder nicht den Normen entsprach, führte dazu, daß eine Frau verdächtigt wurde. Alte Frauen, junge Frauen, freimütige Frauen, verschämte Frauen, häusliche Frauen, schöne Frauen, unverheiratete Frauen, verwitwete Frauen, reiche Frauen, arme Frauen und Frauen mit Muttermalen und Warzen waren immer verdächtig.

Wenn eine Frau die Kunst der Kräuterheilkunde praktizierte und sich über die priesterliche Lehre hinwegsetzte, daß Krankheit und Leiden gottgesandte Strafen für Sünden seien, riskierte sie, als »Hexe« bezeichnet zu werden. Wenn sie sich im geheimen mit anderen Frauen traf, um weibliche Gottheiten zu ehren und eine alte »heidnische« Religion zu pflegen, galt sie als Ketzerin. Wenn sie jung und hübsch war, ihr langes Haar offen trug, nackt schlief oder in irgendeiner anderen Weise die Leidenschaft derjenigen entzündete, die die Sinnlichkeit mit dem Teufel gleichsetzten, war sie ernstlich in Gefahr, gefoltert und auf dem Scheiterhaufen verbrannt zu werden.

Letztlich kam es aber nicht einmal darauf an, ob eine Frau reich oder arm, jung oder alt, hübsch oder häßlich, verheiratet, ledig oder verwitwet war. Worauf es ankam, war, daß sie eine Frau war. Im berüchtigten *Hexenhammer*, der bis 1669 auf englisch, deutsch, französisch und italienisch in mindestens dreißig Auflagen erschien, erklären die Verfasser, zwei Dominikanerpriester, warum Frauen für die Verführungen des Teufels empfänglich sind:

> Alle Hexerei kommt von der Fleischeslust, die bei Frauen unersättlich ist... deshalb verbünden sie sich mit dem Teufel, um ihre Lüste zu befriedigen... Man braucht sich aus diesem Grund nicht zu verwundern, daß mehr Frauen als Männer von der Ketzerei des Hexentums angesteckt sind... Gesegnet sei der Höchste, der bisher das männliche Geschlecht vor einem so großen Verbrechen bewahrt hat... (Nach Stone)

Die Fähigkeit zu selbständigem Denken, ein Merkmal, das alle Heilerinnen auszeichnete, war Anlaß genug für einen Verdacht. »Wenn eine Frau selbständig denkt«, heißt es im *Hexenhammer*, »denkt sie Böses.« Im *Compendium maleficarum*, einem weniger bekannten, aber nicht weniger bösartigen Handbuch der Hexenjäger, ermahnt der Verfasser, ebenfalls ein Mönch, die Hexenjäger, das gesamte weibliche Geschlecht mit Argwohn zu betrachten, denn Torheit und Leichtfertigkeit lägen in der »Natur« der Frau:

> ...denn wiewohl andere Dinge gleich sind, ist den Offenbarungen von Männern mehr Glauben zu schenken. Das weibliche Geschlecht ist törichter und neigt mehr dazu, natürlichen oder dämonischen Äußerungen einen göttlichen Ursprung zuzuerkennen. Frauen sind von einer feuchteren und zähflüssigeren Natur, erliegen leichter der Wahrnehmung verschiedener Phantome, und sie sind träger und zögern mehr, solchen Impulsen zu widerstehen. Deshalb haben Frauen schneller Trugbilder, während Männer weniger hartnäckig an ihren Trugbildern festhalten; weil aber Frauen weniger Verstandeskraft und weniger Weisheit haben, kann sie der Teufel leichter mit falschen und trügerischen Erscheinungen verführen. (Nach Guazzo)

Dem *Compendium maleficarum* sind alle Frauen suspekt, »deren Blut zu heftig und zügellos ist«. Der Verfasser ermahnt alle angehenden Hexenjäger, auf bestimmte weibliche Züge zu achten, die auf ein hexenähnliches Temperament hinweisen; diese Wachsamkeit ist nicht nur deshalb erforderlich, um die Zauberin dem Gericht zu überantworten, sondern auch deshalb, um die Reinheit und Unversehrtheit der unglücklichen Mannsperson zu schützen, die arglos ihren Weg kreuzt:

> Weil Frauen schließlich in ihrer Lebensweise lüstern, verschwendungssüchtig und habgierig sind, wie schon Apollonius bemerkte, ist darauf zu achten, ob solche Prophetinnen beson-

ders geschwätzig sind, viel umherziehen, Böses tun, ruhmsüchtig und leidenschaftlich sind und ob sie sich in ihrer Lehre oder in ihrer Haltung gegenüber den Sakramenten der Kirche in irgendeiner Weise nicht mit der apostolischen Lehre im Einklang befindlich zeigen. Solche Frauen täuschen nicht nur sich selbst, sondern können sogar gelehrte Männer ins Verderben reißen... (Nach Guazzo)

Mit ihren erschöpfenden Beschreibungen, den biblischen Parallelen und ihren bigotten Proskriptionen ließen die Hexenjäger keinen Zweifel daran, daß das ganze weibliche Geschlecht zu fürchten und zu ächten sei. Frauen flößten Angst ein, weil sie große sexuelle und intuitive Fähigkeiten hatten, und keine Frau war mächtiger und gefürchteter als die weise Heilerin, die, wie man glaubte, ihre wunderbare Heilkunst nicht von Gott, sondern vom Teufel hatte. Die nachfolgende Geschichte einer weisen »Hexe« erzählt Jeanne Achterberg in ihrem Buch *Woman as Healer*:

Gilly Duncan war eine junge Magd in Diensten von David Seaton, des stellvertretenden Friedensrichters einer kleinen Stadt in der Nähe von Edinburgh. Gilly hatte sich einen Ruf als Heilerin erworben und heilte viele, die an den unterschiedlichsten Krankheiten und Gebrechen litten. Seaton glaubte, ihre außerordentlichen Fähigkeiten wären unnatürlichen Ursprungs. Er behauptete auch, gesehen zu haben, daß sie nachts an unerklärliche Orte ging. Er beschaffte sich Folterwerkzeuge und verhörte sie. Er zerrte mit einem Seil an ihrem Kopf, setzte ihr Daumenschrauben an und untersuchte sie auf das Mal des Teufels. Schließlich bekannte sie, den Verlockungen und Verführungen des Teufels erlegen zu sein. Befriedigt übergab sie Seaton den Behörden. Diese zwangen sie mit den ihnen zur Verfügung stehenden Mitteln, die Namen ihrer Komplizinnen zu nennen. Die Angeklagten, die sogenannten Hexen von North Berwick, wurden verurteilt und um das Jahr 1592 gehängt.

Im *Compendium maleficarum* findet sich eine traurige und bizarre Geschichte über eine andere weise Heilerin. Der lange Bericht beginnt mit einer Beschreibung ihrer erstaunlichen Fähigkeiten als Heilerin, die sie, wie der Autor behauptet, zum Schaden anderer einsetzte.

> In Dammartin [Frankreich] erklärte sich im Dezember 1587 Nicole Stephanie aus Saint-Pol auf das Versprechen einer Belohnung hin bereit, das Schloß von der Pest zu befreien, denn sie stand im Ruf, sich hierauf zu verstehen. Sie erledigte ihre Aufgabe mit großer Sorgfalt. Nach einer gewissen Zeit, als man keine weitere Ansteckung mehr zu befürchten hatte, bezahlte man ihr ihren Lohn aus und entließ sie. Sie war jedoch ärgerlich darüber, daß sie früher entlassen wurde, als sie erwartet hatte, und daß sie nun auf das Wohlleben verzichten mußte, das sie genossen hatte; sie versuchte daher, ihren Aufenthalt zu verlängern, indem sie der Gemahlin des Schloßherrn, die sehr darauf gedrängt hatte, sie umgehend wieder zu entlassen, durch Zauber eine Krankheit schickte. Sie zögerte also nicht, jene Dame mit einer Krankheit zu schlagen, damit man sie wieder um ihre Dienste bitten würde.

Nicole Stephanies Herrin wurde von einem furchtbaren Zittern gequält und »solchen Schmerzen in ihren Füßen, daß sie sich schrecklich krümmten und die Zehen sich zu den Fersen bogen«. Verängstigte Diener berichteten von Gesprächen, in denen Nicole Stephanie sich angeblich gerühmt hätte, daß sie ihre Heilkunst von einem berühmten Hexer gelernt hätte, der sie schwängerte und später wegen nekromantischer Verbrechen zum Tode verurteilt worden war. Die Angst vor Zauberei breitete sich im Schloß ebenso schnell und heftig aus wie davor die Pest. Nachdem man Stephanies Sohn gefoltert und zu dem Geständnis gezwungen hatte, daß seine Mutter einen Zauberbann über die Bewohner des Schlosses gelegt hätte, wurde die »Hexe« getreten, mit Stöcken geschlagen und von zwei stämmigen Bauern zum Feuer gezerrt. Schließlich bekannte sie ihre Verbrechen und wurde mit ihrem Sohn auf dem Scheiterhaufen verbrannt.

In kleinen Städten und ländlichen Gemeinden in ganz Europa wurden »weise Frauen« wie Gilly Duncan und Nicole Stephanie der Hexerei angeklagt, unbarmherzig gequält und wegen ihrer »gottlosen Verbrechen« umgebracht. Ihr Schicksal nahm typischerweise mit einem seltsamen, unerwarteten oder unerklärlichen Ereignis seinen Lauf. Bald gab es Gerüchte und üble Nachrede; man zieh sie der Unzucht, Folter wurde angewandt, um Geständnisse zu erzwingen, man suchte Bestätigung in den (guten und bösen) Taten der angeblichen Hexe oder in den Handlungen, die sie sich auszuführen weigerte, und den endgültigen Beweis lieferte mühelos die brodelnde Furcht und Hysterie der in Aberglauben und religiösem Wahn befangenen ländlichen Bevölkerung.

Gute Taten waren ebenso verdächtig wie böse, denn »Heilen« selbst galt als eine verruchte Kunst. Als Pest und Epidemien über das Land hinwegfegten, versuchten die Priester, die Bauern damit zu trösten, daß ihr Leiden von Gott als Strafe für ihre Sünden geschickt worden war. Nachdem sie aber ihre Sünden gebeichtet hatten, wandten sich die Dorfbewohner an die weisen Frauen, damit sie ihr Leiden lindern sollten. Es wurden Kräuter gesammelt, Umschläge gemacht, Mixturen gebraut, und in der ganzen Christenheit wurden die Kranken und Sterbenden durch die alte weibliche Kunst des Heilens in »wunderbarer« Weise wieder gesund.

Solche Erfolge erregten den Zorn der Geistlichen, die behaupteten, daß die weisen Heilerinnen (und ebenso männliche Ärzte, die kühn oder töricht genug waren, sich auf die Heilwirkung schlichter Kräuter zu verlassen) sich magischer Praktiken bedienten und dem Willen Gottes zuwiderhandelten. Während die religiösen Führer das notwendige geistige Umfeld lieferten, erließen die weltlichen Autoritäten Gesetze, denen zufolge Frauen, die die Heilkunst ausübten, ohne eine Universität besucht zu haben, Hexen waren und ihr Verbrechen mit dem Tod büßen mußten. Weil ältere Gesetze schon seit langem Frauen den Zugang zu den Universitäten strikt verwehrten, waren die einzigen offiziell zugelassenen Heiler Männer. Da sich aber nur die Reichen die Dienste der akademischen Ärzte leisten konnten, waren die Bauern dazu verurteilt, stumm zu leiden oder aber ihr Leben aufs Spiel zu setzen, indem sie zur heilenden Hexe gingen. In manchen Gegenden genügte es schon, eine »Hexe« nur um Hilfe zu bitten, um sein Schicksal zu besiegeln: So verfügte zum Beispiel ein schottisches Gesetz aus dem Jahre 1563, daß nicht nur Hexen zum Tod verurteilt werden sollten, sondern auch alle, die sich von ihnen behandeln ließen.

Kräuter und Salben waren nach Auffassung der Hexenjäger nutzloses Pflanzenmaterial, das nur »heilen« konnte, wenn ihm Eigenschaften verliehen wurden, die vom Teufel stammten. Daher mußte jede Heilung durch einfache, »natürliche« Mittel zwangsläufig den Verdacht der Hexerei wachrufen. Im *Compendium maleficarum* heißt es ausdrücklich, daß Kräuter und Salben der »Deckmantel der Hexerei« seien:

> ... alle diese äußeren Mittel, die Hexen für die Krankheiten anwenden, die sie selbst verursacht haben, wie zum Beispiel Kräuter, Salben, Bäder und derlei Dinge, haben keinerlei heilende Kraft; sie sind lediglich der Deckmantel für ihre Zauberkunst, die sie aus Furcht vor dem gestrengen Gesetz nicht öffentlich zu zeigen wagen.

»Denn dies soll als Schlußfolgerung für alle Zeiten festgehalten werden«, dozierte ein angesehener und einflußreicher englischer Hexenjäger, »daß wir unter Hexern und Hexen nicht nur diejenigen verstehen, die töten und quälen, sondern vielmehr alle Wahrsager, Beschwörer, Taschenspieler und Zauberer, die man üblicherweise weise Männer und weise Frauen nennt ... ihnen rechnen wir ebenso alle guten Hexen zu, die nichts Böses, sondern Gutes tun, die nicht verderben und zerstören, sondern retten und erlösen ... es wäre für das Land tausendmal besser, wenn alle Hexen, insbesondere aber die wohltätigen Hexen, dem Tod überantwortet würden.«

Die wohltätige Hexe, die weise Heilerin, die niemandem schadete, sondern nur Gutes tat, die Schmerzen der Kreißenden linderte, die

Kranken mit sanften Kräutern und natürlichen, altbewährten Mitteln pflegte, galt also als noch gefährlicher als die Hexe, die das Vieh vergiftete, todbringende Gewitter aufrief oder auf ihrem Besen zum orgiastischen Hexensabbat fuhr, denn indem sie ihre Fähigkeiten einsetzte, um ihren Mitmenschen zu helfen, setzte sie sich über Gott. Nach katholischer Lehre kam nur Gott die Macht zu, über Tod und Leben zu entscheiden. Indem die weisen Frauen ihre bedeutenden Fähigkeiten einsetzten, um andere Menschen zu heilen, Fähigkeiten, die sie nach der verkehrten Logik der Hexenjäger nur mit Hilfe des Teufels erlangt haben konnten, versuchten sie Gottes Macht zu usurpieren und seinen Willen zu beugen – Verbrechen, die mit rascher Verurteilung, grausamer Folter und Tod bestraft werden mußten.

Hebammen waren besonders verachtet und gefürchtet, denn das Wunder der Geburt war jetzt mit der Schmach und Erniedrigung des Geschlechtsaktes befleckt. Wenn Hebammen versuchten, die Schmerzen der Wehen zu lindern, trotzten sie dem Bibelwort, dem zufolge Frauen zur Strafe für ihre Ursünde in Schmerzen gebären mußten. Wenn ein Kind tot zur Welt kam oder bald nach der Geburt starb, brachten Aberglaube und Furcht die Hebamme in Verdacht, denn in den Augen der Hexenjäger waren diese mitleidsvollen Heilerinnen in Wirklichkeit Hexen, die neugeborene Babys zu Dutzenden ermordeten und aus dem ausgekochten und abgekühlten Fett »Hexensalbe« herstellten. Wenn sie sich mit dieser Salbe einrieben, konnten sie durch Schlüssellöcher und Schornsteine fliegen, um mit Freundinnen und Nachbarinnen zum Hexensabbat zu fahren, wo sich die Feiernden orgiastischen Tänzen hingaben, mit Dämonen und Zauberern geschlechtlich verkehrten und das Fest mit dem Genuß solcher Delikatessen wie gekochter Kinder, ausgegrabener Leichen oder kleingehackter Fledermäuse krönten.

Die Bösartigkeit der weisen Hexen kannte keine Grenzen. In einem grotesken Abschnitt des *Hexenhammers* beschreiben die Verfasser, wie Hexen männliche Geschlechtsteile sammeln, sie in Schachteln oder Vogelnestern aufbewahren und mit Getreide füttern, um sie »lebendig« zu erhalten:

Und was soll man schließlich von jenen Hexen halten, die in dieser Weise männliche Glieder in großer Zahl sammeln, manchmal zwanzig oder dreißig Stück, und sie in ein Vogelnest legen oder in einer Schachtel verschließen, wo sie sich wie lebendige Glieder bewegen und Hafer und Mais essen, wie es schon viele gesehen haben und wie es immer wieder bezeugt wird? Man muß sagen, daß dies alles Teufelswerk und Täuschung ist, denn die Sinne derjenigen, die sie sehen, sind in der Weise verblendet, wie wir es beschrieben haben. Ein Mann berichtet, daß er sein Glied verloren hatte und zu einer bekannten Hexe ging, um sie zu bitten, es ihm wiederzugeben. Sie sagte zu dem Geschädigten, daß er auf einen Baum klettern solle, wo er sich aus einem Nest, in dem mehrere Glieder lagen, eines auswählen könne. Als er ein großes nehmen wollte, sagte die Hexe: »Dieses darfst du nicht nehmen«, und sie fügte hinzu, daß es einem Pfarrer gehörte.

Wegen solcher »Vergehen« wurden Hexen verbrannt, doch konnten die ihnen abgepreßten Geständnisse die Ängste und nur spärlich verhüllten Sehnsüchte der Hexenjäger nicht befriedigen. Wenn die Hexenjäger die Hexen anklagten, rühmten sie ihre Fähigkeit, zu heilen, zu trösten, zu pflegen und zu schützen; wenn sie sie verurteilten, übten sie Verrat an den ängstlichen Sehnsüchten ihrer eigenen Seele. Als ein baskischer Richter im Jahre 1609 Hexen als »meistens lüsterne und wollüstige Frauenzimmer« brandmarkte, »die nur für das Fleisch lebten«, enthüllten seine Worte nur die Tiefe seiner eigenen Leidenschaftlichkeit. Gepeinigt und entzündet scheint seine eigene Sehnsucht nach Schönheit, nach Liebe, nach dem Leben selbst in all ihrer Intensität auf:

Wenn man sie sieht, wie ihr Haar im Wind ihre Schultern umspielt, dann erscheinen sie in dieser üppigen Pracht ihres Haars so wunderschön, daß ein unbeschreiblicher Glanz und gleißendes Licht aufleuchtet, wenn die Sonne wie durch eine Wolke hindurchscheint; so betören sie mit ihren Augen, die in der Liebe ebenso gefährlich wie in der Hexerei sind.

Der Wahn endete 1684 in England, als dort die letzte Hexe gehängt wurde, 1692 in Amerika und 1775 in Deutschland. Als an die Stelle der metaphysischen Schlacht zwischen Gott und dem Teufel eine neue Kosmologie trat, in der die Naturwissenschaft vergöttlicht wurde, vermochten der Teufel der Unterwelt und seine niederträchtigen menschlichen Inkuben und Sukkuben die menschliche Phantasie immer weniger zu fesseln. Im sechzehnten Jahrhundert leitete Kopernikus die notwendige kosmologische Wende ein, indem er die Erde als einen kleineren Himmelskörper am Rande der Milchstraße erkannte; dies war eine so ketzerische Auffassung, daß der Wissenschaftler seine Theorien erst 1543 veröffentlichte, im Jahr seines Todes. Galilei (1564 bis 1642), der von der römischen Inquisition verurteilt wurde, bestätigte und erweiterte Kopernikus' heliozentrische Theorie. Er regte die Verwendung der Sprache der Mathematik an, um die Gesetze der Natur zu entziffern und auszudrücken, und forderte die Wissenschaftler auf, sich auf dasjenige zu beschränken, was objektiv meßbar und quantifizierbar ist. Ab dem siebzehnten Jahrhundert wurden Seele, Bewußtsein und Geist aus dem Reich der Wissenschaft verbannt, und der Teufel wurde zu einem Anachronismus, einem Mythos, der sich überlebt hatte. Die Männer richteten ihre Energie jetzt nicht mehr darauf, Frauen zu foltern und zu versklaven, sondern auf die gewaltigere, verheißungsvollere Aufgabe, die Natur selbst zu foltern und zu versklaven.

In seiner Funktion als oberster Kronanwalt und Lordsiegelbewahrer unter König Jakob I. führte Francis Bacon im siebzehnten Jahrhundert in England bei zahlreichen Hexenprozessen den Vorsitz, und seine Arbeit im Gerichtssaal blieb offenbar nicht ohne Einfluß auf seine wissenschaftlichen Betrachtungen. Bacon empfahl, daß man die Natur wie die Hexe jagen, unterwerfen, niederzwingen und »dienstbar« machen müsse. Für Bacon war die Beherrschung und Kontrolle der Natur das Ziel der neuen wissenschaftlichen Methode, und er empfahl seinen Kollegen, der Natur »ihre Geheimnisse abzufoltern«. Die Natur und die Frau, die seit den Anfängen der Menschheit ein enges Band verbindet, wurden zuerst im Namen Gottes, dann im Dienste der Wissenschaft gefoltert. Die zeitlose Weisheit der Großen

Göttin, Vertreterin der fröhlichen, sinnlichen, lebensbejahenden Aspekte des Menschseins, wurde geschändet; die Frau wurde erniedrigt und entehrt, aber der Mann als der Erniedrigende entwürdigte sich selbst.

Als wir die Erde verwüsteten, ihre Ressourcen vergewaltigten und plünderten, durchtrennten wir unsere eigene Nabelschnur zur Zukunft und schnitten uns vom Ursprung allen Heilens und aller Ganzheit ab. Als wir die Menschheit in zwei ungleiche Hälften teilten und die eine Hälfte als weniger vertrauenswürdig, weniger intelligent und spirituell unterentwickelt abtaten, spalteten wir unsere eigene Seele. Was wir anderen zufügen, fügen wir auch uns selbst zu; was wir der Erde zufügen, fügen wir unserer eigenen Seele zu. Alles im Leben ist miteinander verbunden, und wenn ein Teil abgeschnitten oder weggebrochen wird, spürt das Ganze die Verletzung und muß um die Wiederherstellung des Gleichgewichts und der Harmonie ringen. Eine moderne Geschichte fügt dem biblischen Schöpfungsbericht eine tiefere Ebene hinzu und zeigt, wie Männer und Frauen einander Ursprung sind:

> Ein Mann war mit einer sehr klugen Frau verheiratet. Als die Zeit verging, wurde er immer mehr auf die Klugheit seiner Frau eifersüchtig.
> Er war innerlich unsicher und äußerlich wütend und sagte sich, daß der Mann offensichtlich höher stehen müsse, weil er doch vor der Frau erschaffen wurde. Um sich seiner Unsicherheit zu entledigen, suchte er Jakob in der Bäckerei auf.
> »Die Frau wurde aus der Rippe des Mannes geschaffen«, sagte der Ehemann, um ein Argument für sich ins Feld zu führen.
> »Ja«, sagte Jakob, ohne von seiner Arbeit aufzublicken. »Die Frau wurde aus der Rippe des Mannes geschaffen. Aber woraus wurde der Mann geschaffen?«
> »Aus dem Boden natürlich, aus der Erde.«
> »Nun«, sagte Jakob, »ist eine Frau nicht die Erde, die deinen Samen empfängt?«

»Ja«, sagte der Mann, und er fühlte sich plötzlich sehr töricht. Jakob unterbrach seine Arbeit und sprach mit der Leichtigkeit desjenigen, der die Wahrheit für sich hat: »Jeder von uns ist der Ursprung des anderen. Unsere ganze Kraft liegt darin, dies zu wissen.« (Nach benShea)

Seit den Anfängen der Menschheit hat der weibliche Geist des Heilens die Verwundeten zu der Erkenntnis geführt, daß jeder des anderen Ursprung ist. Nur wenn wir die grundlegende Wahrheit akzeptieren, daß wir miteinander verbunden und voneinander abhängig sind, können unsere Wunden geheilt werden. Nur wenn wir unsere Sinnlichkeit annehmen und der Wildheit, Leidenschaft und Intuition einen Platz in der rationalen und vernünftigen Welt geben, können wir wieder ganz werden. Die heilende Kraft des weiblichen Geistes leitet uns an, nach den verlorenen und zerbrochenen Stücken zu suchen und mit Geduld und Vertrauen zu beginnen, die Ganzheit wiederherzustellen. Heilen ist Synonym zu Reintegration, und die bedeutendste heilende Tat liegt in der Fähigkeit, auf andere im Geiste der Liebe und Versöhnung und in dem Bewußtsein zuzugehen, daß alles, was geschehen ist, in der Vergangenheit liegt und daß wir unsere Aufmerksamkeit der Gegenwart widmen müssen. Nachtragender Groll reißt alte Wunden auf und behindert die Heilung; Versöhnungsbereitschaft, die das Kernstück des Heilens ist, lindert unsere Schmerzen und beruhigt unseren aufgewühlten Geist.
»Die Erinnerung an Vergangenes ist wie ein Wurm, der nicht sterben will«, schrieb Dominic Maruca. »Ob er weiterwächst, indem er an unserem Herzen frißt, ober aber sich in ein Geschöpf mit bunten Flügeln verwandelt, hängt davon ab ... ob wir eine Verzeihung erlangen, die wir uns selbst nicht gewähren können.« Vielleicht können wir von einem Wirt, der wußte, wie man »abrechnet«, lernen, wie man vergibt (und, was noch wichtiger ist, wie man Verzeihung *empfängt*):

Rabbi Elimelech von Linzensk wurde von einem Schüler gefragt, wie man um Verzeihung bittet. Er sagte ihm, er solle einen bestimmten Wirt vor dem Jom Kippur beobachten.

Der Schüler nahm in dem Gasthaus Quartier und beobachtete den Wirt einige Tage, konnte aber nichts entdecken, was für seine Frage von Bedeutung gewesen wäre.

In der Nacht aber vor dem Jom Kippur sah er, wie der Wirt zwei große Rechnungsbücher öffnete. Im ersten Buch las er eine Liste aller Sünden ab, die er im vergangenen Jahr begangen hatte. Als er fertig war, öffnete er das zweite Buch und las alle widrigen Dinge ab, die ihm im vergangenen Jahr zugestoßen waren. Nachdem er beide Bücher fertiggelesen hatte, erhob er seine Augen zum Himmel und sprach: »Guter G-t*, es ist wahr, daß ich wider dich gesündigt habe. Aber auch du hast mir viel Leid geschickt. Nun aber beginnt ein neues Jahr. Tragen wir einander nichts nach: Ich verzeihe dir, und du verzeihst mir.« (Nach Twerski)

* Nach traditioneller orthodoxer Praxis darf der Name Gottes nicht geschrieben werden

4 Zur Erde sprechen

Rede zur Erde, sie wird dich lehren ...

Das Buch Hiob (12,8)

Es ist der Zweck einer guten Medizin, es einfach zu machen.

Mad Bear, indianischer Medizinmann

Die Erde vergibt alles. Sie ist die unwandelbare Mitte, der ruhige Kern, um den sich alles Leben und alle Bewegung dreht. Sie »erdet« unser Sein, speist unseren Körper und nährt unsere Seele. Selbst wenn wir sie schwer verletzen, stellt sie sich wieder her und versorgt uns weiterhin. Verschmutzte Flüsse und Bäche nimmt sie tief in ihre Brust auf, in der Minerale die schädlichen Ionen entfernen, und unterirdische Kanäle leiten das gereinigte Wasser wieder an die Oberfläche. In Komposthaufen und Müllkippen sendet die Erde ihre Heerscharen von Bakterien aus, um Abfälle in fruchtbaren Boden zu verwandeln, der wiederum die wesentlichen Nährstoffe für das Gemüse und die Pflanzen bereitstellt, die das menschliche Leben erhalten. Im Schlamm am Grund des Baches schlägt der Lotos Wurzeln, treibt kraftvoll und zielstrebig nach oben, um seine zarten Blütenblätter der lebenspendenden Energie der Sonne zu öffnen.

Seit Jahrtausenden ehren weise Heilerinnen, Medizinmänner und Schamanen die Erde als Mutter und nehmen dankbar ihre heilenden Pflanzen und Kräuter als Geschenke der Erneuerung und Wiederherstellung an. Auch heute noch verwenden über achtzig Prozent der Weltbevölkerung nur einfache Kräuter und Pflanzenextrakte, um die Gesundheit zu erhalten und wiederherzustellen. Von all den erdzentrierten Gesellschaften ist keine leidenschaftlicher mit der Erde verbunden als die Indianer, deren große Kenntnis von Heilpflanzen schon frühe Siedler wie Albert Isaiah Coffin beeindruckte, der zu einem leidenschaftlichen Verfechter der Kräutertherapie wurde. Als Coffin todkrank mit einer Tuberkulose darniederlag, wurde er von einer weisen Seneca geheilt, die eine Schürze voller Kräuter sammelte und ihn gegen eine Gallone Apfelwein damit gesund pflegte.

Die alte Kunst der Kräutermedizin wird noch von manchen weisen Männern und Frauen praktiziert, die die Täler und Hügel auf der Suche nach Kräutern durchstreifen, die sie »Helfer« nennen. Einer der berühmtesten von ihnen ist der Schoschonen-Medizinmann Rolling Thunder, dessen Weisheit von zahlreichen einzelnen und Organisationen gesucht wird, die die Wiederentdeckung der heilenden Kräfte von Mutter Erde zu ihrer Aufgabe gemacht haben. Vor zwanzig Jahren führten mich verschiedene Ereignisse zu Rolling Thunder, eine Begegnung, die nachhaltige Auswirkungen auf mein Leben haben sollte. Es war im Jahre 1974, als ich in New York City die japanische Kampfkunst Aikido erlernte und mir dabei einen Meniskusriß zuzog. Weil der Meniskus von keinen Blutgefäßen versorgt wird, kann er nicht spontan heilen, und zwei Orthopäden sagten mir, daß eine Operation unausweichlich sei.

Nachdem ich gerade ein Jahr lang die Welt bereist hatte, um chinesische, japanische, philippinische und indianische Heilverfahren kennenzulernen, die sich alle auf die inneren Selbstheilungskräfte von Körper und Geist stützen, beschloß ich, dem Rat der Spezialisten nicht zu folgen. Zwei Monate lang versuchte ich, mich mit Massage, warmen Umschlägen, leichten Übungen, Akupunktur und chinesischen Kräutern zu heilen. Zwar trat eine allmähliche Besserung ein, doch blieb das Knie geschwollen und schmerzhaft, und ich sah mich nach neuen Verfahren um, die den Heilungsprozeß anregen könnten. Eines Tages lieh mir ein Freund das kurz zuvor erschienene Buch *Rolling Thunder*, in dem der Journalist Doug Boyd über seine Erfahrungen mit dem indianischen Weisheitssucher Rolling Thunder schreibt. Mir fiel sofort die verblüffende Ähnlichkeit zwischen Rolling Thunders Auffassung des Menschen als einem Mikrokosmos der Natur (»Jeder Mensch ist ein Modell des Lebens, und daher ist die wahre Natur des Menschen die Natur des Lebens«) und der taoistischen Philosophie auf, die den Menschen als Mikrokosmos der

natürlichen Welt versteht und ihn mahnt, in Harmonie mit den unwandelbaren Gesetzen der Natur zu leben.
Es war eine jener schicksalhaften Fügungen, die offenbar unseren individuellen Lebensweg lenken, daß ich einer Freundin von dem Buch erzählte und sie mir sagte, daß Rolling Thunder in einem Indianerreservat in Georgia ein Seminar abhalten wollte. In der Hoffnung, mehr über Rolling Thunders Heiltechniken zu erfahren (und immer noch auf der Suche nach einer nichtinvasiven Alternative zur Heilung meines Knies), flog ich nach Georgia zu der Tagung. Ich kam einige Stunden vor der ersten Sitzung an und beschloß, an dem Fluß, der die Grenze zum Indianerreservat bildete, noch einen kleinen Spaziergang zu machen. Zunächst ging ich ganz langsam, denn ich dachte an die großen Schmerzen, die ich bei jeder Belastung hatte; zu meiner Überraschung machte mir das Knie jedoch keinerlei Beschwerden. Nach einigen Minuten begann ich zu laufen und joggte vielleicht zehn Minuten, ohne auch nur den geringsten Schmerz zu verspüren. Wenn ich an diesen Morgen zurückdenke, glaube ich manchmal, daß die bloße Gegenwart des großen Medizinmanns mein Knie heilte oder daß vielleicht mein Knie einfach der Katalysator war, der mich mit Rolling Thunder in Kontakt brachte und spontan heilte, nachdem er diese Funktion erfüllt hatte.
Ich verbrachte vier Tage bei Rolling Thunder, der in beredten und leidenschaftlichen Worten über seine Funktion im Leben und die speziellen Begabungen und Erkenntnisse der Indianer sprach, des »roten Volkes«, wie er sie nannte. »Das rote Volk ist der Hüter von Mutter Erde«, sagte Rolling Thunder, »und unsere Weisheit ist wichtig, weil die Mutter in einem kritischen Zustand ist. Die drei übrigen Hautfarben, das schwarze, gelbe und weiße Volk, müssen sich aktiv auf die Suche nach ihren Visionen machen und ihre Aufgaben erkennen, damit wir in einer gemeinsamen Anstrengung unsere vielen Wunden heilen und wieder ganz werden können.« Als Rolling Thunder über die Heilung der Wunden von Körper, Seele und Geist sprach, erwähnte er immer wieder den unschätzbaren Wert der Heilkräuter oder »Helfer«. Heilkräuter sind göttliche Gaben des Erdgeistes, und wir müssen lernen, sie mit Wissen und Achtung einzusetzen. Alle

Pflanzen haben wie alles Lebendige einen Wert und eine Aufgabe – was Rolling Thunder einen »Daseinsgrund« nannte –, und wenn wir die heilkräftige Pflanze finden, die wir gesucht haben, müssen wir mit ihr sprechen, dem Häuptling unsere Ehrerbietung erweisen und genau erklären, warum wir die Wurzeln, Blätter, Beeren oder Blüten der Pflanze nehmen wollen. Nachdem wir mit der Erde gesprochen haben, dürfen wir nur diejenigen Teile der Pflanze nehmen, die wir brauchen, niemals mehr, und wir müssen das, was wir genommen haben, immer zu einem guten Zweck einsetzen, nämlich um zu heilen und ganz zu machen.

Wenn Rolling Thunder mit Mutter Erde sprach, sagte er nicht: »Mir geht es nicht gut, bringe mich in Ordnung«, sondern er versuchte, ihr die folgende Botschaft zu überbringen: »Mein Körper, meine Seele und mein Geist sind aus dem Gleichgewicht, und ich brauche deine Hilfe, damit es mir wieder gutgeht.« Er nahm eine partnerschaftliche Beziehung zur Pflanze auf und nahm dankbar ihre Hilfe an, wobei er seine eigene Verpflichtung akzeptierte, eine aktive Rolle bei seiner Heilung zu übernehmen, die, wie er betonte, nicht nur in einer Besserung des Befindens bestand, sondern auch besseres Denken, besseres Handeln und ein besserer Mensch zu sein bedeutet. Das höchste Ziel des Lebens besteht nach der Überzeugung von Rolling Thunder darin, alles Lebende einschließlich seiner selbst mit Hochachtung zu behandeln, denn alles Lebende hat seinen Daseinsgrund.

In dem Buch *Rolling Thunder* stellt der große Medizinmann seine Lebensphilosophie dar, die nicht zufällig mit seiner Heilungsphilosophie gleichlautend ist:

> Das grundlegende Prinzip besteht darin, anderen keinen Schaden zuzufügen, und dies gilt für alle Menschen, für alles Leben und alle Dinge ... Jedes Wesen hat das Recht, sein eigenes Leben in seiner eigenen Weise zu leben. Jedes Wesen hat eine Identität und einen Zweck. Um diesen Zweck erfüllen zu können, hat jedes Wesen die Fähigkeit der Selbstbestimmung, und hier beginnt die spirituelle Macht.

Die »Fähigkeit der Selbstbestimmung« kann man als die Fähigkeit verstehen, Verantwortung zu übernehmen und sich selbst zu heilen. Das Grundthema aller alten und traditionellen Heilverfahren klingt in diesen Worten an, die auf die Tatsache verweisen, daß alle Menschen die angeborene Fähigkeit haben, ihr Schicksal selbst in die Hand zu nehmen. Heilen ist nicht etwas, was uns nur zuteil wird, wenn wir krank sind, sondern vielmehr ein fortwährender Prozeß, den wir selbst in Gang setzen und unterhalten, wenn wir uns voller Energie und gesund fühlen. Die traditionelle chinesische und japanische Medizin, die indische Ayurveda-Medizin, die frühen europäischen und nahöstlichen Heilkünste, die indianische Medizin und andere traditionelle Heilmethoden lehren, daß Gesundheit nicht einfach die Abwesenheit von Krankheit ist, sondern ein Zustand des Wohlbefindens, der aus einem »dynamischen Gleichgewicht« von Harmonie und Zentriertheit entsteht.

»Finde deine Mitte«, sagt ein taoistisches Sprichwort, »und du wirst geheilt sein.« Rolling Thunder formuliert im Prinzip dieselbe Botschaft in einer etwas anderen Weise, wenn er das rote, das schwarze, das gelbe und das weiße Volk auffordert, sich aktiv auf die Suche nach der eigenen Identität und der eigenen Aufgabe zu machen – ein Prozeß, durch den sie Fühlung mit ihrer eigenen spirituellen Kraft aufnehmen können. Die chinesische Philosophie, die zur Suche nach der eigenen Mitte, und die indianische Auffassung, die zur Hinwendung zu den eigenen spirituellen Fähigkeiten aufruft, legen den Nachdruck auf einen fortwährenden Prozeß des Heilens, des Wachsens und der Erneuerung. Weil das Leben dynamisch ist und sich unaufhörlich wandelt, wird jeder Mensch viele Male das Gleichgewicht verlieren und wieder finden. Wenn wir aus dem Gleichgewicht sind, fühlen wir uns krank, desorientiert, gereizt, ängstlich und »nicht auf der Höhe«. Wenn wir im Gleichgewicht sind, fühlen wir uns zentriert, in uns selbst, in der Familie und in der Gemeinschaft »zu Hause«, *eins* mit der Welt.

Das stetige Pendeln zwischen Gleichgewicht und Ungleichgewicht kann auf verschiedene Ursachen zurückgeführt werden – Schlafmangel, ungewohnte Anstrengung, schlechte Ernährung, Umweltverschmutzung, unverarbeiteten Streß oder einen allgemeinen Zustand der Disharmonie mit der Familie, der Gemeinschaft und vor allem sich selbst. Die Erfahrung der Disharmonie oder Nichtzentriertheit bezeichnete Siddharta Gautama (der Buddha) als »Duhkha«, was in der Grundbedeutung »ausgerenkter Knochen« bedeutet und damit auf einen Zustand verweist, in dem man gebrochen oder von sich selbst getrennt ist. Wenn man Krankheit als Ergebnis eines Komplexes von Ursachen betrachtet, die zu Disharmonie und Ungleichgewicht führen, ist das Gefühl, krank oder angeschlagen zu sein, weit mehr als nur ein Symptom für eine Erkrankung. Krankheit ist aus dieser Sicht eine Botschaft, die tief aus unserer Mitte kommt und uns sagt, daß wir in das Ganze, dessen Teil wir sind, nicht richtig eingefügt sind. Unsere Symptome verlangen nach einer schöpferischen Reaktion, die wiederum den Entschluß notwendig macht, nach innen, zu unserem Wesenskern, zu gehen. Nur dann, wenn wir tief in die Mitte gehen, wo Herz und Seele ihren Sitz haben, können wir lernen, das Ungleichgewicht zu beseitigen, die Gebrochenheit zu beheben, die Wunden zu heilen und wieder ganz zu werden.

Alle traditionellen Kulturen sehen in der Krankheit etwas Natürliches und Bedeutungsvolles, denn die Erfahrung, aus dem Gleichgewicht zu sein, bietet die Chance einer Neuanpassung, durch die wir physisch, seelisch und geistig stärker werden können. Die traditionelle Medizin hat Ehrfurcht vor der inneren Weisheit und Integrität des menschlichen Körpers, denn als flexible und anpassungsfähige Geschöpfe haben wir die Fähigkeit, uns zu stabilisieren und wieder »in Ordnung« zu bringen. Der Medizinmann, der Schamane, die weise Frau und die traditionelle Heilerin wissen, daß es ihre Aufgabe ist, der Natur zu helfen und dabei stets die heiligen Verbindungen zwischen dem einzelnen, der Gemeinschaft und der Umgebung zu respektieren.

Das einzige Heilverfahren, das diese Ideen des Gleichgewichts, der Zentriertheit, der Selbstbestimmung und des natürlichen Heilens ignoriert, ist die moderne technische Medizin. Während die alten Heiltraditionen in Kreisen und Zyklen, Spiralen und Kontinua denken, konzentriert sich die moderne »wissenschaftliche« Medizin auf

Ränder und Umfänge, vertikale Zunahmen und horizontale Abnahmen. Das analytische Denken versteht die natürliche Welt als einen umschriebenen Bereich gerader Linien, abrupter Abbrüche und scharfer Kanten; der Mensch ist ein maschinenartiger Reiz-Reaktions-Mechanismus, und die menschliche Erfahrung der Krankheit wird auf die Symptome und äußeren Merkmale der Erkrankung reduziert.

Eine Anekdote illustriert, wie tief diese Philosophie von Ursache und Wirkung unsere Auffassung von Krankheit geprägt hat:

> »Ich kann es nicht ausstehen, ich kann es nicht ausstehen!« jammerte Feldmann. »*Ich halte es nicht aus*, erkältet zu sein.«
> »Sie müssen einfach Geduld haben«, sagte ihm der Arzt. »Man ist eben im Winter erkältet, und dafür haben wir kein Mittel...«
> »Aber es macht mich wahnsinnig. Sie *müssen* etwas tun!«
> »Gut, ich weiß etwas für Sie«, sagte der Arzt. »Duschen Sie kalt, schlingen Sie sich ein Handtuch um die Hüften, und laufen Sie eine Stunde im Freien herum.«
> »Aber Herr Doktor«, sagte Feldmann, »dann hole ich mir eine Lungenentzündung.«
> »Ja, aber *dafür* haben wir ein Mittel!«

Der Arzt reagiert natürlich auf die Forderung des Patienten, geheilt zu werden. »Sie *müssen* etwas tun«, jammert der Patient und leugnet seine Verantwortung dafür, seinem Körper bei seiner Selbstheilung zu helfen. Er findet, daß es zu lange dauert und zuviel Energie kostet, bis das Gleichgewicht wiederhergestellt ist, und er will nicht warten, bis die Natur ihre Arbeit getan hat. Indem er seine Krankheit auf eine Gesundheitsstörung reduziert und von einem Spezialisten eine schnelle und wirksame »Heilung« fordert, verzichtet er auf seine Fähigkeit der Selbstheilung.

Die Antwort des Arztes auf die Forderung seines Patienten zeigt sowohl die Beschränkungen der modernen Medizin wie auch ihr beachtliches Potential: Während sie einerseits gegen Erkältungen machtlos ist, verfügt sie andererseits über ganz erstaunliche Möglichkeiten, wenn der Patient wirklich schwer krank ist. Wenn wir nun die Definition des Heilens um den Begriff des Pflegens erweitern, dann bleibt dieses Potential erhalten, während die Beschränkungen vermindert werden. Wenn ein heutiger Heiler mit einer Krankheit zu tun hat, die man nicht im Handumdrehen »erledigen« kann, dann könnte er zum Beispiel genau hinhören, was der Patient sagt (»ich kann es nicht ausstehen, ich ertrage es nicht, es macht mich wahnsinnig«) und in diesen Äußerungen der Ungeduld und des Nicht-verstehen-Könnens nach der Ursache für das Problem des Patienten fahnden. Ein guter Arzt (und es gibt sehr viele geduldige und einfühlsame Ärzte innerhalb der modernen technischen Medizin) hört dem Patienten zu und erweitert die Symptome und äußeren Merkmale der Krankheit um die eigentliche Beschwerde, die *menschliche Erfahrung*, eine Krankheit durchstehen zu müssen. Wenn der Arzt nicht nur auf die objektiven Symptome, sondern auch auf die subjektiven Empfindungen, Gedanken und Emotionen des Patienten achtet, behandelt er den Patienten als einen ganzen Menschen mit miteinander zusammenhängenden spirituellen, psychologischen und physiologischen Bedürfnissen.

Der Internist Thomas Delbanco gibt in einem Interview mit Bill Moyers in dessen Buch *Healing and the Mind* eine Episode wieder, durch die ihm diese Idee des »ganzen Menschen« schlagartig klar wurde, für den eine Krankheit eine sinnvolle und lebensverändernde Erfahrung sein kann. Als eine Bekannte mit einem eigenartigen Bündel von Symptomen schwer erkrankte, erklärte sich ein berühmter Professor bereit, eine Diagnose zu stellen und eine Behandlung vorzuschlagen:

> Wir saßen gespannt im Wartezimmer, als sie wieder herauskam. »Nun, was hat er dir verschrieben?« Sie sagte: »Er meint, daß ich eine Waschmaschine brauche. Ich arbeite zu Hause zuviel.« Das war die Diagnose... Die Verordnung »Waschmaschine« steht nicht in den Lehrbüchern. Aber sie half ihr. Sie wurde geheilt, sie wurde durch diese Verordnung wieder gesund, sie wurde wieder ganz, wenn man so will.

Weil sich der Arzt die Zeit nahm, über die objektiven Symptome und Krankheitsanzeichen seiner Patientin hinauszugehen und sich auf eine Erörterung ihres »Daseinsgrundes« – ihrer Identität, ihrer Bestrebungen und ihrer spirituellen Werte – einzulassen, gab er ihr die Möglichkeit, sich selbst zu heilen. Nichts weiter als das Zuhören, die Aufmerksamkeit und das Anerkennen, daß ihr Leben anstrengend ist, setzte den Heilungsprozeß in Gang.
Ein anderer Arzt, den Moyers interviewte, erzählt von einem Mißverständnis zwischen einem Arzt und einer Patientin, das zu einer tatsächlichen schweren Erkrankung von Herz und Seele führte:

> Wir hatten einmal einen Arzt in unserem Personal, der zu einer Kambodschanerin sagte, sie habe eine Niereninfektion. In Kambodscha gilt aber die Niere als ein äußerst wichtiges Organ, weshalb eine Niereninfektion mit einer »Infektion der Seele« gleichbedeutend ist. Nun gibt es aber keine geringfügige »Infektion der Seele«; dies ist immer etwas Lebensbedrohliches. Die Frau war also zutiefst bestürzt. Sie ging nach Hause, verschenkte ihren Besitz, die Angehörigen kamen und weinten, aber nach drei Tagen war sie wie durch ein Wunder immer noch am Leben. Sie riefen also den Arzt an und fragten: »Warum lebt sie noch?«, und er antwortete: »Nun, sie hat nur einen leichten Niereninfekt, warum sollte sie denn nicht am Leben sein?«
> In der Zwischenzeit aber hatten wir diese Frau und ihre Angehörigen einer schweren Belastung ausgesetzt, weil wir nicht mit ihr geredet und nicht versucht hatten, ihr Wertsystem zu verstehen.

Jede Krankheit infiziert in einem sehr konkreten Sinne die Seele, denn wenn der Körper krank ist, werden auch Seele und Geist aus dem Gleichgewicht gebracht. Die moderne Technik ist oft außerordentlich effektiv, wenn es darum geht, lebensgefährlich Erkrankte zu retten (wobei ihr gelegentlich sogar das Wunder gelingt, schon tot Geglaubte wieder zum Leben zu erwecken); die komplexeren, weniger leicht zu quantifizierenden Beschwerden von Seele und Geist

bleiben aber oft unbeachtet und unbehandelt. Die moderne Medizin ist mit ihren computergestützten Diagnoseverfahren, experimentellen Arzneimitteln, Tomographen und anderen High-Tech-Maschinen so sehr mit Notfallinterventionen beschäftigt, daß die Ärzte keine Zeit mehr für Strategien haben, die es verhindern könnten, daß die Patienten überhaupt krank werden.
Antony Robbins, Verfasser des Bestsellers *Awaken the Giant Within*, erzählt eine sehr anschauliche Geschichte, die uns allen klarmachen kann, welche Anforderungen und welcher Druck auf unseren Ärzten lastet und wie nötig es wäre, Probleme vorbeugend zu bekämpfen, bevor sie »kritisch« werden. Robbins weiß sehr wohl, daß den heutigen Ärzten ihre übermenschlichen Anstrengungen, Leben zu retten, wenig Zeit für vorbeugende Strategien lassen.

> Stellen Sie sich vor, Sie gehen an einem Fluß spazieren. Plötzlich hören Sie jemanden rufen, und es wird Ihnen klar, daß hier jemand am Ertrinken ist. Einige Menschen, die wirkliche Führer sind – man nennt sie Ärzte –, springen mutig in den reißenden Fluß. Der Ertrinkende geht schon unter, und sie bieten alle ihre Kräfte und ihre Fähigkeiten auf, um ihn zu retten. Sie bekommen ihn zu fassen und schwimmen mit ihm, gegen den Strom kämpfend, ans Ufer. Sie ziehen den Betreffenden heraus, saugen das Wasser ab, führen eine Mund-zu-Mund-Beatmung durch, und gerade als der Gerettete wieder zu sich kommt, was hören sie? Zwei Hilferufe draußen auf dem Wasser. Der Arzt schwimmt hinaus, bekommt den ersten zu fassen, zieht ihn heraus, schwimmt zum nächsten hinaus, saugt bei beiden das Wasser ab, führt bei beiden eine Mund-zu-Mund-Beatmung durch, und was geschieht? Als diese beiden gerade wieder zu sich kommen, vier weitere Hilfeschreie. Der Arzt holt einen, den nächsten, wieder einen und schließlich den vierten, saugt wie verrückt ab, verausgabt sich völlig, bricht fast zusammen. Und was geschieht? Acht weitere Schreie.
> Eine anstrengende Angelegenheit. Aber was geschieht hier eigentlich? Der Arzt ist so sehr damit beschäftigt, diese Menschen

zu retten, daß er nicht die Zeit findet, den Fluß hinaufzugehen und festzustellen, wer alle diese Menschen ins Wasser stößt!

Traditionelle Heiler haben gelernt, eher vorbeugend als heilend vorzugehen; sie wissen, daß es wenig sinnvoll ist, Tote und Sterbende aus dem Wasser zu ziehen. Sie verbrauchen ihre Energien nicht für heroische Wiederbelebungsversuche, sondern gehen stromaufwärts, suchen nach der Ursache des Problems und stellen die entscheidende Frage: »Warum sind diese Menschen so krank?« Selbstverständlich brauchen wir beide Vorgehensweisen, wobei die in der »Wiederbelebungsmedizin« geschulten Ärzte längs des Flusses stationiert sind, um diejenigen zu retten, die sich nicht mehr selbst helfen können, während die traditionellen Heiler sich am Oberlauf versammeln, um zu verhindern, daß Menschen überhaupt in das Wasser fallen. Die naheliegende Lösung ist eine Partnerschaft, wobei die moderne technische Medizin für die dramatische Wiederbelebung lebensgefährlich Erkrankter zuständig ist, während die traditionellen Heilverfahren vorbeugende Strategien anbieten, die Körper, Seele und Geist helfen, sich selbst zu heilen.
Viele moderne Ärzte und Spezialisten würden jedoch mit einem Handicap einer solchen Partnerschaft beitreten, nämlich der Hybris des linearen, analytischen Denkens. Die Praktiker der modernen technischen Medizin sind allzuoft davon überzeugt, daß ihre Vorgehensweise die einzig richtige ist, weil sie sich der Disziplin des naturwissenschaftlichen Verfahrens unterwirft, wobei jede technische Intervention, jede diagnostische Vorgehensweise und jedes pharmazeutische Mittel genauestens gewogen, gemessen und im Doppelblindversuch geprüft ist. Sie sind der Auffassung, daß Faktoren wie Seele, Werte, Familie, Gemeinschaft und Umgebung nicht in den Zuständigkeitsbereich des Arztes fallen, und vorbeugende Maßnahmen auf der Grundlage von Meditation, Entspannung und spiritueller »Zentrierung« betrachten sie mit Skepsis und Herablassung.
Diese Behandlung von Körper, Seele und Geist als einem zusammenhängenden Ganzen und die Stärkung der Verbindungen zwischen einzelnen Menschen, der Gemeinschaft und dem Kosmos war

aber gerade immer eines der mächtigsten Werkzeuge in den Händen der traditionellen Heiler und Heilerinnen. Schamanen und weise Frauen waren immer der Meinung, daß man zwischen Kurieren und Heilen unterscheiden müsse. Während sich die moderne Medizin auf das »Kurieren« konzentriert, wobei äußere Methoden eingesetzt werden, um in den Krankheitsprozeß einzugreifen und die Grundfunktionen des Körpers zu verändern, richten die traditionellen Verfahren ihre Aufmerksamkeit auf die inneren Ressourcen und die inneren Selbstheilungskräfte des Patienten. Bei dem Bemühen, die Krankheit zu beseitigen, liegt der Schwerpunkt auf dem physischen Körper, während für das Heilen die Bedürfnisse von Herz und Seele im Vordergrund stehen. Wenn Ärzte gesund machen wollen, wollen sie dem Tod entgegentreten; Heilen hat dagegen mit der Fähigkeit zu tun, das Leben zu bejahen und anzunehmen.

Vor über eintausend Jahren schrieb der persische Arzt Al Razes (865 bis 925), Leiter des Hospitals von Bagdad, ein Buch über die Beschränkungen der »Männer der Wissenschaft« bei ihren Versuchen, Krankheiten zu heilen. Der dreiunddreißig Wörter lange Titel ist ein Juwel: *Der Grund, warum die unwissenden Ärzte, das gemeine Volk und die Frauen in den Städten bei der Behandlung bestimmter Krankheiten erfolgreicher sind als Männer der Wissenschaft, und die Entschuldigungen, die Ärzte hierfür anführen.*

In einem Brief mit einem etwas kürzeren, aber nicht weniger reizvollen Titel befaßt sich Razes mit demselben Thema: *Warum ein fähiger Arzt nicht die Macht hat, alle Krankheiten zu heilen, denn dies ist nicht im Bereich des Möglichen.* Was »im Bereich des Möglichen« liegt, ist die Vorbeugung gegen viele Krankheiten und Gesundheitsstörungen mittels verschiedener traditioneller Heilverfahren. Razes empfahl gute Ernährung, sorgfältige Hygiene und »einfache« Mittel, und er gab seinen Kollegen den Rat, »keine chemischen und komplexen Mittel zu geben, wenn einfache Mittel genügen und eine Heilung durch entsprechende Ernährung möglich ist«. Die Heilung mit einfachen Pflanzenextrakten, die Mutter Erde in Pflanzgärten, tropischen Regenwäldern und Unkrautecken bereitwillig zur Verfügung stellte, war immer die Domäne der »unwissenden Ärzte«, doch geriet die Kräuterheilkunde allmählich ins Hintertreffen, als die akademischen Ärzte vor der Herausforderung standen, die bösartigen Plagen der zivilisierten Gesellschaft auszulöschen. Jedes Kräuterweiblein konnte eine Handvoll Rosmarin, Salbei und Ysop gegen Kehlkopfentzündung, ein Senffußbad gegen Bronchitis oder ein Schlüsselblumendestillat gegen Schlaflosigkeit verordnen, doch waren diese Hausmittel gegen den Schwarzen Tod, Typhus, Pocken, Cholera und Diphtherie machtlos.

Als die Syphilis (die sich französische Soldaten in Neapel von Prostituierten geholt hatten, die sich mit Columbus' Seeleuten nach ihrer Rückkehr von den Westindischen Inseln eingelassen hatten) Ende des fünfzehnten Jahrhunderts ihren tödlichen Siegeszug durch Europa antrat, konnten Kräutermittel dieser Seuche nichts entgegensetzen, und bald galt das tödliche Gift Quecksilber als das einzige wirksame Mittel. Die meisten Ärzte des sechzehnten und siebzehnten Jahrhunderts hingen der alten hippokratischen Säftetheorie an, der zufolge Krankheit das Ergebnis eines Ungleichgewichts der vier »Säfte« weiße und schwarze Galle, Schleim und Blut ist und die Behandlung darauf abzielen muß, das Gleichgewicht durch die Ausscheidung von Schweiß, Erbrochenem, Harn und Schweiß wiederherzustellen. Quecksilber regt die Ausscheidung auf allen diesen Wegen in beeindruckender Weise an, aber weil das Gift für den menschlichen Körper so überaus schädlich ist, nutzt dieser sofort einen weiteren Ausscheidungsweg: den Speichel. Durch den fortwährenden Speichelfluß schwollen Zunge und Zahnfleisch an, lockerten sich die Zähne, wurden schwarz oder fielen aus, entstanden Wundflächen auf Zunge und Gaumen, Geschwüre an Kiefer und Wangen, und ganze Abschnitte des Gesichts einschließlich Augen, Backenknochen und Kieferknochen wurden zerstört. Daß viele Syphilitiker an der Behandlung starben und viele weitere furchtbar unter Magenkrämpfen, blutigem Durchfall, schweren Schweißausbrüchen, Zittern, Lähmungen und Verlust des Augenlichts und des Gehörs litten, dämpfte den Enthusiasmus ihrer Ärzte nicht, die sich zugute halten konnten, daß ihre Patienten ohnehin gestorben wären, weil es kein anderes »Heilmittel« gab.

Antimonium war ein weiteres beliebtes Mittel, das anfänglich für schwere und oft tödliche Erkrankungen wie Pest, Syphilis, Typhus und Pocken verordnet wurde, schließlich aber auch für chronische Erkrankungen wie Asthma, Koliken, Magengeschwüre, Magen-»schwäche« und Frauenleiden. Unmittelbar nach der Einnahme dieses außerordentlich reizenden Mittels traten beim Patienten unerträgliche Bauchschmerzen auf. Es folgten Übelkeit, Erbrechen und schwere Krämpfe; zu den Spätfolgen zählten Leber- und Nierenschäden und gelegentlich Herzversagen. Im Jahre 1650 erkrankte Monsieur d'Avaux, einer von den Finanzberatern Ludwigs XIV., an einem schweren Lungenleiden und hatte das Pech, vom Leibarzt des Königs behandelt zu werden, dem es die neuen »chemischen« Mittel angetan hatten. Wie es dem Patienten unter den Händen seines Arztes erging, beschreibt Barbara Griggs in *The Green Pharmacy*:

> Er erhielt eine durchaus angemessene ärztliche Behandlung, als ihn ein Verwandter drängte, zu Monsieur Vautier zu gehen, dem Leibarzt des Königs, der ihm Antimonium verordnete. Eine Stunde nach Einnahme des Mittels begann er zu schreien, er würde brennen, man habe ihn vergiftet, er bereue es, daß man ihn das Mittel einnehmen ließ, und er bedauere, sein Testament noch nicht gemacht zu haben. Das Gift zerfraß seine Eingeweide, und er starb drei Stunden nach der Einnahme unter Erbrechen.

Während die neuen chemischen Mittel oft tödlich waren, verliefen die Krankheiten ebenso, für die diese Gifte verabreicht wurden. Wenn ein Patient das Glück hatte, seine Krankheit und dazu die Behandlung zu überleben, galt der Arzt als Wundertäter. Wenn der Patient starb, wurde sein Tod auf die unheilbare Krankheit zurückgeführt, nicht auf die Roßkur. Bei weniger schweren Krankheiten wurden weniger bedrohliche, aber den Magen trotzdem strapazierende Behandlungen verordnet. Ein Rezept für Rippenfellentzündung, das noch Anfang des achtzehnten Jahrhunderts in Londoner Krankenhäusern eingesetzt wurde, enthielt volle zweihundert Gramm frischen Pferdekot. Die Einnahme von weißem Pfauenkot wurde als

Heilmittel für Epilepsie gepriesen, und der Edelstein Topas galt als das richtige Tonikum bei Durchfall. Im siebzehnten Jahrhundert erfand Monsieur Antoine d'Aquin, ebenfalls einer der Ärzte Ludwigs XIV., eine Rezeptur mit so exotischen und bizarren (und dazu teuren) Zutaten wie »Perlen, Hyazinthen, Korallen, der Wurzel männlicher Pfingstrosen, die bei abnehmendem Mond gesammelt wurden, Geschabsel vom Schädel eines Mannes, der eines gewaltsamen Todes gestorben war, und den Hufen der Waldantilope«.

Nicholas Culpeper, ein in Oxford ausgebildeter englischer Kräuterheilkundler und Apotheker, machte im siebzehnten Jahrhundert aus seiner Verachtung für solche nutzlosen und oft vergiftenden Behandlungen kein Hehl und verkündete seinen Landsleuten, daß diese starken Purgiermittel »ihren Körper ebenso schnell auszehren würden wie die Ärzte ihre Geldbeutel«. Erbittert über die hochnäsige Haltung der reichen Ärzte des englischen College of Physicians, die fast ausschließlich die Oberschicht behandelten, warf Culpeper seinen Kollegen vor, sichere, billige und leicht verfügbare pflanzliche Mittel außer acht zu lassen. »Ich wollte«, schrieb Culpeper, »sie würden einmal darüber nachdenken, wie viele arme Geschöpfe täglich sterben, die leicht hätten gerettet werden können, wenn sie nur gewußt hätten, wofür die Kräuter in ihrem eigenen Garten gut sind.«

Die meisten Apotheker und »regulären« (das heißt an der Universität ausgebildeten) Ärzte waren so sehr mit der Herausforderung der tödlichen Krankheiten beschäftigt, daß sie die alten Heilkünste völlig vernachlässigten. Man war fieberhaft auf der Suche nach den »Wundermitteln«, die die Geißeln einer immer menschenreicheren Industriegesellschaft auslöschen sollten, unter anderem Lungenentzündung, Kindbettfieber, Pocken, Typhus, Gehirnhautentzündung, Kinderlähmung und Tuberkulose. Die Wissenschaft der Alchimie, die die verschiedensten Minerale und Metalle miteinander vermischte, abkühlte, erhitzte, destillierte, kochte und zu komplizierten Rezepturen zusammenfügte, wies den Weg in eine schöne neue Welt, in der man Krankheiten begegnen und sie vielleicht sogar besiegen konnte, indem man die Pülverchen der Alchimisten in die morgendliche Tasse Tee schüttete. Die Menschen ahnten nicht, daß die chemischen Mixturen, die sie mit so viel Vertrauen einnahmen, ihnen langsam das Mark aussaugten, ihr Immunsystem zerstörten und sie letztendlich vergifteten.

Ende des achtzehnten Jahrhunderts erfreute sich in Nordamerika eine pulverisierte, kristalline Zubereitung von Quecksilber namens Calomel einer außerordentlichen Beliebtheit. Es galt als Allzweckmittel für die Beseitigung schädlicher Verunreinigungen im Körper und wurde von den berühmtesten und erfolgreichsten Ärzten jener Zeit gepriesen, unter anderem von Dr. Benjamin Rush aus Philadelphia. Dieser Absolvent der Universität von Princeton und Professor an der Universität von Pennsylvania, von der zu jener Zeit fünfundsiebzig Prozent aller akademischen Ärzte Nordamerikas stammten, rühmte Calomel als »sichere und geradezu universelle Arznei«.

Mit seiner Begeisterung für Calomel stand Dr. Rush nicht allein. In dem medizinischen Hausbüchlein *Modern Domestic Medicine*, das ein Dr. Thomas Graham Anfang des neunzehnten Jahrhunderts verfaßte, wird der Leser kurz vor dem »übermäßigen« Gebrauch von Quecksilber gewarnt und anschließend über die beeindruckende Fähigkeit von Calomel informiert, die Symptome von sechsundvierzig verschiedenen Leiden einschließlich Asthma, Gelbsucht, Kopfschmerzen und Verdauungsstörungen zu bekämpfen. Neugeborene bekamen routinemäßig eine Dosis des Gifts, Kindern mit Grippe wurden enorme Dosen verabreicht, und ab der Pubertät sollten Frauen Calomel bei Menstruationsbeschwerden, von Krämpfen bis zu »blockierten Menses«, und gegen die vielen und vielfältigen Beschwerden der Schwangerschaft einnehmen.

Es gab damals schon scharfsinnige Beobachter, die den Sinn solcher starken Mittel bei kleineren Beschwerden in Frage stellten, die sich unbehandelt von selbst gebessert hätten oder verschwunden wären, während andere nachdrücklich fragten, warum die Gesundheit der einst so gesunden Amerikanerin immer schlechter wurde. Florence Nightingale hielt fest, was damals offenbar kein seltenes Bild war: »Eine Urgroßmutter, die ein Turm physischer Kraft war, eine Großmutter, die vielleicht weniger gesundheitsstrotzend, aber immer noch kerngesund war; eine Mutter, die abgespannt und auf Kinderwagen und Haushalt beschränkt war, und schließlich eine kränkliche Tochter, die an das Bett gefesselt war.«

Der Arzt Oliver Wendell Holmes konstatierte entsetzt den schlechten Gesundheitszustand der amerikanischen Bevölkerung und forderte die Ärzte auf, darüber nachzudenken, »warum unsere jungen Leute so oft zusammenbrechen«. Konnte es sein, fragte er sich, daß ihre ärztliche Behandlung, insbesondere die chemischen Mittel, die ihnen verordnet wurden, ihre Widerstandskraft schwächte und sie langsam vergiftete? In einem Vortrag vor der Massachusetts Medical Society sprach Holmes 1860 den berühmten Satz: »...ich bin fest überzeugt, daß es für die Menschheit weitaus besser wäre, wenn die ganze Materia medica, wie sie heute im Schwange ist, auf den Grund des Meeres versenkt würde – freilich weitaus schlechter für die Fische« (nach Griggs).

Einhundert Jahre später gab der Gesellschaftskritiker Ivan Illich ähnlichen Empfindungen Ausdruck wie Holmes. »Das medizinische Establishment ist zu einer Hauptbedrohung für die Gesundheit geworden«, verkündet Illich kühn in seinem Buch *Die Nemesis der Medizin*. »Die Schmerzen, Dysfunktionen, Behinderungen und Ängste, die heute durch Interventionen der technischen Medizin entstehen, reichen nahezu an die Sterblichkeit aufgrund von Verkehrs- und Arbeitsunfällen und sogar kriegerischer Auseinandersetzungen heran, womit die Folgen der Medizin zu einer der am schnellsten sich ausbreitenden Epidemien unserer Zeit geworden sind. Unter den mörderischen institutionellen Noxen schädigt heute nur noch die Fehlernährung mehr Menschen als die iatrogenen Erkrankungen in ihren verschiedenen Erscheinungsformen.«

Die »Epidemie« der iatrogenen (vom Arzt verursachten) Krankheiten schreitet heute unvermindert fort. Medizinische Eingriffe auch bei den harmlosesten Erkrankungen haben schon lebensbedrohliche Situationen ausgelöst. In seinem Buch *Matters of Life and Death* berichtet Dr. Eugene Robin über den Fall eines jungen Mannes, der nur mit Glück einen einfachen Eingriff zur Beseitigung eines eingewachsenen Zehennagels überlebte:

Weil der Patient in ängstlicher Unruhe war, wurde beschlossen, den Eingriff unter Vollnarkose durchzuführen. Während der Einleitung der Narkose kam es bei dem Patienten zu einem Herzstillstand. Der Chirurg eröffnete die Brust und konnte den Herzschlag wieder in Gang bringen; weil jedoch Eile geboten war, konnte er nicht alle aseptischen Kautelen einhalten. Als der Patient nach der Wiederbelebung in ein Krankenzimmer gefahren wurde, erlitt er bei einem Unfall im Aufzug einen Beinbruch. Er wurde wieder in den Operationssaal gefahren, wo das gebrochene Bein in Gips gelegt wurde.

Im Laufe der nächsten beiden Tage bekam er eine bakterielle Perikarditis, eine Infektion des Herzbeutels, die ohne Zweifel die Folge der unzureichenden aseptischen Maßnahmen bei der Eröffnung der Brust war. Nun war eine Herzoperation notwendig, um die Infektion zu stoppen. Anschließend wurde mit Antibiotika behandelt, wobei der Patient eine Lungenembolie erlitt, eine häufige Komplikation bei Knochenbrüchen wie auch längerer Bettlägerigkeit. Aus diesem Grund wurde mit thrombolytischen Mitteln behandelt, die eine massive Blutung aus einem Magengeschwür auslösten. Dieses Magengeschwür war vermutlich die Folge der Belastungen durch die zahlreichen Komplikationen und Behandlungen, die er durchgemacht hatte, und das blutverdünnende Mittel verschärfte die Blutung.

Nach einigen Monaten wurde der Patient aus dem Krankenhaus entlassen, ohne daß sein eingewachsener Zehennagel behandelt worden wäre. Er verließ das Krankenhaus lebend, was er seiner Jugend und seinem Lebenswillen zu verdanken hatte.

Um nicht den falschen Eindruck entstehen zu lassen, daß solche Vorfälle Ausnahmen sind, stellt Dr. Robin kurz vierundzwanzig »Iatroepidemien« dar, Epidemien, die durch systematische, vermeidbare ärztliche Behandlungsfehler verursacht wurden. Er schreibt, diese Liste sei keineswegs erschöpfend. Nachfolgend einige »Kostproben«:

... Diethylstilböstrol (DES) zur Vorbeugung gegen Spontanabort. Das Mittel DES wurde Millionen von Schwangeren gegeben. Es verhinderte keine Fehlgeburten, hatte dafür aber eine andere, unerwartete Wirkung: Bei den Töchtern der so behandelten Frauen traten schon in der Jugend gehäuft Scheidenkarzinome auf...

... Anwendung hoher Sauerstoffdosen und Erblindung bei Kindern. Obwohl bekannt ist, daß Sauerstoff viele Gewebe schädigen kann, wurden zahlreiche Frühgeburten ohne entsprechende Vorsichtsmaßnahmen mit hohen Sauerstoffkonzentrationen behandelt. Die Augen vieler Kinder wurden durch eine sogenannte retrolentale Fibroplasie geschädigt. In den fünfziger Jahren war diese Krankheit bereits die Hauptursache von Blindheit bei Kindern...

... Ligatur der inneren Brustdrüsenarterie bei koronaren Herzerkrankungen. Eine Brustarterie wird unterbunden, um die Durchblutung des Herzens zu verbessern. Dieser Eingriff sollte Patienten vor einem Herzinfarkt schützen, erwies sich jedoch als wirkungslos. Bis dies gezeigt werden konnte, wurde bei sehr vielen Patienten dieser Eingriff durchgeführt, die dadurch Schmerzen hatten, behindert waren und teilweise starben...

... Ilealer Bypass gegen Fettleibigkeit. Am letzten Abschnitt des Dünndarms, dem Krummdarm, wurde ein Bypass gelegt, um die Patienten beim Abmagern zu unterstützen. Dieser Eingriff hatte Lebererkrankungen und Arthritis zur Folge und führte bei nicht wenigen Patienten zum Tode, weshalb er inzwischen nicht mehr durchgeführt wird. Überlebende leiden nach wie vor an den Komplikationen des Eingriffs. Versuche, den Bypass wieder zu entfernen, führten zu neuen Komplikationen...

... Bestrahlung wegen Akne. Bei Patienten, deren Haut mit Röntgenstrahlen behandelt wurde, trat vermehrt Hautkrebs auf...

Das erste Beispiel ist besonders schwerwiegend, weil das Mittel noch beinahe zwanzig Jahre lang verordnet wurde, nachdem kontrollierte Studien bereits gezeigt hatten, daß es unwirksam war. Dr. Robert Mendelsohn zufolge, dem Verfasser von *Confessions of a Medical Heretic*, zeigten Kontrollstudien, die an der Universität von Chicago durchgeführt wurden, schon 1952 die Wirkungslosigkeit von DES, und trotzdem wurde es von der Pharmaindustrie weiter erzeugt und von den Ärzten weiter verordnet. Zwischen 1940 und 1980 wurde sechs Millionen Frauen DES verschrieben, obwohl man wußte, daß das Mittel stark toxisch war und zu Mißbildungen der Geschlechtsorgane führen konnte. »Heute haben wir eine Generation von DES-Töchtern mit Scheidenkrebs, von DES-Söhnen mit Hodentumoren«, schreibt Mendelsohn. Bei den Frauen, die DES einnahmen, ist das Krebsrisiko um das *Achtfache* erhöht.«

Selbst diejenigen Mittel, die uns am meisten helfen könnten, verwandeln sich in unsere ärgsten Feinde. In einem *Newsweek*-Artikel vom 28. März 1994 wird unter der Überschrift »Antibiotika: Das Ende der Wundermittel?« in gnadenloser Ausführlichkeit die unangemessene Verordnung und daraus resultierende übermäßige Einnahme von Antibiotika beschrieben. *Newsweek* zitiert Studien, denen zufolge der Verkauf von Antibiotika in den Vereinigten Staaten sich in den letzten zehn Jahren verdoppelt hat, fünfzig bis sechzig Prozent aller ambulanten Verordnungen »unangemessen« sind und sieben von zehn Amerikanern, die wegen Erkältungen zum Arzt gehen, Antibiotika verschrieben werden, obwohl diese Mittel bekanntlich gegen Virusinfektionen wie Erkältungen und Grippe nichts ausrichten können. Mit unserem Streben nach schneller, unproblematischer Heilung, mit unserer Bereitschaft, bei relativ harmlosen Beschwerden starke, aber unwirksame Mittel einzunehmen, sind wir dabei, resistente Erreger zu züchten, die in der Lage sind, ihr genetisches Material vor dem Angriff von Antibiotika zu schützen. Sooft wir ein Antibiotikum einnehmen, ist dies für die Bakterien des Körpers (die der Mikrobiologe Stanley Falkow von der Universität Stanford als »clevere Teufelchen« bezeichnet) ein Signal, nach Wegen zu suchen, um selbst zu überleben und ihre Nachkommen durch eine Mutation resistent zu machen. Wie können wir das Chaos wieder ordnen, das wir angerichtet haben? »Vielleicht brauchen wir nicht noch mehr technische Lösungen«, lautet die Schlußfolgerung des Artikels in *Newsweek*, »sondern einfach ein wenig Vernunft. Vielleicht sollten wir nicht mit der Kanone starker Antibiotika auf die Spatzen eines harmlosen Infekts schießen.«

Aber selbst dann, wenn die geballte Feuerkraft eines Antibiotikums in einer sinnvollen Weise eingesetzt wird, kann sie ein Chaos anrichten. John Shen, Therapeut und Lehrer der Traditionellen Chinesischen Medizin, gebraucht eine plastische Metapher, um verständlich zu machen, was wir durch unseren übermäßigen Gebrauch von Antibiotika angerichtet haben. Wenn Erreger in das »Haus« unseres Körpers eindringen, schicken Ärzte die antibiotischen Stoßtrupps ins Gefecht, die alles niedermähen, was ihnen vor Augen kommt, auch die nützlichen Bakterien, die die Rolle des »Hausdetektivs« spielen. Nach dem Massaker verrammeln die Sturmtruppen die Fenster und Türen und lassen die Leichen drinnen verfaulen. Dies ist nur scheinbar eine einfache Lösung, denn dieses »Haus« ist schließlich unser Körper, und irgendwie müssen wir nun mit den faulenden Erregern ohne die Hilfe der nützlichen Bakterien fertig werden.

Die möglicherweise schlimmen Folgen der modernen Interventionen sind der Ärzteschaft sehr wohl bekannt, die manchmal Witze macht, um den Ernst des Themas zu überspielen:

> Ein Arzt nahm eine Woche Urlaub und ging auf die Jagd. Als er wieder zurück im Dienst war, fragte ihn eine Schwester: »Wie war der Urlaub?«
> »Ich habe nichts erwischt«, sagte er verdrossen.
> »Oh«, sagte die Schwester, »dann hätten Sie besser hierbleiben können.«

Wie weit haben wir uns doch von der alten Praxis und Philosophie der Medizin entfernt, als Heiler noch als die Diener der Natur galten,

als dem menschlichen Körper die Fähigkeit der Selbstheilung und des inneren Ausgleichs zuerkannt wurde und einfache pflanzliche Mittel wegen ihrer sanften, unterstützenden Wirkung geschätzt wurden. Wenn wir genau hinhören, können wir aber vernehmen, wie uns die alten Stimmen rufen. Der griechische Heiler Hippokrates (468 bis 377 vor Christus) lehrte, daß »Naturkräfte die Heiler von Krankheiten« sind und »ein Arzt, der nicht helfen kann, daran gehindert werden muß, Schaden anzurichten«. Fünfhundert Jahre später vertrat Galen (131 bis 200 nach Christus) aus Pergamon in Kleinasien die Auffassung, daß »der Arzt der Verbündete der Natur« sei. Über ein Jahrtausend nach Galen erklärte der deutsche Arzt Paracelsus (1493 bis 1541), daß »der Arzt nur der Diener der Natur, nicht ihr Herr« sei. »Deshalb steht es der Medizin wohl an, dem Willen der Natur zu gehorchen.« Im achtzehnten Jahrhundert bekräftigte der französische Philosoph Voltaire, daß »die Kunst der Medizin darin besteht, den Patienten zu amüsieren, während die Natur die Krankheit heilt«.
Dieselbe grundlegende Botschaft wiederholen moderne Heiler und Schamanen wie Rolling Thunder, die der Auffassung sind, das grundlegende Prinzip bestehe darin, keinen Schaden zuzufügen. Sie haben die sanfte Heilwirkung von Pflanzen verstanden, wie sie Mutter Erde denen freigiebig zur Verfügung stellt, die wissen, was notwendig und nützlich ist. Heilkräuter entfalten ihre wunderbare Wirkung langsam und sanft, indem sie Gleichgewicht und Harmonie in Körper, Seele und Geist wiederherzustellen helfen. Die heilende Macht der Pflanze kommt aus ihrer Gesamtheit – eine Anschauung, die im krassen Widerspruch zu der alten alchimistischen und modernen pharmazeutischen Auffassung steht, daß »alle Wirkkraft vom Stoff der Arznei abgetrennt wird, so daß der reinere und feinere Teil einer jeden Arznei aus dem gröberen und erdigeren Teil abgesondert wird«.
Wir sind heute ganz auf die »reinen und feinen« Bestandteile fixiert, während uns das »Grobe und Erdige« suspekt ist. Die Kräuterheilkunde wird von vielen Ärzten verächtlich gemacht, die ihrer »Sorge« Ausdruck verleihen, jemand müßte die Amateure vor sich selbst schützen, und die äußerst skeptisch bezüglich des Werts der Kräutermittel sind, die sie als kurios, lachhaft, wirkungslos und im

schlimmsten Fall als gefährliche Form der Quacksalberei betrachten. »Eine Mauer des Vorurteils steht zwischen den heutigen Ärzten und den Anwendern einfacher Kräutermittel«, schreibt Griggs in *The Green Pharmacy*, »und die Feindseligkeit, die amüsierte Verachtung oder auch die Entrüstung, die der bloße Gedanke, daß man Menschen mit Pflanzen behandeln können, in Kreisen der Ärzteschaft auslösen kann, muß man selbst erlebt haben, um es zu glauben.«
Nehmen wir etwa die eigenartige Reaktion der eingefleischten »wissenschaftlichen« Gemeinde auf die erstaunliche Schutzwirkung eines einfachen pflanzlichen Hefetonikums namens »Bio-Strath«. In Doppelblindversuchen, die in den Niederlanden mit 123 geistig zurückgebliebenen Kindern durchgeführt wurden, stellte man eine signifikante Besserung der Konzentrations- und Ausdrucksfähigkeit der Betreffenden fest. In einer Studie an der Universität Zürich wurden weiße Mäuse mit Röntgenstrahlen behandelt; diejenigen, die Bio-Strath bekamen, hatten größere und mehr Junge. In einem Doppelblindversuch an einem führenden Schweizer Krebskrankenhaus erhielten operierte Patienten, die einer Strahlenbehandlung unterzogen wurden, Bio-Strath; bei diesen trat eine beeindruckende Besserung des Appetits, der physischen Aktivität und des allgemeinen Wohlbefindens ein, und sie nahmen durchschnittlich 3,5 Kilogramm mehr zu als die Kontrollgruppe. Jahrelang war Bio-Strath in den Vereinigten Staaten mit Genehmigung des dortigen Gesundheitsamtes (FDA) im Handel. Dann verbot die FDA ohne Angabe von Gründen das Kräutermittel und weigerte sich gleichzeitig, die Gründe hierfür offenzulegen. Als der Schweizer Hersteller von Bio-Strath rechtliche Schritte einleitete, räumte die FDA ein, daß ihre Entscheidung keine Grundlage hatte, und Bio-Strath war auf dem amerikanischen Markt wieder erhältlich.
Die FDA versucht mit einem enormen Aufwand an Zeit und Energie, die Öffentlichkeit vor den eingebildeten Gefahren schlichter Kräutermittel zu schützen. Im Jahre 1960 verbot diese Bundesbehörde den Verkauf von Sassafrastee und die Verwendung von Sassafras in alkoholfreien Getränken, nachdem bei einigen Ratten, die mit massiven Dosen von Safrol gefüttert wurden, einem Bestandteil des äthe-

rischen Öls von Sassafras, Leberkrebs aufgetreten war. Bei dieser Entscheidung der FDA blieb unberücksichtigt, daß Safrol in Wasser kaum löslich ist, weshalb eine Tasse Sassafrastee nur Spuren von Safrol enthält; bisher ist kein einziger Fall einer Sassafrasvergiftung oder von Krebs im Zusammenhang mit dem Genuß von Sassafras bekannt geworden. Ein weiterer erstaunlicher Aspekt des Verbots von Sassafras ist die Tatsache, daß die FDA den Verkauf von Muskatnuß, Pfeffer, Sternanis und gewöhnlichem Tee nicht verbot, die sämtlich ähnlich geringe Mengen Safrol enthalten.

Die Heilpflanze Beinwell dient seit Jahrhunderten als Nahrungsmittel und Heilmittel für die Behandlung von Magenbeschwerden, von Knochenbrüchen und Lungenerkrankungen. Als man jedoch in den Blättern und Wurzeln der Pflanze Pyrrolidin-Alkaloide entdeckte und diese in absurd hohen Dosen (dreißig bis fünfzig Prozent der Grundnahrung) an Laborratten verfütterte, bildeten sich in der Leber der Tiere Tumoren. Daraufhin wurde versucht, Fälle ausfindig zu machen, in denen Beinwell mit der späteren Entstehung von Leberschäden in Zusammenhang gebracht werden konnte, doch stieß man nur auf drei höchst fragwürdige Fälle. Trotzdem wurde Beinwell in Kanada verboten, und die FDA prüft gegenwärtig ebenfalls ein Verbot der Heilpflanze.

In einer Sonderveröffentlichung des *Journal of the American Medical Association* vom 2. August 1976 wurden Kräutertees als »potentiell gesundheitsschädlich« dargestellt. Das in den Tees enthaltene Tannin, so war zu lesen, könnte die biochemischen Wirkungen von Arzneimitteln behindern, die der Teetrinker eventuell einnehmen müsse. Den Ärzten wurde empfohlen, den Teegenuß ihrer Patienten zu prüfen und »hiervon, wenn irgend möglich, abzuraten«, um den Erfolg der chemotherapeutischen Behandlung nicht zu gefährden. Barbara Griggs führt diese Forderung ad absurdum:

> Dies heißt im Klartext, Ärzte sollten ihren Patienten sagen, daß sie auf keinen Fall gewöhnlichen Tee trinken sollten, der reich an jenen ominösen Tanninen ist, wenn sie Arzneimittel einnehmen. Aber wenn nun die Wirkung komplexer moderner Präpa-

rate von einem einzigen simplen biologischen Faktor gestört werden kann, sollten dann Patienten, die solche Mittel einnehmen, nicht besser überhaupt aufhören, zu essen und zu trinken?

Die unverhohlen feindselige Haltung der Ärzteschaft gegenüber pflanzlichen Mitteln ist um so absurder, als nicht weniger als ein Viertel der in amerikanischen Apotheken verkauften rezeptpflichtigen Präparate aktive pflanzliche Inhaltsstoffe besitzt. Viele dieser Mittel werden so verpackt und verkauft, daß ihre bescheidene pflanzliche Herkunft im verborgenen bleibt, wiewohl doch die hauptsächlichen Inhaltsstoffe »grob und irdisch« sind. Ipepac-Sirup, der in Amerika in den meisten Hausapotheken steht und bei Vergiftungsfällen zum Auslösen des Brechreizes dient, wird aus der südamerikanischen Pflanze Ipecacuanha hergestellt. Aspirin, das gegen Fieber und Schwellungen wirkt und das man zur Senkung des Herzinfarkt- und Schlaganfallrisikos einsetzt, wird aus der Weidenrinde synthetisiert. Ephedrin und Mittel wie Theophyllin, die häufig bei Asthma eingesetzt werden, stammen aus der chinesischen Pflanze Ma Huang (Ephedrakraut). Malariamittel werden aus Chinin hergestellt, einem Alkaloid des in Peru und Ecuador beheimateten Chinarindenbaums. Der getrocknete Milchsaft der unreifen Frucht der Opiumpflanze ist der Hauptbestandteil von Morphium und Codein. Curare, ein starkes Gift aus einer Pflanze des Amazonasgebiets, wird bei chirurgischen Eingriffen im Bauch-, Rektal- und Halsbereich als krampflösendes Mittel eingesetzt. Die im südöstlichen Madagaskar beheimatete Heilpflanze Vinca rosea enthält mindestens sechs Alkaloide mit zytostatischen Eigenschaften, die gegen Lymphom, malignes Granulom und Leukämie eingesetzt werden. Digitalis, eines der wirksamsten und am häufigsten eingesetzten Mittel gegen Herzkrankheiten, wird aus dem schönen Fingerhut gewonnen.
In seinem Buch *Tales of a Shaman's Apprentice* befaßt sich der Ethnobotaniker Mark Plotkin, Absolvent der Harvard-Universität, mit dem ungenutzten Potential der Regenwälder und beklagt die Unkenntnis der heutigen wissenschaftlichen Welt hinsichtlich der bescheidenen Heilkräuter:

In den Regenwäldern ist kein Mangel an »Wundermitteln«, aber wir in der industrialisierten Welt wissen so beklagenswert wenig über das chemische – und damit medizinische – Potential der meisten tropischen Pflanzen... Nur etwa fünftausend der weltweit zweihundertfünfzigtausend Arten wurden bisher im Labor umfassend auf ihr therapeutisches Potential untersucht, und die etwa einhundertzwanzig pflanzlichen rezeptpflichtigen Mittel, die heute auf dem Markt sind, werden aus nur etwa fünfundneunzig Arten erzeugt. Ein Viertel aller rezeptpflichtigen Mittel, die in den Vereinigten Staaten verkauft werden, haben pflanzliche Substanzen als aktive Inhaltsstoffe. Etwa die Hälfte dieser Mittel enthalten Inhaltsstoffe von Pflanzen der gemäßigten Klimazonen, die andere Hälfte Inhaltsstoffe aus tropischen Arten. Einer neueren Studie zufolge beläuft sich der Wert der Arzneimittel, die aus tropischen Pflanzen abgeleitet sind, das heißt die von Konsumenten in den Vereinigten Staaten hierfür aufgewendete Summe, auf über sechs Milliarden Dollar jährlich.

Obwohl die Pflanzentherapie zahllose Leben gerettet hat (ganz zu schweigen von den enormen Gewinnen, die die Pharmaindustrie damit macht), wird sie nach wie vor mit Argwohn und offener Feindseligkeit betrachtet. Pflanzen sind anscheinend zu schwierig, zu undurchschaubar, zu komplex, weshalb das Vorurteil gegen die Kräutermittel ebenso hartnäckig Bestand hat wie die Skepsis bezüglich des Sinns und Werts ihrer Anwendung. Selbst wenn Ärzte die Möglichkeit haben, sich aus erster Hand von der Heilkraft der Kräutermittel zu überzeugen, weigern sie sich oft, der Sache nachzugehen und sich weiter zu informieren. Nachfolgend eine Erfahrung aus meiner eigenen Praxis:

Vor einigen Jahren wurde bei mir ein Leistenbruch festgestellt. Es war mir klar, daß eine Operation unvermeidlich war, doch wollte ich die Behandlung mit bestimmten chinesischen und indianischen Kräutern ergänzen, um die Heilung und Genesung zu beschleunigen. Nachdem sich mein Chirurg davon überzeugt

hatte, daß die Kräuter absolut ungiftig waren (und darauf bestand, daß ich ein Freistellungsformular unterschrieb), erlaubte er mir, dieses Heilungs»experiment« durchzuführen. Drei Wochen nach der Operation kontrollierte der Arzt den Schnitt und sah mich verblüfft an. »Ich habe schon Tausende solcher Operationen durchgeführt«, sagte er, »aber dies ist das erste Mal, daß ich keine Schwellung und keinen Bluterguß feststellen kann.«
Ich war erfreut darüber, daß die Kräutertherapie meinen Arzt so sehr beeindruckt hatte, und ich bot ihm an, ihm eine Kurzbeschreibung der verschiedenen Kräuter zu geben, damit er sie auch anderen Patienten empfehlen könne.
»Nein, nein, vielen Dank«, sagte er und rutschte unbehaglich auf seinem Stuhl hin und her. »Ich will weiter nichts über diese Kräuter wissen. Sie passen einfach nicht zu meiner Behandlung.«

Sehr wenige Ärzte wären bereit zuzugeben, daß schlichte Kräuter wirksamer (und wesentlich weniger toxisch) sein können als chemisch definierte Mittel. Noch weniger von ihnen würden es riskieren, sich bei ihren Kollegen lächerlich zu machen, indem sie ihren Patienten pflanzliche Mittel verordneten, die rezeptfrei in jeder Drogerie erhältlich sind. Allerdings ist dies durchaus nicht nur ein Problem der Ärzte, denn wir alle sind Teil einer Kultur, die die naturwissenschaftliche Methode auf den Schild hebt und überzeugt ist, daß es für jedes Problem eine schnelle Lösung geben müsse. Wenn wir mit den Symptomen einer Erkältung oder Grippe zum Arzt gehen, möchten wir, daß unsere Krankheit ernsthaft behandelt wird, und wir erheben Anspruch darauf, die Praxis mit einem handfesten Beweis dafür verlassen zu dürfen, daß wir ernsthaft behandelt wurden – vor allen Dingen in Form eines Rezepts, das in erster Linie die Entscheidung rechtfertigt, zum Arzt gegangen zu sein. Wenn uns der Arzt sagte, daß Antibiotika bei Grippe und Erkältungen nutzlos sind, und uns statt dessen empfähle, uns hinzulegen und uns zu erholen, wären die meisten von uns fassungslos. Woher, würden wir fragen, sollen wir die Zeit nehmen, uns »hinzulegen und uns zu erholen«? Wer soll denn unsere Arbeit erledigen, wer soll sich um die Kinder

kümmern, wer soll die Rechnungen bezahlen, die Korrespondenz erledigen, die Einkäufe machen? Die alten Heilmaßnahmen scheinen den Anforderungen der modernen Welt nicht angemessen zu sein.
Gleichzeitig aber beginnen wir die Risiken und Gefahren der modernen technischen Vorgehensweise wahrzunehmen. Unsere Ärzte sind kühl und distanziert und haben buchstäblich keine Beziehung mehr zu dem, was in uns geschieht. Je mechanischer und unpersönlicher unsere Beziehung zu denen wird, die uns gesund machen sollen, desto mehr breitet sich das Gefühl der Hoffnungslosigkeit und Hilflosigkeit aus. Wir fühlen uns unbefriedigt, unglücklich, unwohl. Irgend etwas stimmt nicht, und es dämmert uns allmählich, daß das Problem nicht bei einzelnen Ärzten liegt, sondern bei einem System, das seine Verbindung zum weiblichen Geist des Heilens verloren hat.
Auf der Suche nach Möglichkeiten, wie man das System unserer Gesundheitsfürsorge weniger systematisch und dafür fürsorglicher machten könnte, wenden sich immer mehr Menschen alternativen Behandlungsformen zu, weil sie glauben, daß wenigstens diese Behandlungen unschädlich sind. Es besteht heute die einmalige Chance, unsere beiderseitige Unwissenheit zuzugeben und eine Synthese aus alt und neu zu schaffen, in der die moderne technische Medizin weiterhin ihre technische Brillanz und ihre beeindruckenden diagnostischen Möglichkeiten einsetzen könnte, während die alte Kunst des Heilens von Körper und Geist auf die Vorbeugung von Erkrankungen und die Behandlung von chronischen, zehrenden Krankheiten angewandt werden würde.
Wie in jeder Partnerschaft müssen beide Parteien die Exzesse und Beschränkungen der jeweils anderen Seite wahrnehmen. Mit Kräutermitteln kann man kein gebrochenes Bein einrichten, und mit Antibiotika kann man keine Erkältung behandeln. Eine Operation kann bei einer Blinddarmentzündung oder einem Leistenbruch die einzige Möglichkeit sein, während pflanzliche Behandlungen die Genesung von chirurgischen Eingriffen beschleunigen können. Die moderne und die traditionelle Medizin haben einander etwas zu bieten, aber die möglichen Vorzüge einer Zusammenarbeit lassen sich nur dann nutzen, wenn beide Seiten einräumen, daß sie nicht auf alles ei-

ne Antwort haben. Es ist an der Zeit, bescheiden zu sein, anzuerkennen, wie es Dag Hammarskjöld in seinem *Zeichen am Wege* ausdrückte, daß Bescheidenheit ebensosehr das Gegenteil von Selbsterniedrigung wie von Selbsterhöhung sei. Bescheiden zu sein heißt, *nicht zu vergleichen*. Sicher in seiner Realität, sei das Selbst weder besser noch schlechter, weder größer noch kleiner als irgend etwas anderes auf der Welt: »Es *ist* – es ist nichts und doch zugleich eins mit allem.«

Bescheiden zu sein heißt, nicht zu vergleichen. Die moderne Medizin ist weder besser noch schlechter, weder größer noch kleiner als die traditionelle Medizin. Die alte Erkenntnis, daß jeder des anderen Ursprung ist und daß männliche und weibliche Energien sich miteinander verbinden müssen, damit Gleichgewicht und Harmonie entstehen können, unterstreicht die Notwendigkeit, andernorts nach Weisheit zu suchen, während man selbst für alle Möglichkeiten offen bleibt, die eigene Weisheit anderen mitzuteilen. Gemeinsamkeit kann aber nicht in der konkurrierenden Geisteshaltung entstehen, daß ein Verfahren besser sein müsse als das andere oder daß die moderne Medizin allein genüge.

Der indianische Medizinmann und Weisheitssucher Rolling Thunder mahnt uns, es gebe auf der Welt zu viel Wissen, als daß man es einem einzigen theoretischen Rahmen einfügen könnte; der Pfad zur Weisheit erfordert es, unsere Anstrengungen zu vereinen und zum gemeinsamen Wohl zusammenzuarbeiten. »Man kann nicht alles Wissen in Bücher bringen«, sagt Rolling Thunder. »Es umfaßt die ganze Natur, das ganze Leben, und dies ist zuviel. Ich behaupte aber, daß wir Indianer manches wissen, ebenso wie andere Völker manches wissen, und deshalb sollten wir dieses Wissen miteinander teilen. Es wäre zu unserem Vorteil, wenn wir teilen könnten. Wir streben keinen Wettbewerb an, und wir halten nichts von Konkurrenz. Wir sind im Strom der Natur, und wir werden vom Geist geleitet – dem Geist der Brüderlichkeit und des gemeinsamen Besitzes aller Dinge.«

»Es wäre zu unserem Vorteil, wenn wir teilen könnten«, aber wir können nur teilen, wenn wir zu dem Eingeständnis bereit sind, daß wir

nicht alle Antworten besitzen. Kein einzelner und kein Denksystem hat das Monopol auf alle Weisheit der Welt. Weisheit kommt von Erfahrung; sie wird uns nur zuteil, wenn wir uns auf ihren Empfang vorbereitet haben. Wieder einmal leitet uns der weibliche Geist des Heilens und bestärkt uns in der Auffassung, daß unsere Kraft nicht aus der Selbsteingenommenheit kommt, sondern aus der Anerkenntnis, daß wir einander brauchen.

Der große Meister Mat-su meditierte als junger Mann mit eiserner Disziplin viele Stunden hintereinander. Eines Tages fragte ihn Huai-jang, der Schüler seines Patriarchen, was in aller Welt er mit seinem zwanghaften Sitzen im Schneidersitz zu erlangen hoffe.
»Die Buddhaschaft«, sagte Mat-su.
Daraufhin setzte sich Huai-jang nieder, nahm einen Ziegelstein und begann, ihn eifrig zu polieren. Mat-su sah ihm erstaunt zu und fragte ihn, was er täte.
»Oh«, sagte Huai-jang, »ich mache einen Spiegel aus meinem Ziegelstein.«
»Da kannst du bis zum Jüngsten Tag polieren«, spottete Mat-su, »du wirst niemals aus einem Ziegelstein einen Spiegel machen!«
»Sieh an!« lächelte Huai-jang. »Vielleicht beginnst du zu verstehen, daß du bis zum Jüngsten Tag sitzen kannst – du wirst kein Buddha werden.« (Nach Franck)

Wenn wir den Backstein unserer eigenen Unwissenheit polieren, werden wir dadurch zwar nicht zu großen Heilern oder Weisen, aber dies könnte der erste Schritt zur Entwicklung jener Bescheidenheit sein, die die Grundlage echter Weisheit ist. Nur dann, wenn wir bescheiden und zum Eingeständnis unserer Unwissenheit bereit sind, werden wir die tiefen Zusammenhänge »sehen« können, die uns aneinander binden, die wechselseitige Abhängigkeit, die in unaufhörlich sich ausdehnenden Kreisen über uns selbst hinaus sich auf unsere Familien, unsere Gemeinschaften und die alles vergebende, alles umarmende Erde erstreckt, die Mutter aller Dinge.

Lehre deine Kinder,
was wir unsere Kinder gelehrt haben –
daß die Erde unsere Mutter ist.
Was immer der Erde geschieht,
geschieht den Söhnen und Töchtern der Erde.
Wenn der Mensch auf den Boden speit,
speit er auf sich selbst.

Dies wissen wir.
Die Erde gehört uns nicht:
Wir gehören der Erde.
Dies wissen wir.
Alle Dinge sind miteinander verbunden,
wie das Blut eine Familie verbindet.
Alle Dinge sind miteinander verbunden.

Was immer der Erde geschieht,
geschieht den Söhnen und Töchtern der Erde.
Wir haben das Gewebe des Lebens nicht gewoben:
Wir sind nur ein Garn in ihm.
Was immer wir dem Gewebe zufügen,
fügen wir uns selbst zu.

Häuptling Seattle

Teil II

Der Sinn von Himmel und Erde

5 Der Strom des Lebens

> Nach einer Zeit des Zerfalls kommt die Wendezeit. Das starke Licht, das zuvor vertrieben war, tritt wieder ein. Es gibt Bewegung. Diese Bewegung ist aber nicht erzwungen... Es kommt alles von selber, wie es an der Zeit ist. Das ist der Sinn von Himmel und Erde.
>
> *I-ching*

> Das Wasser über der Erde fließt zusammen, wie es immer kann, zum Beispiel im Meer, wo sich alle Flüsse sammeln... Es handelt sich darum, daß man sich mit anderen zusammentut, um durch den Zusammenhalt sich gegenseitig zu ergänzen und zu fördern.
>
> *I-ching*

> Wenn wir das Bewußtsein der Einheit erfahren, in die wir eingebettet sind, vom heiligen Ganzen, das in uns und um uns ist, befinden wir uns im Zustand der Gnade.
>
> *Charlene Spretnak*

Nach jedem Ende gibt es einen neuen Anfang; auf eine Zeit des Todes und des Niedergangs folgt eine Zeit der Erneuerung und Wiedergeburt. Unsere Zivilisation, die Jahrtausende von einer dominanten männlichen Energie beherrscht wurde, die das lineare Denken der intuitiven Weisheit, den Wettbewerb der Zusammenarbeit und den Krieg dem Frieden vorzog, hat tiefe und schwärende Wunden davongetragen. Zerstörung und Unterdrückung sind an der Tagesordnung. Kernwaffen, die alles Leben auf der Erde auslöschen können, warten auf den Augenblick des Zorns und des Rachedurstes, um ihre furchtbare Zerstörungskraft freizusetzen. Chemikalien vergiften die Luft, die wir atmen, die Speisen, die wir essen, und das Wasser, das wir trinken. Millionen von Menschen hungern. Hunderte von Millionen, die meisten von ihnen Kinder, sind unterernährt. Mehr als ein Drittel der Weltbevölkerung verfügt über kein unbedenkliches Trinkwasser.

Wir übrigen, die wir durch ein gütiges Schicksal mit materiellem Überfluß gesegnet sind, nehmen in uns eine innere Leere wahr. Unser Leben ist reich an Aktivitäten und materiellem Besitz, aber arm an Sinn und Bedeutung. Wir sehnen uns zurück in eine ferne, uns aber noch gegenwärtige Vergangenheit, in der die Beziehung zwischen Mensch, Erde und Welt von einer Empfindung des Heiligen durchdrungen waren. Wir sind von der übrigen natürlichen Welt abgeschnitten und sehnen uns danach, wieder in ihre umfassendere, umhüllende Wirklichkeit eingebettet zu sein.
Unsere Sehnsucht hat einen Grad erreicht, der uns deutlich macht, daß wir am Wendepunkt angelangt sind. Die Zeit ist gekommen, da Himmel und Erde ihre Macht wieder zusammenführen können, da der dunklen Macht des Mondes wieder ein gleichberechtigter Rang neben der stärkeren und lichtspendenden Energie der Sonne eingeräumt wird und da Frieden und Harmonie wieder die Beziehungen zwischen den Menschen bestimmen können. Das mächtige Licht uralter Weisheit bietet eine Möglichkeit, unsere Wunden zu schließen und wieder ganz zu werden. Diese Weisheit umgibt uns überall, in der Sonne, im Mond, in den Sternen des Himmels, in den Bergen, in den Flüssen und dem grünen, sprießenden Leben der Erde. Um die Bedeutung von Himmel und Erde begreifen zu können, brauchen wir nur in unser eigenes Herz zu blicken. Lao-tzu schrieb vor Tausenden von Jahren:

Ohne hinauszugehen,
kannst du die ganze Welt verstehen...
...bleibe
im Kern deines Wesens;
je mehr du aus ihm hinausgehst, desto weniger verstehst du.
Erforsche dein Herz und sieh,
...
wirkliches Handeln heißt sein.

Die Gesetze der natürlichen Welt sind unseren Seelen eingeschrieben; wenn wir nach innen blicken, können wir den Glanz desjenigen erkennen, was außen liegt, denn jeder Mensch ist ein Mikrokosmos des Universums, und jeder kann in seinem Bewußtsein eine Empfindung der Einheit und Unteilbarkeit des Lebens entdecken, so wie es die folgende Geschichte erzählt (aus der Erinnerung an ein Seminar von Bhagwan Shree Rajneesh in Poona/Indien wiedergegeben):

Gott erschuf die Welt und war glücklich. Am siebten Tag beschloß er zu ruhen, aber Adam rief: »Gott, ich habe ein Problem: Eva will, daß ich diesen Apfel esse – was soll ich tun?« Dann kam Eva mit ihren Problemen (»Gott, Adam sagt dauernd, daß ich mich um ihn kümmern und ihm alles recht machen will – wie bringe ich ihn dazu, daß er meine Rechte als Mensch respektiert?«), und dann hatte dieses streitsüchtige Paar Dutzende von Kindern, die Hunderte von Kindern hatten, die Tausende von Kindern hatten, und es dauerte nicht lange, bis Gott von ihren Problemen und ihrer Inanspruchnahme seiner Zeit ganz erschöpft war. Er berief eine Versammlung seiner Engel und Berater ein und seufzte, daß er ein wenig Frieden und Ruhe bräuchte.
»Ich fürchte, daß ich ein Monster geschaffen habe«, sagte Gott, »und ich muß mich irgendwo verbergen.«
»Vielleicht kannst du dich auf dem Gipfel des Himalaja verbergen«, schlug einer der Engel vor.
»Nein«, antwortete Gott, »ich fürchte, du weißt nicht, was ich geschaffen habe. In wenigen Augenblicken, nach meiner Zeit gemessen, werden sie auch dort sein.«
»Wie wäre es mit dem Mond?« empfahl einer seiner Berater.
»Nein«, antwortete Gott müde, »in wenigen Minuten werden sie auch dort sein.«
So saßen sie beisammen, die Hände verschränkt, die Flügel zusammengelegt, und sannen nach, wie Abhilfe zu schaffen sei. Plötzlich huschte ein Lächeln über Gottes Gesicht. »Ich weiß, wo sie mich niemals suchen werden!« rief er aus, und er schien sehr stolz auf sich zu sein. »Ich werde mich in den Menschen selbst verbergen.«
Und bis heute verbirgt sich Gott an diesem Ort.

Viele verschiedene Kulturen suchen Erkenntnis und Offenbarung in den komplexen Zusammenhängen der natürlichen Welt. Durch meine Reisen und Studien bin ich mit dem meisten der bedeutenderen natürlichen Heilverfahren vertraut geworden, aber ich meine, daß kein Denksystem von einer so lyrischen Schönheit und einem so tiefen Pragmatismus ist wie die Traditionelle Chinesische Medizin. Vor über dreitausend Jahren widmeten sich chinesische Weise und Gelehrte der Aufgabe, die lebenswichtigen, lebenspendenden Zusammenhänge zwischen Kosmos, Erde und Mensch zu ergründen und zu beschreiben. Im Laufe vieler Jahrhunderte entwickelten sie eine hochstehende Philosophie, die ein gesteigertes Bewußtsein der großen Einheit des Kosmos zum Ziel hatte und zugleich dem überaus praktischen Zweck diente, die Menschen zu einem gesunden, glücklichen und ethischen Leben anzuleiten.

Die Traditionelle Chinesische Medizin ist eines der am weitesten verbreiteten theoretischen und praktischen Systeme, die ihre Grundlage im weiblichen Geist des Heilens haben. Die Wurzel dieser einzigartigen Lehre von Leben und Gesundheit ist die Philosophie des Taoismus, wie er so schön im *I-ching*, dem Buch der Wandlungen, beschrieben ist. Die Chinesen glauben, daß man den philosophischen Kern der Traditionellen Chinesischen Medizin nur dann wirklich verstehen kann, wenn man diesen alten Text gelesen hat, der in einer reichen Metaphorik die zentralen Begriffe des Gleichgewichts, der Harmonie und der Ganzheit darlegt. Richard Wilhelm schreibt in seiner Einleitung zur modernen Übersetzung des *I-ching*:

> Indem das Buch der Wandlungen... dem Leser den reifsten Schatz chinesischer Lebensweisheit darbietet, gibt es eine umfassende Übersicht über die Gestaltungen des Lebens und setzt ihn in den Stand, an der Hand dieser Übersicht sein Leben organisch und souverän zu gestalten, so daß es in Einklang kommt mit dem letzten SINN, der allem, was ist, zugrunde liegt.

Das *Tao* (das Richard Wilhelm mit SINN wiedergibt) ist gleichbedeutend mit dem Bild des »heiligen Reifens« der Indianer, denn die Chinesen stellen es sich als ein unsichtbares Geflecht von Beziehungen vor, das das Leben trägt und die ganze Natur mit Gleichgewicht und Harmonie durchtränkt. Das *I-ching* beschreibt das Tao als den Urgrund allen Lebens und allen Schöpfertums:

> Es gibt nichts, was das Tao nicht besitzen würde, denn es ist allgegenwärtig; alles Seiende existiert in ihm und durch es. Dies ist aber kein lebloses Besitzen: Durch seine ewige Kraft erneuert es alles unaufhörlich, so daß die Welt jeden Tag so herrlich ersteht wie am ersten Tag der Schöpfung.

Der Begriff des Tao stammt von Lao-tzu (Laotse), einem chinesischen Weisen, der um die Zeit des Konfuzius (551 bis 479 vor Christus) lebte. Das *Tao-te ching* betont die weibliche Natur des Tao, der »Mutter des Universums«:

> Es gab etwas formlos Vollendetes,
> bevor die Welt war.
> Still ist es und leer. Einzig und unwandelbar.
> Unendlich und ewig gegenwärtig.
> Es ist die Mutter des Universums.
> Weil ich keinen besseren Namen weiß,
> nenne ich es Tao.
>
> Es strömt durch alle Dinge,
> innen und außen, und kehrt
> zum Ursprung der Dinge zurück.

Die Frage, die viele moderne Menschen über Gott stellen, kann man auch bezüglich des Tao stellen: Wenn man das Tao nicht sehen, berühren, spüren, hören und unmittelbar erfahren kann, wie kann man dann behaupten, daß es überhaupt existiert? Wenn das Tao vor der Entstehung der Welt selbst entstand und damit die vergängliche

Welt von Raum und Zeit transzendiert, wie kann man dann hoffen, jemals zu seinen tiefsten Geheimnissen vorzudringen? Das *I-ching* und das *Tao-te ching* lehren uns, daß sich das Tao in jedem Augenblick um uns entfaltet. Weil das Tao *»durch alle Dinge strömt, innen und außen«*, können wir seine Bedeutung in unserem eigenen Leben zu begreifen beginnen, indem wir seine Wirkungen auf die natürliche Welt beobachten. Die Natur ist der Lehm, der durch die Kunst des Tao ständig geformt wird, und das grundlegendste Gesetz aller Naturprozesse ist das Gesetz des Wandels:

> Alles auf Erden ist dem Wandel unterworfen. Auf Gedeihen folgt Verderben: Dies ist das ewige Gesetz auf Erden.

In dem natürlichen, fortwährenden Prozeß des Wandels werden wir Zeuge der Wirklichkeit des Tao, denn würde sich die lebendige Welt nicht anpassen, würde sie nicht wachsen und werden, wäre das Leben selbst nicht möglich. Wir können daher das Tao in den Veränderungen »sehen«, die sich in der natürlichen Welt vollziehen; sein sanfter, nachgiebiger Geist offenbart sich im geschmeidigen Fließen des Lebendigen, das uns durch sein Beispiel lehrt, wie man sich an die Wechselfälle und Unwägbarkeiten des Lebens anpaßt. Lao-tzu schrieb:

> Weich und zart wird der Mensch geboren;
> tot ist er steif und hart.
> Pflanzen werden weich und geschmeidig geboren;
> tot sind sie spröde und trocken.
> Daher ist das Steife und Unbeugsame
> ein Schüler des Todes.
> Was weich und nachgiebig ist, ist ein Schüler des Lebens.
> Das Harte und Steife wird zerbrochen werden.
> Das Weiche und Geschmeidige wird andauern.

Der weibliche Geist der Empfänglichkeit und Anpassungsfähigkeit ist das Prinzip der grundlegendsten Aktivitäten der natürlichen Welt.

Eine sorgfältige Beobachtung der Natur zeigt uns, daß wir die Macht haben, unser Schicksal zu gestalten, indem wir uns geschmeidig an die Umstände anpassen und dadurch den Einfluß guter und zerstörerischer Kräfte verändern. Wenn wir die Bedeutung des Tao verstanden haben, verstehen wir auch das Wesen unserer eigenen Natur. Wir selbst sind die Sonne, der Mond und die Sterne; wir sind die Erde, die Bäume, der Boden und die Minerale, die Meere, die Flüsse, die Seen, der Wind, der Regen, der Donner und das Feuer. Unser Leben wird von denselben ewigen Kräften gelenkt, die die ganze Natur regieren. Wenn wir die natürliche Welt sorgfältig beobachten und uns bemühen, im Einklang mit ihren Gesetzen zu leben, dann werden wir, wie uns die taoistische Philosophie lehrt, Frieden, Gelassenheit und Glück erlangen; wenn wir aber von diesen grundlegenden Prinzipien abweichen, werden Spannungen, Frustration und Unglück unser Schicksal sein.

Wir werden »eins« mit der Natur nicht dadurch, daß wir versuchen, sie uns zu entwerfen, sondern dadurch, daß wir unseren Wunsch aufgeben, Kontrolle auszuüben. Wir müssen lernen zu akzeptieren, was ist, denn was ist, *ist* das Tao. Die nachfolgende Geschichte zeigt die grundlegende Natur des Wandels und die Notwendigkeit der Unterwerfung, des »Loslassens« auf. Diese Geschichte ist reine taoistische Philosophie, stammt aber von dem 1870 verstorbenen tunesischen Sufi-Meister Awad Afifi:

> Ein Fluß war von seiner Quelle in den fernen Bergen durch die unterschiedlichsten Landschaften geflossen und erreichte schließlich den Sand der Wüste. So wie er jedes andere Hindernis überwunden hatte, versuchte er auch dieses zu durchqueren, doch mußte er feststellen, daß sein Wasser verschwand, so schnell er sich auch in den Sand ergoß.
>
> Er war überzeugt, daß es seine Bestimmung war, diese Wüste zu überwinden, aber es wollte ihm nicht gelingen. Da flüsterte ihm eine verborgene Stimme, die aus der Wüste selbst kam, zu: »Der Wind durchquert die Wüste, und der Fluß vermag dies auch.«
>
> Der Fluß erwiderte, er werfe sich gegen den Sand und werde

doch nur aufgesogen, der Wind könne fliegen, und deshalb vermöge er die Wüste zu durchqueren.
»Wenn du in deiner gewohnten Weise dahineilst, wirst du nicht hindurchgelangen. Du wirst entweder verschwinden oder zu einem Sumpf werden. Du mußt dich vom Wind an deinen Bestimmungsort tragen lassen.«
Aber wie sollte dies geschehen? »Indem du dich vom Wind aufsaugen läßt.«
Dies war für den Fluß nicht annehmbar. Schließlich hatte er sich noch nie aufsaugen lassen. Er wollte seine Individualität nicht preisgeben: Wie konnte er wissen, daß er sie jemals wieder zurückgewinnen würde?
»Dies tut der Wind für dich«, sprach der Sand. »Er nimmt das Wasser, trägt es über die Wüste und läßt es wieder fallen. Als Regen wird das Wasser wieder zum Fluß.«
»Woher kann ich wissen, daß dies die Wahrheit ist?«
»Es ist so, und wenn du es nicht glaubst, kannst du nicht mehr werden als ein Sumpf. Selbst dies kann viele, viele Jahre dauern, und es ist sicher nicht dasselbe wie ein Fluß.«
»Aber kann ich denn nicht derselbe Fluß bleiben, der ich jetzt bin?«
»Das bleibst du in keinem Fall«, sagte die leise Stimme. »Das Wesentliche von dir wird fortgetragen und wird wieder zu einem Fluß. Du wirst heute genannt, wie du genannt wirst, auch wenn du nicht weißt, welcher Teil von dir der wesentliche ist.«
Als der Fluß dies hörte, begann in ihm eine Ahnung aufzusteigen. Er erinnerte sich dunkel daran, daß er – oder war es ein Teil von ihm? – in den Armen des Windes ruhte. Er erinnerte sich auch – war dies so? –, daß dies das Richtige, wenn auch nicht unbedingt das Offensichtliche war.

Der Fluß hob seinen Dunst den einladenden Armen des Windes entgegen, der ihn sanft und mühelos forttrug und ihn wieder nach unten sinken ließ, als sie den Gipfel eines fernen Berges erreicht hatten. Weil der Fluß im Zweifel gewesen war, konnte er sich wieder erinnern und sich die Einzelheiten seiner Erfahrung fester einprägen. Er überlegte sich: »Ja, jetzt habe ich meine wirkliche Identität erfahren.«

So lernte der Fluß. Der Sand aber wisperte: »Ich weiß es, weil ich es jeden Tag erlebe, weil ich, der Sand, mich vom Ufer des Flusses bis zu den Bergen erstrecke.«

Deshalb heißt es, daß es in den Sand geschrieben ist, wie der Strom des Lebens seine Reise fortsetzt. (Nach Shah)

Wie der Fluß, der sein Schicksal der Weisheit des Sandes anvertraute und seine Arme dem Wind entgegenstreckte, so lernen wir die Lebensreise fortzusetzen, indem wir den geflüsterten Botschaften der Natur lauschen und uns ihrer großen Weisheit unterwerfen. Geleitet und inspiriert von unserer Verbindung mit der natürlichen Welt, beginnen wir zu verstehen, daß wir Teilnehmer an einem fortwährenden, unaufhörlich sich wandelnden Prozeß sind, der nichts anderes ist als der Entfaltungsprozeß der Welt. Wenn wir über uns hinausblicken, können wir sehen, wie sich die Welt ausdehnt; wir sind nicht nur aus ihr, sondern in ihr, Teil des rhythmischen Tanzes von Leben, Tod und Wiedergeburt.

Überall um uns können wir die Weisheit des Tao erkennen – auf der Erde und im Himmel, in jedem Naturgesetz und in allem Lebendigen drückt sich die Weisheit des Tao aus. So lernen wir vom Mond den Sinn der Bescheidenheit, denn, wie es im *I-ching* heißt, wenn »der Mond voll wird und der Sonne genau gegenübersteht, beginnt er abzunehmen«. Wie der Mond »müssen wir bescheiden und ehrfürchtig sein, wenn wir der Quelle der Erleuchtung gegenüberstehen«.

Wenn mächtige Berge verwittern und die tiefen Täler füllen, entdecken wir, daß es das Gesetz der Erde und des Schicksals ist, »zu untergraben, was erfüllt ist, und das Bescheidene gedeihen zu lassen«. Vom Gewitter lernen wir verzeihen, denn so, wie der Donner die Luft reinigt und »Wasser alles sauber wäscht«, so sollten wir uns selbst rasch und entschlossen von Ärger reinigen und verzeihen, was uns zugefügt wurde.

Wenn Wolken am Himmel aufziehen und ein Gewitter droht, erfahren wir etwas über Geduld und Bestimmung. »Wir sollten uns keine Sorgen machen und nicht versuchen, die Zukunft zu formen, indem wir in Dinge eingreifen, bevor die Zeit reif ist«, rät das *I-ching*, sondern unseren Körper mit Speise und Trank und unsere Seele mit Freude kräftigen, denn »das Schicksal kommt, wenn es will, und so sind wir bereit«.

In jedem Wort und jedem Bild entdecken wir die Bedeutung der Selbsterkenntnis und Selbstprüfung. Das *I-ching* rät uns zu »heiliger Ernsthaftigkeit«, wenn wir »den göttlichen Sinn betrachten, der dem Wirken des Universums zugrunde liegt«, denn nur durch tiefe und beständige Konzentration können wir hoffen, unser Denken und Handeln in Harmonie mit dem Tao zu bringen. Selbsterkenntnis und Selbstprüfung sind gleichbedeutend mit einer Sorge um das Gewebe selbst, denn jede unserer Handlungen, jeder unserer Gedanken und jede unserer Gefühlsregungen wirkt sich auf das Ganze aus. Sorge um das »Gewebe« der Welt, die Erde und unseren Mitmenschen ist die Grundlage allen ethischen Handelns und Denkens. Das *I-ching* sagt: »... Selbsterkenntnis bedeutet nicht Beschäftigung mit den eigenen Gedanken, sondern Beschäftigung mit den Wirkungen, die man erzeugt.«

Durch beständige Reflexion und sorgfältige Beobachtung der natürlichen Welt lernen wir, den Blick auf das Ganze gerichtet zu halten. Wenn wir uns als Teilnehmer an dem sich entfaltenden Geheimnis der Welt begreifen, wird unser Geist weit, und unsere Weisheit nimmt zu. Wenn wir von innen nach außen und von außen nach innen blicken, entdecken wir, daß sich dieselben Prinzipien wiederholen und stets dieselben Strukturen aufbauen. Die Welt ist niemals statisch, niemals ganz in Ruhe und ganz in Frieden, denn das »Ganze« unterliegt dem Gesetz des Wandels, das fordert, daß auf Fülle Leere folgen muß, auf Gedeihen Verfall und auf Sammlung Zerstreuung. In ihrem ständigen Übergang von einem Zustand in den anderen ist die Welt genau so, wie sie sein sollte.

Vor einhundertfünfzig Jahren lebte eine Frau namens Sono, deren Hingabe und Reinheit des Herzens weitum geachtet waren.

Eines Tages fragte ein anderer Buddhist, der eine lange Reise unternommen hatte, um ihr zu begegnen: »Was kann ich tun, um mein Herz zur Ruhe zu bringen?« Sie antwortete: »Sprich jeden Morgen und jeden Abend und sooft dir etwas geschieht: ›Danke für alles. Ich habe über nichts zu klagen.‹« Der Mann tat, was ihm gesagt wurde, ein ganzes Jahr, und doch fand sein Herz keinen Frieden. Geknickt kam er wieder zu Sono: »Ich habe dein Gebet immer wieder gesprochen, und doch hat sich in meinem Leben nichts verändert; ich bin immer noch derselbe selbstsüchtige Mensch wie zuvor. Was soll ich jetzt tun?« Sono antwortete: »Danke für alles, ich habe über nichts zu klagen.« Als jener diese Worte hörte, konnte er sein geistiges Auge aufschlagen, und er ging mit großer Freude nach Hause. (Nach Shibayama)

Wir sind Menschen, Teil der sich ändernden Welt, und deshalb ist ewiger Frieden und vollkommene Ruhe für uns nicht erreichbar. Das Leben besteht zwangsläufig aus Gut und Böse, Himmel und Erde, Hell und Dunkel, Anspannung und Entspannung. Nur dann, wenn wir diese Wahrheit annehmen und lernen, für das Leben dankbar zu sein, wie es eben ist *(»Danke für alles. Ich habe über nichts zu klagen«)*, wird es uns gelingen, unserem Herzen Ruhe zu schenken, denn mit dieser Einsicht anerkennen und rühmen wir die ewige Wahrheit des Universums. Das Tao ist Einheit – das Eine, der Ursprung, die Mitte –, aber aus dieser Einheit des Taos entspringen die beiden Urkräfte Yin und Yang, die in einem fortwährenden Prozeß des Wandels zwischen Zunahme und Abnahme, Ausdehnung und Zusammenziehung, Fülle und Leere abwechseln. Yin und Yang sind weder Gegensätze noch Widersprüche – die taoistische Philosophie lehrt vielmehr, daß alles im Leben im wörtlichen und übertragenen Sinne sein Gegenteil in sich trägt. Im Laufe der Zeit wird jede Hälfte in einem beständigen Zyklus der Veränderung in die andere Hälfte verwandelt. Das *I-ching* sagt: »Das Geheimnis des Tao in dieser Welt des Wandelbaren besteht darin, daß es die Veränderungen in einer solchen Weise in Gang hält, daß es keinen Stillstand gibt und ein ununterbrochener Zusammenhang gewährleistet wird.«

Der taoistischen Philosophie zufolge, die der philosophische Kern und die Seele der Traditionellen Chinesischen Medizin ist, kann man nicht sagen, daß etwas gut oder böse, hell oder dunkel, Tag oder Nacht, Himmel oder Erde, männlich oder weiblich ist. Solche Entweder-oder-Kategorien gibt es nicht, weil die ganze Wirklichkeit dieses *und* jenes, gut *und* böse, schwarz *und* weiß, Tag *und* Nacht, Himmel *und* Erde, männlich *und* weiblich ist. Wenn die komplementären Kräfte von Yin und Yang in harmonischem Austausch strömen, dann entsteht Gleichgewicht, dann respektiert man das Tao und fließt die Lebensenergie ungehindert. Wenn das Gleichgewicht zwischen Yin und Yang gestört ist, dann stehen die beiden Urkräfte im Widerstreit, statt einander zu ergänzen, und die Welt wird in ein Chaos gestürzt.
Es gibt zahlreiche Bilder aus der Natur, die uns helfen können, uns den Zusammenhang zwischen Yin und Yang vorzustellen. Während zum Beispiel der moderne Mensch Tag und Nacht üblicherweise als getrennte Wirklichkeiten betrachtet, stellen sie sich die Chinesen als ständig wandelnde Aspekte eines Ganzen vor, als den Tageszyklus. Die Nacht gilt als *Yin* (die dunkle, reflexive, zusammenziehende Kraft), während der Tag *Yang* ist (die helle, aktive, sich ausdehnende Kraft). In dem Augenblick, in dem die Nacht aus dem Tag hervorgeht (Abenddämmerung) oder der Tag aus der Nacht entsteht (Morgendämmerung), ist ein fast vollkommenes Gleichgewicht erreicht, und für wenige Augenblicke befindet sich die Welt in einem köstlichen Schwebezustand zwischen den beiden Urkräften, wenn die eine in die andere übergeht und ihre beiden Naturen miteinander verschmelzen, so daß Tag und Nacht, Dunkelheit und Licht, Anfang und Ende nicht voneinander zu unterscheiden sind.
Das Bild von Himmel und Erde ist eine weitere Möglichkeit, sich den ewig wechselnden Zusammenhang von Yin und Yang vorzustellen. Es heißt, daß der Himmel mit der lichtspendenden göttlichen (Yang-) Energie »bewegt«, wodurch die spirituellen Sehnsüchte entstehen, die wir Regungen der Seele nennen. Die Erde ermöglicht es in ihrer Duldsamkeit und Bescheidenheit, daß die schöpferischen Kräfte des Himmels durch ihre empfangende, nachgiebige (Yin-)Natur empfunden und erfahren werden können. Wenn die Erde ihre Arme zum

Himmel öffnet, »läßt sie das göttliche Licht einströmen und erleuchtet alles mit diesem Licht, wie es im *I-ching* heißt:

> Die Erde ist still. Sie handelt nicht selbst, sondern ist unaufhörlich für die Einflüsse des Himmels empfänglich. Dadurch ist ihr Leben unerschöpflich und ewig. Ebenso erlangt der Mensch die Ewigkeit, wenn er nicht anmaßend versucht, alles aus seiner eigenen Kraft zu erwirken, sondern sich ruhig den Impulsen öffnet, die ihm von den schöpferischen Kräften zuströmen.

Wir haben heute den Drang, den beiden Urkräften eine Wertung beizulegen, wobei wir uns Yang-Energie als überlegen vorstellen, denn sie ist aktiv, nicht passiv, voller Bewegung, nicht im Zustand der Potentialität. Zwar verehren die Chinesen die schöpferische Energie des Yang als göttlich, doch betonen sie andererseits, daß die nachgiebige, empfangende Natur des Yin für den Menschen die größte Quelle der Weisheit ist. Weil wir Menschen und daher sterblich sind, verblassen unsere Fähigkeiten im Vergleich mit den Gewalten der uns umgebenden Natur. Wir können den Jahreszeitenzyklus der Erde nicht ändern, die Bildung eines Wirbelsturms nicht verhindern und uns nicht vor Hochwasser schützen. Wir sind mächtig und machtlos, großartig und erbärmlich, göttlich und irdisch – vom Yin durchdrungen, vom Yang gezwungen.
Unsere beschränkten Möglichkeiten können nur manifest werden, wenn wir uns den unwandelbaren Gesetzen des Universums öffnen. Von der Yin-Energie lernen wir Geschmeidigkeit und Nachgiebigkeit, Geduld und Gelassenheit, Empfänglichkeit und Bescheidenheit. Wie der Mond die Schwester der Sonne, die Erde die Tochter des Himmels, die Nacht die Mutter des Tages ist, so halten die dunkelheitspendenden Kräfte der weiblichen Yin-Energie die Welt in einem harmonischen Gleichgewicht. Wie die Natur lehrt, überdauert die sanfte weibliche Yin-Energie stets die herbe männliche Yang-Energie.
»Das Sanfteste in der Welt überwindet das Härteste in der Welt«, schrieb Lao-tzu. »Das Harte und Starre wird zerbrochen werden. Das Weiche und Geschmeidige wird überdauern.«

Im Leben wie in der Philosophie ruht unser Glück auf der Grundlage von Sanftmut, Geduld, Ausdauer und dem Sichfügen in den »Weg«. Das taoistische Denken ist außerordentlich »praktisch«, denn das Ziel ist Gesundheit, Glück und Weisheit, wobei Weisheit der erste wesentliche Schritt ist, der erst zu Gesundheit und Glück hinführt. Weisheit setzt Gleichgewicht voraus – wenn wir lernen, in uns selbst die Yin- und Yang-Energien zum Ausgleich zu bringen, so daß die eine in einem beständigen, unaufhörlichen Zyklus in die andere übergeht, ohne die jeweils andere zu überwältigen, dann stellen wir einen beständigen Strom einer *Ch'i* genannten Energie sicher, der unerläßlichen lebendigen, lebenspendenden Kraft. Ch'i-Energie ist wie die Begriffe Tao und Yin/Yang eine spirituelle Wirklichkeit in dem Sinne, daß wir sie nicht sehen, berühren oder besitzen können; wir erkennen sie nur, wenn wir ihre Wirkungen wahrnehmen:

> Die Schüler waren in eine Erörterung von Lao-tzus Wort vertieft: »Wer weiß, redet nicht; wer redet, weiß nicht.«
> Als der Meister eintrat, baten sie ihn, diese Worte zu erklären.
> Der Meister sprach: »Wer von euch kennt den Duft einer Rose?«
> Alle kannten ihn. Daraufhin sagte er: »Beschreibt ihn.« Da schwiegen alle. (Nach de Mello)

Ebenso entdecken wir, wenn wir Ch'i definieren wollen, nicht dessen Beschränkungen, sondern nur unsere eigenen. Eine andere Geschichte, die im Buch *Zen Flesh, Zen Bones* von P. Reps wiedergegeben ist, läßt uns das Phänomen der Ch'i-Energie aus einer etwas anderen Perspektive sehen:

> Zwei Mönche waren im Streit wegen einer Fahne. Der eine sagte: »Die Fahne bewegt sich.«
> Der andere sagte: »Der Wind bewegt sich.«
> Meister Eno hörte sie und sagte: »Weder der Wind noch die Fahne bewegen sich, sondern euer Geist.«
> Die Mönche verstummten.
> Der Wind, die Fahne, der Geist bewegen sich,

es ist dasselbe Prinzip.
Wenn sich der Mund öffnet,
haben alle unrecht.

Was ist Ch'i? Ch'i ist die Energie in der Atmosphäre, die die Fahne bewegt. Chi'i ist die Kraft, die es den Beobachtern erlaubt, die Bewegung der Fahne wahrzunehmen. Chi'i ist die Kraft, die die Beobachter zu der Frage veranlaßt, ob sich die Fahne oder der Wind bewegte. Ch'i ist die Weisheit, die versteht, daß Fahne und Wind sich nur bewegen können, wenn sich der Geist bewegt.

Ch'i ist einfach der Name für das dynamische Muster von Wechselwirkungen, die innerhalb des einzelnen und zwischen dem einzelnen und seiner Umgebung auftreten. Indem man aber diesem Energieprinzip einen Namen gibt und ihm ein bestimmtes Verhältnis zu inneren und äußeren Kräften zuweist, dann beginnt man zu begreifen, daß das Leben nicht statisch und vorhersagbar, sondern ein dynamischer, fortwährender Anpassungsprozeß ist, bei dem ein Zustand des Gleichgewichts Gesundheit, Vitalität und Kraft hervorbringt, während Verlust des Gleichgewichts zu Lethargie, Depression und Krankheit führt. Ch'i ist nicht einfach ein Energiereservoir, aus dem wir zur Unterhaltung unseres Lebens schöpfen und das wir allmählich erschöpfen, sondern vielmehr ein Strom, der aus zahlreichen unterirdischen Quellen gespeist wird, die im Rhythmus innerer und äußerer Kräfte anschwellen und abnehmen.

Wir können die Lebenskraft des Ch'i, die es uns erlaubt, aufrecht zu stehen, zu gehen, zu sprechen, zu denken, uns zu bewegen, zu empfinden und zu reagieren, je nach unserer Lebensweise pflegen oder aber verschwenden. Wir können den Ch'i-Strom kraftvoll und rein erhalten, indem wir die Regeln der Natur sorgfältig beachten, die Mäßigung, Ausgleich und harmonische Beziehungen fordern. Unsere Gesundheit wird ebenso sicher von unserem Umgang mit anderen beeinflußt wie von unserem Umgang mit unserem Körper, unserem Geist und unserer Seele. Zorn, Frustration, Habgier, Angst, Selbstsucht, Anmaßung und Unduldsamkeit sind unserem Wohlbefinden ebenso abträglich wie ungesundes Essen, zuviel oder zuwenig Flüssigkeit oder Mangel an Bewegung, Ruhe und Schlaf. Die Praktiker der Traditionellen Chinesischen Medizin lehren, daß man sich wirklich »zu Tode ärgern« kann, wenn man mit so viel Zorn und Groll erfüllt ist, daß diese schädlichen Emotionen die Ch'i-Vorräte aufzehren und die Leber schädigen, das Organ, in dem Zorn gespeichert wird. Die Empfindung der Sympathie kann nach dieser Auffassung den schädlichen Wirkungen von übermäßigem Ärger entgegenwirken. Glück ist zweifellos gut für Körper, Seele und Geist, doch kann überschießende Freude auch das Herz schädigen.

Jegliches körperliche, seelische oder geistige Ungleichgewicht stellt eine Gefährdung der Gesundheit und des Glücks dar, indem der Ch'i-Strom behindert wird. Aber wir brauchen nicht zu warten, bis wir krank werden, um Ungleichgewichte der Ch'i-Energie feststellen zu können. In alter Zeit wurde ein chinesischer Arzt nur bezahlt, wenn der Patient gesund blieb; wenn er krank wurde, bekam er kein Geld. Wenn man einen Patienten behandelt, der schon krank ist, ist dies nach einem alten chinesischen Sprichwort so, wie wenn man einen Brunnen graben würde, nachdem man schon vor Durst umkommt; diese Maxime hat ihren Ursprung in einem Abschnitt des *Huang-ti nei-ching (Des Gelben Kaisers klassisches Buch der Inneren Medizin)*, das vor über zweitausend Jahren verfaßt wurde:

> Die Weisen behandelten nicht diejenigen, die schon krank waren; sie unterwiesen vielmehr diejenigen, die es noch nicht waren. Die Verabreichung von Arzneien gegen Krankheiten, die schon ausgebrochen sind, und die Unterdrückung des Chaos, das schon seinen Lauf genommen hat, gleicht dem Verhalten von Menschen, die einen Brunnen zu graben beginnen, nachdem sie schon Durst haben, und von Menschen, die Waffen zu schmieden beginnen, nachdem sie schon im Kampf stehen. Kämen solche Maßnahmen nicht zu spät?... Der gute Arzt hilft, bevor sich noch die ersten Krankheitsanzeichen zeigen... Der schlechte Arzt beginnt zu helfen, wenn die Krankheit schon ausgebrochen ist. Weil er hilft, wenn die Krankheit sich schon entwickelt hat, nennt man ihn einen Unwissenden.

Der »gute Arzt« kann die Anzeichen und Symptome eines Ch'i-Gleichgewichts erkennen, bevor dies zu einer Krankheit führt.
Die chinesische Medizin regt die inneren Selbstheilungskräfte des Körpers an, indem sie die Ch'i-Energie auf dreierlei Weise manipuliert:

- Akupunktur und Akupressur, eine alte Technik, bei der bestimmte Reizpunkte oder Akupunkturpunkte an sogenannten Meridianen (Energieleitbahnen) stimuliert werden. Diese Energiebahnen sind wiederum mit tieferen Kanälen verbunden, die die lebenswichtigen Organe mit Ch'i und Blut versorgen.

- Kräutermittel, die in sanfter Weise einen Mangel beziehungsweise einen Überschuß an Ch'i-Energie ausgleichen.

- Empfehlungen zu Verhaltensänderungen, zum Beispiel geeignete Ernährung, regelmäßige Bewegung und Techniken zur Streßbekämpfung. (In der Traditionellen Chinesischen Medizin ausgebildete Ärzte sagen oft zu ihren Patienten, daß die wichtigste Voraussetzung für eine gute Gesundheit ein glückliches Leben ist.)

Wenn ein Patient zu einem in der Traditionellen Chinesischen Medizin ausgebildeten Arzt geht, werden ihm zunächst ganz ähnliche Fragen gestellt wie bei einem westlichen Arzt. »Welches sind Ihre Hauptbeschwerden?« ist vielleicht die erste Frage des Arztes. »Gibt es in Ihrer Familie chronische Krankheiten? Hatten Sie in jüngster Zeit einen Unfall oder einen Krankenhausaufenthalt?«
Bald aber folgten ungewöhnliche Fragen: »Wie ist Ihr allgemeines Energieniveau?« fährt der Arzt nun fort. »Wie steht es mit Ihrer sexuellen Energie? Können Sie irgendwelche Emotionen nicht ausdrücken? Erzählen Sie mir etwas von Ihrer Haut – haben Sie schnell blaue Flecken, haben Sie trockene Haut, haben Sie das Gefühl, daß Sie eine dicke oder eine dünne Haut haben? Was ist Ihre Lieblingsfarbe? Welche Jahreszeit lieben Sie am meisten? Um welche Tages-

zeit fühlen Sie sich am besten und wann am schlechtesten? Welche Geschmacksempfindungen mögen Sie und welche nicht? Welche Speisen lieben Sie und welche nicht? Haben Sie eine Lieblingszahl? Welche Symbole und Themen kehren in Ihren Träumen wieder?« Alle diese und viele weitere Fragen sollen tiefere physische, emotionale und geistige Strukturen aufdecken, die dem Arzt, Akupunkteur oder Kräuterheilkundler Informationen über die grundlegende Natur und Verfassung des Patienten geben. Nach chinesischer Auffassung entstehen aus dem Zusammenwirken von fünf »Elementen« oder »Wandlungsphasen« die Persönlichkeit, der emotionale Charakter, die spirituelle Natur und die physischen Merkmale eines jeden Menschen. Zusammen bilden diese Strukturen das als *Wu-hsing* bezeichnete System, das als »Fünf-Phasen-Theorie« oder »die fünf Elemente« übersetzt wird. Wir verwenden die Bezeichnung »fünf Wandlungsphasen«, um die taoistische Philosophie des dynamischen Potentials und ständigen Austausches zu betonen. Hier, in diesem komplexen System von Entsprechungen und Affinitäten, wird die pragmatische Natur der Traditionellen Chinesischen Medizin besonders deutlich. Während esoterische Begriffe wie Tao, Yin/Yang und Ch'i nur entfernt etwas mit dem wirklichen Leben zu tun haben scheinen, sind die fünf Wandlungsphasen Holz, Feuer, Erde, Metall und Wasser konkret und unmittelbar wahrnehmbar; sie liefern eine umfassende Anleitung zum Verständnis der Zyklen von Wachstum, Reife und Verfall, die wir in unseren täglichen, monatlichen, jahreszeitlichen, jährlichen und lebenslangen Zyklen beobachten können. Im Schoße der lyrischen Schönheit und eindringlichen Weisheit der taoistischen Philosophie ruht eine einzigartig praktische Lebenshaltung. Fritjof Capra stellt in seinem Buch *Wendezeit* fest:

> Durch die Verschmelzung der Fünf-Phasen-Theorie mit den *Yin/Yang*-Zyklen ergab sich ein ausgeklügeltes System, innerhalb dessen jeder Aspekt des Universums als genau definierter Teil eines dynamisch strukturierten Ganzen beschrieben wurde. Dieses System bildete die theoretische Grundlage für die Diagnose und Behandlung von Erkrankungen.

Nach der chinesischen Philosophie sind die fünf Wandlungsphasen nicht nur außerhalb von uns, wo sie Veränderungen in der äußeren Welt hervorbringen, sondern auch in uns, wo sie die Kraft und Vitalität unseres Körpers, unseres Geistes und unserer Seele bestimmen. Wenn wir die einmaligen Merkmale und gemeinsamen Grenzen dieser Kräfte einmal verstanden haben, können wir lernen, wie man in Harmonie mit der Welt und ihren inneren moralischen Gesetzen leben kann. Holz, Feuer, Erde, Metall und Wasser wirken als Spiegel, in dem sich unser Selbst und sein momentaner Aufenthaltsort in der Welt spiegeln. Wenn wir in diesen Spiegel blicken und über die Bilder nachdenken, die sich innerhalb seines unaufhörlich sich dehnenden Rahmens befinden, dann erlangen wir ein tieferes Verständnis für die Zusammenhänge zwischen Körper, Seele und Geist, für die Verwandtschaft zwischen Mensch und Erde und für die Einheit von Erde und Himmel.

Je weiter unser Blick wird, desto besser verstehen wir, daß sich die ganze Natur in jedem ihrer Teile spiegelt, so wie auch jeder ihrer Teile das Ganze spiegelt. Wir nehmen wahr, daß sich die zyklischen Veränderungen, die sich in der äußeren Welt vollziehen, auch in der inneren Welt von Körper, Seele und Geist wiederholen, und wir beginnen die pragmatische Bedeutung des Tao zu verstehen: Wenn Holz, Feuer, Erde, Metall und Wasser die Grundelemente sind, die der Welt der inneren und äußeren Erfahrung Struktur und Sinn verleihen, dann können wir von der Natur nicht getrennt werden, sondern sind dauerhaft und unwiderruflich mit ihr verbunden.

6 Affinitäten

Was denselben Ton hat, schwingt miteinander. Was nach seiner inneren Natur verwandt ist, strebt zueinander. Wasser fließt zum Feuchten, Feuer wendet sich dem Trockenen zu... Was vom Himmel geboren ist, fühlt sich demjenigen verwandt, was oben ist. Was aus der Erde geboren ist, fühlt sich demjenigen verwandt, was unten ist. Alles folgt seiner Art.

Konfuzius

Die Wechselwirkung der fünf Elemente erzeugt Harmonie, und alles ist in Ordnung. Am Ende eines Jahres hat die Sonne ihren Lauf vollendet, und alles beginnt mit der ersten Jahreszeit neu, dem Beginn des Frühlings. Dieses System ist mit einem Ring vergleichbar, der keinen Anfang und kein Ende hat.

Huang-ti nei-ching

Holz, Feuer, Erde, Metall oder Wasser – welche der fünf Wandlungsphasen beschreibt Ihre grundlegende Natur am besten? Wenn man sich die Frage stellt: »Wer bin ich?« und seine Affinität zu einer dieser grundlegenden Kräfte erkundet, kann man wertvolle Einsichten in seine körperlichen Beschwerden, emotionalen Ungleichgewichtszustände, seelischen Probleme und spirituellen Sehnsüchte gewinnen. Wenn man erkennt, wie diese Kräfte in einem selbst wirken, wie sie die eigene Natur ebenso ausdehnen und zusammenziehen, wie sie sich in der natürlichen Welt geltend machen, dann wird man eine Verwandtschaft und Verbundenheit mit aller Natur erfahren, die über die bloße Metapher hinaus in eine tiefe und dauerhafte Ehrfurcht vor dem empfindlichen Gleichgewicht und der unteilbaren Harmonie des Lebens führt.

Nach dem *Huang-ti nei-ching (Des Gelben Kaisers klassisches Buch der*

Inneren Medizin) verbanden die Weisen »Wasser, Feuer, Holz, Metall und Erde ... sie hielten sie für untrennbar und beständig.« Die Wandlungsphasen ändern sich in uns in einer Gezeitenbewegung, und jede dieser Kräfte trägt zur grundlegenden Integrität von Körper, Seele und Geist bei. Kein Element genügt sich selbst, denn um sich manifestieren zu können, braucht es die von den übrigen vier Elementen erzeugte Energie. So besteht in der natürlichen Welt der Boden hauptsächlich aus Erde, doch ist seine Natur ohne Wasser (Feuchtigkeit), Metall (Minerale), Feuer (Asche) und Holz (verrottendes Laub und Zweige) nicht vollständig. Nicht anders ist es beim Menschen. Wenn man zum Beispiel vor allem von Metall beeinflußt wird, ist die Kraft des eigenen »Metalls« von der entsprechenden Kraft beziehungsweise Schwäche der eigenen Erde-, Feuer-, Wasser- und Holzenergie abhängig.
Jede der Wandlungsphasen ist für das Ganze unverzichtbar, denn das Leben, wie wir es kennen, ist ohne die fünf Wandlungsphasen nicht möglich. Jede Phase bringt die anderen hervor und erhält sie, und jede Abnahme oder Zunahme schickt eine bedeutungsvolle Schwingung durch das Ganze. Ja, man ist ein Fluß, der von vielen Wasserläufen und Nebenflüssen gespeist wird, von denen jeder den eigenen Geist nährt, den Strom der Energie je nach den gegenwärtigen Bedürfnissen anschwellen läßt und drosselt und der uns hilft, uns mit Geschmeidigkeit und Eleganz durch das Leben zu bewegen. Weil alles Leben vom Wandel geprägt ist, kann man an einem einzigen Tag das Vordringen und den Rückzug jeder einzelnen dieser Kräfte wahrnehmen. Zu verschiedenen Zeiten des Tages kann die eigene natürliche Affinität zu einer bestimmten Wandlungsphase zunehmen und abnehmen, ein Energiepotential aufbauen, schwächer werden und wieder an Kraft gewinnen. In jedem Monat, in jeder Jahreszeit, in jedem Jahr bewirkt die Ausdehnung und Zusammenziehung der Elementarkräfte Holz, Feuer, Erde, Metall und Wasser zahllose Veränderungen.
Frauen haben ein natürliches, intuitives Verständnis für diese rhythmischen, beständigen Zyklen des Lebens, weil sie von der Pubertät an die Macht dieser Kräfte in sich spüren. Durch ihren Monatszyklus

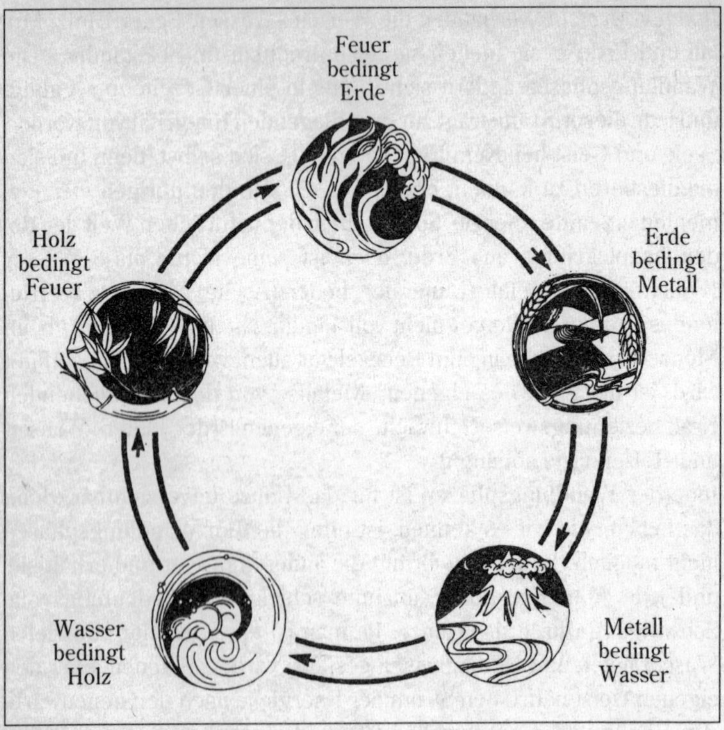

Der Hervorbringungszyklus
Die unterstützende Sequenz: *Sheng*

Der Hervorbringungszyklus heißt auch »Mutter-Kind-Zyklus«, weil die Wandlungsphasen einander in derselben Weise hervorbringen und unterstützen, wie eine Mutter ihre Kinder gebiert und sie beim Wachsen und Heranreifen nährt und für sie sorgt. Feuer gilt als die Hervorbringerin von Erde; Erde ist die Mutter des Metalls; Metall nährt Wasser; Wasser erzeugt Holz; Holz gebiert Feuer – und so weiter. Nach der klassischen chinesischen Theorie entstand die Welt aus einem gewaltigen Feuerball, der sich abkühlte. Im Laufe dieses Prozesses verfestigte sich die Erde zu Mineralien und edlen Erzen (Metall), die das Wasser durchdrangen und seine lebenspendende Kraft vermehrten. Wasser förderte die Vermehrung von pflanzlichem Material (Holz), das unter Erzeugung von Feuer verbrannte; hieraus entstand weitere Asche (Erde), die sich zu Metall verfestigte. Das Metall befruchtete wiederum das Wasser…

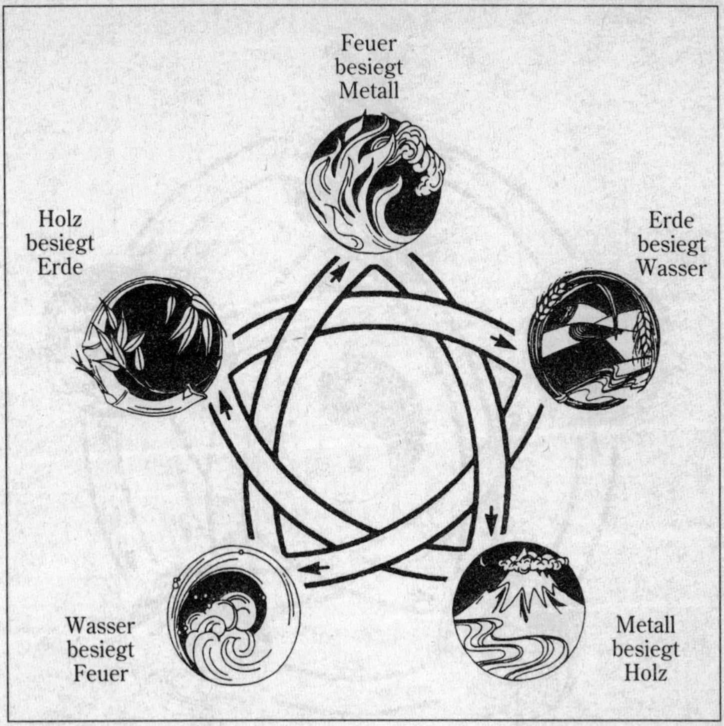

Der Überwältigungszyklus
Die hemmende Sequenz: *Ke*

Wie eine Mutter ihren Kindern Schranken und Grenzen setzt, so hemmen die fünf Wandlungsphasen einander und stellen dadurch sicher, daß keine von ihnen außer Kontrolle gerät oder ein zu starkes Übergewicht bekommt. Wasser kontrolliert Feuer, indem es dieses löscht; Feuer überwältigt Metall, indem es dieses schmilzt, so daß es geformt und gegossen werden kann; Metall hemmt Holz, indem es dieses schneidet (symbolisiert durch die Axt, die den Baum fällt); Holz hemmt die Erde, indem es diese bedeckt, ganz buchstäblich festhält und Erosion verhindert; und Erde besiegt Wasser, indem es dieses aufsaugt und natürliche Dämme und Ufer bildet, um es zu bändigen.

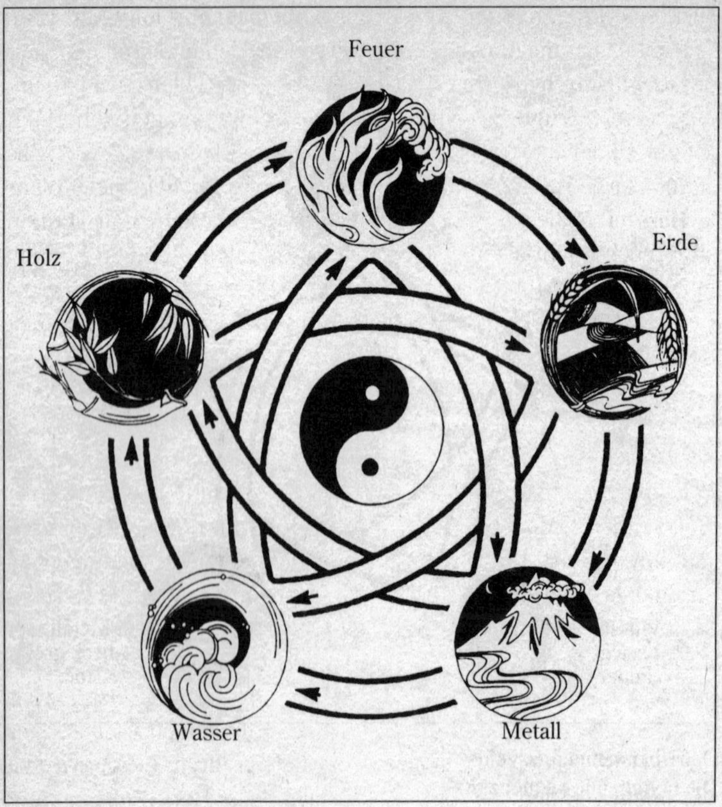

Kombinierter Hervorbringungs- und Überwältigungszyklus

Die Kombination von Hervorbringungs- und Überwältigungszyklus zeigt die wechselseitige Abhängigkeit und Verbundenheit der fünf Wandlungsphasen. Diese Zyklen sorgen in ihrem Zusammenwirken für Harmonie und Gleichgewicht.

lernt eine Frau, daß auf Anspannung Entspannung folgt, auf Ebbe Flut, auf Zunahme Abnahme. Sie spürt die Anziehungskraft des Mondes, der magisch ihre inneren Gezeiten steuert, Zyklen der Fülle und der Leere erzeugt. Sie fühlt die Energieschwankungen von einem Monat zum nächsten, und sie erlebt die entsprechenden Anpassungen an Körper, Seele und Geist. Sie hat das Privileg, diese Wahrheiten durch die Physiologie ihres Körpers verstehen zu können; sie braucht nicht am Fenster zu sitzen und den Mond zu betrachten, denn der Mond strahlt aus ihrem Inneren. Sie ist selbst das Fenster, das sein Licht, seine Bedeutung und seine Botschaft reflektiert.

In jeder Phase des Lebens einer Frau rühren die Kräfte der Natur ihren Geist an, wie der Wind die Oberfläche eines Sees liebkost und das Unsichtbare sichtbar macht. Wenn sie von einer Phase ihres Lebens in die nächste übertritt, spürt sie das An- und Abschwellen von Holz, Feuer, Erde, Metall und Wasser in ihrem Körper, ihrer Seele und ihrem Geist. In der Pubertät überwiegt die geschmeidige, ausstrahlende Kraft des Holzes, das sie lehrt, mit sanftem Druck und kraftvollem Willen vorwärtszustreben. In ihren fruchtbaren Jahren durchtränkt sie leidenschaftliches Feuer mit Wärme und Sexualität, während das Verlangen der Erde nach Harmonie und Gleichgewicht das stabile Fundament für die Erhaltung ihrer schöpferischen Energien schafft. In den Jahren des Übergangs in ihrem Leben wird sie vor allem von dem Streben des Metalls nach Tiefe, Substanz und Qualität der Erfahrung beeinflußt. Am Abend ihres Lebens erfüllt Wasser sie mit bebender Erwartung, wenn sie die potentiellen Tiefen ihres Geistes und ihre Macht zu verstehen beginnt, ihren Beitrag zum immerwährenden Zyklus von Leben, Tod und Wiedergeburt zu leisten.

Alle fünf Wandlungsphasen sind in jedem Menschen vorhanden, doch hat jeder eine individuelle Affinität zu einer bestimmten Phase, die seine Identität, ja auch sein Schicksal prägt und energetisiert. Wie kann man feststellen, welche Phase in einem selbst den stärksten Einfluß hat? Den alten Texten zufolge, insbesondere dem *I-ching* und dem *Huang-ti nei-ching*, äußert sich jede der fünf Wandlungsphasen in bestimmten Merkmalen, die »Entsprechungen« oder »Affinitäten« heißen. Jeder Wandlungsphase werden bestimmte Gefühlsregungen mit positiven und negativen Aspekten zugeordnet, ebenso bestimmte Jahreszeiten, Klimata, Himmelsrichtungen, Tageszeiten, Farben, Gerüche, Geschmacksrichtungen, Klänge, Körperformen, Persönlichkeitsmerkmale und spirituelle Eigenschaften. Fünf verschiedene Organsysteme, die jeweils aus einem komplexen Netz von Geweben, Kanälen, Meridianen und Akupunkturpunkten bestehen, regeln die physiologischen, psychologischen und spirituellen Funktionen, die einer bestimmten Wandlungsphase entsprechen. In den nächsten fünf Kapiteln wollen wir uns mit der grundlegenden Natur und den spezifischen Merkmalen einer jeden Wandlungsphase beschäftigen. Auf der Suche nach derjenigen Phase, die das eigene Temperament und die eigene Persönlichkeit am besten beschreibt, sollte man sorgfältig darauf achten, wie man sich von den anderen Phasen angezogen beziehungsweise abgestoßen fühlt. Ein solides Verständnis der eigenen grundlegenden Wesensmerkmale und eine Einsicht in die gemeinsamen Einflüsse der fünf Elemente auf den eigenen Körper, die eigene Seele und den eigenen Geist verschafft wesentliche philosophische und praktische Erkenntnisse. Wenn man das Element identifiziert hat, das hauptsächlich die eigene grundlegende Natur hervorbringt und erhält, dann gewinnt man einen geschärften Blick dafür, welche Risiken man eingeht oder meidet, welche Ziele man sich setzt, welche Begabungen einen antreiben, von welchen Ängsten und Zweifeln man sich bedroht fühlt, durch welche Situationen man Streß oder Konflikte erfährt, welche Talente man hat (oder vernachlässigt), durch welche Werte man motiviert und durch welche Träume man inspiriert wird.

Durch das ausgeklügelte funktionelle System der fünf Wandlungsphasen verfügen wir über eine Möglichkeit, tief in das Herz und die Seele des Universums einzudringen, wo wir lernen, uns als Mikrokosmos der Natur zu begreifen und unsere »Symptome« als Botschaften zu deuten, die einen Zustand der Harmonie beziehungsweise Disharmonie mit den unwandelbaren Gesetzen der Natur anzeigen. Unsere Weisheit wird dreidimensional, unsere Verbindungen kräftigen sich, unsere Empfindung, in der Welt zu Hause zu sein, gewinnt Tiefe und Breite, wenn wir lernen, Antworten auf unsere physischen, geistigen und seelischen Probleme darin zu suchen, wie wir uns in die natürliche Welt einfügen oder nicht einfügen. Durch Sonne, Mond und Sterne über uns und die Erde unter uns, durch die im Frühjahr aufbrechenden Knospen und die harten Eisschollen, die sich im tiefen Winter bilden, durch Wind, Donner und Regen, durch tosende Flüsse und stille Teiche, durch die majestätischen Berge und tiefen Täler entdecken wir eine neue Perspektive für die Hindernisse und Widrigkeiten, die uns in unserem täglichen Leben begegnen.

Man kann sich die fünf Wandlungsphasen als fünf Flüsse vorstellen, die von einer zentralen, unerschöpflichen Quelle hoch auf einem majestätischen Gipfel ausgehen. Die Flüsse folgen ihrer nach unten strebenden Natur; sie gleiten leicht und mühelos durch den Kies ihres Betts, teilen sich elegant an starren Felsen und umfließen sie, mischen ihr Wasser mit anderen Nebenflüssen und bleiben doch immer ihrer grundlegenden Natur treu. Eine Ahnung ihrer Bestimmung und ihres Zwecks leitet die Flüsse zum Meer, wo sie an das Ende ihrer Reise gelangen und sich miteinander vereinigen.

Wir gleichen diesen Flüssen, indem wir von einer zentralen Quelle ausgehen und zielbewußt unserer endgültigen Bestimmung zustreben. Unsere ganze Reise führt an jenen Versammlungsort, der als Heimat, Ganzheit, Einheit, das »Eine« erfahren wird – jenen Ort, an dem der einzelne in die Seele des Universums aufgenommen und das Universum in jede einzelne Seele eingeschlossen wird.

7 Holz: Das Visionäre

Die übernatürlichen (Mächte) erzeugen am Himmel Wind und auf der Erde Holz. Im Körper erzeugen sie Muskeln, und von den fünf Eingeweiden die Leber. Von den Farben erzeugen sie Grün und von den Tönen »chio«; der menschlichen Stimme verleihen sie die Fähigkeit, einen schreienden Laut zu formen. In Zeiten der Erregung und des Wandels gewähren sie die Fähigkeit der Beherrschung. Von den Körperöffnungen erzeugen sie die Augen, von den Geschmacksempfindungen das Saure und von den Gefühlsregungen den Zorn.

Huang-ti nei-ching

Die Macht des Holzes ist sanft, beharrlich und von schöpferischem Potential erfüllt. Dies ist die Wandlungsphase des Seins und des Werdens – sie hilft uns, unserer eigenen Natur treu zu sein und mehr wir selbst zu werden, indem wir unsere inneren Bedürfnisse und Sehnsüchte der Welt gegenüber deutlich äußern. Holz dringt sanft in die Erde ein, um Wasser heraufzuholen, die Quelle allen Lebens. Wie bei der bescheidenen Pflanze werden unsere Grundbedürfnisse dadurch befriedigt, daß wir unsere Wurzeln in die unerschöpflichen Quellen der Erde senken. Dort, in der stillen, schweigenden Mitte, nährt das Wasser unseres Lebens unseren Körper, unsere Seele und unseren Geist. Unsere Wurzeln versorgen uns mit der Energie, um mit Kraft und festem Entschluß unserer eigenen Natur treu vorwärtszustreben und dabei doch geschmeidig und nachgiebig zu bleiben.

Wenn Sie vom Holz energetisiert sind, verspüren Sie den Drang, in Bewegung zu bleiben, Sie wissen, wann Sie entschlossen vorwärtsgehen können, wann Sie geduldig warten und wann Sie sich elegant zurückziehen müssen. Herausforderungen begegnen Sie mit Selbstvertrauen, und Entscheidungen fällen Sie mit Sorgfalt und Überlegung. Wenn es Zeit zu handeln ist, wissen Sie intuitiv, wie Sie Ihr Ziel

erreichen können. Sie wissen, wer Sie sind und wohin Sie das innere Potential führen kann, und Sie finden ohne Schwierigkeiten den richtigen Weg, der an das gewünschte Ziel führt.
Mit festem und kraftvollem Willen verlassen Sie sich auf sanften, aber beharrlichen Druck, um Ihre Ziele zu erreichen. Wie der warme Frühlingswind begegnen Sie Starre mit milder Überzeugungskraft und lösen das Starre und Harte mit Ihrer geschmeidigen, aber nachdrücklichen Natur auf. Wenn man ungehindert mit Entschlossenheit und Willenskraft in die Welt hinausgehen kann, erfährt man Gesundheit und Glück. Wenn aber die Energie blockiert ist oder in eine falsche Richtung geleitet wird, erfährt man Anspannung und zunehmende Frustration, weil das Bedürfnis, sich auszudrücken, kein Ventil findet.
In den altchinesischen Texten wird dieser innere Zustand der Anspannung und des wachsenden Drucks durch das Bild des Donners symbolisiert. »Ein Gewitter löst Anspannungen auf, und alles schöpft wieder freien Atem«, sagt das *I-ching*. Die Natur ist nach einem Frühlingsgewitter erfrischt, Spannungen sind aufgehoben, und man erfährt Erleichterung. Weil man von Natur aus direkt und kraftvoll wie der Donner ist, ist man auch fähig, der Welt seine Empfindungen in einer ehrlichen, überzeugenden Weise mitzuteilen. Dabei hat man stets eine klare Vorstellung davon, wohin man von den eigenen Empfindungen geführt werden soll. Man ist stets beherrscht und nutzt seine leidenschaftliche Energie, um seine Haltung klarzumachen und Hindernisse zu beseitigen, die sich dem eigenen Fortschritt in den Weg stellen.
Zorn ist die Gefühlsregung, die »Holz-Typen« energetisiert. Ausgewogener Zorn ist eine gesunde Gefühlsregung, denn man kann ihn als eine natürliche Reaktion auf Streß, Frustration und Ungerechtigkeit verstehen. Wenn Zorn mit gelassener Beherrschung geäußert wird, wirkt er wie ein Donner, der die Luft reinigt, Spannung vertreibt und das Gleichgewicht wiederherstellt.

Eine junge Schülerin hatte den Entschluß gefaßt, die Meditation über liebende Güte zu entwickeln. Sie saß in ihrer Kammer und erfüllte ihr Herz mit der Empfindung liebender Güte gegenüber allen Wesen. Wenn sie aber auf den Basar ging, um ihr Essen einzukaufen, wurde ihre liebende Güte von einem Krämer täglich auf eine harte Probe gestellt, der sie mit unerwünschten Liebkosungen belästigte. Eines Tages ertrug sie es nicht mehr und jagte den Krämer mit hocherhobenem Regenschirm über die Straße. Zu ihrer größten Beschämung sah sie plötzlich ihren Lehrer am Straßenrand stehen und das Spektakel beobachten. Mit schamrotem Gesicht trat sie vor ihn und erwartete seinen Tadel für ihren Wutausbruch.

»Du mußt«, sprach ihr Lehrer mit sanfter Stimme zu ihr, »dein Herz mit liebender Güte erfüllen und mit der größten Achtsamkeit, deren du fähig bist, diesem ungezogenen Kerl deinen Regenschirm über den Kopf ziehen.«

(Nach Feldman/Kornfield)

Die sanfte, vibrierende Energie des Holzes dient dazu, »Dinge in ihre Form fließen zu lassen, sie sich entwickeln und die Form annehmen zu lassen, die im Keim veranlagt ist«, rät das *I-ching*; diese lebenswichtige, lebenspendende Energie wird am stärksten im Frühjahr erfahren, der Jahreszeit der Erneuerung und Regeneration:

> Wenn sich im Frühling Donner, Lebensenergie, wieder unter den Himmeln zu regen beginnt, sprießt und wächst alles, und alle Wesen empfangen aus der schöpferischen Aktivität der Natur die kindliche Unschuld ihres Urzustandes zurück.

Die *Witterungserscheinung* des Holzes ist der Wind, die *Himmelsrichtung* ist der Osten (»Anfang und Schöpfung kommen aus dem Osten«), und seine Macht wird am stärksten zwischen 23.00 und 3.00 Uhr erfahren.

Die zum Holz gehörige *Farbe* ist Grün; an Mund und Augen des Holz-Typs kann man oft einen feinen Grünton wahrnehmen. Wenn man eine natürliche Vorliebe zur Farbe Grün hat, äußert sich hierin mögli-

cherweise eine Affinität zum Holz. Eine starke Abneigung gegen die Farbe Grün kann auf ein Ungleichgewicht hinsichtlich dieser Wandlungsphase hinweisen.
Zum Holz gehört ein ranziger *Geruch* ähnlich dem süßsauren Geruch von Harn oder Schweiß oder dem strengen Aroma von Fleisch und Käse in einem Fleischerladen. Die »Geschmacksempfindung« ist das Saure, und eine starke Vorliebe beziehungsweise Abneigung gegen säuerliche, ätzende oder pikante Speisen (Essig, sauer Eingelegtes, Zitronen) verweist oft auf eine Beziehung zum Holz.
Die zum Holz gehörende *Lautäußerung* ist Schreien. Holz-Typen neigen dazu, alles in einer aggressiven, lauten Weise herauszuschreien; ein Mangel an dynamischer Energie in der Stimme, der zu einem monotonen Tonfall ohne Satzmelodie führt, kann ein Ungleichgewicht der Holz-Energie anzeigen.
Ein gut proportionierter, muskulöser (aber in natürlicher Weise geschmeidiger) *Körperbau* mit breiten Schultern und einer ausgeprägt stämmigen Physis ist typisch für Holz-Typen. Die Hände sind meist kraftvoll, schlank und gut proportioniert, wobei die Finger so lang sind wie die Handflächen; oft findet man eine leichte Vorwölbung im Bereich der Knöchel. Füße und Zehen sind meist lang, dünn und kraftvoll. Holz-Typen werden schnell braun und haben selbst in den Wintermonaten ein gesundes, gebräuntes Aussehen. Die Haut ist oft dick und fühlt sich etwas rauh an; im Laufe der Zeit kann die gegerbte oder dunkle Gesichtshaut ein ledriges Aussehen annehmen.
Ständige Bewegung und regelmäßige körperliche Betätigung sind für den Holz-Typen sehr wichtig, der nach oben und außen strebt und der ganzen Welt seine Gedanken und Empfindungen nachdrücklich mitteilt. Dieses natürliche Bewegungsbedürfnis wird dadurch ausgeglichen, daß man innerlich weiß, wann man entschlossen voranschreiten muß und wann es besser ist, sich zurückzuhalten und Kräfte zu sammeln. Dieses harmonische Wechselspiel zwischen Bewegung und Abwägen wird von den Geschwister*organen* Leber und Gallenblase beherrscht. Diese beiden harmonisch zusammenarbeitenden Organe sorgen dafür, daß die Wandlungsphase des Holzes in ei-

nem schöpferischen Austausch zwischen dem einzelnen und seiner Umgebung im Inneren kreisen und nach äußerem Ausdruck streben kann.

Die westliche Medizin faßt die Körperorgane als feste anatomische Strukturen mit bestimmten funktionellen Aufgaben auf. Die Chinesen betonen mehr die Funktion als die Struktur (bestimmte chinesische »Organe« sind nicht einmal als anatomische Strukturen vorhanden) und weisen den Organwirkungen auch emotionale und spirituelle Manifestationen zu. Die Leber ist in der chinesischen Medizin »der General; von ihr nehmen Planung und Überlegung ihren Ausgang«. Die Leber entwickelt Pläne und führt sie sorgfältig aus; sie ist verantwortlich für die Aufrechterhaltung der Homöostase und des Gleichgewichts im ganzen Organismus und stellt sicher, daß die verschiedenen Organsysteme so zusammenarbeiten, daß hieraus ein harmonisches Ganzes entsteht. Die Leber regiert Fließen und Ausdehnung und sorgt für eine gleichmäßige, reibungslose Versorgung des ganzen Körpers mit Ch'i und Blut. Wenn die Energie in diesem Organ blockiert ist, treten Symptome der Verstopfung (Migräne/Kopfschmerzen, hoher Blutdruck, Verstopfung und Sodbrennen) auf. Weil die Leber auch für das Gleichgewicht der Emotionen sorgt, kann stagnierendes Ch'i der Leber zu einem chronischen Zustand des Ärgers und der emotionalen Frustration führen.

Die Gallenblase, die »weise Entscheidungen fällt ...«, »ist der Beamte, von dem Urteile und Entscheidungen ihren Ausgang nehmen«. Eine der wichtigsten Entscheidungen der Gallenblase ist die Speicherung und Absonderung von Galle (der bitteren Flüssigkeit, die für die Verdauung benötigt wird) zum jeweils rechten Zeitpunkt. In emotionaler und geistiger Hinsicht mäßigt dieses Organ impulsives, rücksichtsloses Verhalten. Wenn jemand zu überstürzten Entscheidungen neigt, wird ein Überschuß an Gallenblasen-Ch'i vermutet; unentschlossenes Verhalten verweist dagegen auf einen Energiemangel in diesem Organ.

Ungleichgewichte der Holz-Energie

Überschuß

Holz-Typen neigen dazu, sich bis zum letzten zu verausgaben, und unter Druck geben sie ihr Bestes, doch kann ein Überschuß an Holz-Energie zu einem übermäßigen Yang-Verhalten führen, einem Vorwärtsdrängen ohne angemessene Planung. Das klassische Bild des *I-ching* für solch eigensinniges Verhalten ist der Holzstab, der bis zum Brechen gebogen ist:

> Die Last ist zu groß für die Stützen. Der Firstbalken, auf dem das ganze Dach lastet, biegt sich bis zum Brechen, denn seine Auflager sind zu schwach für die Last, die sie tragen müssen.

Das Problem wird verschärft durch die natürliche Neigung, immer in Bewegung zu sein und alle Hindernisse zu durchbrechen, die sich einem in den Weg stellen. Der Betreffende ignoriert die Belastungen, weigert sich, auf den Rat anderer zu hören, und stürmt unbeirrt vorwärts.

> Er akzeptiert den Rat anderer nicht, weshalb andere auch nicht bereit sind, ihm Unterstützung zu gewähren. Deshalb wächst die Last, bis sich etwas durchbiegt oder bricht. Eigensinniges Vorwärtsstürmen in Zeiten der Gefahr beschleunigt die Katastrophe.

Übermäßige Holz-Energie kann auch zu Unempfindlichkeit gegenüber den Bedürfnissen anderer führen. Der/die Betreffende ist störrisch und eigensinnig und neigt dazu, seine/ihre Autorität in einer unnachgiebigen, herausfordernden, besserwisserischen Weise auszuüben. Weil man überzeugt ist, genau die Grenzen zu kennen, die »richtig« und »falsch« voneinander trennen, ist man entschlossen, es auch dem Rest der Welt beizubringen. Man ist schnell wütend und schreit seine Forderungen in impulsiven, rasch wieder verfliegenden Ausbrüchen hinaus. Spannungen entstehen, wenn andere einen unbeachtet lassen oder störrisch an ihrer eigenen Meinung festhalten und sich weigern, sich vor der größeren Weisheit zu verbeugen, die man selbst zu besitzen glaubt.

Man ist, kurz gesagt, von einem inneren Drang getrieben, Erfolg zu haben, zu gewinnen, der Beste, der Glänzendste, der überragende Star zu sein. Wenn man nicht ständig in Bewegung sein und vorwärtsstürmen kann (wobei man manchmal andere beiseite schiebt), ist man frustriert und unruhig. Man erreicht sicher sehr viel und erwirbt wegen seiner Furchtlosigkeit und Hemmungslosigkeit die zähneknirschende Achtung anderer, doch macht man zweifellos auch viele Fehler und schafft sich viele Feinde, wie die folgende, in vielen Variationen überlieferte Begebenheit zeigt:

> Ein Priester einer rivalisierenden buddhistischen Sekte ging zu einem von Meister Bankeis (1622 bis 1693) Vorträgen. Als die große Zuhörerschaft Bankei mit begeistertem Applaus begrüßte, konnte der Priester seine Eifersucht nicht zurückhalten.
>
> »Du bist ein Schwindler«, rief er aus. »Du kannst vielleicht diese Bauern betrügen und ihnen deinen Willen aufzwingen, aber mich beeindruckst du nicht. Kannst du mich zwingen zu tun, was du sagst?«
>
> »Komm her, und ich will es dir zeigen«, antwortete Bankei. Als der Priester zum Rednerpult kam, sagte Bankei: »Komm links herüber.« Der Priester ging nach links. »Ach nein, doch lieber nach rechts.« Der Priester ging nach rechts. »Nun«, sagte Bankei, »du hast mir gut gehorcht. Setz dich nun und halt den Mund.«

Menschen mit übermäßiger Holz-Energie weigern sich, sich zu setzen und den Mund zu halten. Schließlich wird die Belastung zu groß, und »die Struktur der Dinge biegt sich oder bricht«. Kopfschmerzen, Muskelverspannungen, Sehnenverletzungen und hoher Blutdruck können Symptome der grundlegenden Spannung in Körper, Seele und Geist sein. Weil es zur Natur des Holz-Typen gehört, unabhän-

gig zu sein, weigert er sich, bei seinen zunehmenden Problemen Hilfe anzunehmen. Erst dann, wenn die Symptome wirklich unerträglich werden oder sich nicht mehr ignorieren lassen, bemüht man sich um fachkundige Hilfe, aber selbst dann ist man kurz angebunden und dominierend. »Bringen Sie mich in Ordnung«, sagt man vielleicht, »ich habe viel zu tun, und ich kann mir keinen Leerlauf leisten.«
Wenn der Arzt ein Mittel verschreibt, nimmt man es dankbar an, denn der Gedanke ist einem unerträglich, in seinem Terminkalender Platz für Ruhe und Erholung schaffen zu müssen. Die Behandlung der Symptome eines Holz-Ungleichgewichts mit Präparaten verschärft die Disharmonie jedoch nur, und im Laufe der Zeit werden die körperlichen, emotionalen und geistigen Probleme immer gravierender. Bei Menschen mit einem Holz-Überschuß muß sich die Behandlung darauf richten, die Weisheit des »mittleren Weges« zu lehren, den Ausgleich zwischen Vorwärtsschreiten und Rückzug, zwischen spontanem Handeln und Abwägen.

> Wer blind nach oben drängt, betrügt sich selbst. Er kennt nur Fortschreiten, keinen Rückzug. Dies aber bedeutet Erschöpfung. In einem solchen Fall ist es wichtig, sich stets daran zu erinnern, daß man bedachtsam und beständig sein und bleiben muß. Nur so wird man frei von blinder Impulsivität, die immer schädlich ist. *(I-ching)*

Symptome bei übermäßiger Holz-Energie

- Muskelanspannung mit Krämpfen und Verspannungen, meist im Bereich von Kopf, Nacken und Schultern, aber auch an Hüften, Beinen, Händen und Füßen
- Sehnenverletzungen
- Ischias (ausstrahlender Schmerz, der längs des Ischiasnervs vom Kreuz über das Gesäß das Bein hinabzieht)
- Kopfschmerzen, vor allem Migräne
- Reizbarkeit und Wutausbrüche

- Sehstörungen
- Ohrgeräusche
- Menstruationsbeschwerden, insbesondere prämenstruelles Spannungssyndrom mit emotionaler Labilität und Krämpfen
- Verdauungstörungen, unter anderem Sodbrennen, Verstopfung mit Krämpfen, Hiatushernie (Zwerchfellbruch) und Mägengeschwüre
- Zysten und Tumoren jeglicher Art, die unbehandelt krebsig entarten können
- Hoher Blutdruck mit einer Neigung zu Arteriosklerose
- »Chinesisches Wind-Syndrom«: Die Chinesen glauben, daß der Wind »die Ursache von hundert Erkrankungen« ist. Er kann die Energiereserven von Körper, Seele und Geist erschöpfen und zu schweren, manchmal sogar tödlichen Krankheiten von kleineren Ticks bis zu Grand-mal- und Schlaganfällen führen.

Mangel

Während überschüssige Holz-Energie oft zu einer starren Geisteshaltung und zu einem unbedachten Vorwärtsstürmen führt, bewirkt ein Mangel in vielen Fällen einen inneren Zusammenbruch. Beim Holz folgt wie bei anderen Wandlungsphasen ein Mangel oft einer längeren Phase des Überschusses, während der viel Ch'i-Energie verbraucht wird und die Quellen der Erneuerung und Regenerierung ausgetrocknet werden. Ärger wendet sich nach innen, und in Körper, Seele und Geist breiten sich Empfindungen der Beschämung, der Verlegenheit und der Demütigung aus. Mangelndes Selbstvertrauen ist bei beiden Typen eines Holz-Ungleichgewichts ein Problem; während jedoch der »Überschuß«typ seine Empfindungen ignoriert und mit Prahlsucht überspielt, unterdrückt der »Mangel«typ seine Emotionen, weil er Angst hat, sich lächerlich zu machen.

Es besteht die Gefahr der Stagnation, weil man die Energie nicht mehr aufbringt, den Stillstand zu überwinden, in den man geraten ist. Die schöpferische Energie ist blockiert, und man hat das Gefühl, in einen Sumpf geraten zu sein, ohne die Wurzeln in den fruchtbaren Boden senken zu können, der das heilende Wasser des Lebens spendet. Je länger dieser Zustand anhält und unbehandelt bleibt, desto stärker wird die Erschöpfung und desto gedrückter die Stimmung. Wenn die Fähigkeit behindert ist, sich auf ein klares Ziel auszurichten und rasche Entscheidungen zu fällen, treten Erschöpfung und Lethargie ein. Im Laufe der Zeit büßt man seine Kraft ein, bis man schließlich zusammenbricht. Man wird abhängig von äußeren Stimulationen wie Tabletten, Kaffee, Soda und Zucker oder dämpfenden Mitteln wie Alkohol, Tranquilizern und Zigaretten. Durch diese unnatürlichen Stimulantien und Sedativa erschöpft man seine natürlichen Ressourcen zusätzlich, und im Laufe der Zeit gerät man in eine immer tiefere Zurückgezogenheit, Ängstlichkeit, Entschlußlosigkeit und Reizbarkeit.

> Wenn den Menschen Widrigkeit befällt, ist es vor allen Dingen wichtig, daß er stark ist und die Schwierigkeiten innerlich überwindet. Wenn er schwach ist, überwältigen ihn die Probleme. Statt auf seinem Weg fortzuschreiten, sitzt er weiter unter einem kahlen Baum und versinkt immer tiefer in Trübsinn und Melancholie. Dadurch wird die Situation nur immer hoffnungsloser. Diese Haltung entsteht aus einer inneren Täuschung, die er unbedingt überwinden muß. *(I-ching)*

Diese »innere Täuschung«, die überwunden werden muß, ist der Glaube, daß man in derselben rücksichtslosen Weise fortfahren könne, indem man alle Hindernisse einfach beiseite schiebt. Wenn der Betreffende auf Hindernisse stößt, »... stößt er den Kopf gegen eine Wand« und »lehnt sich an Dinge an, die selbst keine Stabilität haben und ihm zur Gefahr werden können«. Dies ist natürlich ein prekärer Zustand, denn Holz-Typen sind unbegrenzte Energiereserven und ein aktives, produktives Leben gewöhnt. Wenn man sich mit seinen tieferen Problemen nicht helfen läßt und sich weiter auf äußere Mittel stützt, führt dies zu einer schweren Belastung des Lebermeridians, wodurch noch mehr Angst, Schuldgefühle und Frustration entstehen. Im Laufe der Zeit breiten sich Niedergeschlagenheit und Hoffnungslosigkeit in Körper, Seele und Geist aus. Ohne äußere Unterstützung und entsprechende Anleitung verschärfen sich Schmerz und Kummer.

Symptome bei mangelnder Holz-Energie

- Angst und Unruhe
- Unbestimmte Anspannung und Nervosität
- Prämenstruelles Spannungssyndrom
- Unregelmäßiger Zyklus
- Chronische Verspannung in Nacken und Schultern
- Schlaflosigkeit und unruhiger Schlaf
- Überempfindlichkeiten, zum Beispiel Allergien jeglicher Art von Heuschnupfen bis zu Nahrungsmittelüberempfindlichkeit und Hautallergien
- Juckreiz an Augen, Harnröhre und Anus
- Sehstörungen und Lichtscheu
- Ticks und Spasmen wie zum Beispiel Augenzwinkern und Wittmaack-Ekbom-Syndrom (Syndrom der unruhigen Beine, »Restless legs«)
- Verdauungsstörungen wie Blähungen, Völlegefühl, Reizkolon und Hiatushernie (Zwerchfellbruch)
- Müdigkeit, Lethargie, Abgespanntheit
- Instabiler Blutdruck (abwechselnd hoher und niedriger Blutdruck)

Die Weisheit des Holzes

Das Holz in der Erde wächst nach oben... Das Drängen nach oben wird nicht durch Gewalt, sondern durch Bescheidenheit und Anpassungsfähigkeit ermöglicht... das Holz in der Erde paßt sich an Hindernisse an, biegt sich um sie herum und wächst ohne Hast und ohne Stillstand nach oben. So ist auch der gute Mensch in seinem Wesen hingebungsvoll und schreitet beharrlich fort. *(I-ching)*

Holz: Das Visionäre

Ein Mensch mit einer Holz-Affinität empfindet den Drang zu Handlung, Bewegung und Erfüllung. Er verfügt über tiefe und reiche Quellen, die es ihm ermöglichen, Herausforderungen als Abenteuer zu betrachten; er geht stets bis an seine Grenzen und wird durch Druck zu Höchstleistungen angespornt. Seine Abenteuerliebe und sein Verlangen, der Erste und Beste zu sein, helfen ihm, seine Träume Wirklichkeit werden zu lassen.

Natürliche Qualität:	Fest und doch geschmeidig; Wachstum, Ausdehnung
Spirituelle Qualität:	Kreativität
Gefühlsregung:	Zorn
Positiv:	Durchsetzungsvermögen, Selbstbewußtsein, Entscheidungsfreudigkeit
Negativ:	
Überschuß:	Aggressiv, arrogant, anmaßend, tyrannisch, zwingend
Mangel:	Unentschlossenheit, passiv, ineffektiv, intolerant, unberechenbar
Jahreszeit:	Frühling
Witterung:	Wind
Himmelsrichtung:	Osten (aufgehende Sonne)
Tageszeit:	23.00 bis 3.00 Uhr
Farbe:	Grün
Geruch:	Süßsauer (Harn, Schweiß, Fleisch, Käse)
Geschmacksqualität:	Sauer
Lautäußerung:	Schreien
Organe:	
Yin:	Leber
Yang:	Gallenblase

8 Feuer: Der Kommunikator

> Die übernatürlichen (Kräfte) des Sommers schaffen Wärme am Himmel und Feuer auf der Erde. Sie erzeugen den Pulsschlag im Körper und die Wärme in den Eingeweiden. Von den Farben schaffen sie die rote Farbe, von den Tönen »Chih«, und der menschlichen Stimme verleihen sie die Fähigkeit, Freude auszudrücken.
>
> *Huang-ti nei-ching*

Feuer ist die Macht der ausstrahlenden Leidenschaft. Wenn Sie von der warmen, leuchtenden Energie des Feuers durchdrungen sind, zieht dieses Licht und diese Wärme andere an, wie die Kerzenflamme Motten anzieht. Man strahlt eine ansteckende Begeisterung und leidenschaftliche Liebe zur Erde unter seinen Füßen aus, zur Sonne, zum Mond und den Sternen am Himmel und zur Gemeinschaft der Menschen, die man in seine Arme schließen möchte.

»Feuer-Typen« möchten im wörtlichen und übertragenen Sinne in »Kontakt« bleiben. Sie berühren ihr Gegenüber, wenn sie sich unterhalten, legen die Hand auf die Schulter eines Bekannten, umarmen Freunde und Fremde ohne Scheu und lassen sich gerne selbst umarmen. Wenn sie keinen Kontakt haben, leiden sie physisch, emotional und geistig. Eine vierzigjährige Frau, die eine Woche lang ihre Kinder nicht sah, klagte über Schmerzen in den Händen. »Es fehlt mir, daß ich meine Kinder nicht berühren kann«, sagte sie. Ihr Verlangen zu berühren ist ebenso wie die scharfsinnige Erkenntnis der Natur ihres Problems typisch für den gesunden Feuer-Typ, dessen allgemein bekannte Merkmale seine Intuition, seine Empathie und sein starkes Verlangen nach engen menschlichen Beziehungen ist.

Die Fähigkeit, Beziehungen anzuknüpfen und zu pflegen, gehört zu den natürlichen Merkmalen des Feuers. Feuer erfüllt uns mit seiner leidenschaftlichen Lebenslust, doch ist diese Leidenschaft so intensiv, daß man sie nicht für sich behalten kann, weshalb man ständig nach außen drängt und hofft, seine Grenzen erweitern zu können, um seine glühenden Empfindungen mit anderen teilen zu können. Dieses verzehrende Bedürfnis, »eins mit allem« zu sein, ist der *spirituelle* Grundzug des Feuer-Typs. Trennung wird schmerzhaft empfunden, denn man ist überzeugt, daß zwei zusammengehören und daß man die Fähigkeit hat, seine Natur mit derjenigen anderer zu verschmelzen, so daß neues Leben entsteht. Man glaubt aus tiefstem Herzen, daß die Verschmelzung zweier Seelen die höchste Erfahrung des Lebens ist.

Weil der Wunsch, mit anderen zu verschmelzen, so stark und unbezähmbar ist, hat der Feuer-Typ in seinem Leben manchmal Schwierigkeiten, sein Selbst von denjenigen zu trennen, die er liebt. Man fühlt, was andere fühlen, man erlebt, was andere erleben. Weil man so intuitiv und empathisch ist, weiß man oft schon, was nahestehende Menschen denken oder fühlen, noch bevor sie es selbst wissen. Man hat eine scharfe Wahrnehmung, ein großes Herz und eine grenzenlose Freude. Dies kann, wie immer, am besten durch eine Geschichte verdeutlicht werden:

> Rumi klopfte an die Tür seines Geliebten. »Wer ist da?« kam es von drinnen. »Ich bin es, Rumi«, sagte er. Von drinnen kam die Stimme: »Geh fort, hier ist kein Platz für uns beide.« Rumi ging weg und versenkte sich in Meditation und Gebet. Nach einiger Zeit kehrte er zum Haus seines Geliebten zurück und klopfte wieder an. »Wer ist da?« fragte er. »Du bist es«, sagte Rumi. Da öffnete sich die Tür, und die Liebenden umarmten sich leidenschaftlich. (Nach Feldman/Kornfield)

Die überschwengliche Begeisterung für das Leben, die wir »Freude« nennen, ist die emotionale Manifestation eines gesunden Feuers. Wie bei allen Manifestationen ist jedoch Gleichgewicht wesentlich, denn überschießende Freude (Manie oder Übererregbarkeit) ist für Körper, Seele und Geist ebenso schädlich wie mangelnde Freude

(Selbstsucht, Apathie und Gleichgültigkeit). Das *I-ching* beschreibt diesen Zustand einer harmonischen Freude sehr deutlich:

> Eine gelassene, wortlose, selbstgenügsame Freude, die nichts von außen begehrt und mit allem zufrieden ist, bleibt frei von allen egoistischen Vorlieben und Abneigungen. In dieser Freiheit liegt das Glück, denn sie birgt die stille Gewißheit eines Herzens, das in sich selbst gefestigt ist.

Dem Feuer-Typ muß immer die stetige und beständige Flamme – mehr eine Zündflamme als ein von Holz oder Stroh genährtes Feuer – gegenwärtig sein, die seine grundlegende Natur speist. Das Bedürfnis und die Fähigkeit, mit anderen zu verschmelzen, ist die größte Stärke und die größte Schwäche zugleich, denn es besteht die Möglichkeit, daß man sich in seiner eigenen Leidenschaft verzehrt.

> Feuer heftet sich an Holz, aber es verzehrt es auch ... Hier ist das Bild einer Sternschnuppe oder eines Strohfeuers zutreffend. Ein Mensch, der erregbar und unruhig ist, bringt es rasch zu Ansehen, hat aber keine dauerhafte Wirkung. Deshalb nimmt es ein böses Ende, wenn ein Mensch sich zu schnell verbraucht und sich wie eine Sternschnuppe verzehrt. *(I-ching)*

Als der Buddha die Erleuchtung empfing, soll er laut und mit überströmender Freude gelacht haben. Gleich darauf aber überfiel ihn Trauer, denn im Augenblick seiner Erleuchtung verstand er auch, daß er zutiefst mit allen anderen fühlenden Wesen verbunden war, die Erleuchtung empfangen mußten, bevor sie ins Paradies eingehen konnten. Der ausgewogene Ausdruck leidenschaftlicher Freude und mitleidsvoller Trauer stecken die sicheren Grenzen der Feuer-Persönlichkeit ab. Der Buddha hätte über die Geschichte eines Zen-Meisters aus tiefstem Herzen gelacht, der in New York zu einem Würstchenverkäufer sagte: »Bitte, machen Sie mich eins mit allem.«

Die zum Feuer gehörige *Farbe* ist Rot. Wer von dieser Wandlungsphase durchdrungen ist, hat eine gut durchblutete, manchmal auch rötliche Haut; in dem Bereich um die Augen und Schläfen nimmt man manchmal einen leicht rötlichen Farbton wahr. Wenn die Feuer-Energie zu stark wird oder aber stark gedämpft ist, gibt der Teint des Gesichts einen deutlichen Hinweis auf die Verfassung des Herzens, eines der Organe, die dem Feuer zugeordnet sind. Im *Huang-ti nei-ching (Des Gelben Kaisers klassisches Buch der Inneren Medizin)* heißt es: »Wenn das Herz in einer vorzüglichen Verfassung ist, dann zeigt sich dies am Aussehen eines Menschen.« Eine übermäßige Vorliebe oder Abneigung gegenüber der Farbe Rot kann ebenfalls ein Ungleichgewicht der Wandlungsphase Feuer anzeigen.
Die Macht des Feuers ist am intensivsten in der *Jahreszeit* Sommer spürbar, jener »Zeit üppigen Wachstums«, in der sich »der Atem des Himmels und der Erde miteinander vermischen und Wohltat spenden.« Die *Witterungserscheinung* ist heiß, die *Himmelsrichtung* ist Süden, und die *Tageszeit*, in der das Feuer am stärksten ist, liegt zwischen 11.00 Uhr und 15.00 Uhr.
Dem Feuer entspricht ein versengter *Geruch* ähnlich dem Geruch von verbranntem Toastbrot oder von Kleidern, die man gerade aus dem Trockner genommen hat. Wenn man diesen Geruch am Körper eines Menschen wahrnimmt, verweist dies auf einen Überschuß an Feuer-Energie. Die Geschmacksqualität des Feuers ist bitter. Dem *Huang-ti nei-ching* zufolge »verlangt das Herz nach dem bitteren Geschmack«, der »eine kräftigende Wirkung« hat. Dem Feuer-Typen sagt die Bitterkeit von Kaffee, Tee, ungesüßter Schokolade, gegrillten Speisen und von grünen Blattgemüse (Spinat, Grünkohl, Löwenzahn) zu; eine starke Abneigung beziehungsweise Vorliebe für solche Speisen verweist auf ein Ungleichgewicht im Feuer.
Die *Lautäußerung* des Feuers ist das Lachen. Eine warme Stimme mit Sinn für Humor zeigt ein gesundes Feuer an. Unangemessenes Lachen oder übertriebenes Kichern können einen Überschuß an Feuer anzeigen, während jemand, der überhaupt nicht lacht, vermutlich zuwenig Feuer hat.
Die *körperliche Erscheinung* des Feuer-Typs drückt sich mehr in sei-

ner Lebhaftigkeit und Intensität als in einem besonders ausgeprägten körperlichen Merkmal aus. Von dieser Wandlungsphase erfüllte Menschen sind aber eher schlank und zart mit feinen Zügen und zarten Knochen oder aber stämmig und kompakt mit einem schweren Skelett und gut entwickelten Muskeln. Typisch für den Feuer-Menschen sind ein schlanker Hals, lange Arme und Beine und zierliche Hände und Füße.

Ist die Feuer-Energie gesund und stark, dann ist die Haut geschmeidig, glänzend und warm und hat eine Farbe zwischen Rosa, »Gebräunt« und Hellrot. Feuer-Typen erröten schnell. Eine intensiv rote Hautfarbe zeigt ein Übermaß an Feuer an, während ein aschfahles Aussehen auf einen Mangel verweist.

Die Wandlungsphase Feuer ist insofern ungewöhnlich, als sie mit zwei Yin- und zwei Yang-Organsystemen oder Meridianen verbunden ist; weil dieses Element in einem so engen Zusammenhang mit Beziehungen steht, regiert jeder dieser Meridiane eine bestimmte Form von Beziehungen. Die Yin-Meridiane sind Herz und Empfängnisgefäß. Das Herz, das in unserer Mitte seinen Sitz hat, steht für Festigkeit und Stärke im Inneren, die sich nach außen in einem sanften, nachgiebigen Wesen äußert.

> Eine fröhliche Stimmung ist ansteckend und bringt daher Erfolg. Freude muß aber auf Beharrlichkeit gegründet sein, wenn sie nicht in unkontrollierte Lustigkeit absinken soll. Wahrheit und Kraft müssen ihren Sitz im Herzen haben, während Sanftmut sich im gesellschaftlichen Umgang offenbart. (*I-ching*)

In den alten Texten wird das Herz mit einem hohen Monarchen verglichen, der für die Aufrechterhaltung des inneren Friedens und der Harmonie verantwortlich ist. Indem das Herz das Blut steuert und kreisen läßt, stellt es sicher, daß alle Organe ihren angemessenen Anteil an Blut, Ch'i und Nährstoffen erhalten. Im Herzen hat der Geist *(Shen)* seinen Sitz, und die Namen der Akupunkturpunkte auf dem Herzmeridian (»Pfad des Geistes«, »Pforte des Geistes«) verdeutlichen den zentralen Zusammenhang zwischen Herz und Geist.

Das dem Perikard (Herzbeutel) zugeordnete Empfängnisgefäß ist hauptsächlich für den Blutstrom und die Sexualsekrete zuständig. Das auch als »Herzschützer« bezeichnete Empfängnisgefäß fungiert ebenfalls als enger Berater, der das innere Heiligtum des Herzens schützt, indem es »unerwünschte« Ideen, Gedanken und Bilder herausfiltert. Die Beziehungen zu geliebten Menschen, Freunden, Kindern und Eltern werden von dieser Energiefunktion gesteuert, und zahlreiche psychologische Störungen – insbesondere solche, bei denen sich ein Problem im Zusammenhang mit Grenzen zeigt – können sich als Ungleichgewichte in diesem Organsystem äußern. Die Akupunkturpunkte auf dem Meridian des Empfängnisgefäßes (Himmlischer Teich, Himmlische Quelle, Palast der Müdigkeit und Innere Pforte) zeigen die Bedeutung und den Einfluß dieses Meridians.

Die Yang-Organsysteme, die dem Feuer zugeordnet sind, sind der Dreifache Wärmer (auch als »San-jiao« bezeichnet, die »drei wärmenden Räume« oder »Beamter des berstenden Deichs«) und der Dünndarm. Der Dreifache Wärmer ist das einzige Organ innerhalb des chinesischen Klassifikationssystems, das rein funktioneller Natur ist und keine organische Entsprechung hat; trotzdem gilt er als außerordentlich wichtiges Element der Gesamtheit von Körper, Seele und Geist, das für die Erwärmung und Abkühlung des ganzen Systems verantwortlich ist. Die drei Wärmer sind »der Dunst«, »die Fabrik« und »der Sumpf«. Der »Dunst« regiert den oberen Teil des Körpers vom Brustkorb bis zum Hals, wo Herz und Lungen ihren Sitz haben, und er steuert die Verfeinerung und Verteilung von Ch'i und Blut. Die »Fabrik« regiert den mittleren Teil des Körpers vom Nabel bis zum Brustkorb; seine Aufgaben der Verdauung und Zerlegung führen Magen, Milz, Bauchspeicheldrüse, Leber und Gallenblase aus. Der untere Wärmer (der »Sumpf«) hat die Kontrolle über den Bereich vom Schambein bis zum Nabel und ist zuständig für die gynäkologischen Funktionen und die Speicherung von Abbauprodukten in Gedärm und Blase.

Im übertragenen Sinne herrscht der Dreifache Wärmer über drei verschiedene Bewußtseinsebenen. Der »Sumpf« soll über die Sinnlichkeit und die sexuelle Reaktion herrschen, die »Fabrik« regiert die

praktischen Dinge und der »Dunst« den geistigen Bereich. Die drei Wärmer halten gemeinsam Körper, Seele und Geist in einem harmonischen Gleichgewicht und sind verantwortlich für die Aufrechterhaltung harmonischer Beziehungen mit Gesellschaft, Schule, Kirche, Land und verschiedenen ideologischen Gruppen.
Im Westen hält man oft die Namen dieser »Organe« für Unsinn und das Fehlen einer anatomischen Entsprechung für unwissenschaftlich, und doch gibt es auch viele moderne und traditionelle Therapeuten, für die dieses durchdachte System, das funktionelle und anatomische Strukturen miteinander verbindet, ein höherentwickelter und praktischerer Rahmen für ein Verständnis der komplexen Wechselbeziehungen zwischen Körper, Seele und Geist ist. Die Akupunkteurin Diane Connelli zum Beispiel hält die Erkenntnis des Empfängnisgefäßes und des Dreifachen Wärmers für das vielleicht großartigste Geschenk, das die Traditionelle Chinesische Medizin der westlichen Welt und für die Leiden kranker Menschen zu bieten hat.
Der letzte dem Feuer zugewiesene Yang-Meridian ist der Dünndarm, auch als »Sortierer« oder »Trenner des Reinen vom Unreinen« bezeichnet. Im Dünndarm werden durch eine Feinfiltrierung die »reinen« Nährstoffe aus den Speisen und Getränken abgetrennt und zur Milz transportiert, wo sie in Ch'i und Blut verwandelt werden; die »unreinen« Anteile werden zur Ausscheidung in den Dickdarm geleitet. Auf der seelischen und geistigen Ebene vollzieht sich ein ähnlicher Prozeß, denn durch unsere Beziehungen wird uns ständig psychische Energie zugeführt, und diese Energie muß sortiert und gefiltert werden, so daß wir nur das Verdauliche aufnehmen und den »Abfall« aus dem Bewußtsein ausscheiden. Wenn unser »emotionaler Dünndarm« gestört ist, verlieren wir die Fähigkeit, zwischen gesunden und schädigenden Elementen in unseren Beziehungen zu unterscheiden. Dies führt dazu, daß unsere »seelischen Wasser« mit Abfällen verstopft werden, und im System Körper-Seele-Geist breitet sich Verwirrung aus.

Ungleichgewichte der Feuer-Energie

Überschuß

Die Übererregbarkeit bei einem Überschuß an Feuer kann man damit vergleichen, daß jemand 220 Volt an eine Leitung für 110 Volt legt – es dauert nicht lange, bis die Leitung durchschmort. In Körper, Seele und Geist eines Menschen mit übermäßigem Feuer herrscht ein Zustand der Übererregbarkeit, der eine generalisierte Angst nach sich zieht. Das kann wiederum Panikanfälle mit Zittern und beschleunigtem Puls (die Herzenergie wird eingeschnürt) zur Folge haben, kalte und/oder schwitzende Extremitäten (das Herz kann das Blut nicht ungehindert durch den Körper pumpen), Verdauungsstörungen (die Mutter-Tochter-Beziehung des Herzens zur Milz ist gestört) und einen Zustand der Trägheit und Apathie (Feuer verzehrt sich selbst).

Wenn man an einem Übermaß an Feuer leidet, hat man den heftigen Drang, Aufmerksamkeit zu erregen, und man versucht mit allen Mitteln, Lob zu erheischen. Die durch einen Überschuß an Feuer bedingte Übererregbarkeit führt zwangsläufig zu Unruhe und manischem Verhalten. Man springt von einem Projekt zum anderen, ohne sich auf Details konzentrieren und das Begonnene zu Ende führen zu können. Wenn sich aber die Energiekanäle allmählich verschleißen, versiegen die schöpferischen Kräfte, und Depression ist die Folge. Diese Niedergeschlagenheit wird verschärft durch Beziehungsschwierigkeiten, denn die Aufgeregtheit und extreme Reizbarkeit von zuviel Feuer ist für andere zermürbend, die die Intensität und das obsessive Bedürfnis des Betreffenden nach Intimität nicht ertragen können. Freunde und Bekannte finden oft ein kurzes intensives Gespräch oder Beisammensein mit solchen Menschen recht amüsant, doch ertragen sie dies nicht über längere Zeit.

Ein intensives Sexualleben ist für ein gesundes Feuer typisch, während übermäßige Leidenschaft rasch zu einer Sucht und Obsession ausartet. Wenn das Feuer seine Schranken durchbricht, droht es rasch alles in der Nähe Befindliche zu verzehren. Wenn man es sich ungehindert ausbreiten läßt, entsteht ein Chaos; die Niedergeschlagenheit verschärft sich, und es droht ein innnerer Zusammenbruch.

Symptome einer übermäßigen Feuerenergie

- Unangemessenes, lautes und störendes Lachen
- Irrationales, wirres Denken, Vergeßlichkeit, Konzentrationsschwäche
- Starke Angst oder Unruhe, die oft an eine Manie grenzt
- Hysterie, Delirium und verschiedene Formen depressiver Erkrankungen
- Übermäßiges Schwitzen und eine Tendenz zur Überhitzung
- Gerötetes Gesicht, hellrot bis purpurrot
- Schlaflosigkeit
- Schwere Träume
- Hautreizungen oder -ausschläge, wunde Stellen an Mund, Zunge und Lippen
- Ekzem und Schuppenflechte
- Appetitverlust bei Aufregung oder Niedergeschlagenheit
- Zwanghafter Drang nach engen Beziehungen
- Unregelmäßiger oder zu schneller Pulsschlag mit Zittern und Angina pectoris (Schmerzen in der Brust, die zum linken Arm ausstrahlen können); diese Symptome sind schwerwiegend und müssen sofort behandelt werden

Mangel

Im Gegensatz zu der manischen, übererregbaren Natur von überschießendem Feuer erzeugt ein Mangel eine Empfindung der Gleichgültigkeit und Apathie. Weil der/die Betreffende keine Wärme und Zuneigung hervorbringen kann, hat er/sie Schwierigkeiten, Freude zu erfahren und auszudrücken; sein/ihr Tonfall ist monoton, und in den Beziehungen macht sich ein erheblicher Mangel an Humor bemerkbar. Man hat zwar durchaus Gefühle, aber man bringt die Energie und das Vertrauen nicht auf, sie zu äußern. Bildlich gesprochen, ist die innere Zündflamme flackernd und unstet; im Laufe der Zeit droht die Gefahr, daß diese Flamme verlöscht.

»Welchen Reiz hat das Leben?« fragt man vielleicht. Und in der Tat scheint es keinen Reiz zu haben, denn man hat seinen »Funken«, seinen Geist, verloren, und man fühlt sich innerlich leer und kalt. Wenn das Herzensfeuer erkaltet, können sich Melancholie und Niedergeschlagenheit in Körper, Seele und Geist ausbreiten. Niedergeschlagenheit darf dabei nicht mit Trauer verwechselt werden, die eine tiefe Sehnsucht nach der Wiederherstellung einer Beziehung ist, die gescheitert oder abgebrochen ist. Wenn man niedergeschlagen ist, besteht ein schwerer Mangel an Energie und Begeisterung; die Düsterkeit der Schwermut legt ihren Schatten auf das Licht der Freude, und über alles legt sich eine Empfindung der Leere und Hoffnungslosigkeit.

Nach außen wirkt man kalt und gefühllos, während man im Inneren Phantasien erzeugt und unrealistische Zukunftshoffnungen hegt. Wenn man schließlich einsehen muß, daß die nichtigen Phantasien nicht Wirklichkeit werden können, verschärft sich die Niedergeschlagenheit, und man wandert wie ein Verirrter umher; man sucht in äußeren Vergnügungen und leeren Genüssen die leidenschaftliche Intensität, die einst ein so sicherer Teil des eigenen inneren Lebens war.

> Wenn ein Mensch im Inneren instabil ist, haben die Freuden der Welt, die er nicht meidet, einen so mächtigen Einfluß, daß er von ihnen fortgerissen wird. Dies ist keine Frage der Gefahr mehr, eines guten oder schlechten Schicksals. Er hat die Zügel seines eigenen Lebens aus der Hand gegeben, und was aus ihm wird, ist dem Zufall und äußeren Einflüssen überlassen. *(I-ching)*

Symptome einer mangelnden Feuer-Energie:

- Schlaflosigkeit und unbestimmte Angst, in der sich eine rastlose (aber nicht aufgeregte!) Unruhe spiegelt
- Vergeßlichkeit und Unkonzentriertheit
- Herzrhythmusstörungen und Herzjagen
- Hoher Blutdruck
- Herzinsuffizienz oder Stauungsherz
- Verstimmung und andere Anzeigen einer klassischen Depression wie Müdigkeit und Appetitmangel
- Chronisches Müdigkeitssyndrom, das typischerweise als allgemeine Lethargie und Vitalitätsmangel erfahren wird
- Verdauungsbeschwerden wie Verstopfung, Wind und Sodbrennen

Die Weisheit des Feuers

Das Dunkle heftet sich an das Helle und steigert dadurch dessen Helligkeit. Etwas Leuchtendes, das Licht aussendet, muß in sich etwas Beständiges haben, da es sich sonst bald erschöpfen würde. Alles, was Licht spendet, braucht etwas, an das es sich anheftet, damit es seinen Schein beständig geben kann. *(I-ching)*

Feuer: Der Kommunikator

Wer eine Affinität zu Feuer hat, hat die Fähigkeit zu großer Freude, die man zur Schaffung fester und dauerhafter Beziehungen einsetzen kann. Der/die Betreffende ist intuitiv und empathisch; er/sie sehnt sich danach, sein/ihr Wesen mit anderen zu verschmelzen, und leidet sehr, wenn er/sie von denen getrennt ist, die er/sie liebt.

Natürliche Qualität:	Erwärmend, anziehend
Gefühlsregung:	Freude
Positiv:	Glücklich, lebendig, leidenschaftlich, mitfühlend
Negativ:	
Überschuß:	Leicht erregbar, überempfindlich
Mangel:	Selbstsüchtig, kalt
Spirituelle Qualität:	Offenherzig, Verlangen nach Verbindung, Fähigkeit zu Intimität
Jahreszeit:	Sommer
Witterung:	Wärme
Himmelsrichtung:	Süden
Tageszeit:	11.00 bis 15.00 Uhr
Farbe:	Rot
Geruch:	Versengt
Geschmacksqualität:	Bitter
Lautäußerung:	Lachen
Organe:	
Yin:	Herz/Perikard
Yang:	Dünndarm/Dreifacher Wärmer

9 Erde: Die Friedenstifterin

> Die (geheimnisvollen) Kräfte der Erde schaffen Feuchtigkeit am Himmel und fruchtbaren Boden auf der Erde. Von den Farben schaffen sie das Gelb ... der menschlichen Stimme verleihen sie die Fähigkeit des Gesangs ... von den Aromen erzeugen sie das Süße und von den Gefühlsregungen Rücksichtnahme und Sympathie.
>
> *Huang-ti nei-ching*

Wenn wir heute den Begriff Erde hören, denken wir an eine Kugel, während in den alten chinesischen Texten der Himmel durch einen Kreis dargestellt wird, die Erde durch das Quadrat. In der Tat ist die *Gerad*linigkeit eine Hauptqualität der Erde; wenn man etwas »begradigt«, wird es abgestimmt, harmonisiert, angepaßt, berichtigt – und solche Aktivitäten und Zustände werden von der Wandlungsphase Erde regiert.

> Das Symbol des Himmels ist der Kreis, dasjenige der Erde das Viereck. Die Geradlinigkeit ist also eine Hauptqualität der Erde ... Die Natur bringt alle Dinge ohne Fehler hervor – dies ist ihre Geradlinigkeit. Sie ist gelassen und still – dies ist ihre Viereckigkeit. Sie duldet alle Geschöpfe gleichermaßen – dies ist ihre Größe. Deshalb erlangt sie, was für alle recht ist, ohne List und spezielle Absicht. Der Mensch erreicht die Höhe der Weisheit, wenn all sein Wirken so selbstverständlich ist wie das Wirken der Natur. *(I-ching)*

Erde ist mütterlich, friedenstiftend und harmonieliebend; ihre hingebungsvolle, empfangende Natur ist die vollkommene Ergänzung zu den schöpferischen Kräften des Himmels. Eine volle Umdrehung des Himmels erzeugt einen Tag, ein Tag folgt auf den anderen, und

in diesem Zyklus entsteht die Vorstellung der Zeit, die »unermüdliche Kraft«, die in dem Bild des Himmels beschlossen ist. Die Erde will nicht in einen Wettstreit mit der Macht des Himmels treten – ihre große und beständige Weisheit liegt gerade in der Erkenntnis, daß sie nicht konkurrieren kann –, sondern sie sorgt durch ihre nachgiebige, empfängliche Natur dafür, daß eine Empfindung des Wunderbaren ihren Weg in die irdischen Angelegenheiten findet. Indem sie ihre Natur den Impulsen und dem schöpferischen Potential des Himmels anpaßt, läßt sie sich von göttlichen Energien leiten. Durch ihre konkrete, räumliche Energie macht es die Erde möglich, daß das spirituelle Potential des Himmels wahrgenommen werden kann: Nur durch das Sichtbare (Erde) kann das Unsichtbare (Himmel) wahrgenommen werden, wie es im *I-ching* heißt: »Der Wind weht über den See und erregt die Oberfläche des Wassers. So entstehen sichtbare Wirkungen des Unsichtbaren.«
Demut ist eine zentrale Eigenschaft der Wandlungsphase Erde, wenn auch nicht in dem heutigen Sinne des Wortes, dem oft eine Selbstverleugnung und Unterwürfigkeit beigelegt wird. Für die Alten war Demut Güte, Bescheidenheit, Duldsamkeit des Geistes und die Bereitschaft, sich nicht in den Mittelpunkt der Welt stellen zu wollen. Dies ist das Wesen der Demut der Erde, denn sie hat ein untrügliches Gespür für ihre Beschränkungen, und sie weiß sehr gut, wo ihr Platz ist, an dem sie sich »zu Hause« fühlt.
Das *I-ching* bietet uns das Bild des zum Himmel aufsteigenden Vogels, um uns zu erklären, was das »Zuhause« ist, jener Ort, an dem wir nicht vom »Weg« unseres inneren Wesens abweichen. So wie ein Vogel Unglück auf sich herabbeschwört, wenn er versucht, seine Grenzen zu überschreiten und in die Sonne zu fliegen, so müssen wir dem Gebot unserer eigenen Natur gehorchen und mit unseren Füßen fest auf der Erde bleiben:

> ...ein Vogel sollte nicht versuchen, über sich selbst hinauszugelangen und in die Sonne zu fliegen; er sollte sich auf die Erde niederlassen, wo sein Nest ist... Wenn ein Vogel nicht sein Nest aufsucht, sondern immer höher fliegt, gerät er schließlich in das

Netz des Jägers. Wer in Zeiten eines sprunghaften Fortschrittes kleiner Dinge nicht innezuhalten weiß, sondern rastlos immer höher hinauswill, zieht Unglück auf sich... weil er von der Ordnung der Natur abweicht.

Erde ruft uns nach Hause zurück und gibt uns einen sicheren Ort, an dem wir ruhen und unseren Geist erfrischen können. Die Wandlungsphase Erde erinnert uns daran, daß wir nur Fleisch und Blut sind, wiewohl sie auch weiß, daß wir den Funken des Geistes in uns tragen und uns danach sehnen, in den Himmel zu fliegen, um die Geheimnisse des Unbekannten zu ergründen. Wenn wir mit unseren Beschränkungen und Unvollkommenheiten ringen, erinnert uns die Wandlungsphase Erde daran, wer wir sind und wo unser Platz ist: »Wer versucht, so hoch zu klettern, daß er den Kontakt mit der übrigen Menschheit verliert, wird isoliert, und dies führt notwendigerweise zum Scheitern.«

Wenn bei einem Menschen die Wandlungsphase Erde im Vordergrund steht, dann ist der/die Betreffende in natürlicher Weise tolerant und duldsam. Andere Menschen fühlen sich bei ihm/ihr sicher, weil er/sie das ganze Leben in all seiner Vielfalt akzeptiert und es unterläßt, andere zu diskriminieren, zu kategorisieren oder zu beurteilen. Er/sie nimmt alle in seine/ihre Arme auf, alle gehören dazu, alle sind akzeptiert, denn er/sie will nichts anderes, als daß jede(r) einfach er/sie selbst ist. Das Beispiel der Erde lehrt uns, tolerant zu sein: »... So wie die Erde grenzenlos weit ist und alle Geschöpfe auf ihr erhält und für sie sorgt, so erhält der Weise alle Menschen, trägt sie und schließt keinen Teil der Menschheit aus.«

Wenn man von der Wandlungsphase Erde energetisiert wird, ist man ein natürlicher Vermittler, denn Erde-Typen brauchen Frieden und Harmonie, weil sie Uneinigkeit und Zwietracht aus dem Gleichgewicht bringen. Die Betreffenden lieben keinen Streit und gehen Konflikten aus dem Wege – nicht weil sie Angst haben, Differenzen auszutragen, sondern weil sie sich lieber selbst alles nehmen ließen (auch ihren Stolz und ihren Anspruch, das letzte Wort zu haben), als zuzusehen, daß anderen etwas genommen wird – wie dies in der folgenden Episode zum Ausdruck kommt, die in vielen ähnlichen Versionen überliefert ist:

> Zwei alte Männer hatten viele Jahre miteinander gelebt und niemals Streit gehabt. Da sprach einer von ihnen: »Versuchen wir doch einmal zu streiten, wie es andere auch tun.« Der andere erwiderte: »Ich weiß nicht, wie ein Streit entsteht.« Daraufhin sagte der erste: »Sieh her, ich lege einen Ziegelstein zwischen uns, und ich sage: ›Er gehört mir‹, und du sagst: ›Nein, er gehört mir‹, und so beginnt ein Streit.« Also legten sie einen Ziegelstein zwischen sich, und der eine von ihnen sagte: »Er gehört mir«, und der andere sagte. »Nein, er gehört mir.« Daraufhin sagte der erste: »Aber ja, er gehört natürlich dir, nimm ihn nur!« Und so gingen sie auseinander, unfähig, miteinander zu streiten.

Erde hilft uns, eine Mitte zwischen widerstreitenden Kräften zu finden; sie lehrt uns, wie wir unsere Differenzen beseitigen und vernünftige Lösungen auch für die schwierigsten Probleme finden können. Ihre Weisheit wird in einer Maxime aus dem *Tao-te ching* ausgesprochen, die empfiehlt: »Bleibe in der Mitte des Kreises, und lasse allen Dingen ihren Lauf. »Wie der Mond, der sein Antlitz der Sonne zuwendet und es zufrieden ist, von ihrer mächtigen, lichtspendenden Energie beschienen zu werden, so akzeptiert die Erde dankbar die göttliche Inspiration aus höheren Quellen. Erde versteht intuitiv die zyklische Natur des Mondes, denn genau in dem Augenblick, in dem der Mond voll ist und der Sonne genau gegenübersteht, nimmt seine Kraft ab. Nach dem Beispiel des Mondes bereitet sich die Erde nach jeder Zunahme auf eine Abnahme vor, weil sie instinktiv weiß, wann es an der Zeit ist, sich zurückzuziehen und die Energie zur Vorbereitung auf kommende Pflichten zu speichern. Es ist das Wesen von Erde, bereit zu sein.

Menschen, deren Erde-Energien stark sind und die eine große Affinität zu dieser Wandlungsphase haben, kennzeichnet eine große Freude am Geben und Empfangen. Weil man weiß, daß man die kostbarsten Besitztümer im Leben niemandem schenken und niemandem wegnehmen kann, ist man mit einem einfachen Leben zufrieden, wobei man eine tiefe Dankbarkeit für die reichen »Geschenke« des Lebens empfindet, Geschenke, die uns niemals ganz gehören:

> Der Zen-Meister Ryokan führte in einer kleinen Hütte am Fuße des Berges ein einfaches Leben. Als der Meister nachts einmal nicht zu Hause war, brach ein Dieb in die Hütte ein, wo er feststellen mußte, daß es nichts zu stehlen gab.
> Ryokan überraschte bei seiner Rückkehr den Einbrecher. »Du hast dir soviel Mühe gemacht, mich zu besuchen«, sagte er. »Du sollst nicht mit leeren Händen weggehen. Bitte nimm meine Kleider und meine Decke als Geschenk.«
> Der verwirrte Dieb nahm die Kleider und machte sich davon.
> Ryokan setzte sich und betrachtete den Mond. »Der Arme«, dachte er für sich. »Ich wünschte, ich hätte ihm das herrliche Mondlicht schenken können.« (Nach Shibayama)

Erde-Menschen brauchen das Gefühl der Verwandtschaft und der Verbundenheit mit anderen Menschen, um gesund und glücklich sein zu können, und sie haben die Gabe, liebevolle Gemeinschaften zu schaffen. Im Gegensatz zum Feuer-Typ, der andere mit seinem charismatischen Charme fasziniert, zieht der Erde-Typ Menschen an, weil er sie so akzeptiert, wie sie sind, und niemals versucht, sie nach seinen eigenen Vorstellungen oder Vorlieben umzugestalten.

Weil man innerlich stabil, gefestigt, gelassen und mitleidsvoll ist, kann man aus sich hinausgehen, den Schmerz oder die Freude anderer Menschen mitempfinden und sich ebenso leicht wieder auf sich selbst zurückziehen. Man ist seiner selbst so gewiß und kennt seine Grenzen so gut, daß man in die Kleider eines anderen schlüpfen kann, ohne in Unsicherheit zu geraten, welche Kleider man nun trägt. Man hat die Fähigkeit, in seinem täglichen Leben jene Weisheit zu praktizieren, die in dem indianischen Gebet ausgedrückt wird: »Großer Geist – gib, daß ich meinen Nächsten nicht kritisiere, ehe ich nicht eine Meile in seinen Mokassins gegangen bin.«

Erde gehört zu der *Jahreszeit*, die man als Altweibersommer bezeichnet, jene intensive, herrliche Zeit, in der sich alle vier Jahreszeiten miteinander zu verbinden scheinen, um auf der Erde eine Wahrnehmung des Himmels zu schaffen. In den alten chinesischen Texten wird die Jahreszeit der Erde als die Übergangszeit am Ende der einzelnen Jahreszeiten beschrieben, in der die Naturkräfte in einem fast vollkommenen Gleichgewicht sind. Erde aber weiß (vielleicht besser als die übrigen Wandlungsphasen), daß die ewigen, unwandelbaren Gesetze der Natur alles Leben dem Wandel unterwerfen – auf Gedeihen folgt Niedergang, auf Sammlung Zerstreuung, auf Wachstum Verfall. Eines der Geheimnisse, das sich im Zauber der Jahreszeit der Erde verbirgt, ist daher das Wissen, daß auf Zeiten der Harmonie und des Gedeihens unausweichlich Zeiten der Zwietracht und des Verfalls folgen.

Die zur Wandlungsphase Erde gehörende *Witterungserscheinung* ist Feuchtigkeit; übermäßige Feuchtigkeit bekommt Erde-Typen nicht. Die Wirkung der Erde ist zwischen 7.00 Uhr und 11.00 Uhr am stärksten.

Die *Himmelsrichtung* der Erde ist die Mitte; im *Huang-ti nei-ching (Des Gelben Kaisers klassisches Buch der Inneren Medizin)* heißt es: »Alles vom Universum Geschaffene begegnet sich in der Mitte und wird von der Erde aufgenommen.«

Die *Farbe* der Erde ist Gelb, denn Gelb ist die Farbe der Mitte und zeigt, wie das *I-ching* erklärt, »das Rechte und Pflichtgemäße« an. Ein gesundes Gelb ist eine unparteiische Farbe, ohne Vorurteil und von kühler Neutralität. Ein blasses, kränkliches Gelb oder ein intensiver Orangeton im Bereich der Augen oder Schläfen zeigt ein Ungleichgewicht hinsichtlich der Wandlungsphase Erde an.

Der *Geruch* der Erde ist würzig; wenn die Erde-Kräfte eines Menschen aus dem Gleichgewicht sind, zeigt ein übler, süßlicher Geruch, wie ihn faulendes, überreifes Obst verströmt, die Störung an. Die *Geschmacksqualität* der Erde ist süß, ähnlich der subtilen Süße reifender Früchte; eine Sucht nach Süßem beziehungsweise ein intensiver Widerwille gegen Süßes kann ein Erde-Ungleichgewicht anzeigen. Die *Lautäußerung* der Erde ist Singen, und ein monotoner Singsang

der Satzmelodie oder eine übertrieben melodische Stimme können auf eine Disharmonie dieser Wandlungsphase hinweisen.
Die zur Wandlungsphase Erde gehörenden Organmeridiane sind Milz/Bauchspeicheldrüse und Magen. »Die Milz regiert Verwandlung und Beförderung«, heißt es im *Huang-ti nei-ching*. Ihre Hauptfunktion besteht darin, die reinen Nährstoffe aus den aufgenommenen Speisen und Getränken herauszuziehen und diese Elemente in Ch'i, Blut und Schlackenstoffe zu verwandeln, die dann zu den Organen transportiert werden, die die Ausscheidung und Durchblutung regulieren. Damit ist die Milz die Mitte eines bedeutenden Verteilungszentrums, das Körper, Seele und Geist mit dem notwendigen Maß an Energie, Blut und Nährstoffen versorgt. Nach chinesischer Auffassung sorgt die Milz auch dafür, daß das Blut in den ihm zugewiesenen Bahnen fließt. Wenn das Ch'i der Milz schwach ist, dann besteht die Gefahr, daß das Blut ungehemmt fließt und seine Bahnen verläßt, wodurch Symptome wie Nasenbluten, Zwischenblutungen, Gebärmutterblutungen, Blutergüsse, Bluterbrechen oder Blut im Stuhl auftreten können.
Der Magen (»der Beamte des Faulens und Reifens« und »das Meer der Flut und Flüssigkeit«) ist für die aktiven (Yang-)Funktionen der Nahrungsaufnahme, der Filterung und Sortierung der Nährstoffe und den Transport der reinen Nährenergie zur Milz verantwortlich, wo sie in Ch'i und Blut verwandelt wird. Der Magen regiert absteigend (er treibt die Nährstoffe nach unten), während die Milz aufsteigend regiert (sie verteilt die Nährstoffe an die lebenswichtigen Organe). Wenn der Magenmeridian nicht einwandfrei arbeitet, können wir die Nährstoffe nicht aufnehmen, die wir brauchen, um Körper, Seele und Geist zu kräftigen, und unsere Energie nimmt immer mehr ab. Übelkeit, Schmerzen im Magen-Darm-Trakt, Blähungen, Aufstoßen und Erbrechen sind Anzeichen einer Disharmonie und Schwäche des Magenmeridians.

Ungleichgewichte der Erde-Energie

Überschuß

»Wo höre ich auf, und wo beginnst du?« Dies ist eine Frage, die sich ein Mensch mit zuviel Erde-Energie stellen könnte, denn ein alles verzehrendes Verlangen, anderen zu Gefallen zu sein und es ihnen recht zu machen, läßt wenig Zeit und Energie für die Befriedigung der eigenen Bedürfnisse. Der innere Antrieb, sich um andere zu kümmern, ist zu einem erstickenden Bemuttern übersteigert. Man hat die Mitte verloren; die klare Wahrnehmung »Ich weiß, wer ich bin« ist verwischt, und die Grenze zwischen dem Selbst und anderen wird nicht mehr scharf wahrgenommen.

Wenn die Mitte nicht mehr besetzt ist, beginnen Empfindungen der Leere in das Denken und die Gefühlswelt einzudringen. Aus dem Antrieb, helfen zu wollen, wird die Neigung, sich in alles einzumischen, und aus einer natürlichen Sorge um das Wohlergehen anderer wird ein ständiges mitleidvolles Gehabe. Nach chinesischer Auffassung bringt die Tendenz der Erde, »vor Sorgen krank zu werden«, die Yang-Energien im Magen zum Erliegen, wodurch Wärme und Verfall entstehen, was die Entwicklung von Magengeschwüren begünstigt.

Die größte Angst eines Menschen mit zuviel Erde ist die Angst vor dem Alleinsein, das er typischerweise als eine Unterbrechung der Verbindung zu anderen Menschen erfährt. Weil man sich leer, verlassen, unterernährt, nach Liebe und Aufmerksamkeit hungrig fühlt, versucht man, sich mit jenen Speisen zu füllen, die zur Wandlungsphase der Erde gehören – Süßigkeiten. Der Genuß von Süßigkeiten dämpft vorübergehend die eigenen Ängste und soll das Gefühl verschaffen, daß man eine Belohnung empfängt, weil man ein »guter« Mensch ist, doch man fühlt sich erst dann »voll«, wenn man buchstäblich vollgestopft ist – aber auch dies füllt natürlich die Mitte nicht auf. Ein Übermaß an Erde-Energie löst so intensive Empfindungen der Leere und des Verlustes der Mitte aus, daß der Drang nach immer mehr unersättlich ist.

Wenn der Magenmeridian so sehr belastet wird, gerät der Stoffwechsel ins Stocken; Speisen und Nährstoffe werden nicht mehr richtig aufgenommen, und die Folge sind Beschwerden des Verdauungstrakts. Wenn sich wiederum der Stoffwechsel verlangsamt, kann schnelle Gewichtszunahme die Folge sein, und das innere Gefühl des Verlustes der Mitte äußert sich nach außen in einem Schlingerkurs zwischen Fasten und zwanghaftem Überessen.

Symptome einer überschüssigen Erde-Energie

- Übermäßiger Appetit
- Wasserretention
- Unregelmäßiger Stuhlgang und Wasserlassen
- Zahnfleischbluten
- Prämenstruelles Spannungssyndrom mit Lethargie, Völlegefühl, Schmerzen, Hunger und Schwellung
- Kopf- und Augenschmerzen, »Schweregefühl«
- Zäher Schleim in Nase, Rachen und Mund
- Geistige Mattigkeit, Dumpfheit, Schwere
- Schwere Gliedmaßen, Bewegungen fallen schwer
- Dumpfheit des Bewußtseins
- Stoffwechselbeschwerden, verlangsamter Stoffwechsel und Schwierigkeiten abzunehmen
- Neigung zu Schilddrüsenproblemen, insbesondere Schilddrüsenunterfunktion
- Störungen des Verdauungstrakts, unter anderem Durchfall
- Lethargie, Energiemangel, Antriebsschwäche

Mangel

Mangel an Erde-Energie beginnt typischerweise schon in der Kindheit, denn Erde-Typen brauchen eine ständige Zuwendung und Betreuung, damit sie ein Selbstwertgefühl entwickeln können. Wenn

man in der Kindheit nicht genügend oder keine emotionale Zuwendung erfuhr, hat man dadurch vielleicht gelernt, seine wirklichen Bedürfnisse hinter einer zur Schau getragenen Gleichgültigkeit zu verbergen. Während ein Übermaß an Erde-Energie sich darin äußert, daß man nicht zu verlangen wagt, was einem zusteht, führt ein Mangel typischerweise zu einer intensiven Empfindung der Unzulänglichkeit und einer Unfähigkeit, für sich selbst zu sorgen. Die klaren Linien des Vierecks der Erde, mit denen man Festigkeit, klare Grenzen und die Fähigkeit verbindet, scharfe Kanten zu überwinden, zerfließt in schwammige Rundungen, wie ein Reifen, der Luft verliert und seine Last nicht mehr tragen kann.
Das erste Symptom eines Mangels an Erde ist eine ständig zunehmende Abhängigkeit von anderen bezüglich der eigenen emotionalen und physischen Bedürfnisse. In allen Beziehungen besteht ein fortwährendes Verlangen nach Aufmerksamkeit, Zuwendung und Liebe. Die Angst, allein gelassen zu werden, nimmt alle Energien in Anspruch, und man klammert sich besitzergreifend an Verwandte und Freunde, die man mit seinem ständigen Verlangen nach Aufmerksamkeit und Liebe erstickt. Der Drang nach Zuwendung ist so massiv, daß man nicht mehr aus sich herausgehen kann, um auch die Bedürfnisse oder Probleme anderer Menschen wahrzunehmen.

> Wer nach Nahrung strebt, die nicht nährt, taumelt vom Verlangen zur Befriedigung und sehnt sich in der Befriedigung nach dem Verlangen. Besessene Jagd nach dem Vergnügen um des Sinnengenusses willen bringt niemals zum Ziel. Diesem Pfad... darf man niemals folgen, denn hieraus entsteht nichts Gutes.
>
> *(I-ching)*

Wenn zuwenig Erde-Energie vorhanden ist, sind die Funktionen des Milz- und Magenmeridians beeinträchtigt. Weil es die Aufgabe der Milz ist, Speisen und Flüssigkeiten in Energie, Blut und Abbauprodukte zu verwandeln und diese Stoffe zu den entsprechenden Organen zu transportieren, löst ein Mangel an Erde-Energie zwangsläufig Probleme mit der Verdauung aus, wodurch wiederum Müdigkeit und

Lethargie entstehen. Wenn nach chinesischer Auffassung die Wandlungsphase Erde aus dem Gleichgewicht ist, werden Speisen und Flüssigkeiten nicht in angemessener Weise zerlegt und ausgeschieden, so daß sich im Körper ein wäßriger Schlamm ansammelt, der sich schließlich zu einer schleimigen, »Tan« genannten Substanz verdichtet. Eine Ansammlung von Tan erzeugt einen allgemeinen Überschuß an Feuchtigkeit, der sich physisch als Durchfall, Arthritis (die durch Feuchtigkeit in der Atmosphäre und/oder Luftdruckschwankungen verschärft wird) und Ödeme (Wasseransammlungen, insbesondere im Bauch) äußert. In Seele und Geist zeigt sich eine Ansammlung von Tan in Form von Lethargie, geistiger Trägheit, einer Empfindung, niedergedrückt zu werden (»Das Gewicht der Welt lastet auf meinen Schultern«), und zunehmendem Druck im Kopf, der zu Unklarheit des Denkens, Konzentrationsschwierigkeiten, Geistesabwesenheit und Vergeßlichkeit führt.

Die Milz ist auch für die Schaffung von »aufrechtem« Ch'i verantwortlich, jener Energie, die Körper, Seele und Geist trägt und erhält und die Organe an ihrem Platz hält. Bei einem Mangel an Erde-Energie kann die Milz nicht mehr ausreichend aufrechtes Ch'i erzeugen. Als Merkmale mangelnder Milz-Energie gelten Hämorrhoiden sowie Blasen- und Gebärmuttervorfälle. Nasen-, Zahnfleischbluten, eine Neigung zu blauen Flecken und Zwischenblutungen deuten auf einen Zusammenbruch der Fähigkeit der Milz hin, Blut in den Gefäßen zu halten. Das geistige Gegenstück zu diesen körperlichen Prozessen ist die Empfindung, von Problemen niedergedrückt zu werden oder sich nicht aufrecht halten zu können, das Gefühl, daß die Energie in einem steten Strom versickert, die Unfähigkeit, Grenzen aufrechtzuerhalten, und das allgemeine Gefühl eines Verlustes der Kontrolle.

- Ständiger Hunger, ohne sich für eine Speise entscheiden zu können
- Gewichtsprobleme
- Blähungen, Flüssigkeitsretention
- Schwacher Muskeltonus
- Ausstülpungen an Magen, Dünndarm und Gebärmutter
- Krampfadern
- Schnittwunden heilen langsam
- Neigung zu blauen Flecken
- Zahnfleischbluten
- Schlechte Zähne
- Drüsenschwellungen

Die Weisheit der Erde

Die hingebungsvolle Erde trägt alle Dinge, alles Gute und Böse ohne Ausnahme. So gibt auch der gute Mensch seinem Charakter Breite, Reinheit und Erhaltungskraft, so daß er Menschen und Dinge unterstützen und sie ertragen kann. *(I-ching)*

Erde: Die Friedenstifterin

Ein Mensch mit einer Affinität zu Erde hat die Fähigkeit, für sich und andere liebevoll zu sorgen, bei Streitigkeiten zu vermitteln und liebevolle Gemeinschaften zu schaffen. Erde-Typen brauchen Frieden und Harmonie und werden durch Uneinigkeit und Streit aus dem Gleichgewicht geworfen.

Natürliche Qualität:	Fruchtbar, nährend, solide, ruhig
Gefühlsregung:	Fürsorge und Zuwendung
Positiv:	Unterstützend, entspannt, überlegt, zentriert
Negativ:	
Überschuß:	Bemutternd, besorgt
Mangel:	Unschlüssig, hungrig nach Aufmerksamkeit und Liebe
Spirituelle Qualität:	Zentriert
Jahreszeit:	Spätsommer beziehungsweise die Übergangszeit zwischen den Jahreszeiten
Witterung:	Feuchtigkeit, Donner
Himmelsrichtung:	Mitte
Tageszeit:	7.00 bis 11.00 Uhr
Farbe:	Gelb
Geruch:	Würzig (reife, süße Früchte)
Geschmacksqualität:	Subtile Süßigkeit (einfache Speisen)
Lautäußerung:	Singen
Organe:	
Yin:	Milz/Bauchspeicheldrüse
Yang:	Magen

10 Metall: Der Künstler

> Die (geheimnisvollen) Kräfte des Herbstes erzeugen Trockenheit am Himmel und Metall auf der Erde. Am Körper erzeugen sie die Haut und das Haar und von den Eingeweiden die Lungen. Von den Farben erzeugen sie das Weiß ... und sie verleihen der menschlichen Stimme die Fähigkeit, zu weinen und zu jammern ... Von den Gefühlsregungen erzeugen sie Trauer.
>
> *Huang-ti nei-ching*

Die Wandlungsphase Metall findet ihre natürliche Metapher in einem majestätischen, zum Himmel aufragenden Berg. Der tiefe und breite Berg verdankt seine Stabilität und Dauerhaftigkeit seiner festen Gründung auf der Erde, wie es im *I-ching* heißt: »Der Berg ruht auf der Erde. Wenn er steil und schmal ist und keine breite Basis hat, muß er umstürzen. Er steht nur dann fest, wenn er sich breit und mächtig aus der Erde erhebt, nicht steil und hoch aufragend.«

In der Mitte der Erde entdecken wir die metallischen Erze, die unserem Planeten seine strukturelle Integrität verleihen. Wenn man von der Wandlungsphase des Metalls geleitet wird, fühlt man sich zu den Kernproblemen hingezogen, zu den wesentlichen Strukturen und Leitprinzipien des Lebens. Von seichtem Gerede wird man gelangweilt – man liebt Diskussionen mit Tiefgang und Substanz. Weil man mit einem feinen ästhetischen Sinn begabt ist, fühlt man sich von Schönheit angezogen; man umgibt sich mit kostbaren Gegenständen und einem gebildeten Freundeskreis. Man achtet auf Proportionen, wird durch Symmetrie erfreut und von Reinheit inspiriert. Die Umgebung ist für das Harmonie- und Gleichgewichtsempfinden des Betreffenden außerordentlich wichtig, und wenn man mit einer ästhetisch verletzenden oder unbefriedigenden Situation konfrontiert ist, löst dies ein intensives Mißbehagen aus.

Weil man in der Erde gegründet und vom Himmel inspiriert ist, empfindet man den Drang, sich nach oben auszudehnen, sich den höheren Wahrheiten und den moralischen Imperativen von Kunst und Philosophie zu nähern. Starrer Formalismus und unnötige Ausschmückungen irritieren den/die Betreffende(n), denn in seinen/ihren Augen verdecken sie nur die wesentliche Substanz. Er/sie ist der Überzeugung, daß formale Schönheit erhebend und lebensverändernd und daß schlichtes Design ansprechender ist als äußere Großartigkeit:

> Hier, auf der höchsten Stufe der Entwicklung, wird alle Zier verworfen. Die Form verbirgt nicht mehr den Inhalt, sondern macht dessen Wert ganz sichtbar. Vollkommene Anmut besteht nicht in der äußeren Verzierung der Substanz, sondern in der schlichten Zweckmäßigkeit ihrer Form. *(I-ching)*

Über welche spirituellen Kräfte man verfügt, hängt von der inneren Konzentration und der Klarheit des Geistes ab. Durch Betrachtung und sorgfältige Reflexion erlangt man innere Fassung. So wie es in der Natur des Berges liegt, in unbeweglicher Ruhe zu verharren, so erlangt derjenige Inspiration, der vom Metall beherrscht ist, wenn er »Klarheit im Inneren, Gelassenheit im Äußeren« verwirklicht:

> Wenn die Begierde zum Schweigen gebracht wird und der Wille zur Ruhe kommt, dann wird die Welt als Idee sichtbar. In diesem Aspekt ist die Welt schön und dem Kampf des Daseins enthoben. Dies ist die Welt der Kunst.

Der/die Betreffende fühlt sich stark zur Gefühlsregung der Trauer hingezogen und ist sich des raschen Laufs der Zeit schmerzlich bewußt. Diese Trauer ist rein und unverfälscht: Es ist keine flüchtige Stimmung, kein Ausdruck des Selbstmitleids oder der Reue, sondern eine geschmeidige, flexible Reaktion auf die ewigen Gesetze des Wandels. Mit klarer Erkenntnis ist man sich der Vergänglichkeit des Lebens bewußt, die die Nacht auf den Tag folgen läßt, den zuneh-

menden Mond auf den abnehmenden, die die Berge verwittern und die Täler sich auffüllen und auf den Verfall üppiges Wachstum folgen läßt. Diese Trauer ist Ausdruck der Einsicht in die Erkenntnis der Vergänglichkeit von allem Schönen und Erlesenen.
Man ist sich mit schmerzlicher Intensität der Vergänglichkeit des Lebens bewußt, aber weil man sich auf den überdauernden Sinn des Lebens konzentriert, weiß man auch, daß in jedem Ende schon die Verheißung eines Neuanfangs beschlossen ist. Während die Jahreszeiten und Zyklen des Lebens an einem vorüberziehen, steht man fest wie ein Berg in seiner erhabenen Ruhe, betrauert das Vergangene und heißt dasjenige dankbar willkommen, was an dessen Stelle tritt. Man hat die Fähigkeit, auf Distanz zu gehen, denn man weiß, daß nur die äußere Form vergeht, während die innere Substanz überdauert.

Auf die Frage, welches der rechte Weg sei, derjenige der Trauer oder derjenige der Freude, antwortete der Rabbi Berditchev: »Es gibt zwei Arten von Trauer und zwei Arten von Freude. Wenn man sich über das Mißgeschick grämt, das einen getroffen hat, wenn man sich in einen Winkel verkriecht und an aller Hilfe verzweifelt, dann ist dies eine schlechte Art von Trauer, von der es heißt: ›Die göttliche Gegenwart ist nicht an einem Ort der Zurückweisung.‹ Die andere Art ist die aufrechte Trauer eines Menschen, der weiß, was ihm fehlt. Dasselbe gilt für die Freude. Wer keine innere Substanz hat und inmitten seiner eitlen Freuden dies nicht fühlt und nicht versucht, seinem Mangel abzuhelfen, der ist ein Narr. Wer aber wirkliche Freude hat, der gleicht einem Menschen, dessen Haus niedergebrannt ist, der seine Not tief in seiner Seele fühlt und mit einem Neuaufbau beginnt: Sein Herz jubelt über jeden Stein, der angelegt wird.« (Nach Feldman/Kornfield)

Die *Jahreszeit* des Metalls ist der Herbst, die Zeit, in der alles Unnötige und Unwesentliche beseitigt wird. Im Herbst verdichten und sammeln wir unsere Energien, lassen los und richten uns häuslich ein, nehmen Rückschnitte vor, um das Wurzelsystem zu stärken und anzuregen. Flexibilität und Anpassungsfähigkeit spielen eine entscheidende Rolle, denn die Energie des Metalls, wie sie ihren Ausdruck in der rauhen Kühle eines Herbsttages findet, wirft die Schatten der bevorstehenden Jahreszeit des Todes und des Verfalls voraus.

Zum Metall gehört eine trockene *Witterung*. Wenn man eine Vorliebe (oder eine Abneigung) gegenüber Trockenheit und wüstenähnlichem Klima hat, kann sich darin ein Ungleichgewicht der Metall-Energie ausdrücken. Sehr trockene Haut kann ebenfalls ein Hinweis auf ein Metall-Ungleichgewicht sein.

Die zum Metall gehörige *Himmelsrichtung* ist Westen, denn, wie es im *Huang-ti nei-ching* heißt, »edle Metalle und Jade kommen aus den Regionen des Westens«. Die Kraft des Metalls ist zwischen 3.00 und 7.00 Uhr am ausgeprägtesten.

Die zum Metall gehörige *Farbe* ist Weiß, das in den alten chinesischen Texten der Schlichtheit zugewiesen wird. Ein gesunder weißer Schimmer der Haut weist auf ausgeglichene Metall-Energien hin, während ein stumpfer, blasser Ton Erschöpfung und Krankheit anzeigt. Zur Metall-Energie gehört ein scharfer, stechender *Geruch* ähnlich demjenigen von alten Abfalleimern oder dem metallischen Geruch von alten Münzen. Die *Lautäußerung* des Metalls ist das Weinen; wenn man eine Stimme hat, die sich anhört, als sei man ständig den Tränen nahe, selbst wenn man über fröhliche Dinge und Erfahrungen spricht, dann kann sich hierin ein Metall-Ungleichgewicht äußern.

Metall-Typen sind meist mager, schlank und kantig mit schmalen Schultern und Hüften und feinen, markanten Gesichtszügen. Ein Mensch mit zuviel Metall hat oft eine gewölbte und steife, aber verengte Brust, während ein Typ mit zuwenig Metall allgemein unterentwickelt ist mit einer eingesunkenen Brust und hängenden Schultern, wobei insgesamt der Eindruck straffer, steifer Muskeln besteht. Die Hände sind typischerweise lang und schmal, wobei die Finger etwa ebenso lang sind wie die Handflächen und die Fingernägel rechteckig sind. Die Haut ist eher trocken, die Hautfarbe blaß oder milchweiß.

Die Funktionen der zu Metall gehörenden *Organe* (Lungen und Dick-

darm) bringen die grundlegende spirituelle Wesensart der Verfeinerung und Reinheit dieser Wandlungsphase zum Ausdruck. Die Lunge, die als das »empfindliche Organ« bezeichnet wird, weil sie auf »äußere schädliche Einflüsse« sehr unmittelbar anspricht, beherrscht die Beziehungen zwischen der inneren und der äußeren Welt. Die Lungen verbinden das Ch'i des Himmels (Luft) mit dem Ch'i der Erde (Nährstoffe) und stellen dadurch eine zusätzliche Energiequelle für die Vitalisierung und Anregung der Lebensprozesse zur Verfügung. Die Lungen sind unmittelbar für die Bildung und Bereitstellung von Ching-Ch'i zuständig, der für die Unterstützung der Organsysteme benötigten Energie, und Wei-Ch'i, der Abwehrenergie von Körper, Seele und Geist, die uns vor dem Eindringen äußerer Erreger wie Bakterien und Viren schützt. Wei-Ch'i sorgt auch dafür, daß Blut, Ch'i und Geist in unserem Inneren nicht über die »dritte Lunge«, nämlich die Haut, nach außen verlorengehen. Die Haut bildet die Grenze zwischen Körper-Seele-Geist und der äußeren Welt und läßt Nährstoffe und Sauerstoff selektiv nach innen dringen, während gleichzeitig Giftstoffe durch den Schweiß nach außen transportiert werden können.
Die sich ausdehnenden und zusammenziehenden Lungen sind nachgiebig und fordernd, unabhängig und sich selbst erneuernd zugleich. Durch die verhaltene und empfindliche Bewegung des Ein- und Ausatmens prägen sie Körper, Seele und Geist Rhythmus und Ordnung ein und wecken das Bewußtsein dafür, daß hinter jedem Ende ein neuer Anfang steht.

> Das Ende wird durch die nach innen gerichtete Bewegung erreicht, durch Einatmung, Zusammenziehen, und diese Bewegung schlägt in einem neuen Anfang um, wenn sich die Bewegung durch Ausatmung, Ausdehnung nach außen wendet. *(I-ching)*

Als die »Beamten der rhythmischen Ordnung« harmonisieren die Lungen das Ein- und Ausatmen von Luft, indem sie die Ausdehnungs- und Zusammenziehungsphasen von Atem und Pulsschlag regieren, was auf der emotionalen und spirituellen Ebene seine Entsprechung im Empfangen und Loslassen hat. Die (zusammenziehenden) Yin- und (ausdehnenden) Yang-Eigenschaften im Metall geben und nehmen fortwährend, und ein gesunder Metall-Typ ist fähig, dem Einsaugen von Luft das Entlassen des Atems als Gegengewicht entgegenzusetzen. Man kann daher sagen, daß die dem Metall zugeordneten Organe »wissen«, wann sie Substanz aufnehmen und wann sie sie wieder loslassen müssen – eine Weisheit, die für Gesundheit und Glück unerläßlich ist.

Der Dickdarm (»der Müllsammler« oder »Entleerer des Bodensatzes«) hat die Aufgabe, Wasser aus den Speiseresten herauszufiltern, Abbauprodukte zu speichern und die festen Rückstände auszuscheiden. Nach chinesischer Auffassung sind diese Funktionen keineswegs automatisch oder in irgendeiner Weise »Routine«, denn der Dickdarm reagiert wie alle anderen Organsysteme äußerst empfindlich auf Schwankungen des Gleichgewichts und der Harmonie im Gesamtorganismus. Entspannung und Flexibilität sind für eine einwandfreie Funktion des Dickdarms äußerst wichtig, der seine Aufgaben erfüllen muß, um den notwendigen Raum für die Lungen zu schaffen, damit diese Ch'i-Energie verteilen können.

Bei Anspannungen gewinnt die Fähigkeit des Dickdarms, Entscheidungen zu fällen, eine außerordentliche Bedeutung. Bevor der Dickdarm Abbauprodukte ausscheiden kann, muß er in der Lage sein, zwischen dem Unschädlichen und dem Schädlichen, dem Nützlichen und dem Nutzlosen zu unterscheiden. Diese Unterscheidungsfähigkeit ist notwendig für eine ungestörte Arbeitsumgebung. Ein Zusammenbruch dieser Fähigkeit führt zu Überfüllung und Verstopfung, wodurch Symptome wie Bauchschmerzen, Krämpfe, Durchfall und/oder Verstopfung entstehen, was wiederum den lebenswichtigen Kreislauf von Energie durch Körper, Seele und Geist schwer beeinträchtigt.

Ungleichgewichte der Metall-Energie

Überschuß

Wenn Metall vorherrschend oder übersteigert ist, dann verwandeln sich die natürliche Flexibilität und Anpassungsfähigkeit allmählich in Starre und Dogmatismus. Je stärker das Ungleichgewicht wird, desto drängender wird das Bedürfnis nach Ordnung und Disziplin. Eine makellos aufgeräumte Wohnung und ein ebensolches Büro sind Ausdruck des Drangs, alles säuberlich an seinem Platz zu haben. Wenn auf dem Schreibtisch auch nur ein Bleistift liegt, legt ihn der/die Betreffende sofort an seinen Platz in der Schublade; wenn auf der Anrichte in der Küche noch Geschirr oder Speisereste stehen, findet man keine Ruhe, bis man nicht aufgeräumt hat. Störungen der gewohnten Abläufe führen zu einer starken physischen Unruhe, die unvermeidlich Auswirkungen auf das emotionale und spirituelle Gleichgewicht hat.

Je kompromißloser und unnachgiebiger man wird, desto mehr macht man sich verschiedene Dogmen und Philosophien zu eigen. Menschen mit übermäßigem Metall sind zum Beispiel der Konvertit, der sich dem »alleinseligmachenden« Pfad zu Gnade und Erlösung zuwendet, der politische Dogmatiker, für den alle anderen Lehren Irrtümer sind, und der Lehrer, der davon überzeugt ist, daß nur seine Unterrichtsmethode die richtige ist. Es ist beinahe so, wie wenn die Poren der Haut (die Metall regiert) sich abschlössen und nichts von außen hereinließen. Ohne neue Ideen und Energie beginnen aber Körper, Seele und Geist zu erstarren und auszutrocknen wie ein Teich, der von seiner Quelle abgeschnitten ist.

Hinter dem selbstgerechten Stoizismus der Psyche des/der Betreffenden verbirgt sich ein grundlegender Mangel an Selbstwertgefühl und Selbstachtung. Ein Übermaß an Metall hat bei ihm/ihr zu einer Verhärtung geführt, wobei die natürlicherweise »flüssige« Natur des/der Betreffenden abgekühlt und erstarrt und unnachgiebig geworden ist. Wenn man die Notwendigkeit aus dem Auge verliert, die innere Zusammenziehung durch eine äußere Ausdehnung auszugleichen, dann beginnt man immer mehr zu horten und eifersüchtig über seinen Besitz zu wachen. Man will alles für sich behalten, was einem »gehört«, weil man an diesen Besitztümern seinen Selbstwert mißt. Im Laufe der Zeit ist man vom Besitz besessen. Das Materielle erlangt eine so große Bedeutung für das Selbstwertgefühl, daß man sich ohne äußere Symbole der Schönheit und Großartigkeit nackt fühlt.

Man wird auch in seinen Beziehungen besitzergreifend, weil man die dem Metall innewohnende grundlegende Weisheit vergessen hat, daß Qualität aus dem Inneren kommt und Schlichtheit der Form wertvoller ist als äußere Zier. Weil man seine Orientierung verloren hat, beginnen oberflächliche Manifestationen der Erlesenheit (Schönheit, Kultur, Reichtum, Vornehmheit) eine überragende Rolle zu spielen. Aus Angst vor einer Beeinträchtigung dieses schönen Scheins fordert man von Angehörigen und Freunden Anpassung und Konformität, und jeden, der sich solchen Erwartungen widersetzt, überhäuft man mit heftigen Vorwürfen.

Je mehr man sich an Freunde und materiellen Besitz klammert, desto mehr verschärft sich die natürliche Tendenz zu Kummer, die sich schließlich in Trauer über erfahrene Verluste verwandelt. Kummer ist meist eine Reaktion auf einen Verlust, und wenn Metall-Typen diese Emotion durchstehen, können sie über Verluste hinwegkommen und den Raum schaffen, in dem Neues entstehen und Altes ersetzen kann. Wenn dagegen ein Übermaß an Metall eine Neigung, an Kummer festzuhalten, oder den Widerstand verstärkt, diese Emotion nach außen zu zeigen, dann verwandeln sich die natürlichen Empfindungen von Trauer und Kummer in Neid, Eifersucht und Habgier. Wenn man feststellt, daß man Schönheit, Reichtum oder Einfluß verloren hat, dann möchte man diese Eigenschaften an anderen wahrnehmen, und dieser Wunsch kann sich schließlich in eine Obsession verwandeln.

Wenn sich die Wandlungsphase des Metalls verhärtet, wird der Charakter starr und unbeweglich. Man hat die Weisheit des Yin-Weges vergessen, wie sie sich in Lao-tzus Worten ausdrückt: »Wenn du alles bekommen willst, mußt du zuerst alles aufgeben« *(Tao-te ching)*.

Weil man unfähig ist, loszulassen und um etwas zu trauern, das man verloren hat, klammert man sich an alles, was einem »gehört«, sei es materieller Besitz oder bestimmte Überzeugungen.

Zwei buddhistische Mönche begegneten auf ihrem Weg zum Kloster am Ufer eines Flusses einer wunderschönen Frau. Sie wollte ebenfalls den Fluß überqueren, doch war das Wasser zu hoch. Da nahm einer der Mönche sie auf seinen Rücken und trug sie hinüber.

Der andere Mönch war empört. Zwei Stunden lang schalt er seinen Begleiter wegen seines leichtfertigen Verstoßes gegen die Regeln: Hatte er vergessen, daß er Mönch war? Wie konnte er nur eine Frau berühren? Und sie gar noch über den Fluß tragen? Was würden die Leute sagen? Hatte er nicht ihre heilige Religion in Verruf gebracht? Und so fort.

Sein Glaubensbruder hörte sich die endlose Predigt geduldig an. Schließlich unterbrach er ihn: »Bruder, ich habe diese Frau am Fluß abgesetzt. Warum trägst du sie noch?« (Nach de Mello)

Symptome eines Übermaßes an Metall-Energie

- Starre der Muskulatur mit einer Tendenz zu steifen, unbeholfenen Bewegungen
- Steifer Rücken und Nacken, steife Haltung
- Wirbelsäulen- und Gelenkbeschwerden
- Chronische Nebenhöhlenentzündungen und Kopfschmerzen
- Kurzatmigkeit, chronischer trockener Husten, Spannungsgefühl in der Brust und Neigung zu Asthma
- Darmbeschwerden wie Verstopfung, Durchfall, Dickdarmentzündung und Reizkolon
- Trockene Haut, trockenes Haar, brüchige Nägel, rissige Lippen und trockene Nasen- und andere Schleimhäute
- Nasenpolypen
- Mangelnde Schweißbildung

Wenn man zuwenig Metall hat, beginnen die eigenen Grenzen allmählich zu verschwimmen. Bildlich gesprochen, verflüssigt sich die eigene Kraft und sickert durch die Poren nach außen. Das Bedürfnis, akzeptiert zu werden, beherrscht das ganze Denken und Handeln, denn das Selbstvertrauen ist so sehr geschwächt, daß man sich nur dann »gut« fühlt, wenn man von anderen ständig die deutliche Bestätigung bekommt, daß man sich richtig verhalten hat. Freunde und Verwandte wagen es oft nicht, konstruktive Kritik zu üben oder Ratschläge zu geben, denn der/die Betreffende ist so »weich«, daß sie Angst haben, ihn/sie zu verletzen. Angelegentliche Bemerkungen werden oft persönlich aufgefaßt und lösen eine langwierige Verletztheit und eine Beeinträchtigung des Selbstwertgefühls aus. Man ist wie ein »Wackelpeter« – außen steif und innen schwammig.
Weil die Wandlungsphase Metall Rhythmus, Ordnung und Synchronie beherrscht, führt ein Mangel dazu, daß man Schwierigkeiten hat loszulassen. Während ein Übermaß an Metall zu der Neigung führt, sich an Gegenstände oder Besitz zu klammern, bewirkt ein Mangel einen obsessiven Beziehungsdrang. Man klammert sich an die Menschen, die man liebt, selbst wenn man von ihnen mißbraucht wird; statt ihnen die Meinung zu sagen, paßt man sich ihren Erwartungen an und verstärkt dadurch das eigene Minderwertigkeitsgefühl und die Angst loszulassen. Man schenkt sich zu schnell her, erhebt Menschen auf ein Podest und ist dann sehr enttäuscht, wenn sie einen im Stich lassen oder den eigenen Erwartungen nicht entsprechen.
Weil man so verwirrt und so voller Selbstzweifel ist, weiß man nicht mehr, was richtig und falsch ist. Aus Mangel an innerer Entschlußkraft verläßt man sich auf die äußeren Zwänge, die gesellschaftliche Konventionen oder die politische Korrektheit verlangen. Gute Manieren, die richtige Etikette und oberflächliche Schönheit bedeuten einem mehr als innere Qualität und Substanz.
Wenn man mit Menschen zusammensein muß, die man als »grob« oder »ungehobelt« empfindet, hat man in der »Magengrube« eine starke Empfindung des Ekels und Widerwillens. Man ist gegenüber

seiner Umgebung überempfindlich und leidet möglicherweise an allergischen Reaktionen und erhöhter Empfindlichkeit gegenüber der Umwelt. Bei Allergien ist fast immer eine Disharmonie in der Wandlungsphase Metall im Spiel, und sie betreffen meist diejenigen Körperbereiche und Organe, die von Metall regiert werden: die Nebenhöhlen, die Haut und die Lungen. Die Atmung ist flach und eingeschränkt, wodurch Kurzatmigkeit und chronische Stauungszustände von Nase, Rachen und Nebenhöhlen entstehen. Nahrungsmittelallergien führen zu Beschwerden im Verdauungstrakt, wodurch Reizkolon, Dickdarmentzündung und Enteritis regionalis Crohn, eine schwere entzündliche Erkrankung des Dünndarms, entstehen.

Symptome bei mangelnder Metall-Energie

- Kurzatmigkeit und Neigung zu Bronchialkrämpfen, insbesondere bei Streß
- Verstopfung der Nase, des Rachens und der Nebenhöhlen
- Nahrungsmittel- und Umweltallergien wie zum Beispiel Heuschnupfen, allergische Reaktionen gegen Katzen, Hausstaub, Chemikalien, Milchprodukte und so weiter
- Asthma, insbesondere allergisches Asthma
- Trockene Haut, trockenes Haar, rissige Lippen, spröde Nägel und trockene Nasenschleimhäute
- Warzen und Muttermale
- Verlust der Körperbehaarung
- Rissige, trockene oder weiche Nägel
- Kopfschmerzen, insbesondere nach einem Verlust oder einer Enttäuschung
- Krampfadern
- Darmerkrankungen: Verstopfung, Durchfall oder Reizkolon (Wechsel zwischen Durchfall und Verstopfung)
- Geschwächte Immunabwehr; dies äußert sich zum Beispiel in hartnäckigen Erkältungs- und Grippeerkrankungen, einer Neigung zu blockierten Nebenhöhlen und in den Rachenraum laufendem Se-

kret sowie Immunschwächestörungen wie zum Beispiel chronischem Müdigkeitssyndrom und Erythematodes

Die Weisheit des Metalls

Was uns wirklich gehört, können wir nicht verlieren, selbst wenn wir es wegwerfen. Deshalb brauchen wir keine Angst zu haben. Alles, was wir tun müssen, ist, unserer wahren Natur treu zu bleiben und nicht auf andere zu hören. *(I-ching)*

Metall: Der Künstler

Wer eine Affinität zu Metall hat, verfügt über ein ausgeprägtes ästhetisches Empfinden und ein tiefes und nachhaltiges Interesse an spirituellen Dingen. In der Erde gegründet und vom Himmel inspiriert, ist er/sie von dem Wunsch erfüllt, den höheren Wahrheiten von Kunst und Philosophie nachzustreben. Metall-Typen haben oft Schwierigkeiten »loszulassen«.

Natürliche Qualität:	Formbar, stark, ästhetische Neigungen
Gefühlsregung:	Trauer, Kummer
Positiv:	Hinnehmend, diszipliniert, ruhig
Negativ:	
Überschuß:	Perfektionistisch, selbsteingenommen, dogmatisch
Mangel:	Braucht Bestätigung von anderen, selbstzweifelnd, klammernd, übersensibel
Spirituelle Qualität:	Inspiration
Jahreszeit:	Herbst
Witterung:	Trocken
Himmelsrichtung:	Westen (untergehende Sonne)
Tageszeit:	3.00 bis 7.00 Uhr
Farbe:	Weiß
Geruch:	Rohes Fleisch, Fisch
Geschmacksqualität:	Stechend, scharf gewürzt
Lautäußerung:	Weinen
Organe:	
Yin:	Lungen
Yang:	Dickdarm

11 Wasser: Das Weise

> Die (geheimnisvollen) Kräfte des Winters erzeugen die extreme Kälte am Himmel, und sie erzeugen das Wasser auf der Erde. Im Körper erzeugen sie die Knochen, von den Körperöffnungen die Nieren (Hoden). Von den Farben erzeugen sie Schwarz ... der menschlichen Stimme verleihen sie die Fähigkeit, zu stöhnen und zu summen. In Zeiten der Aufregung und des Wandels erzeugen sie das Zittern, und von den Gefühlsregungen erzeugen sie die Furcht.
>
> *Huang-ti nei-ching*

Von der Wandlungsphase des Wassers lernen wir, uns an ungewöhnliche oder belastende Situationen anzupassen und dabei trotzdem gelassen und beständig zu bleiben, ohne unser Ziel aus den Augen zu verlieren. Wasser ist zuverlässig und unendlich anpassungsfähig, und doch behält es seinen Lauf bei und fließt weiter. Wenn es auf einen Felsen trifft, versucht es nicht, das Hindernis zu beseitigen, um seinen geraden Lauf fortzusetzen, sondern umfließt ihn statt dessen. Wasser teilt sich bereitwillig, weil es »weiß«, daß durch eine solche Teilung seine Kraft vervielfacht wird. Das *I-ching* rät: »Um seinen Platz in der Unendlichkeit des Seins finden zu können, muß man fähig sein, sich zu teilen und sich zu vereinigen.«
Die Wandlungsphase des Wassers bleibt von Rückschlägen unbeeindruckt, und sie versucht nicht, ihren Willen der Welt aufzuzwingen und dadurch die Zukunft zu gestalten. Alles, was Wasser tut, auch das Nichthandeln, wenn es sich sammelt und seine Kraft zurückhält, hat Potential und ist von der Bereitschaft erfüllt, sich weiter auf das Ziel zuzubewegen:

> Wenn man am Anfang einer Unternehmung auf ein Hindernis trifft, muß man seinen Weg nicht gewaltsam fortzusetzen versuchen, sondern innehalten und nachdenken. Dadurch darf

man sich aber auch nicht von seinem Weg abbringen lassen: Man muß ihn fortsetzen und das Ziel ständig vor Augen behalten.

Wasser kennt seine Grenzen: Es kann nur nach unten, zur Erde fließen. Wenn seine natürliche Bewegung unterbrochen oder gehemmt wird, gibt es nach, indem es sich zurückzieht; es weigert sich, seine Energie nutzlos zu vergeuden, und wartet seine Zeit, den richtigen Augenblick, ab. Wenn Gefahr droht, zuckt Wasser nicht ängstlich zurück und gibt den Kampf nicht in Verzweiflung und Resignation auf; es bleibt seiner grundlegenden Natur treu, weil es weiß, wann es sich zurückhalten und seine Energien für den vor ihm liegenden Weg sammeln und wann es entschlossen und zielstrebig seinen Weg fortsetzen muß. Wenn die Zeit gekommen ist, zögert Wasser nicht, sondern geht seinen Weg mit kraftvoller Entschlossenheit.

Wasser auf einem Berg kann nicht seiner Natur gemäß nach unten fließen, weil es von Felsen behindert wird. Es muß sich still verhalten. Dadurch aber wird es mehr, und die innere Fülle wird schließlich so groß, daß es die Grenzen überströmt. Das Mittel, Hindernisse zu überwinden, besteht darin, sich nach innen zu wenden und sein eigenes Wesen auf eine höhere Ebene zu heben.

Wasser weiß, daß es viele Wege an sein Ziel führen können. Unterwegs wird es Gefahren zu bestehen haben und Risiken eingehen, aber solange es seine Schranken achtet und seiner Natur treu bleibt, wird ihm das Glück zur Seite stehen.

Zwei Schüler eines alten Rabbis stritten über den rechten Weg zu Gott. Der eine sagte, daß Anstrengung und kraftvolles Bemühen der Weg sei. »Man muß sich mit ganzem und uneingeschränktem Einsatz bemühen, den Weg des Gesetzes zu gehen. Man muß mit Anstrengung beten, achtsam sein, recht leben.«

Der zweite Schüler war anderer Meinung. »Man braucht überhaupt keine Anstrengung. Dies ist nur das Ego. Wichtig ist vielmehr reine Unterwerfung. Den Weg zu Gott zu nehmen, zu erwachen heißt, alles loszulassen und die Leere zu leben. ›Nicht mein Wille, sondern dein Wille geschehe.‹«

Weil sie sich nicht einigen konnten, gingen sie zum Meister. Er hörte den ersten Schüler an, der den Weg des kraftvollen Bemühens pries. Als dieser ihn fragte: »Ist dies der rechte Weg?«, sagte der Meister. »Du hast recht.«

Der zweite Schüler war empört und beschrieb wortreich den Weg der Unterwerfung und des Loslassens. Als er geendet hatte, sagte er: »Ist nicht dies der rechte Weg?«

Und der Meister antwortete: »Du hast recht.«

Ein dritter Schüler, der dabeisaß, sagte: »Aber Meister, sie können nicht beide recht haben!«

Woraufhin der Meister lächelte und sagte: »Du hast auch recht.«

(Nach Feldman/Kornfield)

Wasser hat die geistige Kraft zu wissen, daß der rechte Weg sein Weg ist, wo auch immer dieser Weg hinführen wird. Der Wasser-Typ folgt seiner Natur und seinen Antrieben, er strebt weiter und achtet nicht auf den Rat derjenigen, die ihn glauben machen wollen, daß sein Weg nicht der »richtige« sei. Er hat die Weisheit und die Ermahnung von Antonio Porchias Wort verstanden: »Die Leute sagen immer, daß man auf dem falschen Weg ist, wenn man auf seinem eigenen Weg ist.«

Wenn die eigene Natur von Wasser geprägt ist, hat man eine natürlicherweise reiche und zielgerichtete Energie. Gedankenloses Umherschweifen und zielloses Wandern sind nicht die Art solcher Menschen; sie wissen, was sie wollen, und sie haben die inneren Ressourcen, die geistige Entschlossenheit und den Mut, ohne Zögern und Selbstzweifel vorwärtszustreben. Sie besitzen eine unstillbare Neugier, und durch ihre introspektive, reflexive Art fühlen sie sich von der Welt der Ideen angezogen. Intuitiv wissen sie aber, daß längere Isolierung die eigene Kraft und Vitalität schwächt, weshalb sie regelmäßig die Gemeinschaft anderer Menschen suchen, um Weisheit auszutauschen und den eigenen Geist zu erfrischen.

> Ein See verdunstet nach oben und trocknet dadurch langsam aus; wenn sich aber zwei Seen miteinander verbinden, trocknen sie weniger schnell aus, weil der eine den anderen auffüllt. Ebenso ist es auf dem Gebiet des Wissens. Wissen sollte eine erfrischende und belebende Kraft sein. Dies wird sie nur durch den stimulierenden Austausch geistesverwandter Freunde, mit denen man Gespräche pflegt und die Wahrheiten des Lebens praktiziert. So wird Lernen vielseitig und gewinnt eine fröhliche Leichtigkeit, während das Erlernen des selbst Beigebrachten immer etwas Schwerfälliges und Einseitiges hat. *(I-ching)*

Die Beziehungen des Betreffenden ruhen auf der Grundlage von Aufrichtigkeit und Vertrauen. Das Selbstwertgefühl (»Ich bin, der ich bin«) ist in einem harmonischen Gleichgewicht, und man will nicht mehr, aber auch nicht weniger sein, als man ist. Man hat kein Bedürfnis, rückwärts zu schauen und darüber nachzudenken, was einmal war oder hätte sein können. Das Vergangene ist vorbei und erledigt; man geht in der Gegenwart auf und wird von der Zukunft vorwärtsgezogen. Man ist mehr an Phantasie als an Geschichte interessiert: Science-fiction, Dichtung, Mysterien und Rätsel beschäftigen den neugierigen Geist.
Die wichtigste spirituelle Eigenschaft des/der Betreffenden ist seine/ihre Fähigkeit zu *sein*: Aktivität (Handeln) ist der Ausdruck der reichlich vorhandenen Energie, doch nährt sich der Geist aus einer reflektierenden Stille (Sein). Man lebt im Augenblick und völlig damit zufrieden, wie man ist, und doch der Tatsache stets bewußt, daß man durch die Umstände zu einem Richtungswechsel gezwungen werden könnte. Man setzt seinen Weg fort, ohne nach rückwärts zu blicken und sich damit zu brüsten, welche schwierigen Hindernisse man überwunden hat. Der Geist ist ganz von den drängenden Erfordernissen des Hier und Jetzt eingenommen. »Ich bin in der Gegenwart«, sagte Igor Strawinski einmal, der zweifellos ein Wasser-Typ

war. »Ich kann nicht wissen, was das Morgen bringen wird. Ich kann nur wissen, was heute für mich die Wahrheit ist. Dies ist der Dienst, den ich zu leisten verpflichtet bin, und ich leiste ihn in aller Klarheit.« Furcht ist die Emotion, die den Betreffenden antreibt und ausrichtet. Eine gesunde, ausgewogene Furcht bewirkt Wachheit und Aufmerksamkeit. Bei auftretenden Gefahren wird man von Furcht geleitet, die zu Vorsicht und Zurückhaltung mahnt. Hindernisse und Erschwernisse treten in jedem Leben auf, und auch anscheinend harmlose Situationen sind oft gefahrenträchtig. Wenn man von Furcht geleitet wird, bedeutet dies durchaus nicht, daß man vor Angst zittert oder von Panik überfallen wird. Der/die Betreffende ist vielmehr »auf dem Posten« und stellt sich mutig allen auftretenden Situationen. Man nutzt seine Furcht als eine Leiter, um die Schwierigkeiten zu überwinden, und stellt sie beiseite, wenn sie ihren Zweck erfüllt hat.

Der Leiter einer Gemeinschaft kam zu Jakob. Er hoffte, Frieden für seine Seele zu finden, Erleichterung von seiner Last. Ihn quälte ein wiederkehrender Traum, den er nicht verstehen konnte.
»Jakob, ich reise in meinem Traum eine weite Wegstrecke und gelange schließlich an eine große Stadt. Am Stadttor aber stellt sich mir ein hünenhafter Soldat entgegen und sagt, daß er mich nur einlassen würde, wenn ich zwei Fragen beantworten könnte. Willst du mir helfen?«
Jakob nickte.
Die erste Frage des Soldaten lautet: ›Was trägt die Mauern einer Stadt?‹«
»Das ist nicht schwer«, sagte Jakob. »Furcht trägt die Mauern einer Stadt.«
»Was aber trägt die Furcht?« fragte jener. »Dies ist nämlich die zweite Frage.«
»Die Mauern«, antwortete Jakob. »Die Ängste, die wir nicht überwinden können, werden zu unseren Mauern.« (Nach benShea)

Die *Jahreszeit* des Wassers ist der Winter, wenn sich die natürliche Welt zurückzieht und sich nach innen wendet, um ihre Energie für die kommende Zeit der Erneuerung und Wiederherstellung zu speichern. Im Winter begnügt sich das Wasser damit, sich mit passiver Energie zu erfüllen, indem es seine flüssige Natur verwandelt und fest wird. Wenn man die Ankunft des Winters fürchtet und während dieser Jahreszeit unter dem Druck aufgestauter, rastloser, unruhiger Energien leidet, dann könnte dies auf ein Ungleichgewicht der Wandlungsphase Wasser hinweisen. Das *I-ching* rät, daß man im Winter seine Energie für die Wiederherstellung und Erneuerung von Körper, Seele und Geist verwenden soll:

> Im Winter ist die vom Donner, dem Erregenden symbolisierte Lebensenergie, noch unter der Erde. Die Bewegung ist erst in ihren Anfängen; deshalb muß sie durch Ruhe gekräftigt werden, damit sie sich nicht durch vorzeitigen Einsatz vergeudet. Dieses Prinzip, daß man sich erneuernde Energie sich durch Ruhe verstärken läßt, gilt für alle ähnlichen Situationen. Die Wiederkehr der Gesundheit nach einer Krankheit, die Wiederkehr des Verständnisses nach einer Entfremdung – alles muß am Anfang vorsichtig und fürsorglich behandelt werden, damit die Wiederkehr zu einer Blüte führen kann.

Dem Wasser ist eine kalte *Witterung* und die *Himmelsrichtung* Norden zugeordnet. Die *Tageszeit* der höchsten Aktivität dieser Wandlungsphase ist zwischen 15.00 und 19.00 Uhr.
Die zur Wandlungsphase gehörigen *Farben* sind Schwarz und Blau, und ein bläulichschwarzer Farbton um Augen und Schläfen oder eine starke Vorliebe beziehungsweise Abneigung gegenüber diesen Farben können auf ein Ungleichgewicht hinweisen.
Mit einem Ungleichgewicht des Wassers ist ein fauliger, säuerlicher *Geruch* verbunden, den man etwa mit dem Geruch in einer nur selten gereinigten öffentlichen Toilette vergleichen kann. Das Stagnierende, Zerfallende eines Ungleichgewichts kann man auch in dem Geruch von Blumen feststellen, die in einer Vase mit abgestandenem Wasser faulen.
Die vom Wasser regierte *Lautäußerung* ist Stöhnen; in einer über-

steigerten Form ist dies ein unbewußter, andauernder winselnder Ton. Während ein Kind jammert, um etwas zu bekommen, ist das Stöhnen von Wasser unbeabsichtigt und hat nichts mit Problemen oder Frustrationen des täglichen Lebens zu tun. Wenn die Wandlungsphase Wasser aus dem Gleichgewicht ist, wird diese Lautäußerung permanent und übertrieben.

Der *Körperbau* des Wasser-Typs ist robust mit einer kraftvollen, aber schlanken Physis, langen Knochen, schmalen Schultern mit breiten Hüften, langen Fingern und Zehen. Die Gesichtszüge sind wie gemeißelt mit vorspringenden Backenknochen, einer markanten Nase, tiefliegenden Augen, starken Kieferknochen und einer hohen Stirn. Die Hände sind meist klein mit kurzen Fingern und zarten Fingernägeln. Die Haut ist oft weich und ein wenig aufgedunsen, was auf eine Neigung zu Wasserverhaltungen hinweisen kann. Menschen mit einer übermäßigen Wandlungsphase Wasser sind oft groß gewachsen, sehnig und starkknochig, während der Typus mit einem Mangel fleischiger ist und oft vornübergebeugt geht und sitzt.

Die Wandlungsphase Wasser nährt Körper, Seele und Geist mit aktueller und potentieller Ch'i-Energie, die in den Nieren gespeichert wird (»der Speicher der Lebensessenz«). Ching-Ch'i ist eine Energie, die aus der festen und flüssigen Nahrung, die wir aufnehmen, aus der Atemluft und den Beziehungen, die wir eingehen, destilliert wird. Yuan-Ch'i oder »Jing« ist von den Eltern ererbt, insbesondere der Mutter, und beherrscht den gesamten Lebenszyklus von Geburt, Wachstum, Reife und Tod; deshalb heißt es, daß die Qualität des ererbten Jing das individuelle Schicksal bestimmt. Jing ist die ursprüngliche Quelle, die dem Ei und dem Samen die Lebenskraft verleiht; es speist daher die sexuelle Energie und die sexuelle Begierde. Störungen hinsichtlich der sexuellen Funktion wie zum Beispiel Impotenz, Frigidität, vorzeitige Ejakulation und Unfruchtbarkeit gelten als Symptome eines Wasser-Ungleichgewichts im allgemeinen und eines Jing-Mangels im besonderen; vorzeitiges Altern hängt mit einem Mangel an Nieren-Jing zusammen.

Nach chinesischer Auffassung sind die Nieren die »Zündflamme« von Körper, Seele und Geist. Das Nierenfeuer (Ming men-huo) befeuert das System und trennt die reinen Aspekte des Wassers von den unreinen. Die unreinen Anteile werden zur Blase transportiert, wo sie gespeichert und ausgeschieden werden, während die reinen Anteile in einen Dunst verwandelt werden, der im ganzen Körper zirkuliert. Im übertragenen Sinne liefert Nierenfeuer die Antriebsenergie und die entschlossene Willenskraft, die man braucht, um voranzugehen, Hindernisse zu überwinden und seine Lebensziele zu erreichen.

»Feuer der Lebenspforte« ist ein Akupunkturpunkt, der typisch ist für die Aufgabe der Nieren, in alle Teile von Körper, Seele und Geist den zündenden Funken der Aktivität zu tragen. Weitere Akupunkturpunkte längs dem Nieren-Meridian belegen deren Rolle für die Sexualfunktion (»Sprudelnde Quelle«, »Großer Kelch«, »Größerer Bergbach«), und wieder andere betonen die spirituelle Natur der Nierenenergie (»Geistsiegel«, »Geistwildheit« und »Geistlagerhaus«). »Wenn die Funktion der Nieren beeinträchtigt ist«, heißt es im *Huang-ti nei-ching*, »läßt sich der Geist leicht provozieren.«

Die Wandlungsphase Wasser ist auch für die Erhaltung gesunder Zähne, Knochen und eines gesunden Knochenmarks zuständig. Weil sich die alten Weisen der chinesischen Medizin Gehirn und Rückenmark als Fortsetzungen des Knochenmarks vorstellten, regiert Wasser auch die Struktur und Funktion des Skeletts sowie Intelligenz, Vernunft, Wahrnehmung und Gedächtnis. Lethargie, gestörte Sinneswahrnehmungen und Motorik, Entschlußlosigkeit, träge Reaktionen und Gedächtnisschwierigkeiten hängen mit einem Mangel an Nierenenergie zusammen.

Als die Chinesen vor viertausend Jahren über die funktionellen Aufgaben der Nieren nachdachten, wußten sie noch nichts von der Nebenniere, einer kleinen Hormondrüse am oberen Nierenpol. Und doch entsprechen die Funktionen, die die alten Weisen und Gelehrten den Nieren zuschrieben, genau den heutigen Beschreibungen der Nebenniere. Die Nierenrinde erzeugt Kortikosteroide, Hormone, die den Stoffwechsel von Eiweißen, Fetten und Kohlehydraten steuern und den Flüssigkeits- und Elektrolythaushalt des Körpers regulieren. Das Nebennierenmark erzeugt die Streßhormone Adrenalin und Noradrenalin, die eine direkte Wirkung auf unwillkürliche Reaktionen wie die Herzaktivität, die Darmaktivität und verschiedene Stoffwechselfunktionen haben.

Das dem Wasser zugeordnete Yang-Organ ist die Harnblase (»der mit der Ausscheidung der flüssigen Abfälle betraute Beamte«). Dieses flexible, anpassungsfähige Organ wird mit einem Speicher verglichen, der die wichtige Ch'i-Energie bis zum Bedarf aufbewahrt. Wenn die Funktion der Blase gestört ist, besteht die Gefahr, daß Körper, Seele und Geist langsamer agieren und von giftigen Abbauprodukten überschwemmt werden.

Der Blasenmeridian ist der längste Meridian des Körpers und enthält siebenundsechzig Akupunkturpunkte mit Namen wie »Geisthalle«, »Gedankensitz« und »Das Tal Durchdringen«, worin sich der weitreichende Einfluß dieses Organs auf Körper, Seele und Geist spiegelt. Niedergeschlagenheit, das Gefühl der Überforderung, die Unfähigkeit, sich auf neue oder ungewöhnliche Umstände einzustellen, und düstere Vorahnungen können auf ein Ungleichgewicht auf dem Blasenmeridian hinweisen. Chronische Müdigkeit wird oft als ein Symptom einer »undichten« Blase betrachtet.

Ungleichgewichte der Wasser-Energie

Überschuß

Bei einem Menschen mit einem Überschuß an Wasser-Energie kann ein Mangel an Elastizität von Körper, Seele und Geist bestehen. Die Haltung ist steif und gestreckt, den Bewegungen mangelt es an Eleganz und Geschmeidigkeit, und man neigt zu Rechthaberei und Unduldsamkeit gegenüber anderen Auffassungen. Die Welt dreht sich um einen selbst (das glaubt man zumindest), und man ist überzeugt zu wissen, was für jeden am besten ist. Wenn jemand anderer Meinung zu sein wagt, reagiert man mit einer tiefen und anhaltenden Verstimmung. Man liebt von Natur aus den Wettbewerb und möchte nur um des Gewinnens willen gewinnen; wenn man verliert, findet man wortreiche Ausflüchte, um sein Scheitern zu beschönigen.

Im Umgang mit Autoritätspersonen nimmt der/die Betreffende eine herausfordernde Haltung ein: »Ich lasse mir von *niemandem* etwas sagen!« behauptet man vielleicht – oder: »Was wissen diese inkompetenten, ineffizienten Idioten überhaupt?« Dieses aggressive Verhalten bemäntelt die aufsteigende Empfindung der Furcht jedoch nur unzureichend; eine starke Empfindung der Unzulänglichkeit erzeugt Ängstlichkeit und die Vorahnung von bevorstehenden Katastrophen. Während man äußerlich kraftvoll und herausfordernd auftritt, ist man innerlich verzagt. Im Laufe der Zeit wird man argwöhnisch und glaubt, daß andere über einen reden und hinter dem eigenen Rücken eine Verschwörung planen. (In seiner Selbstzentriertheit kann man sich nicht vorstellen, daß sie überhaupt über jemanden anderen reden könnten.) Wenn dieses Ungleichgewicht nicht erkannt und nicht behandelt wird, kann es zu paranoischen Tendenzen und Verfolgungsangst kommen.

Wasser-Typen sind natürlicherweise intelligent; wenn sich jedoch zuviel Wasserenergie ansammelt, beginnt man die Freude am Lernen zu verlieren und häuft nur noch bruchstückhaftes Wissen an, um sich als Fachmann auf zahlreichen und ganz unterschiedlichen Gebieten präsentieren zu können. Man hat Schwierigkeiten, zwischen wichtigen und unwichtigen Fakten zu unterscheiden, und das innere Gespür für den richtigen Zeitpunkt ist beeinträchtigt – man macht eine Pause, wenn man weitermachen sollte, und man drängt nach vorwärts, wenn es Zeit ist, zu ruhen und nachzudenken. Man hat es so eilig, voranzukommen und etwas Meßbares und Nützliches zu erreichen, daß man oft seine Grenzen überschreitet und seine Zeit mit sinnlosem Ehrgeiz vergeudet.

Symptome einer überschüssigen Wasser-Energie

- Braucht wenig Schlaf
- Hat wenig Schweiß und Urin
- Arthritis und Gelenksteifigkeit
- Schwere Kreuzschmerzen
- Kniebeschwerden
- Infektionen der Harnwege, Nieren- und Blasensteine
- Hoher Blutdruck mit einer Neigung zu Herz- und Schlaganfällen
- Hypersexualität mit gleichzeitiger Bindungsschwäche
- Starke Kopfschmerzen typischerweise hinter den Augen oder am Hinterkopf
- Neigung zu Nervenstörungen und -krankheiten

Mangel

Während ein Überschuß der Wandlungsphase Wasser zu einem aufgeblähten Selbstempfinden führt (wie ein Fluß, der bei Hochwasser über die Ufer tritt), erzeugt ein Mangel eine allmähliche Verdichtung oder Zusammenziehung des Selbst. Ein Mangel der Wandlungsphase Wasser beginnt mit Empfindungen der Müdigkeit und Lethargie. Der introvertierte Teil der eigenen Natur, der sich nach Abgeschiedenheit und Innenschau sehnt, gewinnt die Oberhand und verdrängt das komplementäre Bedürfnis nach menschlicher Gemeinschaft.
Mit zunehmendem Rückzug von anderen und auf sich selbst intensivieren sich die Empfindungen der Getrenntheit und Isolierung. Man fühlt sich ausgedörrt und leer, und man hat Angst, daß man im Inneren austrocknet und gewissermaßen verdunstet. Diese zunehmende Angst beeinträchtigt die schöpferischen Fähigkeiten und führt zu einem Zustand ständiger Niedergeschlagenheit und Verzweiflung. Man bekommt immer mehr das Gefühl, daß alles, was man tut, eine Last ist und keinen Sinn und keinen inneren Wert hat. »Wenn alles, was ich tue, zwecklos ist, warum tue ich überhaupt noch etwas?« fragt

der/die Betreffende sich immer wieder. Wenn im Laufe der Zeit die Wasser-Energie immer mehr versiegt, verliert man die Fähigkeit, sich in einer natürlichen und spontanen Weise mit anderen auszutauschen. Beziehungen gehen in die Brüche, weil der tiefe Rückhalt der Zuwendung und des Mitgefühls fehlt, den man für wahre Freundschaft und Liebe braucht.
Bei einem Mangel der Wasser-Energie neigt man dazu, gebückt zu gehen und zu stehen, und diese Haltung verrät, daß man unsicher ist, wie man sich behaupten kann. Mit seiner Ängstlichkeit hat man die wesentliche Weisheit des Wassers verloren: Um den Zusammenhalt zu wahren, zucke nicht zusammen und bleibe fest gegenüber allen Versuchungen, deiner wahren Natur untreu zu werden.

> Ein Bruder kam zu Abba Poemen und sagte: »Abba, bestimmte Gedanken drängen in meinen Geist, und ich bin in Gefahr.« Der alte Mann nahm ihn mit hinaus ins Freie und sagte: »Öffne dein Gewand und fange den Wind.« Jener antwortete: »Nein, das kann ich nicht.« Der alte Mann sagte: »Wenn du es nicht kannst, dann kannst du auch diese Gedanken nicht fernhalten. Dennoch solltest du versuchen, ihnen gegenüber fest zu bleiben.« (Nach Merton)

Symptome eines Mangels an Wasser-Energie

- Müdigkeit, Lethargie, Mangel an Energie oder Ausdauer
- Appetitverlust
- Vorzeitig dünnes, graues Haar
- Falten
- Schwache, steife Wirbelsäule mit Degeneration der Bandscheiben und Knorpel
- Osteoporose
- Schwache Bauchmuskulatur
- Kreuzschmerzen und schmerzende, schwache Knie
- Neigung zu Ohrinfektionen und Ohrgeräuschen

- Abneigung gegen den Winter und gegen Kälte
- Ein dunkler Schatten um die Augen weist auf geschwächte Nieren- und Nebennierenfunktionen hin; wenn der Schatten sehr tief, fast schwarz und unter den Augen sichtbar ist, zeigt dies eine Erschöpfung der Nebennieren an.
- Erkrankungen der Harnwege, zum Beispiel häufiger Harndrang und chronische Infektionen
- Scheideninfektionen und Soor
- Amenorrhö (Ausbleiben der Monatsblutung)
- Frigidität, Impotenz, Unfruchtbarkeit

Die Weisheit des Wassers

Wasser... fließt stetig fort und erfüllt alles, was es durchströmt; es schreckt vor keiner gefährlichen Stelle und keinem tiefen Sturz zurück, und durch nichts kann es seine Wesensnatur verlieren. Es bleibt sich unter allen Umständen treu. *(I-ching)*

Wasser: Das Weise

Ein Mensch mit einer Affinität zu Wasser trägt in sich eine tiefe Empfindung der Macht der Stille, Geduld und Introspektion. Er/sie weiß, wie er/sie im Augenblick leben muß, und erfüllt sich mit Potential und Bereitschaft für alle Herausforderungen und Abenteuer, die das Leben für ihn/sie bereithält.

Natürliche Qualität:	Nachgiebig, fließend, zur Stille neigend, reich an Potential
Gefühlsregung:	Furcht
Positiv:	Offen, neugierig, beobachtend, ingeniös, willensstark
Negativ:	
Überschuß:	Inflexibel, argwöhnisch, rechthaberisch
Mangel:	Lethargisch, isoliert, zynisch
Spirituelle Qualität:	Die Fähigkeit zu *sein*
Jahreszeit:	Winter
Witterung:	Kälte
Himmelsrichtung:	Nord
Tageszeit:	15.00 bis 19.00 Uhr
Farbe:	Blau und Schwarz
Geruch:	Fäulnis, Verwesung
Geschmacksqualität:	Salzig
Lautäußerung:	Stöhnen
Organe:	
Yin:	Nieren
Yang:	Blase

Teil III

Die Jahreszeiten des Lebens

12 Der Zyklus der Jahreszeiten

> Wie der Tag oder das Jahr in der Natur, so bildet alles Leben und jeglicher Kreislauf der Erfahrung einen fortwährenden Zusammenhang, in dem Altes und Neues miteinander verbunden sind.
>
> *I-ching*

Man kann sich die transformierenden Abschnitte des Lebens einer Frau im Bild der Jahreszeiten Frühling, Sommer, Herbst und Winter vorstellen. Mit jedem Monat vertieft sich die Weisheit einer Frau; mit jeder neuen Jahreszeit wird ihr Geist weiter. In der Jahreszeit des Frühlings verbindet die Frau im Kindes- und Jugendalter mit der sprießenden Welt die Empfindung ihrer explosiven Kraft und ihres Potentials. Von der Magie der Metamorphose angerührt, wird sie von den geheimnisvollen Energien auf Dauer verwandelt, die in ihr zum Leben erwachen. Im Sommer wird ihre Leidenschaft entzündet; mit ganzer Hingabe widmet sie sich der lebenspendenden Kraft ihres Schoßes und den mächtigen schöpferischen Energien des weiblichen Geistes. Im Herbst ihres Lebens wendet sie sich nach innen, verdichtet sich, nimmt sich zurück, konzentriert sich auf die Wurzeln, die grundlegenden Themen und die wesentliche Substanz des Lebens. Im Winter schenkt sie ihre Aufmerksamkeit den Dingen des Herzens und der Seele; sie sucht das Getrennte wieder zusammenzuführen und bereitet sich auf die endgültige Transformation vom Körper zur Seele vor.

Wenn wir im folgenden die grundlegenden Phasen im Leben einer Frau in einer Folge darstellen, die mit der Jugend beginnt und dem Alter endet, soll damit nicht das Bild eines linearen Aufstiegs (oder, wie sich unsere Kultur den Alterungsprozeß vorstellt, eines sich beschleunigenden Abstiegs) vermittelt werden. Wie die vier Jahreszeiten in einem Anschwellen und Abschwellen ineinander übergehen, wie sie eigenständige Zeiträume bilden, die doch in das Ganze des

Jahreszyklus integriert sind, so gehen auch die großen Transformationen im Leben einer Frau in einem Austausch von Lebensenergie an- und abschwellend ineinander über. Die Unschuld des Kindes hat ihre festen Wurzeln in der Seele der weißhaarigen Greisin, wie die geschärfte Wahrnehmung der Großmutter im Keim schon in den Leidenschaften ihrer Jugend angelegt ist. Auf dem Weg ihrer Reife lernt die Frau – das neugierige Kind, die leidenschaftliche Liebhaberin, die fürsorgliche Mutter und die weise Großmutter –, aus jedem Teil ihrer weiblichen Natur Gleichgewicht und Harmonie zu schöpfen. Sie bewegt sich so ungezwungen zwischen diesen Phasen, wie ein Pilger wandert, auf verschlungenen Wegen, rückwärts schreitend, querfeldein gehend und Nebenwege erkundend, weil sie weiß, daß das Leben nur im Gleichgewicht ist, wenn es sich im Übergang befindet.

Diese jahreszeitlichen Metamorphosen sind ein natürlicher und sogar entscheidender Teil des Lebens, und die Fähigkeit, sich elegant und mehr oder weniger mühelos durch sie zu bewegen, zeigt an, daß die Betreffende gesund und im Gleichgewicht ist. Wenn der Energiefluß behindert ist und dadurch Disharmonien in Körper, Seele und Geist entstehen, dann gibt es viele Heilverfahren, die der Betreffenden helfen, die Hindernisse zu überwinden und ihren Weg fortzusetzen. In meiner Praxis lege ich den Schwerpunkt auf die Grundprinzipien der Traditionellen Chinesischen Medizin; ich setze Akupunktur und die chinesische Kräutermedizin ein, stütze mich aber ebenso auf meine Ausbildung in der westlichen Kräutermedizin, Ernährungslehre, Körperarbeit und Psychologie. Ich benutze zur Diagnose alle meine Sinne; ich achte auf die individuelle Geschichte und Erfahrung einer jeden einzelnen Patientin und rufe mir stets in Erinnerung, daß es niemals den »einzig richtigen« Weg zur Ganzheit geben kann, sondern nur viele verschiedene Wege.

In jeder Phase der Behandlung versuche ich, auf eine tiefere Heilungsebene zu gelangen, die über das Verständnis der einzelnen und ihrer spezifischen Energieungleichgewichte hinausgeht und die Rückerinnerung an die grundlegende Einheit und Gemeinschaftlichkeit der weiblichen Lebenserfahrung wachruft. Um in dieses Reich des Herzens und der Seele vorzudringen, verwende ich Geschichten, Mythen, Sagen und Parabeln. Ich stütze mich auf viele verschiedene Kulturen und Traditionen, doch sind es immer die Geschichten aus der indianischen Tradition, die unfehlbar eine spontane, aus dem Herzen kommende Reaktion auslösen. In den Weisheitserzählungen und Heilungsritualen der Indianer äußert sich eine besondere Hochachtung spiritueller Werte, eine große Wertschätzung für die Erde und die Harmonie mit anderen Menschen, und dies sind die Grundprinzipien des weiblichen Geistes des Heilens. Mit der beginnenden Pubertät wurden die Indianerinnen gelehrt, ihre Blutung als ihre »Mondzeit« zu betrachten, eine außergewöhnliche Zeit, in der die Welt der Intuition und des Geistes ihre tiefsten Mysterien enthüllten. Als der Mond, das leuchtende Symbol des weiblichen Lebenszyklus, sein Licht zu verströmen begann, folgten Frauen seinem Beispiel und bereiteten sich darauf vor, ihr eigenes Blut zu vergießen, indem sie sich in die Mondhütte zurückzogen, um auszuruhen, zu reflektieren und Weisheit zu sammeln. Frauen aller Altersstufen versammelten sich im Haus des Mondes, um die lebenspendende, lebenerhaltende Kraft ihres Blutes zu zelebrieren und ihre Verbindung mit den natürlichen Rhythmen und Zyklen des Lebens zu stärken.

Die vielleicht größte Weisheit, die Heiler jeglicher Tradition in ihrer Kunst verwirklichen können, ist eine Empfindung der Bescheidenheit und die Einsicht in die eigenen Grenzen. Wir können nicht alle Wunden und alle Krankheiten heilen; wir können nur hoffen, in Zusammenarbeit mit dem Betreffenden dessen innere Selbstheilungskräfte zu wecken. Die Reise zur Ganzheit hat ihr Ziel und ihren Antrieb in sich; wir können unterwegs von anderen lernen, doch müssen die Veränderungen aus dem Inneren kommen. Die Unvermeidlichkeit des Wandels und die durch Erfahrung gewonnene Weisheit rühmt eine großartige Geschichte, die sich in zahlreichen spirituellen Traditionen findet. Der Held der nachfolgenden Version (nach Feldman/Kornfield) ist unser alter Freund Nasrudin, der »weise Narr« der Sufis:

Nasrudin war jetzt ein alter Mann, der auf sein Leben zurückblickte. Er saß mit seinen Freunden in der Teestube und erzählte seine Geschichte.

»Als ich jung war, war ich feurig – ich wollte alle erwecken. Ich betete zu Allah, daß er mir die Kraft geben möge, die Welt zu verändern.

In der Mitte meines Lebens erwachte ich eines Tages und erkannte, daß mein Leben zur Hälfte vorüber war und ich niemanden verändert hatte. Ich betete also zu Allah, daß er mir die Kraft geben möge, die Menschen in meiner Umgebung zu ändern, die es so sehr nötig hatten.

Nun aber bin ich ein alter Mann, und mein Gebet ist bescheidener geworden: ›Allah‹, bitte ich, ›gib mir die Kraft, mich wenigstens selbst zu ändern.‹«

13 Frühjahr: Vom Kind zur Frau

Erkenne das Männliche,
aber wahre das Weibliche:
Empfange die Welt in deinen Armen.
Wenn du die Welt empfängst,
wird das Tao dich niemals verlassen,
und du wirst sein wie ein kleines Kind.

Lao-tzu, Tao-te ching

Bei den Indianern heißt es, daß dieses erste Blut das reichste und mächtigste ist, das eine Frau jemals hat. An diesem Tag ist sie etwas ganz Besonderes, und sie wird entsprechend geehrt, denn sie wird wie ihre Mutter, die Erde: Sie hat jetzt die Fähigkeit, das Leben zu erneuern und zu erhalten.

Brooke Medicine Eagle

Der Übergang vom Kind zur Frau, gekennzeichnet durch das Einsetzen der Menstruation, ist die erste und wichtigste Metamorphose im weiblichen Lebenszyklus. Dies ist die Jahreszeit des Frühlings, in dem die Erde den schwellenden Keim in ihren weiten Schoß aufnimmt, und der Keimling schläft, von seiner Mutter ernährt. Oben liebkosen, ungehört und ungefühlt, sanfte Winde das gefrorene Antlitz der Erde. Dann setzt Tauwetter ein: Laublose Bäume schütteln sich, wenn der wärmende Saft nach oben und außen drängt und die Adern in den Gliedmaßen mit dem Saft des Lebens erfüllt. Wenn die Wärme tiefer in die Erde eindringt, regt sich der Keimling und sendet schlanke, schlangenartige Ausläufer aus, die sich in der Erde festhalten und aus ihren unerschöpflichen Quellen trinken. Gekräftigt und erneuert, schiebt sich der grünende Stengel nach oben, biegt sich um Hindernisse, gibt nach, paßt sich an und folgt mit aller Macht den drängenden Impulsen geheimnisvoller innerer Kräfte. Schließlich bricht er an die Oberfläche

und öffnet sich der Umarmung des hellen Lichts der neu erwachten Welt.
Der liebliche Frühling, in dem die Luft lau ist, der Wind sich besänftigt und duftende Blumen die Erde bedecken, ist die Jahreszeit, in der das Kind zur Frau wird. Mit ihrem ersten Blut tritt die junge Frau in eine geheimnisvolle neue Welt ein. Wenn sich das reiche, rote Blut in ihr ansammelt, immer machtvoller wird, bis es überströmt, erfährt sie mit pochender Intensität Ebbe und Flut der Rhythmen der Erde. Ihre Freude ist von Schmerz begleitet, ihr Jubel von Trauer, denn mit dem Vergießen ihres ersten Blutes läßt sie eine Lebensphase hinter sich, in der sie von der Mutter gewiegt und genährt wurde. Ihr erstes Blut ist das Zeichen, daß sie ab jetzt alleine steht und sich der anspruchsvollen Aufgabe stellen muß, zu entdecken, wer sie ist und was sie noch werden soll.
Viele Monate lang lebt die junge Frau in einem empfindlichen Gleichgewicht zwischen den sorgenfreien, fröhlichen Tagen der Kindheit und den Herausforderungen und der tieferen Weisheit des Frauseins. Ihre Wurzeln ruhen tief in der Mutter; aus den Tiefen spürt sie, wie das Feuer der Erde in ihr nach oben steigt und ihr Blut mit leidenschaftlicher Energie und intuitiver Weisheit auflädt. Die Phasen des Mondes leiten ihren Geist: Weil sie die Zyklen des Mondes erkennt, gewinnt sie Weisheit über sich selbst. Monat für Monat folgt sie der Führung des Mondes und lernt von seinem Zunehmen und Abnehmen, ihre Energien zu bündeln und ihren Geist zu verfeinern. Der abnehmende Mond ruft sie auf, sich nach innen zu wenden und sich Zeit zum Nachdenken, Erinnern und Träumen zu nehmen. Wenn sich der Mond mit Licht erfüllt, wird sie von Unruhe ergriffen, denn dies ist die Zeit, um in die Welt hinauszugehen und die während der Zeit der Ruhe und Reflexion gesammelte Energie in schöpferisches Tun umzusetzen. Wenn das Licht des Mondes wieder schwächer wird, weiß sie, daß die Zeit gekommen ist, ihre Energie zur Vorbereitung auf den neuen Mond freizusetzen. Dann verspürt sie wieder den Drang nach innen zu den dunklen, geheimnisvollen Kräften, die ihre Seele der Weisheit und dem Heilen öffnen.
Die Monatsblutung einer Frau symbolisiert ihre Macht der Erneue-

rung und den geheimnisvollen, fortlaufenden Zyklus von Leben, Tod und Wiedergeburt. Blut *ist* Macht. In vielen indianischen Kulturen ist eine Menstruierende mächtiger als der Medizinmann und Krieger. Beim Stamm der Lakota durften sich Menstruierende nicht in der Nähe eines *Yuwipi* aufhalten, eines psychischen Heilers, weil man glaubte, daß ihr Blut eine solche intensive, konzentrierte Energie besaß, daß ihre bloße Gegenwart die Fähigkeiten des Heilers beeinträchtigen könnte. Bei den Crows durften Menstruierende nicht mit Verwundeten oder Kriegern beisammensein, die sich auf die Schlacht vorbereiteten, weil man fürchtete, daß ihre Macht die körperliche und geistige Kraft der Männer schwächen könnte.
In einigen Kulturen wurde die leben- und todbringende Kraft des Menstruationsblutes zum Anlaß von Eifersucht zwischen Männern und Frauen, wie es ein bekannter chinesischer Mythos (nach Francia) illustriert:

> Die Göttin Chang-O ist die Hüterin des Menstruationsblutes. Als Chang-O auf der Erde lebte, wurde sie von Männern überfallen. Sie waren eifersüchtig auf ihre Blutung, denn sie war das Zeichen dafür, daß sie die Macht des Lebens, des Todes und der Wiedergeburt besaß, und dies war ihnen ein Geheimnis. Die eifersüchtigen Angriffe der Männer erzürnten sie so sehr, daß sie sich zum Mond zurückzog und es Männern seither verbot, an ihren Festen teilzunehmen. So kommt es, daß in China die Frauen die Vollmondfeiern unter sich begehen, bei denen sie das Fest der Frauen, der Chang-O und des Menstruationsblutes, des Blutes des Lebens und des Todes, mit Liedern feiern.

Als im Laufe der Zeit der weibliche Geist des Heilens seine Macht und seinen Einfluß verlor, wurde das »Blut des Lebens und des Todes« verwünscht, nicht mehr gepriesen. Wir begehen heute den weiblichen Monatszyklus nicht mehr als eine Zeit besonderer Befähigungen und Vorrechte, in der eine Frau eine besondere Empfänglichkeit für die Rhythmen und Zyklen der natürlichen Welt besitzt. Wir haben die Empfindung für die heilende Kraft des Blutes der

Frau verloren und uns eine andere Deutung des Monatszyklus zu eigen gemacht, der zufolge dieser eine Besudelung, nicht eine Reinigung ist, ein Todes- und Verfallsprozeß, nicht eine Erneuerung und Regenerierung. Im Laufe der Jahrhunderte wurde das Menstruationsblut in verschiedenen religiösen Codes, philosophischen Festlegungen und kulturellen Überlieferungen als unrein und verschmutzend uminterpretiert, als Träger einer furcht- und ekelerregenden Energie.
Die Unreinheit des weiblichen Blutes wird in der Bibel (Levitikus 15) nachdrücklich betont, wo es heißt, jeder, der eine Menstruierende berührt, sei unrein, und zur Sühne für die blutige »Sünde« der Frau müßten Tieropfer dargebracht werden:

> 19. Hat eine Frau Blutfluß und ist solches Blut an ihrem Körper, soll sie sieben Tage lang in der Unreinheit ihrer Regel verbleiben. Wer sie berührt, ist unrein bis zum Abend.
> 24. Schläft ein Mann mit ihr, so kommt die Unreinheit ihrer Regel auf ihn. Er wird für sieben Tage unrein. Jedes Lager, auf das er sich legt, wird unrein.
> 28. Ist sie von ihrem Ausfluß rein, soll sie sieben Tage zählen und dann rein sein.
> 29. Am achten Tag soll sie zwei Turteltauben oder zwei junge Tauben nehmen und sie dem Priester zum Eingang des Offenbarungszeltes bringen.
> 30. Der Priester soll die eine als Sündopfer und die andere als Brandopfer verwenden. Er soll sie so vor dem Herrn wegen ihres verunreinigenden Ausflusses entsühnen.

Im Jahre 65 nach Christus beschrieb der römische Naturgelehrte Plinius der Ältere die furchtbare Macht des »Monatsflusses«, der, wie er behauptete, die Ernte vernichten, Insekten töten und Tiere vergiften konnte:

> Durch den Kontakt mit diesem Blut wird junger Wein sauer, Feldfrüchte werden unfruchtbar, Samen in Gärten verdorren,

> und Obst fällt von den Bäumen. Die helle Oberfläche von Spiegeln, in denen es sich nur spiegelt, wird matt, und die Schärfe des Stahls und das Schimmern von Elfenbein wird stumpf. Bienenvölker sterben. Selbst Bronze und Eisen werden sofort mit Rost befallen, und ein entsetzlicher Geruch erfüllt die Luft. Hunde, die es auflecken, werden wahnsinnig, und ihrem Biß haftet ein unheilbares Gift an. (Nach Northrup)

Jüdische Gelehrte warnen im Talmud, daß eine Menstruierende einen Mann durch ihre bloße Gegenwart töten kann. In der Tradition der osteuropäischen Juden bekommt eine junge Frau, die ihre erste Monatsblutung hat, von ihrer Mutter eine kräftige Ohrfeige, um ihr die unheilvolle Bedeutung dieses Ereignisses nachdrücklich klarzumachen. »Ich hatte meine erste Periode an meinem Geburtstag«, erinnert sich eine junge Frau. »Ich lief zu meiner Mutter, um es ihr zu sagen, und sie gab mir eine *Ohrfeige*! Ich konnte es nicht fassen... Eine andere Frau erinnert sich an die Reaktionen ihrer Familie bei ihrer ersten Menstruation:

> Ich war zehn, als ich meine Periode bekam. Mein Bruder grinste und sagte: »Hallo, Tampax-Mädchen.« Mein Vater sagte mit einem anzüglichen Blick: »Nun bist du ja eine Frau.« (Ich hätte sterben mögen.) Und meine Mutter sagte: »Nun ja, es dauert ja nur noch vierzig Jahre.«

Selbst wenn eine junge Frau bei diesem unmißverständlichen Zeichen ihrer Reife Aufregung und Stolz empfindet, ist ihre Initiation in das Frausein oft so kalt und gefühllos, daß jede Freude, die sich vielleicht in ihr regt, sofort von Scham und Demütigung erstickt wird. In ihrem Buch *Her Blood is Gold* beschreibt Lara Owen ihre widersprüchlichen Empfindungen bei der Menarche:

> Ich hatte meine erste Regel im August, einen Monat nach meinem vierzehnten Geburtstag. Ich nahm abends ein Bad und bemerkte, als ich an mir hinabblickte, ein dünnes rotes Rinnsal in-

nen an meinem Oberschenkel. Ich ging die Treppe hinab. Meine Mutter war im Korridor. Ich stand auf der Treppe, hielt mich am Treppengeländer fest, preßte das Handtuch an mich und hatte das Gefühl, daß dort ein Loch war, wo sonst mein Magen war. Ich sagte: »Mama, an meinem Bein ist Blut.« Meine Mutter antwortete: »Dann hast du wohl deine Regel. Ach Kind, ich habe gerade letzten Monat die letzten Einlagen verbraucht, als ich selber auslief.« Sie hob entschuldigend die Hände: »Ich habe sie so lange aufgehoben.« Es war Sonntag, und die Läden hatten zu. Ich weiß nicht mehr, was dann geschah; vermutlich fanden wir doch noch irgendwo eine Einlage. Meine Mutter war durchaus nett zu mir, aber ich kam mir irgendwie lästig vor. Ich fühlte mich leer. Dann fühlte ich mich plötzlich ganz aufgeregt. Ich hatte das Gefühl, etwas Besonderes zu sein. Aber niemand nahm besonders Notiz davon. Ich blutete weiter. Ich fühlte mich wieder leer.
Als die Schule wieder begann, erzählte ich es meiner Freundin Nina: »Ich habe meine Regel«, sagte ich und versuchte, beiläufig zu klingen. Sie sah mich böse an: »Du glaubst wohl, daß du jetzt etwas Besonderes bist«, fauchte sie. Ich prallte entsetzt zurück. Ja, das glaubte ich, aber ich hatte damit nicht die Absicht gehabt, sie zu kränken. Aus dem zarten kleinen Ballon meines Stolzes auf mein Frausein entwich die Luft immer mehr. Ich hatte einfach nur meine Regel. Es war nichts Besonderes. Für wen hielt ich mich überhaupt?... Im Laufe der weiteren Monate spürte ich immer mehr die Scham und Verlegenheit und immer weniger die Aufregung und den Stolz, den ich bei meiner ersten Periode für einen Augenblick verspürt hatte.

In unserer modernen, keimfreien Gesellschaft ist die Menstruation eine peinliche und lästige Beschwerlichkeit, die man am besten mit desodorierenden Einlagen und häufigem Duschen verdeckt. Tampons wehren der Gezeitenflut, schieben das Blut wieder hinein, wo man es ignorieren und vergessen kann. Jungen Frauen wird nichts davon gesagt, wie sie die dunklen Mysterien feiern können, die durch ihr Menstruationsblut wachgerufen werden; ohne entsprechende Initiation sind sie schließlich überzeugt, daß ihr Blut kein Segen, sondern ein Fluch ist. Die alte Auffassung, der zufolge Frauen die physischen Veränderungen in ihrem Körper intuitiv als Signal verstanden, sich nach innen zurückzuziehen und über ihre emotionalen und spirituellen Bedürfnisse nachzudenken, kommen uns heute überholt und antiquiert vor. Daß man sich Zeit dafür nehmen könnte, sich still hinzusetzen und aufmerksam zu sein, auf die Rhythmen der Erde zu lauschen und die wechselnden Energien des Mondes zu erkunden, erscheint dem modernen Denken als albern und selbstverliebt.

Viele Frauen im mittleren Lebensalter, die Mütter der heutigen Heranwachsenden, wuchsen mit Belehrungen wie der nachfolgenden auf, die 1963 auf dem Beipackzettel einer Tampax-Packung aufgedruckt war:

> *Wenn Sie verheiratet sind*
> Nutzen Sie Ihren Mann nicht aus. Dies ist eine alte Regel für eine gute Ehe, die heute so sinnvoll ist wie ehedem. Natürlich will man andere nicht ausnutzen, aber manchmal ist einem dies nicht bewußt.
> Im Zusammenhang mit Ihrer Regel würden Sie vielleicht nicht daran denken. Und doch – wenn Sie den einfachen Grundsatz vergessen, daß die Menstruation eine Zeit wie jede andere ist, und wenn Sie sich jeden Monat einige Tage zurückziehen, als ob Sie krank wären, dann nutzen Sie die Gutmütigkeit Ihres Ehemannes aus. Er hat eine Frau für jeden Tag geheiratet, keine Teilzeitfrau. Seien Sie also auch während Ihrer Periode jeden Tag aktiv, aufgeweckt und fröhlich.

»Nutzen Sie ihn nicht aus; Menstruation ist etwas Normales; seien Sie aktiv, aufgeweckt und fröhlich« – hier werden Frauen sanft, aber unmißverständlich an ihre »Pflicht« in solchen Zeiten erinnert: Stecken Sie es weg. Stecken Sie Ihr Blut weg, stecken Sie die wilden, schwankenden Gefühle an einen Ort, wo sie niemanden stören. Zum Teufel mit der Macht und den dunklen Mysterien – tun Sie so, als ob alles normal wäre und sich nichts geändert hätte. Die Veränderung

selbst ist schon etwas Negatives, denn *jeder Tag* muß gleich sein, ein Tag wie jeder andere. Sich zu zwingen, aktiv, munter und fröhlich zu sein, ist ein *Vollzeitjob*.
Stellen wir dieser modernen Interpretation der Menstruation die Traditionen gegenüber, wie sie die Yurok in Nordkalifornien praktizieren:

> Eine Menstruierende sollte sich absondern, weil dies die Zeit ihrer größten Macht ist. Diese Zeit sollte nicht mit profanen Aufgaben und gesellschaftlicher Zerstreuung vergeudet werden, noch sollte man seine Konzentration durch Hinwendung zum anderen Geschlecht stören. Vielmehr sollten alle Energien in konzentrierter Meditation darauf gerichtet werden, »den Sinn des eigenen Lebens zu entdecken«, auf die Ansammlung spiritueller Energie. Die Menstruationshütte oder der Menstruationsraum ist »wie die Schweißhütte der Männer«, ein Ort, an dem man »in sich geht, um sich zu stärken« ...Das fließende Blut dient der »Reinigung« der Frau und bereitet sie auf die spirituelle Erfüllung vor. (Nach Buckley/Gottlieb)

Während der Zeit ihrer Blutung badeten und reinigten sich die Frauen der Yurok in einem heiligen Mondzeit-Teich. Jeden Monat nahmen sie an Ritualen teil, bei denen sie die Macht ihres Blutes und die innige Beziehung zelebrierten, die sie zur Erde hatten, deren Wasser ebenfalls mit den Mondphasen abnimmt und zunimmt. Wie sich ihre Verbindung mit der natürlichen Welt mit jedem Monatszyklus kräftigte, so wuchs auch ihr Stolz auf ihr Frausein.
Bei den Lakota zog sich eine Frau während der Tage ihrer Blutung in die Mondhütte zurück. Sie versammelte sich dort mit anderen menstruierenden Frauen, um die wilden und ungezähmten Emotionen zu feiern, durch die sie mit den Mysterien und schöpferischen Energien des Universums verbunden waren. Wenn sie die Mondzyklen beobachtete, erfuhr sie, wie der Mond ihren Körper, ihre Seele und ihren Geist beeinflußte. Wenn sie spürte, wie die kühle pulsierende Energie des Mondes durch ihre tiefsten Adern rann und ihre

inneren Gezeiten erregte, dann verstand sie, daß sie eine Schwester der Erde war, weil sie jeden Monat gemeinsam diese heilige »Mondzeit« hatten.
In ihrem Buch *Buffalo Woman Comes Calling* gibt Brooke Medicine Eagle eine lyrische Beschreibung der Zyklen von »Großmutter Mond«. Indem Frauen dem Beispiel des Mondes folgen, können sie lernen, ihre Seele für die großen Mysterien des Universums zu öffnen:

> Ich möchte Sie durch den Zyklus von Großmutter Mond führen, damit Sie erfahren, wie sie in Ihnen lebt. Beginnen wir am besten bei Großmutter in ihrer hellsten und offensten Gestalt: dem Vollmond. Dies ist eine Zeit der äußeren Aktivität und starken Energie. Wenn man an einem Ort schläft, an den das Mondlicht gelangt, liegt man in solchen großartigen, leuchtenden Nächten oft lange mit großen Augen wach ... Ein Zauber scheint sich auf alles zu legen, das von diesem silbernen Licht beschienen wird.
> Dann beginnt Großmutter ihr Gesicht zu bedecken und sich leise zurückzuziehen. Dies ist der abnehmende Mond, der am Nachthimmel immer kleiner wird. Wir Frauen können in unserer Mondpraxis ebenfalls beginnen, uns an einen immer stilleren Ort zurückzuziehen, so daß wir weniger äußerlich und weniger an gesellschaftlichem Umgang interessiert sind. Wir gehen an einen inneren Ort, der mehr mit »Sein« als mit »Handeln« zu tun hat. Wenn der Mond ganz dunkel geworden ist, sind wir an unserem innersten Ort. Wenn wir denselben Zyklus haben wie der Mond, dann wird jetzt unsere Periode beginnen, die Zeit, die wir als »Mondzeit« bezeichnen.
> Bei Neumond, wenn unsere Blutung einsetzt, ist der Schleier zwischen uns und dem großen Geheimnis am dünnsten. Dies ist die weiblichste, empfänglichste Zeit der Frau, und genau dies ist hier die Aufgabe: empfänglich zu sein. Diese Mondzeit wird dann zu einer Zeit des Rückzugs und der Vision ... Wenn wir an diesem Ort der größten Empfänglichkeit sind, dürfen wir

die Fülle dessen, was wir empfangen können, nicht dadurch beschränken, daß wir uns auf uns selbst konzentrieren.
Großmutter Mond hat nun ihr Antlitz ganz bedeckt, und dies können auch wir tun. Traditionell begibt sich also die Frau um diese Zeit in die Mondhütte, einen Ort der Ruhe und Schönheit, abseits der Aktivitäten des täglichen Lebens. Dies wird der Ort ihrer Suche, ein geschützter und nährender Ort... Während der Tage ihrer Blutung hat sie die Freude, nichts tun zu müssen. Sie braucht nicht zu kochen, nicht aufzuräumen, sich nicht um andere zu kümmern, nicht an einen Arbeitsplatz zu gehen oder irgendeine andere Tätigkeit zu verrichten. Ihre einzige Aufgabe besteht darin, eine Vision für ihr Volk herbeizurufen: sich für alles zu öffnen, was der Große Geist durch sie ihrer Familie, ihrer Gemeinschaft, ihrer Welt zur Unterstützung senden will...
Wenn diese dunkle Mondzeit zu Ende geht, hat sie ihren Körper gereinigt, sich an Stille und Schönheit gelabt und ihre Visionen empfangen. Nun beginnt Großmutter ihr Gesicht wieder zu enthüllen. Während die dünne Sichel des zunehmenden Mondes immer voller wird, kehrt die Frau in die Welt zurück und bringt ihre Vision mit.

Menstruationsblut ist ein Symbol für den Kreislauf von Leben, Tod und Wiedergeburt, in dem auf Auflösung und Niedergang unvermeidlich Erneuerung und Regeneration folgen. Wenn bei einer Frau jeden Monat die Blutung eintritt, hat sie die Möglichkeit, ihre innere Haut abzuwerfen und dabei ihren Geist zu erneuern und neu zu beleben. Indem sie das Alte losläßt, kann sie das Neue annehmen. Weil die Auskleidung ihrer Gebärmutter wächst und abgestoßen wird, ist sie der Möglichkeit der Geburt, der Realität des Todes und der ständig sich wandelnden Natur des Lebens nahe.
Wenn eine junge Frau nicht von einem tieferen Verständnis ihres Monatszyklus und der Macht ihres Blutes geleitet ist, beginnt sie möglicherweise, diesen anscheinend sinnlosen und nicht zu beendenden Zyklus zu hassen. Sie verbindet Blut mit Schmerzen und physischen Beeinträchtigungen und verliert dadurch die Empfindung

für die heilenden Eigenschaften des Menstruationsblutes. Sie betrachtet ihr Blut als eklig und unrein, und es graut ihr vor ihrer unvermeidlichen nächsten Periode. Sie weiß nichts vom Zusammenwirken der Mondphasen mit ihrem eigenen Zyklus und versäumt es dadurch, eine Wahrnehmung für ihre Verbindung mit der natürlichen Welt zu entwickeln.

Heilen kommt durch Erkenntnis, und man kann Frauen lehren, das Wesen ihrer Erfahrung zu ändern, indem man sie zu einer anderen Auffassung dieser Erfahrung hinführt. Wenn eine junge Frau lernt, ihr Menstruationsblut als eine Reinigung zu sehen, dann kann sie die Menstruation als ein Ritual der Erneuerung schätzen. Wenn sie ihr Blut als mächtig und lebenspendend begreift, ist sie stolz darauf, eine Frau zu sein, die ihre Blutung hat. Wenn ihre Symptome des Schmerzes und der »Unpäßlichkeit« als vorhersehbare Schwankungen im Pulsieren der Macht interpretiert werden, dann ist ihr Monatszyklus eine spezielle Zeit, in der sie ihre Aufmerksamkeit nach innen wendet und ihre Energien in einer schöpferischen, lebenserhaltenden Weise ausrichtet.

Amy

Amy hatte ihre erste Periode einige Monate nach ihrem zwölften Geburtstag, ohne daß dieses Ereignis besonders beachtet worden wäre. Sie zeigte ihrer Mutter ihre blutige Wäsche, und diese sagte ihr, wo die Einlagen waren. »Geht es dir gut?« fragte Amys Mutter und legte ihre Hand zögernd auf die Schulter ihrer Tochter. »Doch, mir geht es prima«, antwortete Amy.

Nach einigen Monaten aber sprach Amy von ihrer Periode nur noch als »der Plage«. Einmal dauerte sie drei Tage, ein andermal fünf Tage; einmal kam sie nach sechs Wochen wieder, ein andermal nach vier Wochen. Sie wußte nie, wann sie sich darauf vorbereiten mußte, und es gab Zeiten, zu denen sie vor Scham am liebsten gestorben wäre, als sie zum Beispiel einmal durch ihre Jeans blutete und das Sofakissen durchnäßte.

Weitere Beschwerden waren leichte Krämpfe und gelegentliche Zwischenblutungen. Am schlimmsten war jedoch die Akne. Zunächst verunzierten nur wenige Pickel ihre Wangen, ihre Nase und ihr Kinn, doch bald sprossen die Pickel überall an ihrem Körper. Sie versuchte es mit verschiedenen Lotionen, mit Dampfbädern, medizinischen Seifen und Schwämmen, die so rauh waren wie die Scheuerschwämme für die Küche, aber nichts half. Die Pickel schienen sich nur noch weiter auszubreiten und sich zu entzünden – ein Symbol für die Beschwerlichkeit und Lästigkeit des ganzen Menstruationszyklus.

»Ich halte es nicht mehr aus«, sagte Amy eines Tages zu ihrer Mutter. »Ich möchte Retin A nehmen wie einige meiner Freundinnen auch.«

Ihre Mutter empfahl ihr, es zunächst mit etwas Sanfterem zu versuchen. »Akupunktur und Kräutertherapie haben mir bei meinen Hormonstörungen geholfen«, sagte sie. »Vielleicht hilft dies auch bei deinen Beschwerden.«

»Es ist mir egal«, sagte Amy. »Ich will alles versuchen.«

Als ich Amy zum erstenmal sah, fiel mir sofort auf, wie sehr ihre Energie gestaut war. Sie blickte zu Boden, hatte die Hände im Schoß geballt, ließ die Schultern hängen, hatte angespannte Nackenmuskeln, und ihre Füße klopften nervös auf den Boden. Wenn ich sie ansah, hatte ich das Gefühl, daß irgend etwas außerordentlich Kraftvolles aus ihr herausbrechen wollte und daß sie dies aus Angst, es zu zeigen und sich lächerlich zu machen, mit aller Macht in sich zurückhielt. Ihre Stimme war so leise und monoton, daß ich sie kaum verstand; als ich sie bat, etwas lauter zu sprechen, tat sie dies, aber sie blickte mich beim Sprechen nicht an.

Bevor ich Amy bat, mir Einzelheiten über ihre physische und emotionale Geschichte zu erzählen, versuchte ich, ihr meine Philosophie des Heilens zu erklären, bei der drei Dinge eine zentrale Rolle spielen: Verantwortlichkeit, Intuition und Hoffnung.

»Vor allen Dingen will ich dir die Verantwortung für den Heilungsprozeß übertragen«, sagte ich zu ihr. »Ich werde mehr als Erzieher denn als Heiler in dem Sinne mit dir arbeiten, daß ich deine Probleme nicht mit einem Zauberstab zum Verschwinden bringen kann. Was ich aber tun kann, ist, dir die Informationen zu geben, die du zur Heilung brauchst, und deinen Körper beim Heilungsprozeß in der notwendigen Weise zu unterstützen. Wenn ich etwas tue oder sage, was deiner Meinung nach falsch ist«, fuhr ich fort, »wenn du ›aus dem Bauch‹ eine Empfindung oder Intuition hast, daß etwas keinen Sinn ergibt, dann ist es falsch. Du weißt selbst am besten, was für dich gut ist. Ich habe meine Erfahrung und meine fachliche Ausbildung, und manchmal kann ich etwas sehen oder spüren, das du vielleicht nicht entdeckst, aber ich bin nicht allwissend. Verlasse dich auf deine eigene Intuition, und sag es mir bitte, wenn ich etwas sage oder diagnostiziere, was deiner Meinung nach nicht richtig ist. Übernahme der Verantwortung und Vertrauen auf deine Intuition wird unserer Zusammenarbeit als Team zugute kommen.«

Ich sagte Amy auch – wie ich es in jeder Sitzung tue, gleichgültig, wie jung oder wie alt die Patientin ist –, wie wichtig die Wörter »Hoffnung« und »Optimismus« sind. Viele Frauen, die zu mir kommen, fühlen sich niedergeschlagen und hoffnungslos; sie sind, wie sie es ausdrücken, »einfach fertig«. Ich versuche, ihre Erfahrungen in einen neuen Rahmen zu stellen, wobei ich Bilder und Metaphern aus der Natur verwende. Weil Holz das Element des Frühlings ist, der Jahreszeit, die der Jugend zugeordnet ist, und weil Amy eine natürliche Affinität zu Holz zu haben schien – ihr gutproportionierter Körper, die leise Stimme, die Muskelanspannung und die rastlose Energie zeigten ein Holz-Ungleichgewicht an –, riet ich ihr, sich die intensive Wirkung des Frühlings auf alles Lebendige vorzustellen.

»Im Winter sind die Bäume grau und leblos; wenn aber die Tage wärmer werden und der laue Frühlingswind weht, verändert sich ihre Farbe, und die Knospen beginnen zu schwellen«, sagte ich. »In ihrem Inneren steigt der Saft, und die ganze Natur steht unter einem unglaublichen Druck und spürt den intensiven Drang, hervorzubrechen und sich zu äußern. Etwas ganz Ähnliches findet in deinem Körper statt, denn du bist ebenfalls Teil der Natur. Wenn der Saft zu steigen beginnt, erzeugt die aufgestaute Energie Druck, denn sie sucht nach einem Weg, um sich in die Welt ergießen zu können. Dieser

Druck erzeugt die Empfindungen der Reizbarkeit, des Ärgers und der Verwirrung. Aber diese Empfindungen werden nicht ewig anhalten, denn wenn der Saftstrom das Maximum erreicht hat, wird die Spannung gelöst, und aus den Knospen brechen Blüten hervor.«

Ich stellte Amy viele Fragen, und ich machte mir aus ihren Antworten ein Bild von ihren Ungleichgewichten und Disharmonien, das mich zu einem Behandlungsplan hinführte. Neben der üblichen Fallaufnahme fragte ich sie, ob es in ihrem Leben physische oder emotionale Traumata gegeben hätte. Wo empfand sie die Anspannung am stärksten? Hatte sie jemals Schwierigkeiten, einzuschlafen oder am Morgen aufzuwachen? Hatte sie beunruhigende Träume? Wann war ihre Energie am höchsten, wann am niedrigsten? Welches waren ihre Lieblingsfarben, -jahreszeiten, -klimata, -geschmacksqualitäten?

Amy sprach sehr monoton; in ihrer Stimme war nichts Zündendes oder Mitreißendes, wie dies für Holz-Energie typisch wäre. Wenn dieses Merkmal in einer auffälligen Weise fehlt, dann denke ich immer an ein Holz-Ungleichgewicht. Um ihren Mund und ihre Augen entdeckte ich einen dunklen, grünlichen Ton, ebenfalls ein deutlicher Hinweis auf mangelnde Holz-Energie. Als ich ihre Zunge untersuchte, wies die Rötung und Schwellung an den Rändern auf eine Reizung oder Störung der Energie in der Leber hin, dem zu Holz gehörigen Yin-Organ. Ihr Puls war ziemlich schnell (86 Schläge pro Minute) und sehr gespannt und drahtig, wie wenn eine Gitarrensaite unter meinem Finger vibrieren würde. Dieses Pochende und nach oben Drängende bestätigte mir, daß ihre Energie gehemmt war, was wiederum deutlich machte, daß ihre Leber ständig intensiv damit beschäftigt war, die sich überstürzenden Veränderungen in ihrem Körper, ihrer Seele und ihrem Geist zu bewältigen.

An diesem Punkt der Untersuchung stellte ich Amy die wichtigste Frage: »Was erhoffst du dir von der Behandlung? Was möchtest du in deinem Leben gerne ändern?«

»Ich möchte dies alles loswerden«, sagte Amy und fuhr mit ihren Händen über ihren Körper. »Ich möchte wieder schlank sein, ich möchte, daß diese Pickel verschwinden. Ich möchte mich wohl fühlen. Ich möchte normal sein.«

»Es gibt viele sichere und wirksame Techniken, mit denen wir dein Gewicht stabilisieren, deine Haut reinigen und dir helfen können, dich wieder wohl zu fühlen«, beruhigte ich sie, denn sie war den Tränen nahe. »Wenn eine Vorgehensweise nicht hilft, dann versuchen wir es einfach mit etwas anderem.«

Akupunkturbehandlungen, Kräutertherapie, Ernährungsberatung und Empfehlungen zu Umstellungen der Lebensweise sind die Grundbehandlungen, die die Traditionelle Chinesische Medizin empfiehlt. Weil jeder Mensch einmalig ist, sind die Behandlungen individuell auf die Defizite und Ungleichgewichte des Betreffenden zugeschnitten. Bei Amy hatte ich einen Überschuß an Holz-Energie und eine Stagnation von Energie in der Leber festgestellt, dem zu Holz gehörigen Organ. Nach chinesischer Auffassung wird bei jeder physischen, emotionalen oder geistigen Umwandlung oder Umstellung der Leber-Meridian belastet und aus dem Gleichgewicht gebracht. Beim jungen Menschen ist eine Belastung der Leber durch die hormonellen Umstellungen nur natürlich, und die typisch amerikanische fett- und eiweißreiche Kost verschärft das Problem noch. Diätkost, Fasten, Alkoholexzesse und Abführmittel belasten die Leber zusätzlich.

Amy fragte sich, wie das Einstechen einer Nadel in ihre Haut ihre Leber stärken könnte.

»Nach chinesischer Auffassung ist dein Körper von einer Lebensenergie erfüllt, die Ch'i genannt wird«, erklärte ich ihr. »Ch'i verleiht dir buchstäblich dein Leben, aber wenn es dir Gesundheit und Glück geben soll, muß es im ganzen Körper im Gleichgewicht sein, so daß nirgendwo zuviel oder zuwenig davon vorhanden ist. Streß, hormonelle Veränderungen, schnelles Wachstum und Ernährungsfehler können das Ch'i zunehmen oder abnehmen lassen, und manchmal ist die Energie auch blockiert.«

»Blockiert?« fragte Amy erstaunt.

Akne

Westliche Interpretation und Behandlung

Hormonale Umstellungen haben Auswirkungen auf die Leberfunktion und den Fettstoffwechsel; behandelt wird mit Antibiotika, topisch (Seifen, dermatologische Salben) und/oder Ernährungsumstellung.

Chinesische Interpretationen

Die Chinesen haben zwei Interpretationen für Akne:
- Plötzliche hormonale Umstellungen oder übermäßiger Genuß von Alkohol oder schweren, fetten Speisen erregen und reizen das Blut, wodurch »Hitze im Blut« entsteht, die Akne hervorruft,
- oder gestautes Leber-Ch'i dringt in Magen und Milz ein und stört die Fähigkeit, Speisen und Fette aufzunehmen und zu verdauen, die dann durch die Haut ausgeschieden werden.

Komplementäre Behandlungen

Ergänzungsmittel
- Zink (15 bis 30 mg täglich)
- β-Carotin (eine hervorragende, unbedenkliche Vitamin-A-Quelle; 25000 IE täglich)
- Vitamin C (500 bis 1000 mg täglich)
- Vitamin E (d-Tokopherol, 400 IE täglich)

Körperliche Betätigung
Körperliche Bewegung und Sport sind wichtig, um die Zellen mit Sauerstoff zu versorgen und den Lymphabfluß zu fördern. Training des Kreislaufs wie zum Beispiel Wandern, Joggen und Radfahren hilft dem Blut, Giftstoffe in Bewegung zu setzen und auszuscheiden.

Ernährung

Siehe Kasten Ernährung (Seite 235). Wählen Sie »kühlende« Nahrungsmittel wie zum Beispiel Obst und Gemüse (roh oder vorsichtig gegart). Meiden Sie tierisches Eiweiß und Speisen, die Hitze im Körper erzeugen (ölige, fettige und gebackene Speisen), raffinierte Kohlehydrate, insbesondere Zucker, und Alkohol. Bei manchen Menschen verschlimmern Krusten- und Schaltiere sowie Nachtschattengewächse (Tomaten, Paprikaschoten, Auberginen und Kartoffeln) eine Akneerkrankung.

Pflanzliche Mittel

- Krauser Ampfer, Klettenwurzel (Arctium lappa) und Echinacea wirken blutreinigend und lymphdränierend; zu gleichen Teilen als hervorragendes Tonikum bei Akne einnehmen.
- Falsche Einhornwurzel und Mönchspfeffer helfen, die hormonalen Verschiebungen auszugleichen und das Gleichgewicht wiederherzustellen.

Chinesische Fertigarzneimittel

Margerite acne pills und *Armadillo counter poison pills* ziehen die Hitze aus dem Blut (weil dies »kühlende« Heilpflanzen sind, können sie Durchfall auslösen; in diesem Fall die Dosis verringern).

Topische Behandlungen

Schafgarben-Dampfbad (siehe Seite 238): Das Gesicht mindestens zweimal täglich mit einer guten hypoallergenen Seife waschen. Kein Make-up verwenden; den Kopfkissenbezug täglich wechseln.

Akupunkturpunkte

Milz 6, Milz 9, Leber 3, Dickdarm 4

Körper, Geist, Seele

Die Symptome können folgende Fragen zum Ausdruck bringen:

- »Akzeptiere ich mich selbst nicht?«
- »Was geht mir unter die Haut?«
- »Was will ich nicht sehen?«

»Stelle dir einen klaren, ungehindert strömenden Bach vor, der ruhig und gleichmäßig einen Hang hinabfließt«, sagte ich. »Dann erhebt sich ein heftiger Sturm, durch den ein mächtiger Baum entwurzelt wird und in den Bach stürzt. Wenn dieses Hindernis nicht beseitigt wird, staut sich das Wasser und kommt schließlich zum Stillstand. Etwas ganz Ähnliches geschieht, wenn die Ch'i-Energie im Körper aufgestaut oder blockiert wird. Mit den Akupunkturnadeln können wir das Hindernis beseitigen, so daß die Energie wieder ungehindert fließt.«

Ich erklärte ihr, daß es im Körper dreihundertfünfundsechzig Haupt-Akupunkturpunkte gibt, von denen vierzig bis fünfzig bei Frauenleiden eingesetzt werden (diese Punkte haben beim Mann eine andere Wirkung). Die Akupunkturpunkte liegen jeweils auf einem bestimmten »Meridian«; vierzehn solcher »Leitbahnen« durchziehen den Körper von den Finger- und Zehenspitzen bis zum Scheitel (siehe Anhang 2). Wie die Erde von vielen Wasserläufen bedeckt ist, die sich aus zahlreichen unterirdischen Quellen speisen und sich ineinander ergießen, so ist der Körper mit einem Netz unsichtbarer Bahnen bedeckt, auf denen die Ch'i-Energie kreist. Kleine Vertiefungen in der Haut, die als »Tore« bezeichnet werden, können durch die Technik der Akupunktur geöffnet und geschlossen werden, wodurch die oberflächlichen wie auch die tieferen Meridiane beeinflußt werden, die zu den verschiedenen Organsystemen führen. Indem der Akupunkteur Nadeln in diese »Tore« einsticht, kann er den Energiefluß im und auf dem Körper regulieren, den Herzrhythmus verändern, den Blutdruck senken oder erhöhen, die Schmerzempfindlichkeit dämpfen, die Absonderung von Körperflüssigkeiten und die Erzeugung roter und weißer Blutkörperchen steigern oder verringern und sogar das Verlangen nach suchterzeugenden Substanzen wie Alkohol, Kokain und Tabak vermindern.

»Tut das weh?« fragte Amy.

»Akupunkturnadeln sind so dünn und fein, daß sie keinen wirklichen Schmerz verursachen, sondern vielmehr einen angenehmen Energiestrom oder vielleicht eine dumpf pochende Empfindung«, erklärte ich ihr. »Manche Menschen sagen, daß sie das Ausstrahlen von

Energie auf der Meridianbahn oder eine Empfindung wie von einem elektrischen Strom verspüren, während andere nichts Besonderes wahrnehmen – außer einer sanften Anregung und dem Gefühl einer allgemeinen Entspannung.«

Als ich Amy eine der Edelstahlnadeln zeigte, schien sie sehr erleichtert – sie hatte wohl eher an Spritzennadeln gedacht. »Gut«, sagte sie, »von mir aus kann es losgehen.«

Um Amys Leber-Ungleichgewicht zu bekämpfen, um ihren Geist zu entspannen und den Wärmeüberschuß in ihrem Blut abzubauen, wählte ich vier Akupunkturpunkte, von denen drei bilateral waren. Ich stach die ersten beiden Nadeln in Milz 6 ein, einen bilateralen Punkt etwa fünfzehn Zentimeter oberhalb des Knöchels. »Wir nennen diesen Punkt ›Dreifache Yin-Kreuzung‹, erklärte ich ihr, »und dieser Punkt unterstützt das Blut und die Yin- oder flüssige Energie, was deinem Körper hilft, sich an hormonelle Umstellungen anzupassen.«

Als nächstes nadelte ich Milz 10 (»Meer des Blutes«), einen sensiblen Punkt etwa sechs Zentimeter oberhalb der Kniescheibe auf der Vorwölbung innen am Bein. Wenn die Leber bei ihrer Arbeit behindert ist, kommt es oft zu einer Stagnation, und im Laufe der Zeit erzeugt diese gestaute Energie eine Erhitzung des Blutes. Durch Stimulation des »Meers des Blutes« regt man die Bewegung des Blutes an und zerstreut die blockierte Energie.

Als ich spürte, daß die ersten vier Nadeln richtig gesetzt waren (Akupunkteure spüren es tatsächlich in ihren Fingern, wenn die Nadel in die Meridiane eindringt und plötzlich mit Energie geladen ist), fragte ich Amy, ob sie eine Veränderung ihrer Energie wahrnähme. Die Chinesen nennen die Wahrnehmung der durch den Körper strömenden Energie *de chi'i*, was bedeutet »das Ch'i erlangen«. In China würde der Akupunkteur fragen: »De ch'i le mei you?«, was bedeutet: »Spüren Sie die Energie?« Und wenn der Punkt richtig stimuliert ist, antwortet der Patient: »De le, de le« – »Ich spüre sie, ich spüre sie.«

»Es kribbelt irgendwie«, sagte Amy, »von meinen Füßen bis hierher«, und sie zeigte auf ihr Brustbein. Ich zog das Buch *The Essentials of Chinese Acupuncture* hervor und zeigte Amy ein Diagramm des

Lebermeridians, der genau längs der Bahn verläuft, die sie soeben beschrieben hatte.

»Erstaunlich«, sagte sie.

Die fünfte und sechste Nadel setzte ich an Leber 3 (»Höchste Flut«), einem bilateralen Punkt in der Vertiefung zwischen der großen und der zweiten Zehe. »Versuche dir den klaren Bergbach vorzustellen, der talwärts fließt und die Felsen und Steine mühelos umgeht«, sagte ich, als ich die Nadeln einstach. »Durch Stimulation dieses Punktes stellen wir sicher, daß der Energiestrom nicht unterbrochen ist, so daß sich Blut und Ch'i nicht aufstauen und ins Stocken geraten.« Manche Akupunkteure stellen sich diesen Punkt als eine Art Rohrreiniger vor, der Körper, Seele und Geist »durchgängig« macht.

Die siebte und letzte Nadel setzte ich etwa sieben Zentimeter unterhalb des Nabels an dem Akupunkturpunkt Empfängnisgefäß 3 (»In der Mitte zwischen den Polen«). »Stell dir vor, daß die Nadel in eine hohle Stange einsinkt, die tief in die Erde bis an eine klare, kühle unterirdische Quelle reicht«, sagte ich. »Dies ist die Quelle deiner Lebensenergie, und sie trägt und nährt die Gebärmutter, bringt den Menstruationszyklus ins Gleichgewicht und erfüllt den Körper mit Yin-Energie.«

Eine Akupunktursitzung dauert normalerweise etwa eine halbe Stunde. Das Setzen der Nadeln nimmt dabei höchstens fünf Minuten in Anspruch; anschließend ruht der Patient zwanzig bis dreißig Minuten auf dem Tisch. Manche Patienten dösen, während andere hellwach sind; manche sind ruhig und in sich gekehrt, andere gesprächig und zu Scherzen aufgelegt. Amy schien sehr entspannt und voller Fragen, weshalb ich im Raum blieb.

»Was sagen die Chinesen über Pickel?« fragte Amy.

»Akne wird von den Chinesen als eine Behinderung in der Leber gedeutet, durch die im Blut Wärme entsteht. Sie versuchen daher, die Hitze abzubauen, das Blut abzukühlen und den Ch'i-Strom in der Leber aufrechtzuerhalten.«

»Unser Hausarzt sagte meiner Mutter, daß ich Pickel hätte, weil ich zu viele Chips und Pommes frites esse«, sagte Amy.

»Die Chinesen würden deinem Arzt recht geben, daß die Ernährung eine wichtige Rolle für die Behandlung der Akne spielt«, antwortete ich, »doch wären die chinesischen Ärzte mehr an der grundlegenden Natur des Problems interessiert. Weil Akne als ein Symptom einer Leberbehinderung und aufsteigender Hitze gilt, trinkt man am besten viel Wasser und ißt ›kühlende‹ Speisen wie frisches Obst und Gemüse, am besten roh oder schonend gedünstet. Fleisch und Milchprodukte erzeugen Hitze im Körper, ebenso ölige, fettige und gebackene Speisen, weshalb man mit diesen zurückhaltend sein sollte. Limonaden, Kaffee, Tee und Kaugummi sollten ebenfalls gemieden werden, weil Koffein und Zucker am Yin zehren, das ohnehin schon durch die übermäßige Hitze im Körper verbraucht wird. Bei manchen Menschen verschlimmern Nachtschattengewächse (Tomaten, Paprikaschoten, Auberginen und Kartoffeln) eine Akneerkrankung.«

»O je«, kicherte Amy, »dann muß ich wohl auf meine tägliche Aubergine verzichten.«

»Na ja«, lachte ich mit ihr, »ab und zu eine Aubergine wird dir nicht schaden.« Ich rate bei jeder Diät zur Vernunft. Ich erzählte Amy von einer Tagung, an der ich vor kurzem teilgenommen hatte und bei der eine Kräuterheilkundlerin über ihre eigenen Erfahrungen mit fanatischer Kostumstellung berichtete. Sie hatte sich auf streng vegetarische Ernährung umgestellt und war so davon besessen, ja nichts Falsches zu essen, daß sie magersüchtig wurde. Ihre Periode blieb aus, ihre Haare begannen auszufallen, sie hatte ständig Schwindelgefühle und wog schließlich nur noch fünfundvierzig Kilo. Eine Kollegin untersuchte sie und sagte: »Um Himmels willen, iß einmal anständig, und es geht dir wieder gut!« Dies gab ihr den Anstoß, auf eine ausgewogenere Ernährung zu achten, und sie aß einmal pro Woche bewußt etwas »Schlechtes«. In kurzer Zeit normalisierte sich ihr Zustand wieder. Nun rät sie – wie ich auch – allen ihren Patienten, sich »bewußt« zu ernähren, dies aber auch nicht zu übertreiben.

Beachten Sie in Gesundheit und Krankheit und allen Jahreszeiten Ihres Lebens die nachfolgenden Hinweise für eine gesunde und ausgewogene Ernährung:

- *Essen Sie bewußt:* Setzen Sie sich zum Essen, kauen Sie langsam, schlucken Sie, bevor Sie den nächsten Bissen in den Mund nehmen, und hören Sie auf zu essen, wenn Sie satt sind, statt sich zu überessen.
- *Trinken Sie täglich sechs bis acht Gläser Wasser.* Wasser vermindert den Appetit, schwemmt Schlackenstoffe aus und verringert die Belastung von Leber und Nieren.
- *Essen Sie mehr Vollkorn, frisches Gemüse, Obst, Nüsse und Samen,* um eine gute Versorgung mit Vitaminen, Mineralstoffen und natürlichen Fasern sicherzustellen. Versorgen Sie sich soweit wie möglich mit Kräutern und Gemüse aus dem eigenen Garten.
- *Schränken Sie den Verzehr von Zucker und raffinierten Kohlehydraten ein* (Weißbrot, Weißmehlteigwaren, -kuchen und -gebäck, Süßigkeiten und Limonadengetränke). Diese Nahrungsmittel sind arm an Vitaminen und Mineralen, enthalten wenig oder keine Fasern (weshalb sie stopfend wirken) und belasten Ihren Blutzuckerspiegel.
- *Achten Sie darauf, welche Fette Sie aufnehmen.* Meiden Sie gesättigte Fette (tierischer Herkunft) und chemisch veränderte Fette, die für Margarine und viele denaturierte Nahrungsmittel verwendet werden. Einfach gesättigte Fette und mehrfach ungesättigte Fette sind in Maßen erlaubt. Essentielle Fettsäuren wie zum Beispiel Tran und Olivenöl sind wertvolle Ergänzungsmittel.
- *Meiden Sie denaturierten Käse und Wurst* (Salami, Hotdogs): Lesen Sie das Etikett sorgfältig, und meiden Sie Speisen mit künstlichen Zusätzen.

– *Schränken Sie den Genuß von Fleisch, Geflügel und Milchprodukten ein:* Kaufen Sie Biofleisch und -geflügel, das keine Antibiotika und Östrogene enthält. Essen Sie Molkereiprodukte der Magerstufe (Magermilch, Joghurt).

Amy wollte wissen, welche Speisen ihr helfen könnten, ihre Hautunreinheiten zu beseitigen. Meine erste Empfehlung bestand darin, weniger Fleisch und Molkereiprodukte zu essen, da sie Hormone enthalten, die die konventionelle Landwirtschaft einsetzt, um mehr Fleisch, Milch und Eier zu erzeugen. Ebenso werden Nutztiere mit Antibiotika »vollgepumpt« (etwa die Hälfte der verkauften Antibiotika werden an Tiere verfüttert), und wenn man Fleisch, Geflügel und Milchprodukte ißt, nimmt man diese Chemikalien ebenfalls auf. Nach Schätzungen von Fachleuten nimmt bei uns jeder jährlich ein bis eineinhalb *Kilogramm* Chemikalien auf. Weil es die Aufgabe der Leber ist, die verschiedenen Chemikalien, synthetischen Östrogene und Umweltschadstoffe zu entgiften, die wir mit unseren Speisen, unseren Getränken und unserer Atemluft aufnehmen, leiden die meisten meiner Patientinnen und Patienten an einem Ungleichgewicht beziehungsweise einer Unterfunktion der Leber.

Neben einer Reduzierung von Fleisch, Geflügel und Milchprodukten und vermehrtem Genuß von frischem Obst und Gemüse empfahl ich Amy außerdem die Einnahme von Vitaminergänzungsmitteln. Verschiedenen Studien zufolge senkt Vitamin A in hohen Dosen die Talgproduktion; ich empfehle 10000 IE täglich, eine Standarddosis bei Hautproblemen. Zink (15 bis 30 mg pro Tag) unterstützt die Wundheilung und wirkt entzündungswidrig; Vitamin B_6 reguliert den Hormonhaushalt, und Vitamin C (1000 mg täglich) und natürliches Vitamin E (400 IE täglich) sind Antioxidanzien, mit denen man Akne vorbeugen und behandeln kann.

An Kräutermitteln empfahl ich *Löwenzahnwurzel* und *Krauser Ampfer*, die der Leber helfen, sich zu reinigen und zu erneuern, sowie *Klette*, die das Blut und das Lymphsystem reinigt und entgiftet. Damit die

von den Kräutern freigesetzten Gifte durch den Darm, nicht über die Haut ausgeschieden werden, empfahl ich Amy, reichlich Wasser zu trinken und Ballaststoffe in Form von Flohsamen oder anderen natürlichen Fasern zu sich zu nehmen, wie sie in Apotheken, Drogerien und Reformhäusern erhältlich sind. Außerdem empfahl ich ihr *Kegelblume* und *Gelbwurz* wegen deren antimikrobischen Eigenschaften sowie *Heloniaswurzel* für das hormonelle Gleichgewicht.
Nach chinesischer Auffassung ist an Akne immer eine Stagnation des Blutes und der Ch'i-Energie beteiligt, weshalb regelmäßige körperliche Betätigung wichtig ist, um den Kreislauf anzuregen und die Zellen mit ausreichend Sauerstoff zu versorgen. Sport unterstützt auch das Lymphsystem bei der Ausscheidung von Giftstoffen aus dem Körper. Tägliche Reinigung mit einer guten hypoallergenen Seife, der Verzicht auf herkömmliches Make-up und jeden Abend ein frischer Kopfkissenbezug sollten ebenfalls zur Besserung von Amys Hautproblem beitragen. Die Kräuterheilkundlerin Susun Weed empfiehlt eine einfache Schafgarben-Gesichtspackung bei Akne und anderen Hautproblemen:

> Eine Handvoll *Schafgarbenblüten* in einen Liter kochendes Wasser geben, den Topf vom Feuer nehmen und die Blüten zehn Minuten ziehen lassen. Den Deckel abnehmen, ein Handtuch über den Kopf legen und den Dampf sanft die Poren der Haut reinigen lassen.

Als Amy zwei Wochen später zu ihrer zweiten Akupunktursitzung kam, hatte sich ihre Haut deutlich gebessert, und sie erzählte mir ganz aufgeregt, daß sie eineinhalb Kilogramm abgenommen hatte. (»Und ich faste nicht einmal!«) Nach drei Monaten wurde Amys Periode regelmäßiger, und die Zwischenblutungen hörten auf. Sie kam noch weitere fünf Monate zu mir in die Praxis, und bei Beginn der Sommerferien sagte Amy, sie fühle sich »geheilt«.
In diesem Sommer rief mich Amys Mutter mehrere Male an, um mir über die Fortschritte ihrer Tochter zu berichten, nicht ohne über deren halbwüchsiges Verhalten zu klagen. Eines Tages erzählte sie mir

dabei von ihrer eigenen »Heilung«. »Ich habe Schwierigkeiten loszulassen«, bekannte sie. »Jahrelang hatte ich die Hand über allem, und es war für mich schwer, sehen zu müssen, wie Amy mit den physischen und emotionalen Veränderungen des Erwachsenwerdens zu kämpfen hatte. Ich mischte mich dauernd ein und versuchte, ihr Leben zu bestimmen, weil ich hoffte, es ihr leichter machen zu können. Aber Amy nahm natürlich meine Einmischungen nicht hin. Dann schickte mir vor einigen Tagen meine Mutter ein Gedicht, das sie in einer Zeitschrift entdeckt hatte. Plötzlich verstand ich, was diese ganze Phase zu bedeuten hatte und warum es für Amy so wichtig ist, daß sie dies selbst durchsteht.« Sie las mir am Telefon das Gedicht mit dem Titel »Kampf« vor:

> Ein Mann fand einen Kokon der Kaisermotte und nahm sie mit nach Hause, um sie ausschlüpfen zu sehen. Eines Tages zeigte sich eine kleine Öffnung, und die Motte kämpfte einige Stunden, konnte ihren Körper aber offenbar nur bis zu einem bestimmten Punkt herauswinden.
>
> Da der Mann glaubte, daß etwas nicht in Ordnung sei, nahm er eine Schere und schnitt den restlichen Kokon auf. Nun schlüpfte die Motte mühelos heraus. Ihr Körper war groß und aufgebläht, die Flügel klein und verschrumpelt.
>
> Er erwartete, daß die Flügel sich in einigen Stunden in ihrer natürlichen Schönheit entfalten würden, aber nichts geschah. Statt sich in ein Geschöpf zu zu verwandeln, das fliegen konnte, schleppte die Motte ihr Leben lang einen geblähten Leib und verschrumpelte Flügel mit sich herum.
>
> Der beengende Kokon und der Kampf, der notwendig ist, um durch die kleine Öffnung zu gelangen, sind von Gott so gewollt, damit Flüssigkeit aus dem Körper in die Flügel gepreßt wird. Der »barmherzige« Schnitt war in Wirklichkeit eine Untat. Manchmal ist der Kampf genau das, was wir brauchen.

Störungen der Macht
(Üblicherweise als »Symptome« bezeichnet)

In der Pubertät werden »verrückt spielende« Hormone für unzählige Begleiterscheinungen der Menstruation wie Akne, Stimmungslabilität, Depressionen, Angstzustände, Sehstörungen, Kopfschmerzen und Gier nach bestimmten Speisen verantwortlich gemacht. Der Begriff »verrückt spielen« läßt an feindliche Mächte denken, die plötzlich einfallen, Amok laufen, ebenso plötzlich wieder verschwinden und ein böses Chaos hinterlassen. Viele junge Frauen bekommen geradezu Angst vor ihren Hormonen, als ob diese Absonderungen ihrer innersekretorischen Drüsen nicht zu ihnen gehörten. Wenn man aber die Menstruation im Zusammenhang mit der weiblichen Macht sieht, als die Zeit, in der Frauen gegenüber der Welt der Intuition und des Geistes weit geöffnet sind, dann kann man Menstruations»symptome« als aufbrandende Macht verstehen, als Ebbe und Flut im Energiezyklus. Statt sich von ihren Hormonen angegriffen und zerstört zu fühlen, können Frauen lernen, ihre wilde, ungezähmte Macht für sich »einzuspannen« und sie zu einem tieferen Verständnis ihres Körpers, ihres Geistes und ihrer Seele hinzulenken.

In den alten Göttinnengesellschaften wurde die Große Göttin manchmal als die »Herrin der wilden Tiere« bezeichnet. Auf einem Gemälde sieht man die Göttin mit ausgestreckten Armen; mächtige Vögel sitzen auf ihren Unterarmen, wühlen in ihrem wilden, unordentlichen Haar, Schlangen kriechen an den Mauern hoch, wilde Tiere heulen an ihrer Seite, und sie ist von drehenden Rädern und Kreisen umgeben. »Die Epiphanie der Göttin«, schreibt Marija Gimbutas, »ist vom Heulen und Klirren und von den wirbelnden Tänzen nicht zu trennen.« Vielleicht können junge Frauen durch die Anleitung solcher alter Bilder lernen, die Bedeutung ihrer »verrückt spielenden« Hormone in einem neuen Licht zu sehen. Die Hormone in der Pubertät sind zweifellos intensiv und unbequem – aber sie sind zumindest nicht fade und langweilig. Sie sind ungebärdig, sie lassen sich nicht beeinflussen, und wenn sie sprechen, dann brüllen sie.

Jeden Monat stürmt die Wildheit durch die Frau, befeuert ihr Blut und zwingt sie, dem überwucherten Pfad in die Tiefen der Psyche zu folgen. Der Wolf pirscht sich an, der Adler kreist, der geifernde Hund bleckt die Zähne. Viele Frauen versuchen, diese Tiere zu zähmen und ihre Raserei zu bändigen, weil sie die Botschaft nicht verstehen. Aber ebensogut könnte man dem Mond gebieten, nicht aufzugehen, oder der Flut, ihren mächtigen Andrang zu mäßigen. Ob man sie versteht oder nicht, ob man sich Zeit für sie nimmt oder nicht, ob man sie mag oder nicht – die Hormone werden rasen, denn sie sind Teil der Macht des Blutes.

Öffnen Sie die Tür, und bitten Sie sie herein. Heulen Sie mit ihnen. Nutzen Sie ihre Gegenwart, um über die Enttäuschungen und Ängste zu sprechen, die sich angesammelt haben, seit Sie das letztemal mit ihnen zusammen waren. Bekennen Sie Ihre Ängste, lassen Sie Ihrem Zorn die Zügel schießen, verlieren Sie Ihre Beherrschung. Lassen Sie dann, wenn das Rasen abebbt, Ihre Emotionen im Sog Ihrer abklingenden Energie los. Die hormonell gesteuerte Mahnung, jeden Monat die Emotionen freizusetzen, das Alte loszulassen, um für das Neue offen zu sein, ist eines der Geschenke des Monatszyklus. Freuen Sie sich über seine Verläßlichkeit und seine wilde Anmut.

Der große Regisseur des Menstruationszyklus hat seinen Sitz in einem tiefergelegenen Teil des Gehirns, dem sogenannten Hypothalamus, der eine Vielzahl von Funktionen einschließlich der Ausschüttung von Hormonen regelt, die für die Steuerung der Menstruation, des Stoffwechsels, des Appetits, der Stimmungen und der zirkadianen (im Tageslauf schwankenden) Rhythmen zuständig ist. Ein Ungleichgewicht in einer Funktion wirkt sich zwangsläufig auf andere Bereiche aus; deshalb beeinflußt bereits eine geringfügige Schwankung des Hormonhaushalts den Stoffwechsel, die Stimmung und den Schlaf, während Streß und Aufregungen direkte Folgen für die Ausschüttung und Verwertung der Sexualhormone haben.

Wenn der Hypothalamus das Signal gibt, daß der richtige Zeitpunkt gekommen ist, schüttet die Hypophyse die für die Steuerung der Menstruation verantwortlichen Hormone aus, das follikelstimulierende Hormon (FSH) und das luteinisierende Hormon (LH). Im Blut befindliches FSH weist die Eierstöcke an, den Zyklus einzuleiten, indem eines der Eier zur Reifung gebracht und mit einer Umhüllung umgeben wird, dem Follikel. Wenn der Follikel wächst, stimuliert er den Eierstock zur Ausschüttung von Östrogen in den Körper, wodurch der Eisprung vorbereitet wird. Östrogen hat eine sehr große Wirkungsbreite und schafft das geeignete Umfeld für die Befruchtung des Eis, indem es zum Beispiel die Auskleidung der Gebärmutter (das Endometrium) aufbaut, den Zervikalschleim verdünnt, damit das Sperma den Gebärmutterhals passieren kann, und nährstoffreichen »fruchtbaren« Schleim erzeugt, in dem gesundes Sperma bis zu fünf Tage überleben kann.

Der Anstieg des Östrogenspiegels wiederum veranlaßt die Hypophyse zur Ausschüttung von luteinisierendem Hormon (LH), so daß der gereifte Follikel aufplatzen und beim sogenannten Eisprung das Ei in den Eileiter entlassen kann. Wenn das Ei den geplatzten Follikel zurückläßt, verwandelt sich dieser in eine endokrine Drüse mit begrenzter Lebensdauer, den sogenannten Gelbkörper, der das Hormon Progesteron erzeugt. Progesteron schafft im Uterus ideale Bedingungen für die Einnistung und Ernährung des empfindlichen Eis für den Fall, daß es zu einer Befruchtung kommt. Weil Progesteron ein wärmeerzeugendes Hormon ist, steigt dadurch die Körpertemperatur an. Gleichzeitig erhöht Progesteron die Viskosität des Zervikalschleims, wodurch im Muttermund ein Pfropf aus dickem, zähem Schleim entsteht, der den Muttermund verschließt, so daß keine Bakterien und kein Sperma mehr in die Gebärmutter eindringen können.

Wenn es zu keiner Befruchtung kommt, löst sich das Ei in der Gebärmutter auf. Der Gelbkörper zerfällt, die Progesteronbildung fällt rasch ab, und die an Blut und Nährstoffen reiche Auskleidung der Gebärmutter wird im Vorgang der Menstruation abgestoßen. Wenn einige Tage später diese Abstoßung abgeschlossen ist, wird an den Hypothalamus ein Signal geschickt, das den ganzen Prozeß wieder von vorne ablaufen läßt.

Alle diese ineinandergreifenden hormonellen Reaktionen bringen spürbare physische Veränderungen und emotionelle Schwankungen mit sich. Östrogen ist für die Ausbildung der sekundären Geschlechtsmerkmale verantwortlich, was beim Mädchen in der Pubertät das Wachstum von Scham- und Körperhaar bewirkt, die Bildung der Milchgänge und von Fettgewebe in den Brüsten und vermehrte Ablagerungen von Fett an Hüften, Oberschenkeln und Gesäß. Durch Anregung des Nervensystems erzeugt Östrogen einen Zustand vermehrter allgemeiner und sexueller Erregung. Progesteron ist eher beruhigend, denn seine Aufgabe ist die Schaffung einer warmen, umhegenden Umgebung, wie sie für die Einnistung und die Ernährung des befruchteten Eis notwendig ist.

Dieses Wechselspiel von Erregung und Entspannung wiederholt sich jeden Monat, wobei jedoch in der Pubertät die hormonelle Umstellung von schnellen und deutlich sichtbaren körperlichen Veränderungen begleitet ist, zu deren auffälligsten die Zunahme des Körperfetts zählt. Das Körpergewicht einer jungen Frau muß zu etwa siebzehn Prozent aus Körperfett bestehen, damit eine Menstruation eintreten kann; wenn der Eisprung regelmäßig erfolgen soll, was meist zwei bis drei Jahre nach der ersten Periode der Fall ist, muß der Anteil des Körperfetts etwa zweiundzwanzig Prozent betragen. Östrogen und Progesteron werden im Fettgewebe des Körpers gespeichert; wenn das Körperfett unter eine bestimmte Schwelle absinkt, werden die notwendigen Östrogenvorräte ebenfalls erschöpft, und der Zyklus stockt oder endet ganz. Weil Östrogen dem Verlust von Knochensubstanz entgegenwirkt, während Progesteron die Bildung neuer Knochensubstanz anregt, kann ein Abbau von Fett (und der damit verbundene Rückgang an Sexualhormonen) auch zu vorzeitigem Knochenverlust führen. Wenn man sich die komplexen Zusammenhänge zwischen Körperfett, Östrogenspiegel und Knochenabbau und andererseits die Tatsache vor Augen hält, daß achtzig Prozent der heranwachsenden Mädchen zu irgendeinem Zeitpunkt fasten, dann überrascht der statistische Befund nicht, daß bei achtzehn Prozent aller Frauen zwischen dem fünfundzwanzigsten und vierunddreißigsten Lebensjahr die Knochendichte unter der Norm liegt. Übermäßiger Sport hat ebenfalls unmittelbare Auswirkungen auf den Menstruationszyklus. Studien haben gezeigt, daß Sportlerinnen, die die beim Sport verbrauchte Energie nicht durch ausreichende Kalorienaufnahme ersetzen, zuwenig Körperfett haben, wodurch die Periode unregelmäßig wird oder aufhört (Amenorrhö), was wiederum zu vorzeitigem Verlust von Knochensubstanz führen kann. Einer Studie zufolge haben junge Frauen mit einer sportbedingten Amenorrhö die Knochendichte von Fünfzigjährigen.

Ernährungsbedingte Erkrankungen sind in unserer Gesellschaft mit ihrer Fettphobie ein großes Problem, wobei Heranwachsende besonders gefährdet sind. Die meisten Mädchen vor und während der Pubertät machen sich Sorgen wegen ihres Gewichts und können sich mit den neuen Rundungen ihres Körpers nicht anfreunden. »Mein Körper ist zu groß für mich, zu alt, zu reif, zu üppig. Ich passe noch nicht hinein«, sagt eine Fünfzehnjährige. Die »üppigen« Rundungen sind nur ein Teil des Problems. Eine andere Heranwachsende sagt, daß sie für die Veränderungen der Pubertät »einfach noch nicht bereit« war. »Ich erinnere mich noch daran, als ich entdeckte, daß mein Schamhaar wuchs. Ich dachte: ›O nein, ich will nicht, daß dies jetzt schon anfängt.‹ Dann wuchsen meine Brüste, und es war so, als ob ich plötzlich diesen erwachsenen Körper hätte, während ich mich im Inneren noch als Kind fühlte.«

Einige Jahre lang muß die Heranwachsende mit einer schwierigen Spaltung von Körper, Seele und Geist leben, wenn sich der Körper so schnell entwickelt, daß die Gefühle kaum Schritt halten können. Durch die neuen Fettdepots bekommt das Mädchen ein rundlicheres, pummeligeres Aussehen, weshalb junge Frauen, die ihre Kindheit in einem »Knabenkörper« verbrachten und mit dem »Idealbild« einer Frau, wie es ihnen durch die Mannequins auf den Titelseiten eingeprägt wurde, in die Pubertät eintreten, oft schwere Probleme mit ihrem Äußeren bekommen. Vor fünfundzwanzig Jahren wog die durchschnittliche Amerikanerin gerade acht Prozent mehr als das von der Mode diktierte Ideal; heute ist sie dreiundzwanzig Prozent schwerer. (Nur jede vierzigtausendste Frau hat die Größe und Figur eines Mannequins.) Und das ideale Körpergewicht sinkt weiter: 1954 wog Miß Amerika sechzig Kilo; 1980 hatte sie auf ihre runden Ge-

säßbacken und ihren Busen verzichtet und brachte nur noch dreiundfünfzig Kilo auf die Waage.
Die Zeit ist manchmal das einzige Mittel, das der Heranwachsenden hilft, sich in ihrem neuen Körper »zu Hause« zu fühlen, doch würde der Übergang reibungsloser verlaufen, wenn wir in der Lage wären, unsere Fettphobie abzulegen. Wenn man sich den flachen, knochigen Körper einer Jugendlichen ansieht, wenn man einmal wirklich wahrnähme, wie sich ihr Blut verdünnt und sie an Knochenmasse und Kraft verliert, dann wäre »dünn« vielleicht weniger reizvoll. Wenn man andererseits die weichen Konturen eines gut gerundeten weiblichen Körpers betrachtet, dann kann man vielleicht wieder verstehen lernen, warum die Natur die Frau mit zusätzlichen Fettreserven ausgestattet hat, ohne die es kein reiches, nährendes, lebenspendendes Blut geben kann.

Auch wenn Fasten einen direkten Einfluß auf die Kraft und Regelmäßigkeit des Menstruationszyklus hat, darf man auch nicht vergessen, daß eine unregelmäßige Periode in der Jugend durchaus normal ist. Die durchschnittliche Jugendliche hat in den ersten zwölf Monaten nach der Menarche nur vier Perioden. Die Blutung kann einmal stärker, einmal schwächer sein, und oft treten Zwischenblutungen auf. Diese Schwankungen sind völlig normal und stabilisieren sich, wenn der Körper gelernt hat, den Hormonspiegel zu regulieren.
Leichte Unterleibskrämpfe (spastische Dysmenorrhö, siehe die Übersicht auf Seite 246) sind bei heranwachsenden Mädchen ebenfalls häufig, wiewohl diese Krämpfe meist erst zu einem Problem werden, wenn etwa zwei Jahre nach der Menarche der Eisprung beginnt. Etwa sechzig Prozent aller Frauen haben Menstruationskrämpfe, die auf einen hohen Spiegel des Prostaglandins F2α zurückgeführt werden. Wenn sich die Gebärmutterschleimhaut ablöst und die Menstruation beginnt, wird Prostaglandin F2α in das Blut ausgeschüttet, wodurch Gebärmutterkrämpfe entstehen. Streß und eine fett- und eiweißreiche Kost (wie sie Jugendliche oft in Form von Hamburgern, Pommes frites und Milchshakes zu sich nehmen) kann die Ausschüttung von Prostaglandin F2α verstärken. Hier können Ernäh-

rungsumstellungen und Vitaminergänzungen helfen, die Intensität und Dauer der Menstruationskrämpfe zu verringern.
Krämpfe sind ganz sicher nicht nur »in Ihrem Kopf«; dennoch kann man seinen Geist einsetzen, um den Schmerz zu bekämpfen. Viele Frauen sagen, daß sie keine Krämpfe verspüren, wenn ihr Leben harmonisch und relativ streßfrei verläuft. »Wenn ich zuviel zu tun habe und überlastet bin, dann habe ich am ersten Tag meiner Periode einige Stunden Krämpfe«, schreibt Dr. Christiane Northrup. »Dies bremst mich sehr schnell und erinnert mich nachdrücklich daran, daß ich mich anpassen und mich auf die Weisheit meines Körpers einstimmen muß.«
Auch hier wiederum kann man sich ein Symptom als eine vorübergehende Störung im Energiesystem vorstellen, wenn man zuviel von sich verlangt. Natürlich kann man mit verschiedenen pflanzlichen Mitteln oder handelsüblichen Schmerzstillern etwas gegen die Schmerzen tun, doch sind Krämpfe immer eine Mahnung, einen Gang zurückzuschalten, tief zu atmen, sich zu entspannen, sich anzupassen und sich Zeit zu nehmen, auf die Botschaften aus dem Schoß zu hören, der fruchtbaren schöpferischen, lebenerhaltenden Mitte der weiblichen Erfahrung.

Unterleibskrämpfe
(Spastische Dysmenorrhö)

Westliche Interpretation und Behandlung

Etwa sechzig Prozent der Frauen leiden unter Menstruationskrämpfen. Während man dies früher für eine psychosomatische Störung hielt, haben neuere Forschungen gezeigt, daß ein hoher Spiegel des Prostaglandins F2α Gebärmutterkrämpfe auslöst. Die Behandlung umfaßt nichtsteroidale entzündungshemmende Mittel *(Advil, Nuprin, Motrin, Anaprox)*, die vor dem Einsetzen der Symptome gegeben werden, um die Synthese des Prostaglandins F2α zu verhindern. Gelegentlich werden orale Ovulationshemmer eingesetzt, um die Krämpfe zu vermindern.

Chinesische Interpretation

Die Chinesen haben zwei Deutungen für Unterleibskrämpfe:
- gestautes Leber-Ch'i mit verdicktem Blut (vor allem wenn die Schmerzen der Menstruation vorangehen) und
- »Kälte in der Gebärmutter«, ein Zustand, der einen Mangel an Milz-Ch'i anzeigt, so daß Kälte in den Uterus eindringen kann. Wenn Wärme am Unterleib als angenehm empfunden wird, weisen die Symptome auf eine bestehende »Kälte« hin.

Komplementäre Behandlungen

Ergänzungsmittel
- γ-Linolsäure (1000 bis 3000 mg täglich je nach Schwere der Symptome); kommt unter anderem in Nachtkerzenöl, Borretsch und dem Öl der Samen von schwarzen Johannisbeeren vor)
- Vitamin B_6 (100 mg zweimal täglich; stets mit Vitamin-B-Komplex einnehmen)
- Magnesium (1000 bis 1500 mg täglich)

Kräuter
- Herzgespann (entspannt und kräftigt die Gebärmutter, harmonisiert die Emotionen)
- Baldrian (Tonikum für das Nervensystem, beruhigend)
- Amerikanischer Schneeballbaum (entspannt die Gebärmuttermuskulatur)
- Ingwer (erwärmt und kräftigt die Gebärmutter)

Chinesische Fertigarzneimittel

- Danshen-Tablette (Salbeiwurzeltablette) zur Linderung von »Blockierungsschmerzen« (scharfe, stechende Schmerzen)
- Wu Ch'i Pai Feng Wan bei Krämpfen und Allgemeinsymptomen des prämenstruellen Spannungssyndroms

Akupunkturpunkte

Empfängnisgefäß 4, Milz 6, Milz 10, Leber 3; den Kreuz- und Steißbeinbereich massieren und besonders auf empfindliche Stellen (»Ashi«-Punkte) achten.

Körper, Seele und Geist

Die Symptome können folgende Fragen zum Ausdruck bringen:
- »Erlaube ich es mir nicht, Verbindung mit meinen weicheren, ›weiblicheren‹ Eigenschaften aufzunehmen?«
- »Sind die Krämpfe in Wirklichkeit ›Geburtsschmerzen‹; was möchte in mir geboren werden?«
- »Wie kann ich die Schmerzen als Signal nutzen, etwas für mich selbst zu tun?«

Mondzeitrituale (für Frauen jeden Alters)

> Das Wort *Ritual* kommt von *rtu*, Sanskrit für Menses. Die ältesten Rituale hingen mit der Monatsblutung der Frau zusammen. Man glaubte, daß das Blut aus dem Schoß, der das ungeborene Kind nährte, *Mana* hätte, magische Kraft. Die Blutung der Frau war ein kosmisches Ereignis wie die Zyklen des Mondes und Ebbe und Flut. Wir haben vergessen, daß Frauen die Verbindung zum heiligen Mysterium von Leben und Tod waren.
>
> *Elinor Gadon*

Rituale verwandeln eine Erfahrung in eine andere und verleihen einem gewöhnlichen Ereignis außergewöhnliche Bedeutung. Mondzeitrituale zur Feier des monatlichen Zyklus der Menstruation helfen Frauen jeden Alters, sich an die Macht ihres Blutes zu erinnern und wieder Anschluß an diese zu finden. Ein solches Ritual kann etwas ganz Einfaches sein – daß man zum Beispiel jeden Abend während seiner Regel im Mondlicht sitzt, daß man ein »Mondzeittagebuch«

führt, seine Lieblingshalskette oder besondere Ohrringe trägt, um seinen Geist zu wecken, oder daß man bei einem Abendspaziergang einen Augenblick stehenbleibt, um den Duft eines Rosenstrauchs einzusaugen.

Der Unterschied zwischen einer Gewohnheit (wie zum Beispiel Zähneputzen oder wie man abends zu Bett geht) und einem Ritual ist die Achtsamkeit, die man hierfür aufwendet. Wenn man der Bedeutung und der Botschaft einer bestimmten Erfahrung Aufmerksamkeit widmet und hieraus etwas über sich selbst in Erfahrung zu bringen versucht, dann werden aus Alltagsroutinen rituelle Akte. »Das Geheimnis, wie man ein Leben tiefer Bewußtheit und Sensibilität beginnt, liegt in unserer Bereitschaft, aufmerksam zu sein«, schreiben Christina Feldman und Jack Kornfield in ihrem Buch *Stories of the Spirit*. »Unser Wachstum als bewußte, wache Menschen ist weniger von großartigen Gesten und sichtbarer Entsagung als vielmehr von einer liebevollen Hinwendung zu den kleinsten Details unseres Lebens geprägt. Jede Beziehung, jeder Gedanke, jede Geste ist durch die Aufmerksamkeit, die wir ihr aus ganzem Herzen entgegenbringen, mit Bedeutung gesegnet.«

In seinem Buch *Another Roadside Attraction* beschreibt Tom Robbins eine Frau, die in ihrer Küche an der Spüle steht und »den Salat so vorsichtig entstielt, als ob sie fürchtete, daß er ›Au‹ sagen könnte«. Durch eine solche zartfühlende Fürsorge und konzentrierte Aufmerksamkeit wird sogar eine Alltagsbeschäftigung wie Gemüsewaschen in ein bedeutungsvolles Ritual verwandelt. Die nachfolgenden Rituale, die den Menstruationszyklus als eine Zeit der Erneuerung und Regenerierung zelebrieren, sind für Frauen aller Altersstufen gedacht. Heranwachsenden mag es vielleicht schwerfallen, einige dieser Rituale zu vollziehen, doch kann ihnen vielleicht in dieser Zeit des Wandels das bloße Wissen ein wenig Trost und Beruhigung geben, daß Frauen seit uralten Zeiten ihren Menstruationszyklus mit einfachen oder auch reicher ausgestalteten Traditionen begangen haben.

Still sein. Stellen Sie sich in den Tagen vor Ihrem Menstruationszyklus vor, daß Ihr Blut sich im Inneren sammelt, mit seinem physischen Gewicht an Ihrem Körper zieht und Ihren Geist und Ihre Seele zur Aufmerksamkeit mahnt. Achten Sie auf die Botschaften von Körper, Seele und Geist, und nehmen Sie sich Zeit für die Stille. Stellen Sie sich einen tiefen Teich in der Abenddämmerung vor, wenn das Tageslicht erlischt und der Tag in die Nacht übergeht. Konzentrieren Sie sich darauf, still und ruhig zu sein wie das dunkle Wasser; ziehen Sie die kühlende Energie der Abendluft ein, und holen Sie sie in die Wärme in Ihrer Mitte. Fühlen Sie, wie das Wasser sich in Ihnen bewegt, und sammeln Sie seine Energien, bis es überströmen will.

Menstruationsblut ist das Wasser des Lebens. Seien Sie still, und fühlen Sie, wie seine Energie Sie wie ein Fluß durchströmt, der auf dem Weg des geringsten Widerstandes seiner Bestimmung im Meer entgegeneilt.

Den Mond betrachten. In seinen verläßlichen Veränderungen erinnert uns der Mond an die unaufhörlich sich wandelnde Natur des Lebens und die Sehnsucht nach einer tieferen Beziehung zum Selbst. Als Romeo Julia seine Liebe bekannte, schwor er ihr beim Mond Treue. »O schwöre nicht beim Mond, dem wandelbaren«, bat ihn Julia, »der immerfort in seiner Scheibe wechselt, damit nicht wandelbar dein Lieben sei!«

Der Mond erregt das Gemüt der Liebenden, aber seine leuchtende Oberfläche zieht uns nach innen zur Einsamkeit und Reflexion; in seinem Schatten, der subtil und substantiell zugleich ist, sehen wir das reflektierte Licht unserer eigenen Seelen.

Ein Mondtagebuch führen. Stellen Sie sich, wenn Sie Ihre Tage haben, Ihr Blut als »Mondtropfen« vor – Geschenke des Mondes, die Ihre inneren Gezeiten erregen. Kaufen Sie sich ein Tagebuch, oder machen Sie sich selbst eines, in dem Sie dann aufzeichnen, wie sich Ihre körperlichen, emotionalen und spirituellen Bedürfnisse mit den Mondphasen verändern. Haben Sie bei Vollmond das Gefühl, daß Ihre Energie mehr nach außen und auf andere Menschen gerichtet ist? Spüren Sie bei Neumond einen stärkeren Drang nach innen, weg vom Gewöhnlichen und Alltäglichen und hin zu den Schattenorten, an denen denken und Instinkt ineinander übergehen und der Geist zum Leben erwacht? Haben Sie Ihre Regel eher bei Neumond oder bei Vollmond? Wie ändert sich die Erfahrung Ihrer Monatsblutung, wenn sich Ihr Zyklus verschiebt?

Beobachten Sie den Mond, verfolgen Sie seine Phasen, lassen Sie seine Weisheit tief in Ihr Herz und in Ihre Seele eindringen.

Visionen wählen. In vielen traditionellen Kulturen wurden junge Frauen gelehrt, die Veränderungen in ihrem Körper als ein Signal zu betrachten, ihre Identität und ihre Aufgabe im Leben zu erkunden. Pubertierende wurden ohne Nahrung und Kleidung allein in die Wildnis geschickt, um sich so einer rituellen Prüfung ihrer Ausdauer zu unterwerfen. Wenn sie einige Tage später wieder zum Stamm zurückkehrten, deuteten Weise ihre Träume und Visionen; sie bekamen in einer Zeremonie einen neuen Namen, und es wurde ein großes Fest gefeiert.

Der indianische Medizinmann Rolling Thunder beschreibt ein Pubertätsritual der Schoschonen:

> ... wenn unsere jungen Leute zwölf oder dreizehn Jahre alt sind, gehen sie auf den hohen Berg und beten an bestimmten heiligen Orten, während ein Älterer am Fuße des Berges wartet. Sie gehen ohne Kleider, nur mit einer Decke, ohne Essen und Wasser drei Tage lang hinauf. Wenn sie einschlafen, wachen sie betend wieder auf. Dann stellt sich irgendwann eine Vision ein, die ihnen sagt, was sie tun sollen. Meist ist ihnen die Bedeutung der Vision nicht klar; wenn sie aber wieder zum Fuß des Berges kommen, erzählen sie sie dem Älteren. Dann gehen sie gemeinsam zum Medizinmann und erzählen die Vision noch einmal, und der Medizinmann prüft sie. Hieran schließt sich die Namenszeremonie an, und es wird entschieden, was die Bedeutung dieses Traums ist und wie er auszulegen ist. Dann bekommt der Betreffende eine Empfindung und einen Namen, und er weiß, was seine Aufgabe im Leben ist. (Nach Boyd)

Weil wir in unserer Kultur über keine solchen Rituale verfügen, müssen wir sie uns selbst schaffen. Achten Sie, wenn Ihre Periode beginnt, auf die Träume und Visionen, die Ihnen Einsicht in Ihre grundlegende Natur vermitteln. Verbünden Sie sich mit der natürlichen Welt, und suchen Sie Antworten auf Ihre Fragen – »Wer bin ich? Was ist meine Aufgabe im Leben?« – in den Farben, Strukturen, Klängen und Formen der Natur. Fühlen Sie eine starke Verwandtschaft mit einem bestimmten Tier? (Häufige Tierverbündete sind Bär, Biene, Vögel, Katzen, Kühe, Hasen, Eulen, Schlangen, Spinnen, Schildkröten, Frösche und Wölfe.) Sammeln Sie Kiefernzapfen, Muscheln, Schlangenhäute, Steine oder Versteinerungen? Fühlen Sie sich vom Anblick einer mächtigen Eiche oder mehr demjenigen einer schlanken, zarten Birke inspiriert? Welche Bilder kehren in Ihren Träumen wieder? Fühlen Sie sich mehr von offenen Räumen als von Höhlen angezogen, mehr von Bergen oder von Tälern, mehr von Seen und Flüssen als vom Meer, mehr von Städten als von Dörfern? Flüstern die Schatten der Nacht Ihnen zu, sprechen die Stimmen bei Sonnenaufgang zu Ihnen oder wenn die Sonne im Zenit steht?
Wenn Sie die tiefsten Sehnsüchte Ihres Herzens und Ihrer Seele verstanden haben, geben Sie sich einen Namen, der Ihren individuellen Geist zelebriert und Ihre Verwandtschaft mit der natürlichen Welt. Wenn sich mit dem Wandel der Jahreszeiten Ihre Orientierung ändert, zögern Sie nicht, diese Veränderung mit einem neuen Namen zu kennzeichnen. Zelebrieren Sie in Ihrer ganz persönlichen Weise, indem Sie im Mondlicht spazierengehen, auf einen Baum klettern, an einem Wasserlauf sitzen, auf dem Dach eines hohen Gebäudes die Sterne betrachten oder einer Spinne etwas zuflüstern, die ihr Netz spinnt.

Seine Affinität entdecken. Sind Sie Holz, Feuer, Erde, Metall oder Wasser (siehe Kapitel 6 bis 11)? Die Energie der Jugend speist sich vor allen Dingen aus der Kraft des Holzes, dessen Wesen der Drang nach Aktivität, Bewegung und persönlicher Erfüllung ist. Jede junge Frau spürt diese treibende Kraft, doch erfährt jede sie entsprechend ihrer eigenen Natur und Veranlagung in einer ganz persönlichen Weise. Wenn Ihre Grundnatur Holz ist, stellen Sie vielleicht fest, daß Sie auf die Probleme und Frustrationen der Pubertät mit Passivität oder Intoleranz gegenüber anderen reagieren. Wenn Sie eher Feuer sind, sind Sie vielleicht in Zeiten großer Belastungen und des Aufruhrs reizbar und überempfindlich. Erde-Typen neigen zum Festhalten, Metall-Typen werden überkritisch, und Wasser zieht sich in eine distanzierte, düstere Einsamkeit zurück. Wenn Sie die Tendenz Ihrer Konstitution und Ihre Affinität zu einer bestimmten Wandlungsphase erkannt haben, dann bekommen Sie auch eine Empfindung für Ihre Stärken und Schwächen und ein Gespür dafür, wie Sie Ihre Energien am kreativsten einsetzen.

Mit sich selbst sprechen. Sprechen Sie, wenn Sie einen Augenblick allein sind und das Bedürfnis haben, Ihre Gedanken laut aus, und formulieren Sie Ihre Ängste, Zweifel, Bedenken und Enttäuschungen. Vielleicht empfinden Sie Ärger und Zorn über den physischen und emotionalen Aufruhr, den Sie durchmachen. Machen Sie Ihrer Wut und Frustration Luft, verleihen Sie Ihren Phantasien Worte, und drücken Sie Ihre Empfindungen ohne Angst vor Tadel oder Kritik aus.

Bei einem etwas fortgeschritteneren Ritual könnten Sie versuchen, Ihre negativen Gedanken zur Erde hin auszusprechen. Als Lara Owen, Verfasserin von *Her Blood is Gold*, für ihre Zervixdysplasie keine konventionelle Hilfe bekommen konnte, wandte sie sich an einen Heiler, der in der indianischen Heilkunst ausgebildet war. Nach einem ausführlichen Gespräch kam er zu dem Schluß, daß ihr Problem auf Furcht und Zorn beruhte, denn sie hatte ganz widersprüchliche Empfindungen bezüglich ihres Frauseins ausgedrückt. Er riet ihr, in ihrem Garten ein Loch zu graben, sich über das Loch zu beugen, ihre negativen Gedanken hineinzusprechen und dann das Loch mit Erde zuzudecken. Der Heiler versicherte ihr, daß die Erde ebenso, wie sie Abfälle in Kompost verwandelt, auch diese negativen Gedanken aufnehmen und in positive, lebenspendende Energie verwandeln würde. »Ich ging nach Hause und probierte diese Technik aus«, erinnert sich Owen. »Ich kam mir ziemlich albern vor, und ich war froh, daß niemand meinen kleinen Garten einsehen kann. Es war mir nie klargeworden, daß sich in meinem hochgebildeten feministischen Denken so viele schlechte Empfindungen verbargen, bis ich diese Übung durchführte. Sie war schmerzhaft – und sie war sehr wirksam.«

Das Blut der Erde zurückgeben. Seit uralten Zeiten wird Menstruationsblut benutzt, um die Erde fruchtbar zu machen. In den indianischen Kulturen gingen menstruierende Frauen in die Felder und Wälder, kauerten sich auf weiche Mooslager und gaben der Erde ihr lebenspendendes, nährendes Blut zurück. *Brooke Medicine Eagle*, Verfasserin von *Buffalo Woman Comes Singing*, erklärt, wie sie mit ihrem eigenen modernen Ritual diese alte Tradition zu neuem Leben erweckt:

> Ich hätte mir nicht vorstellen können, wie wunderbar und erfüllend es ist, sich wirklich auf den Boden zu setzen und der Erde direkt Mondblut zurückzugeben. Ich trage einen langen Rock auf der bloßen Haut und suche mir eine ruhige Stelle auf dem Lande. Dann mache ich mir aus weichem Gras und Moos ein Kissen, setze mich darauf und streiche meinen Rock zur Seite.

Um auf die Erde bluten zu können, braucht man Zeit und Raum – kostbare Dinge, über die viele Frauen heute nicht mehr verfügen. Jungen Frauen ist es vielleicht auch peinlich, mit einem schwingenden Rock auf der bloßen Haut in ihren Garten hinter dem Haus zu gehen, sich auf Pflanzen zu kauern und auf die Erde zu bluten. Ein weniger auffälliges und weniger zeitaufwendiges Ritual wäre es, wiederverwendbare Baumwolleinlagen zu verwenden, diese in einer für diesen Zweck reservierten Schüssel mit klarem Wasser auszuwaschen und dieses Wasser auf die Erde zu gießen. (Wenn man in der Stadt lebt, könnte man damit auch seinen Zimmerpflanzen jeden Monat etwas Gutes tun!) Lara Owen beschreibt, welche Rolle dieses in mehrere Stufen gegliederte Ritual in ihrem Leben spielt:

> Wenn ich meine Einlagen hervorhole, dann fängt für mich meine Periode an. Ich bewahre sie in einem schönen Beutel in einem

Wandschrank auf. Wenn ich sie einweiche und auswasche, betont dies für mich den reinigenden Aspekt meiner Periode. Wenn ich das Einweichwasser meinen Pflanzen und den Bäumen in der Nähe gebe, erinnert mich dies an meine Verbindung mit der Natur, mit der Erde und ihren Zyklen. Wenn ich sie schließlich nach dem Ende meiner Blutung zusammenfalte und aufräume, markiert dies das Ende der heiligen Pause im Monat, die meine Mondzeit ist.

Ein Bad nehmen oder im Mondlicht schwimmen. In Baderitualen werden die reinigenden Eigenschaften des Menstruationsbluts zelebriert. Nehmen Sie vor der Periode, wenn Sie sich vom Gewicht Ihres Blutes schwer und gesättigt fühlen, ein langes, heißes Bad, und stellen Sie sich vor, wie Ihre Gebärmutter die fest geschlossenen Muskeln mit einem langen, zufriedenen Seufzer entspannt. Denken Sie am Abend, wenn Sie Ihr Gesicht waschen, oder am Morgen beim Duschen daran, wie Ihr Blut in einer ähnlichen Weise Ihre inneren Räume reinigt, indem es alte, abgestorbene Zellen entfernt und Platz für frische und neue Zellen macht. Schwimmen Sie an warmen Sommerabenden bei Vollmond in einem See oder Bergbach. Genießen Sie in den kalten Wintermonaten ein Dampfbad oder eine Sauna. Lassen Sie sich vom Wasser ebenso reinigen und erneuern, wie Ihr Menstruationsblut Ihren Schoß erneuert.

Viele indianische Kulturen verehrten das Wasser als das Medium, in dem ein junges Mädchen bewiesen hat, daß sie eine Frau ist. In Ann Camerons Buch *Copper Woman* beschreibt eine Großmutter aus einem ungenannten Stamm im Pazifischen Nordwesten die rituelle Ausdauerprüfung, der sich junge Frauen nach ihrer ersten Periode unterziehen mußten:

> Man wurde in einen speziellen Einbaum gesetzt, der ganz mit den Daunen von Wasservögeln geschmückt war, den besten Federn von der Brust des Vogels, und man hatte seine besten Kleider und all seinen Schmuck an und stand da ganz stolz und glücklich. Dann wurde ein spezielles Lied gesungen, und die alte Frau

> fuhr das Mädchen ein Stück hinaus. Wenn das Lied zu Ende war, sang die alte Frau ein spezielles Lied und nahm dem Mädchen alle Kleider ab. Dann sprang es in das Wasser, und der Einbaum fuhr zurück. Nun war man alleine draußen im Wasser, und man mußte zum Dorf zurückschwimmen. Dort wurde man erwartet, und es wurden Feuer am Ufer entzündet. Wenn sie einen schließlich erspähten, stimmten sie ein Siegeslied an, das davon handelte, wie ein Mädchen schwimmen ging und als Frau zurückkehrte...

Die Macht des Blutes zelebrieren. Blut ist gleichbedeutend mit Macht. Bei den Asante in Ghana bestrichen Priester einen speziellen Besen mit Menstruationsblut, um sich vor Zauber und Magie zu schützen. Wenn Frauen vom Stamm der Kwakiutl auf eine Reise gingen, bewahrten sie Menstruationsblut in einem Stückchen zerkleinerter Rinde auf, um sich vor allem Bösen zu schützen. Die alten Römer düngten mit Menstruationsblut Weizenfelder. Die Marokkaner machten bei offenen Wunden Verbände mit Menstruationsblut. In vielen Kulturen tranken Männer mit Menstruationsblut vermischten Rotwein, um sich spirituell zu kräftigen. Die ägyptischen Pharaonen tranken eine Flüssigkeit namens *Sa* (»das Blut der Isis«), um sich heilige Kräfte zu erwerben.

Im alten Griechenland vermischten beim Fest der Thesmophorien Frauen das Korn vor der Aussaat mit ihrem Menstruationsblut, wie Penelope Shuttle und Peter Redgrove *(The Wise Wound)* schreiben:

> Einigen Autoritäten zufolge haben Frauen den Ackerbau erfunden. Sie konnten dies nur, weil sie das Geheimnis der großen Fruchtbarkeit des Saatgetreides besaßen. Ursprünglich vermischten nämlich Frauen das Saatgetreide vor der Aussaat mit Menstruationsblut, dem denkbar besten Dünger. Weil Männer kein magisches Blut dieser Art hatten, konnten sie Getreide nicht so gut anbauen wie Frauen, wie sie auch keine Kinder bekommen konnten.

Zelebrieren Sie die Macht Ihres Blutes, wie es seit Jahrtausenden zelebriert wird, denn es ist heute wie ehedem von der Kraft des Lebens, der Unvermeidlichkeit des Todes und dem Wunder der Wiedergeburt durchtränkt.

Mütterliche Geschenke

> Ich liebe meine Tochter. Sie hat in meinem Körper gewohnt. Es gibt einen Teil in ihrer Seele, der ein Teil meiner Seele ist. Als sie geboren wurde, entschlüpfte sie mir wie ein glitschiger Fisch, und seither schwimmt sie von mir fort.
>
> *Amy Tan*

> Meine Mutter ist mein Spiegel, und ich bin ihr Spiegel. Was sehen wir? Unser wieder jung gewordenes Gesicht.
>
> *Marge Piercy*

Wenn Sie Mutter (oder Großmutter, Verwandte oder Freundin) eines Mädchens in der Pubertät sind, können Sie mit ihrer Einwilligung an den Mondzeitritualen Ihrer Tochter teilnehmen oder eigene Rituale schaffen, um die lebenspendende, lebenerhaltende Natur der weiblichen Erfahrung zu feiern. Nachfolgend einige Ideen:

Die Dunkelheit zelebrieren. Lehren Sie Ihre Tochter, die Dunkelheit nicht zu fürchten, sondern ihre Schönheit und Macht zu schätzen, denn die Dunkelheit lehrt uns, nach innen zu gehen, auf die Stimme unserer Intuition zu hören und den Mut zu finden, ihrer Weisheit zu folgen. Erzählen Sie Ihrer Tochter von Erkenntnissen und Erfahrungen, die Sie im Dunkeln gemacht haben. Gehen Sie mit ihr in Neumondnächten spazieren. Lehren Sie sie, im Dunkeln zu »sehen« – mit dem inneren Auge zu schauen und den intuitiven Visionen zu folgen.

Kleine Geschenke geben. Machen Sie Ihrer Tochter Ihre Zuwendung und Achtung deutlich, indem Sie ihr kleine, nicht teure Geschenke geben. Wenn sie fragt: »Wofür ist das?«, geben Sie ihr eine einfache Antwort wie zum Beispiel »Ich habe an dich gedacht« oder »Ich dachte, daß dir dies gefällt.« Nachfolgend einige Ideen:

- ein Mondtagebuch,
- eine Aufnahme oder eine Zeichnung des Mondes,
- ein Poster, das die Mondphasen zeigt,
- ein handbemalter Rahmen für ein Lieblingsfoto,
- ein besonderes Buch,
- eine kleine handgemachte Schatulle für ihren Lieblingsschmuck,
- eine Kerze für ihr Zimmer,
- ein Lavendelsäckchen für ihren Wäscheschrank (der sanfte, weiche Duft des Lavendels beruhigt den Geist und gibt der Seele Linderung),
- eine Schlangenhaut. (Nicht jedes Mädchen wird mit diesem Geschenk etwas anfangen können. Denken Sie jedoch daran, daß die alten Göttinnengesellschaften Schlangen als Symbol der Unsterblichkeit verehrten; ihre Anwesenheit stellte sicher, wie Marija Gimbutas sagt, »daß der rätselhafte Kreislauf der Natur nicht aufhören und ihre lebenspendende Kraft nicht geschwächt würde«.)

Ihr Geschichten erzählen. Sammeln Sie Geschichten über Ihre intelligenten, kraftvollen und nie um einen Ausweg verlegenen weiblichen Vorfahren. Erzählen Sie Ihrer Tochter, wie Sie den Vorlesewettbewerb in der Schule gewannen, wie Ihre Mutter mit einer lebensbedrohlichen Krankheit fertig wurde oder wie Ihre Großmutter noch fünfzehn Kilometer zu Fuß zurücklegte, um ein Dutzend Eier zu kaufen. Machen Sie ihr deutlich, daß sie Nachfahrin starker, mächtiger Frauen ist. Erzählen Sie ihr am Abend vor dem Einschlafen Geschichten von inspirierten Frauen wie Maria Magdalena, Jeanne d'Arc, Florence Nightingale oder Anne Morrow Lindbergh. Erzählen Sie von den Göttinnen, Hexen und weisen Frauen der Vergangenheit. Lesen Sie ihr Geschichten aus Büchern vor, die von jungen, unerschrockenen Heldinnen handeln. Ermuntern Sie sie, selbst Geschichten zu schreiben und zu erzählen.

Ihr Blumen kaufen. Schenken Sie Ihrer Tochter zur Feier ihrer ersten Regel rote Rosen, eine für jedes Lebensjahr. Stellen Sie die Blumen in ihr Zimmer, damit sie sie dort selbst entdecken kann. Es ist schön, wenn sie ihre Freude über das Geschenk zu erkennen gibt; wenn sie das Geheimnis der Rosen für sich behalten will, sollten Sie es respektieren, daß sie an diesem besonderen Tag nicht aus sich herausgehen will. (Schenken Sie sich selbst eine rote Rose, um den Neumond zu feiern, der das Symbol für die ersten Stufen eines Werdeprozesses ist, oder um sich an die Macht Ihres Blutes zu erinnern.)

Ihren Rücken massieren. Wir hörten von diesem einfachen Gutenachtritual von einer Mutter dreier Kinder, deren ältestes jetzt zwölf Jahre alt ist. Wenn die Kinder am Abend ihre Zähne geputzt haben und zu Bett gehen, fragt die Mutter sie, ob sie ihren Rücken massieren soll. Während die kleineren Kinder den körperlichen Kontakt und das Alleinsein mit der Mutter genießen, nutzt die älteste Tochter diese Zeit oft, um mit ihrer Mutter über die Ereignisse des Tages, über ihre Gedanken, Sorgen und Probleme zu sprechen. »Ich stelle ihr keine Fragen«, sagt diese Mutter. »Ich massiere einfach ihren Rücken und höre zu.« Wichtig ist es bei diesem Ritual, sich von seinem Kind leiten zu lassen: Wenn sie lieber möchte, daß sie ihren Rücken kratzen, statt zu massieren, oder wenn sie an einer bestimmten Stelle massiert werden will, tun Sie dies. Vielleicht hat sie Wachstumsschmerzen in ihrem Bein – fragen Sie sie dann, wo es weh tut, und kneten Sie die betreffenden Muskeln vorsichtig. Wenn sie lesen möchte, hören Sie aufmerksam und ernsthaft zu. Wenn sie nichts sagen will, versuchen Sie nicht, ihr Bedürfnis nach Stille zu stören. In dieser Weise machen Sie ihr Verständnis dafür deutlich, daß Wachsen »weh tut«, das Leben anstrengend sein kann, Ruhe und Entspannung ein wesentlicher Teil des Tages sind und Sie für das Mädchen physisch und emotional da sind, wenn sie Ihre Unterstützung braucht.

Ihr eine Tasse Kräutertee zubereiten. Bereiten Sie Ihrer Tochter am Ende eines langen Tages oder zum Aufwärmen an einem kalten Winternachmittag eine Tasse Tee aus Himbeerblättern und Herzgespann zu, zwei unterstützenden, entspannenden und stärkenden Kräutern. Himbeere, die viel Vitamin A, Vitamine vom B-Komplex und Vitamin C enthält und reich ist an Mineralstoffen wie Phosphor und Kalium sowie gut verwertbarem Kalzium und Eisen, tonisiert und kräftigt die Fortpflanzungsorgane und lindert die Krampfschmerzen. Herzgespann, eine einst häufig angebaute Heilpflanze, regt den Kreislauf an, wirkt beruhigend, lindert Ängstlichkeit, kräftigt das Herz, stärkt die Verdauung, stillt Krämpfe und wirkt entwässernd. Zum Aromatisieren Zimt (erfrischt das Blut und reguliert den Menstruationszyklus) und/oder Honig hinzufügen, den die Chinesen zur Auflösung von Frustrationen einsetzen und die Alten zur Stärkung der Gesundheit und Verlängerung des Lebens einnahmen. Man könnte den Tee durchaus als Arznei betrachten, doch verwenden Sie ihn als Geschenk, das man einander gibt und miteinander genießt.

Orte der Macht gemeinsam nutzen. Wo fühlen Sie sich am behaglichsten, am entspanntesten, am meisten zu Hause, am meisten Sie selbst? Gibt es ein Zimmer, einen Sessel, einen besonderen Platz in Ihrem Garten, an dem Sie sich besonders friedlich oder krafterfüllt fühlen? Sprechen Sie mit Ihrer Tochter über die verschiedenen Energien verschiedener Orte: wie Sie sich in einem Wäldchen sicher und geschützt fühlen oder wie Sie ein Erdhügel an die gerundeten Brüste oder den gewölbten Bauch einer Frau erinnert. Wegkreuzungen sind oft ein Ort, um über wichtige Lebensentscheidungen nachzudenken; Wiesen lassen uns Offenheit und Aufrichtigkeit spüren, Hochebenen geben uns die Möglichkeit, Atem zu schöpfen, und steile Felsen lehren uns, wie hoch wir steigen und wie tief wir fallen können. Indem Sie Ihre Machtorte und Ihre Wahrnehmung der verschiedenen in der natürlichen Welt vorhandenen Energien mit Ihrer Tochter teilen, helfen Sie Ihr, die Bedeutung verschiedener Orte zu entdecken, die Ihre Aufmerksamkeit zeitweilig auf einen bestimmten Punkt lenken und gerade dadurch Ihre Welt weiter machen.

Diese und andere Rituale, die Sie selbst entdecken können, enthüllen die Heiligkeit des Alltäglichen – die reine, unberührte Schönheit, die man in banalsten Handlungen des alltäglichen Lebens entdecken kann. Wenn man zu hektisch lebt und es versäumt, aufmerksam zu sein, dann verliert man die Empfindung für das Jetzt; wenn man immer nur in der Vergangenheit oder auf die Zukunft blickt, versäumt man es, das Leben so zu schätzen, wie es sich gerade jetzt, in diesem Augenblick, vollzieht. Die Fähigkeit, ganz im sich entfaltenden Augenblick aufzugehen, hat man mit der kindlichen Fähigkeit des ehrfürchtigen Staunens verglichen, den man »Unschuld« nennt. »Unschuld ist der selbstvergessene Zustand des Geistes in einem Augenblick reiner Hingabe an ein Objekt«, schreibt Annie Dillard (nach Stein).

Das Objekt ist dabei unwichtig – worauf es ankommt, ist der Geist der Hingabe, der in dem einfachen Genuß des »Tuns« um des Tuns willen verwirklicht wird. Hingabe bedeutet, daß wir uns nicht Rechenschaft darüber ablegen müssen, »warum« wir uns einer bestimmten Aufgabe oder Tätigkeit zuwenden; wir »tun« es, weil wir es in einem sehr grundlegenden Sinne »sind«. Wie Lao-tzu sagte: »Wirkliches Handeln heißt sein.«

> Ein Zen-Meister sah fünf seiner Schüler auf ihren Fahrrädern vom Markt zurückkehren. Als sie am Kloster angelangt und abgestiegen waren, fragte sie der Lehrer: »Warum fahrt ihr auf euren Fahrrädern?«
>
> Der erste Schüler antwortete: »Ich habe einen Sack Kartoffeln auf dem Fahrrad. Ich bin froh, daß ich ihn nicht auf meinem Rücken schleppen muß!« Der Lehrer lobte ihn: »Du bist ein kluger Junge! Wenn du alt bist, wirst du nicht gebückt gehen müssen wie ich.«
>
> Der zweite Schüler antwortete: »Ich liebe es, die Bäume und Felder an mir vorüberziehen zu sehen, wenn ich über die Straße gleite!« Der Lehrer lobte den zweiten Schüler: »Du gehst mit offenen Augen durch die Welt.«
>
> Der dritte Schüler antwortete: »Auf dem Fahrrad rezitiere

ich gerne das *Nam myoho renge kyo.*« Der Lehrer lobte auch den dritten Schüler: »Dein Geist wird sich mit der Mühelosigkeit eines neu zentrierten Rades bewegen.«

Der vierte Schüler antwortete: »Auf dem Fahrrad bin ich in Harmonie mit allen fühlenden Wesen.« Der Lehrer war erfreut und sagte zum vierten Schüler: »Du fährst auf dem goldenen Pfad des Nichtverletzens.«

Der fünfte Schüler schließlich antwortete: »Ich fahre Fahrrad, um Fahrrad zu fahren.« Da setzte sich der Lehrer zu Füßen des fünften Schülers und sagte: »Ich bin dein Schüler.« (Nach *The Utne Reader*, 5–6/89)

14 Sommer: Von der Liebhaberin zur Mutter

Man nennt das Tao die große Mutter:
Leer und doch unerschöpflich,
Gebiert es die unendlichen Welten.

Es ist immer in uns gegenwärtig.
Man kann es in jeder beliebigen Weise verwenden.

Lao-tzu, Tao-te ching

Indianerinnen waren sich ihrer Rolle als Lebenspenderinnen bewußt. Mit ihrem Körper konnten sie lebendige Wesen zur Welt bringen ... Sie waren Mütter, und bei diesem Wort dachte niemand an Sklavinnen, Arbeitstiere oder Drohnen, die nur für andere, nicht für sich selbst da waren ... die alten Mütter hatten Macht durch ihr sicheres Wissen, daß die Fähigkeit, Leben hervorzubringen, die Quelle aller Macht ist und sich keiner anderen Macht beugen muß.

Paula Gunn Allen

Wenn in den goldenen Tagen des Sommers des Lebens das flüssige Feuer des Lichts aus den Zellen der Sonne und den Poren der Menschen quillt, entdeckt die Frau die Tiefen ihrer Leidenschaft und Hingabe, ihres Vertrauens und ihrer Opferfähigkeit. Die Erinnerungen an die unschuldigen Tage der Kindheit verdämmern unter dem gleißenden Licht des Verlangens, das schwellend zum Ausbruch drängt, unstillbar, berauscht von seiner stetig aufwogenden Energie. Eine liebende Frau ist von der Energie des Feuers erfüllt; wie schwarzer Asphalt, der die Hitze der Sonne aufsaugt und bis in die Nacht speichert, brennt sie in heißer Glut.
Die nachfolgende Passage aus William Goldmans *The Princess Bride (Die Brautprinzessin)* ist zwar keine traditionelle Erzählung, vermittelt aber sehr schön die schmerzliche Intensität »wahrer Liebe«.

Buttercup hat eine schlaflose Nacht in ihrem zerwühlten Bett verbracht, krank vor Verlangen nach dem Bauernjungen Westley. Im Morgengrauen klopft sie an die Tür seiner Hütte. Als er ihr öffnet, muß sie wegsehen, fast blind vor Verlangen. Jenseits aller Furcht, jenseits aller Hoffnung, jenseits aller Selbstbeherrschung gesteht sie ihm ihre Liebe.

»Ich liebe dich«, sagte Buttercup. »Ich liebe dich jetzt schon seit einigen Stunden, und ich liebe dich in jeder Sekunde mehr. Vor einer Stunde glaubte ich, daß ich dich mehr liebte, als je eine Frau einen Mann geliebt hat, aber eine halbe Stunde später wußte ich, daß meine bisherigen Gefühle nichts im Vergleich zu meinen Gefühlen zu diesem Zeitpunkt waren. Zehn Minuten später wurde mir klar, daß meine bisherige Liebe eine Pfütze im Vergleich zum Ozean vor einem Sturm war. Deine Augen sind so, wußtest du es? Doch, es ist so. Wo war ich stehengeblieben? Vor zwanzig Minuten? Habe ich schon meine Gefühle vor zwanzig Minuten beschrieben? Es ist auch gleichgültig.« Buttercup konnte ihn immer noch nicht ansehen. Hinter ihr ging jetzt die Sonne auf; sie spürte ihre wärmenden Strahlen auf dem Rücken, und dies machte ihr Mut. »Ich liebe dich jetzt soviel mehr als vor zwanzig Minuten, daß man es nicht vergleichen kann. Ich liebe dich jetzt wiederum soviel mehr als vorhin, als du die Tür deiner Hütte öffnetest, so daß man es nicht vergleichen kann. In meinem Körper ist kein Platz für irgend etwas anderes mehr als für dich. Meine Arme lieben dich, meine Ohren schmachten nach dir, meine Knie zittern vor blinder Leidenschaft. Meine Seele verlangt danach, daß du sie um etwas bittest, damit sie es dir geben kann. Willst du, daß ich dir bis an das Ende meiner Tage folge? Ich will es tun. Willst du, daß ich krieche? Ich will kriechen. Ich will schweigen für dich und singen für dich, und wenn du hungrig bist, laß mich dir Essen bringen, und wenn du Durst hast und nichts anderes als Wein aus Arabien könnte ihn stillen, will ich nach Arabien gehen, auch wenn es am anderen Ende der Welt ist, und dir eine Flasche zu deinem Mittagessen bringen. Alles, was ich für dich tun kann, will ich für dich tun; alles, was ich nicht kann, will ich lernen... Westley, Westley, Westley, Westley, Westley – liebster Westley, angebeteter Westley, süßer, vollkommener Westley, flüstere, daß ich eine Chance habe, deine Liebe zu gewinnen.« Und dann raffte sie sich zum Kühnsten auf, was sie jemals getan hatte: Sie blickte ihm geradewegs in die Augen.

Die wilde, verzweifelte Natur wahrer Liebe ist allesverzehrend. Lange kann sie nicht so hell erstrahlen, wenn sie sich nicht erschöpfen will. Wenn diese Jahreszeit ausklingt und die Flammen des Feuers zusammenfallen, baut sich die Energie der Erde auf, die die Sehnsucht nach einer dauernden Bindung, einer leidenschaftlichen Hingabe, einer Liebe nährt, die keine Grenzen kennt. Die Intensität des Feuers verzehrt, während die Stabilität der Erde bewahrt. Wenn die Erde ihren stetigen, beruhigenden Einfluß ausübt, wird der Feuersturm gebändigt und in die beherrschte Glut der reifen Liebe verwandelt. Das Feuer des Herdes gart die Nahrung für Körper, Seele und Geist, speist das schöpferische Leben, entzündet das Verlangen nach tiefen und substantiellen Beziehungen, läßt Geistesfunken sprühen, befeuert zu Mut.

Die Feuer-Liebende/Erde-Mütterliche weiß um den Wert der Geduld und die Bedeutung des Selbstopfers. Je mehr ihre Weisheit wächst, desto mehr versteht sie, daß auch tiefe Liebe stirbt und in einer Beziehung viele, viele Male neu geboren werden muß. Liebe, echte Liebe, ist niemals vollendet, und wie groß auch die Freude ist, die sie uns schenken kann, so müssen wir doch auch ein gewisses Maß an Schmerz und Leid akzeptieren. Einen anderen Menschen wirklich zu lieben heißt, ihm sein Herz zu schenken, und wenn man sein Herz weggibt, riskiert man, daß es bricht. Zerbrochenheit ist aber der Weg des Menschen zu Ganzheit. »Niemand ist so ganz wie derjenige, dessen Herz gebrochen ist«, sagte Rabbi Moshe Leib. Die Sufis kennen ein Gebet: »Zerschmettere mein Herz, damit neuer Raum für eine grenzenlose Liebe entsteht.«

Eine solche Liebe erfordert großen Mut, einen furchtlosen Geist und die Bereitschaft, Schmerzen und Verlust zu ertragen. Die Herausforderung, einer Liebe in allen ihren Phasen treu zu bleiben, wird in einer alten Erzählung der Inuit mit dem Titel »Skelettfrau« beschrieben. Die nachfolgende Version der Geschichte ist leicht geändert übernommen aus Clarissa Pinkola Estés' Buch *Women Who Run with the Wolves*.

Vor langer, langer Zeit lehnte sich eine junge Frau gegen ihren Vater auf. In rasendem Zorn schleppte er sie zu den hohen Klippen und schleuderte sie in das Meer, wo ihr Fleisch von den Geschöpfen des Meeres gefressen wurde. Viele Jahre später verschlug es einen Fischer in die verwunschene Bucht, wo ihr Skelett in den tiefen Strömungen trieb. Er senkte seine Angelschnur tief in das kalte arktische Wasser, als sie sich in den Knochen des Brustkorbs der Skelettfrau verfing. Weil er glaubte, einen riesigen Fisch, ein Ungeheuer, gefangen zu haben, dem er schon sein ganzes Leben nachgestellt hatte, setzte er alles daran, die Leine einzuholen. Wellen brandeten wütend an sein Boot, und das Meer schäumte weiß vor Gischt: Wie sehr der Fischer auch kämpfte, die Skelettfrau kämpfte mit noch größerer Entschlossenheit. Aber je mehr sie versuchte, sich von der Schnur zu befreien, desto mehr verfing sie sich in ihr.

Als der Fischer sie schließlich doch aus dem Wasser zog, prallte er entsetzt zurück und versuchte in Panik, die Knochen zu entwirren und wieder in das Meer zu werfen. Die Skelettfrau war aber hoffnungslos in die Schnur verheddert und ließ sich nicht herauslösen. Der Fischer ruderte ans Ufer, so schnell er konnte. Die Muskeln schmerzten ihn vor Anstrengung, seinem Fang zu entkommen, aber wohin er sich auch wandte und wie schnell er auch eilte, sie war immer hinter ihm. Er rannte über die Felsen und die gefrorene Tundra, aber sie blieb ihm auf den Fersen. Als er in seine Schneehütte schlüpfte, um sie abzuschütteln, folgte sie ihm, und als er schließlich seine Harpune zu Boden warf, stürzte das Skelett in einem wirren Haufen zu Boden.

Der Fischer schöpfte tief Atem und versuchte, sein heftig pochendes Herz zu beruhigen. Als er den Knochenhaufen am Boden betrachtete, empfand er plötzlich Mitleid, denn es waren schließlich nichts als Knochen. Als er näher hinsah, stellte er fest, daß er ein vollständiges Skelett vom Meeresgrund heraufgezogen hatte. Ein großes Mitleid erfaßte ihn. Er sang für die Knochen, wie eine Mutter für ein Kind singt, das sich weh getan hat, und er begann die Skelettfrau von der Angelschnur zu befreien. Um sie zu erwärmen, entzündete er mit einem Büschel seiner Haare ein Feuer, und er wickelte sie in seine Felle ein. Dann fiel er, von den Ereignissen des Tages erschöpft, in einen tiefen Schlaf.

Im Traum rollte ihm eine Träne der Traurigkeit (oder war es Sehnsucht?) die Wange hinab. Die Skelettfrau, die unter furchtbarem Durst litt, trank die Träne auf, die wie das Meer war – salzig, unerschöpflich, Körper, Seele und Geist erquickend. Hierdurch gestärkt und erfrischt, faßte sie in die Brust des Fischers und nahm sein Herz heraus. Sie klopfte auf das Herz wie auf eine Trommel, und sie sang: »Fleisch, Fleisch, Fleisch«, und als sie sang, wurden ihr Brüste, Haar, Augen, Lippen, Nase, Hände, Fingernägel wiedergeben, alles, was sie brauchte. Als ihre Knochen wieder ganz mit Fleisch umgeben waren, setzte sie das Herz wieder in die Brust des schlafenden Fischers ein. Sie schlang ihre Arme um ihn und fiel in einen tiefen, friedlichen Schlaf.

Und so erwachten der Fischer und die Skelettfrau viele Stunden später, die Arme fest umeinandergeschlungen. Sie lebten viele Jahre glücklich bis an ihr Lebensende, und ihre Seelen wurden von Liebe, ihre Körper von den Früchten des Meeres gespeist.

Diese eigenartige und wunderbare Geschichte lehrt uns sehr viel über die Zyklen von Liebe, Leben und Tod. Clarissa Pinkola Estés benutzt diese Geschichte als Parabel zur Beschreibung der »sieben Aufgaben, die eine Seele lehren, eine andere Seele tief und wahrhaftig zu lieben«. Die erste Aufgabe besteht, wie sie schreibt, in der Entdeckung eines anderen Menschen als »spirituellem Schatz, auch wenn man zuerst noch nicht erkennt, was man gefunden hat«. Ein furchtbarer Kampf entbrennt, als der Fischer die Leine einholen will und noch nicht weiß, daß er dem Tod ins Angesicht blicken wird. Als er die Knochen aus dem Wasser zieht, schreit er entsetzt auf, denn dies ist nicht die Trophäe, die er erwartet hatte. Aber es kommt noch schlimmer: Wie sehr er auch versucht, seine Leine wieder freizubekommen – die Skelettfrau läßt nicht los.

Ihre Hartnäckigkeit ist aber genau dasjenige, was in den ersten Phasen der Liebe vonnöten ist, weil hier der Fischer die Möglichkeit bekommt zu zeigen, was in ihm steckt. »Hier besteht zum erstenmal die konkrete Möglichkeit, Mut zu zeigen und zu erkennen, was Liebe ist«, schreibt Estés. »Lieben heißt, nicht wegzulaufen. Lieben heißt, aus einer Phantasiewelt in eine Welt einzutreten, in der eine tragfähige Liebe möglich ist, von Angesicht zu Angesicht, von Bein zu Bein, eine Liebe der Hingabe. Lieben heißt, nicht wegzulaufen, wenn jede Zelle ruft: ›Lauf!‹«

Das blanke Entsetzen herrscht bei der zweiten Aufgabe, als der Fischer um sein Leben läuft. Er kann aber der Skelettfrau nicht entgehen, die ihm unerbittlich auf den Fersen bleibt. In Liebesbeziehungen ist dies die Phase, in der einer der Partner, der die weniger angenehmen Aspekte des anderen entdeckt hat, in die Fänge einer klaustrophobischen Angst vor einer langfristigen Beziehung gerät. Diese Angst wird von dem Gedanken daran geschürt, daß man der Aufgabe, einen anderen Menschen zu lieben, nicht mehr entrinnen und von ihr aufgezehrt werden könnte. Dieses vorübergehende Schwinden des Muts signalisiert die aufkeimende Erkenntnis, daß Liebe mehr ist als ein seichtes Vergnügen und daß wahre und tiefe Liebe auch schwere Anstrengung fordern kann. »Ohne eine Aufgabe, die eine wirkliche Herausforderung ist, kann es keine Transformation geben«, schreibt Estés. »Ohne eine wirkliche Aufgabe gibt es keine wirkliche Befriedigung. Um das Vergnügen zu lieben, braucht es wenig. Um wirklich zu lieben, braucht es einen Helden, der mit seiner eigenen Furcht fertig wird.«

Beim mühsamen Entwirren der Knochen beweist der Fischer, daß er fähig ist, die dritte Aufgabe zu bewältigen. Mit großem Mut und Mitleid blickt er dem, wie Estés es nennt, »Nichtschönen« oder, wie sie in einer Fußnote anmerkt, »Noch-nicht-Schönen« ins Angesicht.

»Was ist das Nichtschöne?« fragt Estés. »Unser heimlicher Hunger nach Liebe ist das Nichtschöne. Unser Mißbrauch der Liebe und Verzicht auf Liebe ist das Nichtschöne. Unser Mangel an Loyalität und Hingabe ist lieblos, unsere Empfindung der Getrenntheit der Seelen ist armselig, unsere seelischen Warzen, Unzulänglichkeiten, Mißverständnisse und infantilen Phantasien sind das Nichtschöne.«
Es dämmert dem Fischer, daß die Knochen des Todes auch die Knochen des Lebens sind, denn »wenn der Tod wandert, dann regen sich auch die Knochen des Lebens«. Die vierte Stufe steht im Zeichen des Schlafes und der Rückkehr zur Unschuld, als sich der Fischer den geheimnisvollen Sehnsüchten ergibt, die in seiner Seele erwacht sind. Im Schlaf vergießt er eine Träne (die fünfte Aufgabe), das Symbol seines Verlangens, sich mit einem anderen Menschen zu verbinden und auszutauschen. »Als der Fischer die Träne weint, begegnet er seinem Schmerz«, schreibt Estés, »und er weiß es, als er ihn berührt... der Fischer läßt sein Herz brechen – nicht zusammenbrechen, sondern aufbrechen.«
Bei der sechsten Aufgabe bringt er der Skelettfrau sein Herz dar, »das einzige, was wirklich zählt, das einzige, was eine reine und unschuldige Empfindung erzeugen kann«, und diese singt mit seinem Herzen Leben in ihren Körper und Fleisch auf ihre Knochen. Aus dem Tod geht Leben hervor und aus dem Leben Liebe. Fleisch und Geist verschmelzen auf der letzten Stufe, als der Fischer und die Skelettfrau ihre Kraft und ihre Macht miteinander teilen, von der Liebe in Seelengeschwister verwandelt, denen es »bis an das Ende ihrer Tage an nichts mangeln wird«.

Die Geschichte von der Skelettfrau lehrt uns, daß das Werk der Liebe (denn Liebe ist nichts, wenn sie nicht Arbeit ist) mit einer Entdeckung beginnt (die nicht immer ein schöner Anblick ist) und über die verschiedenen Phasen der Furcht, Hoffnung, des Mitleids, der Unterwerfung und des Vertrauens auf die letzte Stufe gelangt, wenn das Herz aufbricht und Fleisch und Geist zu einem verbindet. Manchmal – und in der modernen Welt wohl eher häufig – bringen wir die Stufen durcheinander, und die Liebe wird vollzogen, bevor sie geschaffen ist. Weil wir Angst vor der damit verbundenen »Arbeit« haben oder unsicher sind, wie wir sie bewältigen sollen, verläuft der Zyklus rückwärts: Die Knochen verheddern sich immer stärker im Netz, und es herrschen Furcht und Verwirrung. Wenn uns die Liebe aber irgend etwas lehrt, dann die Erkenntnis, daß alles, was stirbt, wiedergeboren wird. Wenn wir bereit sind, uns die Zeit zu nehmen, die Verantwortung zu übernehmen und die Wunden zu heilen, wird die Liebe immer und immer wieder zurückkehren und mit jeder durchlaufenen Stufe immer stärker und lebendiger werden. Estés beschreibt die zyklische Natur der Lieben wie folgt:

> Liebe in ihrer vollendeten Form ist eine Aufeinanderfolge von Toden und Wiedergeburten. Wir lassen eine Phase, einen Aspekt der Liebe los und treten in einen neuen ein. Leidenschaft stirbt und wird wiedererweckt. Schmerz wird vertrieben und taucht ein andermal wieder auf. Liebe heißt, es anzunehmen und zugleich zu ertragen, daß viele Dinge enden und viele Dinge neu beginnen, und alles in derselben Beziehung.

Laurie

Die vierundzwanzigjährige Laurie, die vor kurzem ihr Studium beendet hatte, wurde von ihrem Gynäkologen, der mir die wesentlichen Einzelheiten ihrer Krankengeschichte telefonisch durchgab, zu Akupunkturbehandlungen überwiesen. Als Kind litt Laurie an chronischen Streptokokkeninfektionen, die mit Antibiotika in starken Dosen behandelt wurden. Als Zehnjährige erkrankte sie an schwerem Scharlach, der wiederum mit Antibiotika behandelt wurde, und als Jugendliche nahm sie gegen ihre Akne das antibiotische Tetracyclin ein.

»Ich bin überzeugt, daß diese wiederholten chemotherapeutischen Behandlungen zu einer chronischen Candidose der Scheide geführt haben«, sagte Lauries Hausarzt. »Die antimykotischen Behandlungen, die wir durchgeführt haben, schlagen kurzzeitig an, doch kehren die Infektionen dann verstärkt wieder.«

Die Häufigkeit der durch Hefepilze bedingten Scheidenentzündungen hat seit der Einführung der Antibiotika in den vierziger und fünfziger Jahren dramatisch zugenommen. Antibiotika sind hochwirksame Mittel, doch wirken sie wenig spezifisch; ihre Wirkung ähnelt mehr den Feuergarben eines Maschinengewehrs als der Kugel eines Scharfschützen. Wenn Antibiotika gegen bakterielle Infektionen irgendwo im weiblichen Körper eingesetzt werden, machen sie auch den sogenannten Döderlein-Bakterien den Garaus, die für die Aufrechterhaltung des richtigen pH-Wertes im Scheidenmilieu verantwortlich sind. Dadurch entstehen ideale Wachstumsbedingungen für Hefepilze. Dem Gynäkologen Niels Lauersen zufolge, Verfasser von *Its Your Body*, leidet jede zweite Frau, die zum Gynäkologen geht, an einer Scheidenentzündung; zwar können auch Scheidenbakterien wie Chlamydien, Gardnerella und Trichomonas eine Scheidenentzündung hervorrufen, doch sind die Hälfte aller Scheideninfektionen durch Hefebakterien verursacht.

»Glauben Sie, daß Sie Ihre Zauberkur mit dieser Patientin durchführen könnten?« fragte Lauries Arzt, der die »Zauberkur« der Akupunktur und Kräutertherapie aus erster Hand kannte: Vor drei Jahren hatte er Beschwerden wegen einer vergrößerten Prostata gehabt, und sein Arzt riet ihm zu einem chirurgischen Eingriff. Seine Frau, die bei mir schon in Behandlung gewesen war, schlug ihm vor, es doch zunächst mit einer Alternative zu versuchen, bevor er sich unters Messer begab. Nach zwei Monaten Akupunktur und Kräuterbehandlung war die Entzündung seines Prostatagewebes verschwunden, und sein Arzt verzichtete auf eine Operation.

»Pilzinfektionen sprechen sehr gut auf Akupunktur und Kräutertherapie an«, sagte ich. »Ich will Ihre Patientin sehr gerne übernehmen. Wie geht es übrigens Ihrer Prostata?«

»Arbeitet wie neu«, sagte er.

Das erste, was mir an Laurie auffiel, war ein intensiver gelborangefarbener Ton um ihre Augen und Schläfen, was mich sofort an ein

Übermaß an Erde-Energie und mögliche Probleme mit Milz und Magen denken ließ, die Yin- und Yang-Organe, die zur Wandlungsphase Erde gehören. Völlegefühl und Aufgetriebensein, Stoffwechselprobleme (»Ich glaube, ich habe einen langsamen Stoffwechsel«, vertraute sie mir an, »denn ich esse nicht sehr viel und bin ständig in Bewegung, und trotzdem nehme ich nicht ab«), allgemeiner Energiemangel, Antriebsschwäche und mit einem prämenstruellen Spannungssyndrom verbundene Symptome der Lethargie und Müdigkeit wiesen ebenfalls auf ein Ungleichgewicht der Erde-Energie hin.

Lauries Puls war »schlüpfrig«, ein Begriff, mit dem man die Empfindung eines Wasserüberschusses im Körper bezeichnet. Als ich meine Finger auf die mittlere Position ihrer rechten Hand (den Erde-Puls) legte, stellte ich fest, wie dick und schwer die Energie war, die sich fast so zäh wie Schmalz anfühlte. Die Aufgabe der Erde ist die Aufnahme von Speisen, Flüssigkeiten und emotionalen Nährstoffen und ihre Zerlegung in Energie, Blut und Abbauprodukte; wenn die Erde-Energie aus dem Gleichgewicht ist, kann sie die aufgenommenen Substanzen nicht richtig zerlegen und resorbieren. Die Flüssigkeiten im Körper geraten ins Stocken und gerinnen zu einer Substanz, die die Chinesen *»Tan«* nennen, und Feuchtigkeit dringt in Körper, Seele und Geist ein. Eine äußere Auswirkung dieser Feuchtigkeit ist eine Pilzinfektion; weitere äußere Anzeichen von Feuchtigkeit sind Kopfschmerzen, Magengeräusche und Gelenkschmerzen, die bei feuchter Witterung schlimmer werden. Innerlich manifestiert sich Feuchtigkeit als Lethargie, unklares Denken und ein Schweregefühl in den Gliedmaßen – sämtliche Symptome, über die Laurie klagte.

Weiterhin stellte ich eine Unregelmäßigkeit des Pulsschlags fest. Wenn das Herz das Blut durch die Gefäße pumpt, entsteht ein gleichmäßiger, zuverlässiger Pulsschlag; die Unregelmäßigkeit des Rhythmus wies darauf hin, daß bei Laurie ein Übermaß an Feuer bestand, der Energie, die das Herz regiert. Die Leberpulse fühlten sich dünn und drahtig an, ein Hinweis darauf, daß die übermäßige Feuer-Energie im Herzen die Holz-Energie der Leber aufzehrte. Die Wandlungsphase Holz hat zwei grundlegende Steuerungsfunktionen, nämlich die Speisung des Feuers und die Regulierung der Erde. Wenn das Holz die Erde-Energien nicht unter Kontrolle halten kann, können Verdauungsstörungen entstehen, wodurch im ganzen Körper ein Übermaß an Feuchtigkeit entsteht (siehe die Karte des Hervorbringungs- und des Überwältigungszyklus auf Seite 136 f.).

Lauries Zunge war blaß und etwas schwammig oder aufgedunsen; die Spitze und die Ränder waren rot, und am Zungengrund befand sich ein dicker weißer Belag. Die Blässe und Schwellung stützten die Diagnose mangelnde Milz-Energie, während die Rötung der Spitze und der Ränder auf eine Behinderung der Leber-Energie und Hitze im Herz oder Perikard hindeuteten. Der Belag zeigte Feuchtigkeit im »Unteren Erwärmer« an, dem funktionellen Organsystem, das für den Beckenbereich zuständig ist. Bei der Besprechung ihrer Symptome schien Laurie sehr ängstlich und war oft den Tränen nahe. Ihr Tonfall war übertrieben singend und bestätigte die Diagnose einer überschüssigen Erde-Energie. Es fiel mir auch auf, daß sie oft laut lachte, wenn sie besonders bedrückt und resigniert war – ein Hinweis darauf, daß auch ihre Feuer-Energie aus dem Gleichgewicht war.

»Sooft ich eine neue Beziehung eingehe, bekomme ich eine Pilzinfektion«, sagte Laurie. »Ich habe alles eingenommen, was man nur in der Apotheke bekommen kann, aber nichts hilft. Glauben Sie, daß diese Infektionen mir etwas sagen wollen?«

»Was glauben Sie selbst, daß sie Ihnen sagen wollen?« fragte ich.

»Ich weiß, daß es komisch ist, aber ich frage mich immer, ob irgend jemand mich lieben kann, wirklich lieben, wenn ich so unvollkommen bin«, sagte Laurie. »Jedesmal wenn ich eine Infektion bekomme, frage ich mich: ›Wird er bei mir bleiben, wenn mein Körper so offensichtlich gestört ist?‹«

»Ihre Fragen sind sehr wichtig«, sagte ich, »weil sie die emotionale Seite Ihrer Krankheit enthüllen. Nach chinesischer Auffassung muß man alle in Frage kommenden Faktoren betrachten, die physischen, emotionalen und spirituellen, die zu einem Ungleichgewicht führen. Weil Streß zur Entwicklung von Pilzinfektionen führen kann, müssen wir genau prüfen, was die wichtigsten Streßfaktoren in Ihrem Leben sind. Eine der wichtigsten Fragen, die Sie sich stellen müssen, lautet: ›In welcher Weise hindert mich diese Beschwerde daran, mich zu verwirklichen? Was unterdrücke ich?‹«

»Was unterdrücke ich nicht?« lachte Laurie auf. »Zorn, Enttäuschung, Kummer, Angst – es gibt fast nichts, was ich nicht unterdrücke!« Als Laurie über die Beziehungen in ihrem Leben sprach, zeigte sich eine Tendenz, ihre Freunde und Liebhaber zu bemuttern; sie war immer für sie da, um ihnen zuzuhören, ihnen Ratschläge zu geben, für sie zu kochen oder ihnen einen Strauß Blumen aus ihrem Garten zu schenken. Wenn sie ihrerseits aber wenig Energie hatte und Hilfe brauchte, hatten ihre Freunde offenbar nie Zeit für sie, und sie zerbrach sich den Kopf über die verschiedensten wirklichen oder eingebildeten Beleidigungen, die sie ihnen zugefügt haben könnte.

In der Liebe ging es Laurie hauptsächlich darum, ihre Partner zu befriedigen; sie hatte noch nie einen Orgasmus gehabt, weil sie fürchtete, die Beherrschung zu verlieren. »Ich bin zu intensiv«, sagte sie. »Ich komme viel zu heftig, weshalb ich mich absichtlich zurückhalte. Ich weiß, daß meine Intensität anderen angst macht, und, um ehrlich zu sein, sie macht mir auch selbst angst. Ich bin immer darauf bedacht, es anderen recht zu machen, aber ich verstehe es offenbar nicht, mich um meine eigenen Bedürfnisse zu kümmern.«

»Ist es Ihnen wichtig, von anderen gelobt zu werden?« Dies ist meine klassische Frage, wenn ich ein Ungleichgewicht der Erde-Energie vermute.

»Ja, natürlich«, sagte Laurie.

»Und können Sie dieses Lob annehmen, es genießen und zu sich selbst sagen: ›Ich habe dieses Lob verdient‹?«

Laurie schüttelte den Kopf und begann zu weinen. »Was ist nur los mit mir?« fragte sie und wischte sich die Tränen ab.

»Es sind nur Ihre Energien etwas aus dem Gleichgewicht«, beruhigte ich sie. »Nach der chinesischen Terminologie haben Sie ein Ungleichgewicht der Erde- und der Feuer-Energie. Die Energie der Erde ist aufnehmend und nährend, während die Energie des Feuers fröhlich und extravertiert ist. Diese beiden Elemente, die für Ihr Wesen bestimmend sind, stauen sich auf und geraten außer Kontrolle.

Ein Ungleichgewicht der Erde hat mit verwischten Grenzen zu tun; das heißt, Sie vermögen nicht genau zu erkennen, wo Sie selbst aufhören und andere beginnen, während eine Disharmonie der Wandlungsphase des Feuers zu einem Zustand der Übererregbarkeit führt, wodurch oft Probleme in Beziehungen entstehen. Wir werden mit Akupunktur und Kräutertherapie versuchen, Ihre Erde-Energien ins Lot zu bringen und die überschüssige Feuer-Energie aus Herz und Leber abzuleiten.«

Weil Lauries Probleme auf einem Feuer-und-Erde-Ungleichgewicht beruhten, wobei sich blockiertes Ch'i im ganzen Körper und vor allem in ihrem Unteren Erwärmer (Vagina) ansammelte, nadelte ich zunächst sieben verschiedene Punkte (siehe Anhang 2). Milz 6 (»Dreifache Yin-Kreuzung«) hinter dem Schienbein, drei Daumenbreit über dem inneren Knöchel, kräftigt das Blut, unterstützt und harmonisiert den Menstruationszyklus und stärkt die Yin-Energie, die wiederum übermäßiges Feuer dämpft. Dieser Akupunkturpunkt wird sehr oft auch zur Unterstützung der Verdauung und zur Förderung der richtigen Zerlegung und Verteilung der Speisen eingesetzt. Um Ch'i-Energie zum Beckenbereich zu ziehen, stimulierte ich Empfängnisgefäß (EG) 2 (»Krummer Knochen«) und EG 3 (»In der Mitte zwischen den Polen«). Das Empfängnisgefäß ist der Yin-Meridian schlechthin und damit der Ursprung wäßriger und flüssiger Energie. EG 2, der sich unterhalb der Gebärmutter auf der Mittellinie des Bauchs befindet, wird traditionell zur Unterstützung und Kräftigung der Gebärmutter und anderer Geschlechtsorgane benutzt, weil er hilft, Ch'i und Blut durch das Becken zu leiten, um Behinderungen aufzulösen. EG 3 auf der Mittellinie des Bauchs, einen Daumenbreit unterhalb der Mitte zwischen Nabel und dem Schambein, spielt eine entscheidende Rolle für die Sexualfunktion, indem er die Menstruationszyklen harmonisiert und die Leberfunktion unterstützt.

Zur Harmonisierung von Lauries Herzenergien und zur Beruhigung ihres Geistes nadelte ich die Akupunkte Herz 7 (»Tor des Geistes«) und Perikard 6 (»Innere Pforte«). Herz 7 auf der Handgelenkfalte, etwa einen Zentimeter von der Handkante entfernt, ist vielleicht der am häufigsten benutzte Reizpunkt für einen unruhigen oder ängstlichen

Geist; Drücken oder Nadeln dieses Punktes hilft auch, das Herz-Ch'i durch Unterstützung der (kühlenden) Yin-Energie im Herzen zu regulieren und zu stabilisieren. Perikard 6, etwa fünf Zentimeter oberhalb der Handgelenkfalte auf der Mittellinie des Innenarms zwischen zwei Sehnen gelegen, hat eine ähnlich beruhigende Wirkung, wird jedoch meist bei einem Erregungszustand der Leber eingesetzt. Ich zeigte Laurie, wie sie den Punkt finden könne, der auch als »Pforte zum Herzen« bezeichnet wird, so daß sie die Pforte ihres Herzen öffnen und schließen konnte, wie es die Situation erforderte.

Magen 36 (»Dreimeilenpunkt«) ist ein sehr wichtiger Punkt für die Unterstützung des Stoffwechsels, da er die Erde-Funktionen der Verdauung und Ausscheidung kräftigt. Der außen am Unterschenkel etwa sieben Zentimeter unterhalb des Knies und einen Fingerbreit seitlich des Schienbeins gelegene Punkt mahnt uns, »unsere Hektik zu drosseln, zu verdauen und zu empfangen«. Über den Ursprung des Namens »Dreimeilenpunkt« gibt es eine hübsche Geschichte: Als die Mönche früher zu Fuß über das Land wanderten und täglich viele Meilen zurücklegten, um verschiedene Klöster zu besuchen, waren sie am Ende des Tages oft erschöpft. Wenn sie das Gefühl hatten, nicht mehr weiterzukönnen, nadelten oder drückten sie diesen Reizpunkt, wodurch sie einen Energieschub auslösten, so daß sie nochmals drei Meilen gehen konnten.

Der Standardpunkt für übermäßige Feuchtigkeit und Stauungsprobleme im Körper ist Magen 40 (»Üppiger Glanz« oder »Üppige Vorwölbung«). »Dieser Punkt«, sagte ich, als ich die Nadel seitlich am Wadenmuskel in der Mitte zwischen dem äußeren Knöchel und dem Knie setzte, »vertreibt die Feuchtigkeit in Ihrem Körper. Stellen Sie sich vor, daß dichter Nebel Sie einhüllt, den plötzlich ein frischer Wind vertreibt, so daß zum erstenmal seit Wochen wieder die Sonne scheint. Damit dieser Punkt seine Wirkung entfalten kann, können Sie sich fragen, ob irgend etwas in Ihrem Leben Sie daran hindert, die Wärme der Sonne tief in Ihr Leben eindringen zu lassen.«

»Es muß Angst sein«, sagte Laurie, nachdem sie einen Augenblick nachgedacht hatte. »Ich glaube, es ist so, daß ich jedesmal verletzt werde, wenn ich mich öffne. Es ist einfacher, wenn ich ein solches

Polster um mich habe, weil der Schmerz dann nicht so schlimm ist. Aber wenn die Angst ein Nebel ist, der mich daran hindert, klar zu sehen, dann schützt sie mich doch gar nicht, oder?«

»Nein, wenn sie Sie daran hindert, Sie selbst zu sein«, stimmte ich ihr zu.

Nach dieser ersten Akupunktursitzung sprachen Laurie und ich ausführlich über körperliche Bewegung, Ernährung und den Umgang mit Streß. Sie joggte zwar täglich und schien eine gute Kondition zu haben, doch waren ihre Rücken- und Nackenmuskeln stark verspannt. Ich empfahl ihr Yoga-Dehnungsübungen, tägliche Atemübungen und warme Bäder vor dem Zubettgehen, um die Muskelverspannungen aufzulösen.

Lauries Ernährung war alles andere als ideal, denn wie viele Studentinnen lernte sie bis tief in die Nacht und trank viele Tassen Kaffee, um wach zu bleiben, und sie naschte oft Süßes. Süßigkeiten stillten offenbar ihr Bedürfnis nach Zuwendung, und die stimulierende Wirkung des Koffeins verlieh ihr einen Energieschub, der die Last des Nebels und der Lethargie für kurze Zeit von ihr nahm. Bald nach dem »Schub« aber kehrten die Lethargie und die emotionale Apathie zurück. Ich empfahl Laurie, auf Zucker und raffinierte Kohlehydrate zu verzichten und Milchprodukte zu meiden, vor allem Milch und Eiscreme, weil der hohe Milchzuckergehalt das Wachstum der Hefepilze in Scheide und Darm fördert. Rohkost war vorübergehend verboten, weil sie schwerverdaulich ist und die Milz belastet. Ich empfahl ihr daher, ihr Gemüse vorsichtig zu dünsten oder zu schwenken, wie es die Chinesen tun. (»Haben Sie jemals versucht, in einem chinesischen Restaurant einen frischen grünen Salat zu bekommen?« fragte ich sie, und sie lachte.) Wärmende Gewürze wie Ingwer und Knoblauch helfen, die Erde-Energien zu mobilisieren und überschüssige Feuchtigkeit zu vertreiben.

Als Ergänzung empfahl ich Vitamin B_6 (50 bis 100 mg täglich), das den Geist beruhigt, das Herz stärkt, die Hormone reguliert und den Flüssigkeitshaushalt des Körpers harmonisiert. (Wie bei jeder Vitamin-B-Empfehlung sollte B_6 mit einem ausgewogenen Vitamin-B-Komplex kombiniert werden). Lactobacillus-bifidus-Kapseln sollten

helfen, wieder eine gesunde Darmflora anzusiedeln und ins Gleichgewicht zu bringen, die durch den regelmäßigen Einsatz von Antibiotika systematisch zerstört worden war.
Ich empfahl ihr weiterhin Kräuter mit einem bitteren Geschmack, denn Bitterkeit regt die Gallebildung an, entgiftet die Leber, unterstützt die Ausscheidung krankmachender Stoffe und verbessert den Appetit und die Verdauung. Wichtigster Bestandteil von Lauries Verordnung war die leichte, bittere Löwenzahnwurzel, die die Feuer-Energie dämpft und die Leber tonisiert. Zur Erwärmung der inneren Organe nahm ich Ingwer, der das ganze Becken kräftigt und Menstruationsbeschwerden sowie Verdauungsbeschwerden und Blähungen lindert. Weiterhin verordnete ich Weißdornbeeren, die das Herz physisch und spirituell unterstützen, Frauenmantel, ein natürliches Adstringens, das den Scheidenausfluß austrocknet, und Kegelblume, eine bakteriostatische, pilzhemmende Pflanze, die das Immunsystem kräftigt.

Chronische Pilzinfektionen

Westliche Interpretation und Behandlung

Hefepilze kommen natürlicherweise in der Scheide vor. Durch Infektionen, Streß oder körperliche Belastungen und den Einsatz von Antibiotika können »nützliche« Bakterien vernichtet werden, die die Hefepilze unter Kontrolle halten, wodurch es zu einer Verschiebung des pH-Werts kommt und sich die Pilze übermäßig vermehren können. Die Folge ist eine Candidose oder chronische Hefeinfektion. Die Diagnose wird mikroskopisch im Labor bestätigt. Pilzinfektionen werden topisch mit rezeptpflichtigen oder frei verkäuflichen Pilzmitteln bekämpft, in schweren Fällen werden stark wirkende rezeptpflichtige Chemotherapeutika eingesetzt.

Chinesische Interpretation

Nach chinesischer Auffassung sind Hefeinfektionen chronisch oder akut und »heiß« oder »kalt«:

- Heiß/akut setzt plötzlich ein mit auffälligen, akuten Symptomen wie intensivem Juckreiz, Brennen und dickem gelblichem Ausfluß.
- Kalt/akut setzt plötzlich mit intensivem Juckreiz ein, jedoch weniger starkem Brennen und reichlich weißem Ausfluß.

Im Laufe der Zeit können diese akuten Symptome chronisch und heimtückisch werden und folgendes Erscheinungsbild annehmen:

- heiß/chronisch mit ähnlichen Beschwerden wie bei heiß und akut, jedoch mit weniger ausgeprägten Symptomen, oder
- kalt/chronisch mit ähnlichen Erscheinungen wie bei kalt/akut, aber weniger auffälligen Symptomen. Bei beiden chronischen Zuständen können Mangelsymptome wie Lethargie, Müdigkeit und Abgespanntheit auftreten.

Komplementäre Behandlungen

Ergänzungsmittel

- Lactobacillus-Ergänzungen helfen, die gesunde Bakterienflora im Verdauungssystem wiederherzustellen (am besten sind Präparate mit Reinkulturen).
- Hefefreie Multivitamin- und Mineralstoffpräparate (täglich einnehmen). Lassen Sie sich in Ihrer Apotheke oder Drogerie ein geeignetes Mittel empfehlen.

Topische Strategien

- Beengende Kleidung und Tampons meiden.
- Versuchen Sie, mit einer Joghurtscheidenspülung den natürlichen pH-Wert der Scheide wiederherzustellen. Naturbelassenen Joghurt (ohne Zucker und Geschmackszusätze) mit einem Applikator in die Scheide einbringen; dies jeden zweiten

Tag wiederholen, bis die Symptome abklingen. Den Ausfluß mit einer Monatsbinde oder einem Tampon aufsaugen. Diese Spülung mit einem der nachfolgenden Verfahren kombinieren:

1. Scheidenspülung mit Tea-Tree-Öl (das Öl gemäß der Packungsanweisung mit Wasser vermischen; einen Tampon in die Mischung eintauchen und in die Scheide einführen; nach einer Stunde entfernen).
2. Knoblauch – eine geschälte Knoblauchzehe in Verbandmull einwickeln, in die Scheide einführen und über Nacht dort lassen.

Ernährung

Meiden Sie Nahrungsmittel mit Hefe- oder Schimmelpilzen wie zum Beispiel Käse, Trockenfrüchte, Erdnüsse, Alkohol, Milchprodukte (ausgenommen mageren Joghurt). *Wenn irgend möglich* Antibiotika, orale Kontrazeptiva und Steroide vermeiden.

Pflanzliche Mittel

- Echinacea (ein hervorragendes Immunstimulans mit bakteriostatischer Wirkung)
- Frauenmantel (adstringierend, tonisiert die Gebärmutter)
- Pau d' Arco (eine südamerikanische Heilpflanze mit starker pilzhemmender Wirkung)

Zu gleichen Teilen verwenden; ergibt ein äußerst wirksames Tonikum.

Chinesische Fertigarzneimittel

- Chien Chin Chih Tai Wan (»Tausend Goldstücke«, Mittel gegen Weißfluß) unterstützt die Nieren und trocknet Ausfluß; bei *kalten* (akuten und chronischen) Erkrankungen mit weißem Ausfluß verwenden.
- Lung-Dan-Xie-Gan-Pillen (leberreinigende Enzian-Pillen) werden empfohlen, wenn der Ausfluß juckend und brennend ist; bei *heißen* Erkrankungen verwenden (akut und chronisch).

- Yudai Wan (Mittel gegen Scheidenausfluß) bei brennendem, gelbem, übelriechendem Ausfluß (bei akuten/heißen Zuständen).

Akupunkturpunkte
Milz 6, Milz 9, Niere 3, Niere 7, Empfängnisgefäß 4

Körper, Seele und Geist
Die Symptome können folgende Fragen zum Ausdruck bringen:
- »Hindert mich dieses Symptom daran, mich in sexueller oder anderer Hinsicht zu verwirklichen?«
- »Habe ich Probleme mit meiner Sexualität?«
- »Quälen mich ständig wiederkehrende oder exzessive Gedanken?«
- »Worüber mache ich mir Sorgen?«

Ich empfahl Laurie weiterhin, drei- bis viermal wöchentlich eine Scheidenspülung mit einer Abkochung aus Echinacea (Kegelblume) und Calendula (Ringelblume) durchzuführen. Nachfolgend das Rezept: Die Kegelblumenwurzel zehn Minuten in Wasser kochen. Die Hitze verringern, Ringelblume hinzufügen und dreißig Minuten köcheln lassen. Einige Tropfen Myrrhe hinzufügen (oder Tea-Tree-Öl, wenn man keine Myrrhe bekommen kann). Einen Tampon mit der Abkochung tränken und eine bis höchstens zwei Stunden in die Scheide einsetzen. Viele Frauen führen anschließend eine Joghurtspülung durch, um die Scheidenschleimhäute zu kräftigen. (Regelmäßige Spülungen können den normalen Säurewert der Scheidenschleimhäute verändern; wenn der Körper jedoch Hilfe braucht, um sich von Bakterien zu befreien, kann eine solche medizinische Spülung äußerst hilfreich sein.)
Lauries Hefeinfektionen sprachen sofort auf diese Behandlung an, und innerhalb eines Monats war die Bakterienflora ihrer Scheide wieder normal. Fast ein Jahr lang traten keine Symptome mehr auf; als sie eine neue Beziehung einging, trat erneut Ausfluß auf, den wir jedoch mit Ernährungsmaßnahmen und Ergänzungsmitteln rasch wieder unter Kontrolle brachten. Laurie kam weiter zu regelmäßigen

Akupunktursitzungen (»Es ist wie ein Ölwechsel alle fünftausend Kilometer«, lachte sie), und in einer der letzten Sitzungen sprach sie über den neuen Mann in ihrem Leben.

»Er hört mir zu; er geht wirklich auf meine Bedürfnisse ein«, sagte sie. »Er sagt, daß er meine Intensität liebt, aber ich fühle mich gar nicht mehr so intensiv. Es ist, wie wenn ich immer hinter Beziehungen hergewesen wäre und gehofft hätte, daß es endlich klappen würde; plötzlich wurde ich dann müde, setzte mich hin und wartete, daß etwas hinter mir her wäre. Ich bin jetzt geduldig. Ich möchte nicht im Eilschritt durch diese Beziehung hindurch, die Dinge schneller vorantreiben, als sie von selbst gehen wollen.«

Laurie schwieg einige Augenblicke und hielt die Augen geschlossen. Dann sagte sie: »Wissen Sie, als ich zu Ihnen kam, hatte ich fast die Hoffnung aufgegeben. Mein Hausarzt hatte mich an den Gynäkologen verwiesen, der tat, was er tun konnte, und mich schließlich an Sie weiterverwies. Meine beiden Ärzte waren nett und verständnisvoll, aber ich hatte schließlich das Gefühl, daß mir nichts mehr helfen könnte, und Sie waren mein letzter Strohhalm. Ich weiß natürlich, daß meine Krankheit nicht lebensbedrohlich ist, aber ich hatte trotzdem das Gefühl, ein hoffnungsloser Fall zu sein.«

Sie begann zu weinen. »Es ist nichts, ich bin nur ein bißchen emotional«, beruhigte sie mich, als ich sie fragte, ob etwas nicht in Ordnung sei. »Wenn ich hier mit diesen kleinen Nadeln in mir daliege, spüre ich, wie die Energie durch mich hindurchfließt und die Bahnen meines Körpers reinigt. Manchmal habe ich bei diesen Sitzungen das Gefühl, als ob die Nadeln in meiner Seele steckten.«

»Ich glaube, daß genau dies ihre Aufgabe ist«, sagte ich. »Ich stelle mir oft vor, daß die Nadeln kleine Löcher machen, durch die das Licht hindurchscheinen kann. Damit das Licht aber auf einen fallen kann, muß man wach und bewußt sein. Auch Sie haben ja ihre Symptome nicht ignoriert – Sie haben auf sie gehört, und als Ihnen Hilfe angeboten wurde, haben Sie sie angenommen. Manche Menschen lassen sich aus Angst oder Furcht oder weil sie hoffen, daß es eine noch bessere oder noch einfachere Lösung gäbe, niemals helfen.«

Ich erzählte Laurie eine meiner Lieblingsgeschichten (manche würden sie vielleicht einen Witz nennen) vom Priester und der Flut.

Im Wetterbericht wurde ein schwerer Sturm mit sintflutartigen Regenfällen und heftigen Böen angekündigt. Die Behörden forderten die Bewohner zum Verlassen der Stadt auf, bis das Unwetter vorüber wäre. Der Priester aber sagte sich, daß sein Gottvertrauen stark sei; er wollte das Unwetter in der Kirche überstehen, denn Gott würde die Hand über ihn halten.
Das vorhergesagte Unwetter kam, und seine Gewalt war noch schlimmer als erwartet. Als das Wasser in die Straßen strömte, kamen Retter, um den Priester in Sicherheit zu bringen. »Ich vertraue auf den Herrn! Er wird mich retten«, sagte der Priester, und er ließ sich nicht helfen.
Als das Wasser den Eingang zur Kirche überflutete, kamen wiederum Helfer und baten den Priester, dringend mitzukommen, da er andernfalls ertrinken müsse.
»Gott wird mich schützen, mein Glaube wird mich retten!« schrie der Priester.
Nach kurzer Zeit stand schließlich die ganze Kirche unter Wasser, und der Priester mußte den Kirchturm hinaufklettern. Über ihm schwebte ein Hubschrauber, und jemand schrie durch ein Megaphon: »Herr Pfarrer, nehmen Sie das Seil, und bringen Sie sich in Sicherheit!«
»Gott wird mich retten!« schrie der Priester zurück.
Einen Augenblick später versank die Kirche in den Fluten, und der Priester ertrank. Als er in den Himmel kam, kam ihm Petrus entgegen, der sich erstaunt zeigte, ihn hier zu sehen. »Aber Herr Pfarrer, Sie hätten doch erst in zwanzig Jahren hier sein sollen!« sagte Petrus.
»Ich habe auf Gott vertraut«, antwortete der Priester und schüttelte betrübt den Kopf, »aber es gab eine furchtbare Überschwemmung, und nicht einmal Gott konnte mich retten.«
»Da kann etwas nicht stimmen«, sagte Petrus. »Ich gehe zu Gott und frage nach, was los war.«

Einige Augenblicke später kehrte Petrus zurück, und Kummer malte sich auf seinem weisen alten Gesicht. »Es tut mir leid, Herr Pfarrer«, sagte er und legte dem Priester die Hand auf die Schulter, »aber Gott sagte, er sei Ihnen dreimal zu Hilfe gekommen und Sie hätten ihn jedesmal weggeschickt.«

»Ich habe die Hilfe nicht abgelehnt, nicht wahr?« fragte Laurie mit einem Lächeln. »Ich könnte immer noch auf jenem Dach stehen und auf Hilfe warten, aber ich habe mich entschlossen, wieder auf die Erde zurückzukehren.«
»Sie *sind* Erde«, erinnerte ich sie.
»Erde und Feuer«, lachte sie. »Ich bin vielleicht wieder auf der Erde, aber trotzdem voller Feuer und Flammen.«
»Da muß ich Ihnen recht geben«, sagte ich.

Empfängnisschwierigkeiten

Wenn eine Liebe reift, erheben sich Fragen nach Leben und Tod ebenso natürlich, wie Dunst bei Anbruch des Abends aus einem See aufsteigt. Zunächst betreffen diese Fragen die Dauerhaftigkeit der Beziehung selbst: Wird sie Bestand haben? Was muß ich loslassen, und woran muß ich festhalten? Was muß in mir sterben, damit Liebe geboren werden kann? Für viele Frauen münden diese Fragen unweigerlich in den Wunsch nach einem Kind. Die Entscheidung, neues Leben zu erwecken, erfordert viel Mut und Vertrauen, denn dies ist Neuland, und es kann vieles gutgehen, aber auch vieles mißlingen. Wenn sich eine Frau schutzlos auf diesen Weg begibt, muß sie lernen, darauf zu vertrauen, daß die Liebe selbst sie dorthin führen wird, wohin sie gehen muß, daß Wunder geschehen können, wenn sie nur tief genug liebt.
Aber auch »Wunder« (insbesondere diejenigen, die von Menschen gewirkt werden) erfordern harte Arbeit und sorgfältige Planung. Bei jedem sechsten bis zehnten Paar treten Fruchtbarkeitsstörungen auf, und viele Frauen suchen Rat und Unterstützung bei komple-

mentären medizinischen Verfahren wie Akupunktur, Kräuter- und Ernährungstherapien, Körperarbeit und Psychotherapie. Sofern keine eindeutigen körperlichen Faktoren eine Empfängnis unmöglich machen, führt bei etwa fünfzig Prozent dieser Patientinnen die Behandlung durch einen qualifizierten Akupunkteur und Kräuterheilkundler zu einer Empfängnis und einer erfolgreichen Schwangerschaft. Wenn eine Frau Ovulationsauslöser wie Pergonal einnimmt, erhöhen Akupunktur sowie Kräuter- und Ernährungstherapien die Wahrscheinlichkeit einer Empfängnis. Wenn die Frau schon einmal eine Fehlgeburt hatte, können eine Vielzahl »alternativer« Behandlungen das Risiko verringern.

»Wenn der Samen eines Vaters und das Blut einer Mutter miteinander in Berührung kommen, verbinden sie sich und gerinnen zum Fetus im Mutterschoß«, schrieb Chang Huang im sechzehnten Jahrhundert. In der Traditionellen Chinesischen Medizin ist die Diagnose und Behandlung der Unfruchtbarkeit eine Weiterführung dieses Grundsatzes, denn alles, was das Blut (beziehungsweise beim Mann den Samen) behindern oder schwächen kann, gilt als mögliche Ursache einer Unfruchtbarkeit, selbst wenn die Blockierung in einem Organ vorliegt, das hiermit scheinbar nichts zu tun hat, wie zum Beispiel Herz, Nieren oder Leber. Wenn eine Patientin zu mir kommt, die unfruchtbar ist oder eine Fehlgeburt hinter sich hat, dann betrachte ich den leibseelischen Zusammenhang und stelle mir folgende Fragen: In welcher Weise ist der natürliche Rhythmus von Eisprung und Empfängnis gestört? Welches Element der Ganzheit von Körper, Seele und Geist muß gestärkt werden, damit eine Empfängnis eintreten kann? Gibt es Beziehungsprobleme, die beseitigt werden müssen? Wo liegt die Energieblockierung?

Anna

Bei der zweiunddreißigjährigen Anna und ihrem Mann John kündigte sich endlich Nachwuchs an, nachdem sie sich fast zwei Jahre lang bemüht hatten; in der zehnten Schwangerschaftswoche ging jedoch der Fetus spontan ab. Nach der großen Enttäuschung dieser Fehlgeburt und aus Angst, kostbare Zeit zu verlieren, willigte Anna ein, ein ovulationsauslösendes Mittel einzunehmen. Ein halbes Jahr später war sie wieder schwanger, doch erlitt sie erneut in der achten Schwangerschaftswoche eine Fehlgeburt.

Daraufhin wollte sie keine chemischen Präparate mehr einnehmen. Sie suchte aber weiterhin verzweifelt nach einer Antwort auf die Frage, ob sie ein Kind austragen könne, und beschloß schließlich, es mit Akupunktur zu versuchen. »Versuchen wir es doch nur fünf oder sechs Monate lang«, bat sie ihren Mann, der wenig Vertrauen zu den alternativen Therapien hatte. »Wenn ich nicht schwanger werde, können wir ja immer noch dem Rat des Gynäkologen folgen und es wieder mit einem Ovulationsauslöser versuchen.«

Als ich Anna zum erstenmal im Wartezimmer sah, saß sie zusammengesunken auf ihrem Stuhl, den Kopf in ein Buch vergraben. Ich ging zu ihr, um mich vorzustellen, aber sie war so abwesend, daß sie erst Notiz von mir nahm, als ich zu sprechen begann. Sie stotterte einen Gruß, raffte ihre Sachen zusammen und ging mit mir ins Sprechzimmer.

»Ich habe nicht viel Hoffnung«, begann sie, und in der Tat erschien sie mir sehr apathisch und leblos, als ob sie kaum noch Energie hätte. Sie sprach ohne jeden Schwung, und ich entdeckte in ihrer Stimme etwas ausgeprägt Klagendes – ein klarer Hinweis darauf, daß mit ihrer Wasser-Energie etwas nicht in Ordnung war.

Ihr Gesicht war blaß mit einer bläulichen Schattierung im Bereich der Schläfen und dunklen Ringen um die Augen. Ich vermutete ein Nieren-(Wasser-)Ungleichgewicht, und die Anamnese und die allgemeine körperliche Untersuchung bestätigten meine erste Diagnose. Als Kind hatte Anna immer wieder unter Infektionen der Harnwege gelitten, und bis zum vierten oder fünften Lebensjahr traten immer wieder Ohrinfektionen auf. »Es ist auch heute noch so, daß ich bei jeder Erkältung und Grippe Ohrenschmerzen bekomme. Ich habe dann das Gefühl, daß ich mein ganzes Gleichgewicht verliere«, sagte sie. Nach der chinesischen Theorie werden Infektionen der Harnwege durch einen Mangel an Nieren-Energie verursacht, wodurch Wärme und Feuchtigkeit in den Unteren Erwärmer eindringen können, in dem die Blase ihren Sitz hat. Annas Ohrenschmerzen wiesen ebenfalls auf ein Nieren-Ungleichgewicht hin, denn das Ohr ist das vom Wasser beherrschte Sinnesorgan; Symptome wie Schmerzen, Schwindel, Gleichgewichtsstörungen und Taubheit gehören zu den Nieren.

Ich fragte Anna nach ihrem Schlaf. Der Schlaf ist direkt von Energieungleichgewichten betroffen, und Beschwerden wie Einschlafstörungen, nächtliche Unruhe, plötzliches Aufschrecken aus dem Schlaf, Alpträume oder Benommenheit am Morgen liefern wichtige Hinweise auf die Natur des zugrundeliegenden Ungleichgewichts. Anna schlief zwar nachts gut und machte auch untertags regelmäßig ein Schläfchen, doch sagte sie, daß sie sich niemals wirklich ausgeruht fühlte. Zwischen 16.00 und 17.00 Uhr wurde sie schläfrig und reizbar; bis etwa 20.00 Uhr fühlte sie sich energiearm; dann begannen ihre Lebensgeister wieder zu erwachen.

In diesem Zusammenhang erzählte mir Anna von einem Traum, der sie in letzter Zeit sehr verstört hatte: Sie hatte Urlaub und machte mit ihrem Mann in der Karibik eine Kreuzfahrt. Sie wollte in ihre Kabine zurückgehen und geriet dabei auf den schmalen Korridoren immer tiefer in den Leib des Schiffes, bis sie sich schließlich verlaufen hatte. Furcht stieg in ihr hoch, als sie schließlich an zwei Türen gelangte, deren eine ihr bekannt vorkam. Als sie die Tür öffnete und hineinging, sah sie am Boden ein schreiendes Baby liegen, das offenbar jemand dort ausgesetzt hatte. In Panik schrie Anna nach ihrem Mann, der aber weit weg war und sie nicht hören konnte. Sie erwachte schweißgebadet und mit rasendem Puls.

Anna sah mich hilfesuchend an: »Können Sie sich vorstellen, was das zu bedeuten hat?« fragte sie.

Träume werden in der Traditionellen Chinesischen Medizin sehr ernst genommen, und die Symbole werden als Hinweis auf ein Ungleichgewicht (Überschuß beziehungsweise Mangel) in den fünf Wandlungsphasen Holz, Feuer, Erde, Metall und Wasser verstanden. In Annas Traum kamen die Symbole Wasser (das Meer und die Gänge oder »Kanäle« tief im Innern des Schiffs) und Metall vor (das Schiff selbst und, weil sie die zu Metall gehörige Gefühlsregung sind, die Tränen, als sie das Baby fand). Weil zur Interpretation eines Traums immer eine Analyse der Wichtigkeit und der persönlichen Bedeutung der Symbole durch den Träumer gehört, fragte ich Anna, welche Bilder des Traums sie besonders betroffen hätten.

»Ich glaube, die Tränen sind wichtig«, sagte sie. »Ich habe das Gefühl, daß ich die Hälfte meiner Kindheit geweint habe, um Aufmerksamkeit zu bekommen, aber meine Mutter hörte mir nie zu, ging nie auf mich ein – sie sagte immer nur, ich solle erwachsen werden und aufhören, mich wie ein Kind zu benehmen.« Anna dachte weiter über ihre Empfindungen bezüglich des Traums nach und kam schließlich auf das weinende Baby zu sprechen. »Warum habe ich es nicht genommen und getröstet?« fragte sie sich. »Warum hatte ich solche Angst, als ich das Baby sah, daß ich nach meinem Mann schrie?«

Ich gab ihr die Frage vorsichtig zurück: »Wissen Sie, warum?«

Anna schwieg einen Augenblick. »Vielleicht habe ich Angst, daß ich ebensowenig für mein Kind dasein würde, wie meine Mutter für mich da war«, sagte sie mit nachdenklichem Gesicht. »Aber im Traum war mein Mann auch nicht da. Vor der Fehlgeburt machte ich mir Gedanken wegen der Arbeitszeit meines Mannes, und ich fragte mich, ob er genügend Zeit für mich und das Baby haben würde. Er arbeitet in der Innenstadt und braucht eine Stunde bis zu seinem Arbeitsplatz. Ich habe einfach Angst, daß er keine Zeit für das Kind hat.«

Ich erzählte Anna die Geschichte von Joleen, einer anderen Patientin mit Fruchtbarkeitsproblemen, die träumte, mit einem Tümmler im Meer zu schwimmen. Sie schwammen und spielten miteinander und wurden schließlich Freunde. Einmal wandte sich der Tümmler zu ihr um und fragte: »Kann ich dir etwas helfen? Willst du etwas wissen?« In dem Traum begann Joleen zu weinen und sagte, daß sie nicht schwanger werden könne, obwohl sie sich so sehr Kinder wünschte.

»Wenn du ein Kind bekommen könntest«, fragte sie der Tümmler, »was würdest du ihm gerne geben?«
»Ich würde meinem Kind unbedingt Liebe, Selbstvertrauen und die Freiheit geben, seine Gefühle ohne Beschämung und ohne Schuldgefühle zu äußern«, antwortete Joleen.
»Wenn du dir diese Geschenke selbst machen kannst, dann wirst du auch ein Kind haben können«, sagte der Tümmler.
»Ist Joleen schwanger geworden?« fragte Anna.
»Noch nicht«, sagte ich, »aber sie ist voller Hoffnung und arbeitet sehr daran, sich die Geschenke zu geben, von denen sie im Traum sprach.«
»Glauben Sie, daß ich schwanger werden und ein Kind austragen kann?« fragte Anna.
»Nach den medizinischen Befunden und aufgrund Ihrer früheren Schwangerschaften habe ich keinen Zweifel, daß Sie ein Kind empfangen können«, sagte ich, »aber damit Ihr Körper einen wachsenden Fetus ernähren kann, müssen wir das Ungleichgewicht Ihrer Wasser-Energie behandeln. Wasser ist das Element der Niere, und wenn eine Frau empfängt, schenkt sie ihrem Baby Jing oder Nieren-Essenz. Dieses Geschenk nimmt sie aus ihrem eigenen Vorrat an Nieren-Energie; damit also eine Frau empfangen und ein Kind austragen kann, braucht sie sehr viel Jing-Energie. Akupunkturbehandlungen, pflanzliche Mittel und eine gute Ernährung mehren diese lebenswichtige Energie.«
Ich erklärte ihr kurz die chinesische Theorie der fünf Wandlungsphasen und befaßte mich dann mit Annas spezifischem Energieungleichgewicht. Die Pulse, die Prüfung der Zunge und die Anamnese ergaben einen Mangel an Nieren-Energie und eine Stagnation von Blut und Ch'i-Energie in der Gebärmutter. Mit Akupunktur und Kräuterbehandlungen wollten wir die Nieren kräftigen und die Versorgung des Unteren Wärmers mit Energie und Blut verbessern, wobei wir besonderes Augenmerk auf die Rolle der Leber für einen freien und ungehinderten Strom von Energie, Blut und Emotionen richten wollten.
Auf dem Untersuchungstisch tastete ich vorsichtig Annas Bauch

nach besonders empfindlichen Stellen ab, die auf eine Blockierung oder Behinderung auf einem bestimmten Meridian hinweisen würden. Dann untersuchte ich die Festigkeit ihrer Muskeln, Gliedmaßen, Gelenke und Wirbel, wobei ich auf Verspannungen achtete. Außerdem prüfte ich die Energie in den drei Chou oder dem Dreifachen Wärmer, um mir ein Bild von der Temperaturregelung ihres Körpers zu machen. Die drei Chou sollten eine relativ gleichmäßige Temperatur haben, so daß sich der obere Teil des Körpers ebenso warm und kühl anfühlt wie der untere Teil. Wenn ein Bereich auffällig kühler oder wärmer ist als ein anderer, weist dieser Temperaturunterschied auf ein Energieungleichgewicht hin, das behandelt werden muß. Weil sich Annas Unterleib kalt anfühlte, beschloß ich, ihre Gebärmutter mit einer Moxibustionsbehandlung oder kurz Moxa zu erwärmen. Hierbei wird die Heilpflanze Beifuß (Artemisia vulgaris) über dem zu erwärmenden Körperteil verbrannt, in diesem Fall den Akupunkturpunkten Empfängnisgefäß (EG) 3 (»In der Mitte zwischen den Polen«) und EG 4 (»Pforte an der Quelle«), die etwa zwei Zentimeter voneinander entfernt auf der Mittellinie des Bauchs liegen. Beide Punkte hängen mit der Nierenfunktion zusammen, wobei EG 3 mehr mit der Kräftigung des Yin zu tun hat, während EG 4 das Ch'i stärkt (siehe Anhang 2).

Bei der Festlegung der zu nadelnden Punkte geht der Akupunkteur nach dem »Gesetz des geringsten Eingriffs« vor. Wenn ich versucht hätte, alle Symptome Annas zu behandeln, hätte ich mit Dutzenden von Nadeln und Akupunkturpunkten arbeiten müssen, wodurch sich die Wirkung verwässert hätte und die für Körper, Seele und Geist verfügbare Energie zerstreut worden wäre. Die Kunst der Akupunktur besteht vor allem darin, genau diejenigen Punkte auszuwählen, die den Betreffenden und sein Problem ganz spezifisch ansprechen. Die Punkte sind hier mit einem Gedicht vergleichbar, wobei einige wenige sorgfältig ausgewählte Nadeln genau wie einige wenige gut gewählte Worte das Unaussprechliche ausdrücken.

Für Anna wählte ich die Reizpunkte Niere 3 (»Großer Bach«), einen hochwirksamen Punkt, der die Nieren-Energie kräftigt und auffüllt, Niere 10 (»Yin-Tal« oder »Hauptpunkt«), den Wasserpunkt auf der

Wasser-Leitbahn des Nierenmeridians, der sehr stark auf die Yin-Qualitäten der Niere wirkt, und Milz 10 (»Meer des Blutes«), der die Abbauprodukte und Rückstände im Becken beseitigt, Blut aufbaut und für einen gleichmäßigen und reibungslosen Energiefluß sorgt. Um die Energie zum Becken zu lenken, um das Yin und Ch'i der Nieren zu stärken und die Gebärmutter direkt zu kräftigen, nadelte ich die Akupunkturpunkte EG 3 und EG 4.

Als ich zuletzt die beiden bilateralen Punkte Zi Gong (»Kleiner Palast«) etwa acht Zentimeter oberhalb des Schambeins und acht Zentimeter zu beiden Seiten der Mittellinie des Bauchs nadelte, bat ich Anna, sich das kühle, frische Wasser eines Bergbachs vorzustellen, der unaufhaltsam dem Meer zufließt. »Sie sind Teil dieses Wassers und werden von ihm mitgerissen«, sagte ich, »und während Sie sich mit dem Wasser bewegen, sich um die Felsen und andere Hindernisse winden, die sich Ihnen in den Weg stellen, werden Sie von Lebensenergie erfüllt. Wenn Sie das Gefühl haben, daß Sie fast überfließen, schicken Sie diese Energie in Ihren Schoß und füllen ihn mit Licht und Kraft.«

Nachdem ich die Nadeln wieder entfernt hatte, besprachen wir eine natürliche Fruchtbarkeitstechnik, die als »bewußte Fruchtbarkeit« bezeichnet wird und Anna helfen sollte, das Befruchtungsoptimum zu finden. Dieses Verfahren stützt sich auf drei wichtige Anzeichen der Fruchtbarkeit: Zervixschleimveränderungen, Veränderungen des Muttermundes selbst und die Veränderung der Basaltemperatur. Die Veränderungen am Muttermund und des Schleims sind durch den Anstieg der Östrogenausschüttung bedingt; etwa sechs Tage vor dem Eisprung wird der Schleim durch den Anstieg des Östrogenspiegels dünnflüssig, zu einem Faden ausziehbar und spinnbar. Dieser »fruchtbare« Schleim enthält mikroskopisch kleine Kanäle, durch die die Samenfäden den Gebärmutterhals durchschwimmen und bis zu fünf Tage im Fortpflanzungssystem der Frau überleben können. Fruchtbarer Schleim ist etwa so dünnflüssig wie rohes Eiweiß und läßt sich zwischen zwei Fingern auseinanderziehen; viele Frauen bemerken diesen dünnflüssigeren Schleim in der Mitte ihres Zyklus als einen wäßrigen Ausfluß in ihrer Wäsche.

Ein Anstieg des Östrogenspiegels bewirkt auch, daß der Gebärmutterhals weicher wird und sich weiter von der Scheidenöffnung zurückzieht. Zugleich weitet sich der Muttermund. Diese Veränderungen haben den Zweck, eine Empfängnis zu begünstigen. Wenn nach dem Eisprung der Östrogenspiegel sinkt und der Progesteronspiegel steigt, trocknet der Zervixschleim allmählich ein, wird teigig, klebrig und krümelig. (Als »Eselsbrücke« für ihre fruchtbaren und unfruchtbaren Tage stellen sich viele Frauen die Samenfäden gerne als Bewohner des Regenwaldes vor, die kein trockenes, wüstenartiges Klima lieben, sondern eine feuchte Witterung mit vielen Wasserläufen, in denen sie schwimmen können.) Dieser dicke, feste, »unfruchtbare« Schleim zerstört Spermien und versperrt den Eingang zur Gebärmutter. Ein Anstieg des Progesteronspiegels läßt weiterhin den Gebärmutterhals tiefer in den Scheidenkanal eintreten; der Muttermund schließt sich und fühlt sich fester an (eher wie die Nasenspitze als die weichen Lippen).

Das dritte Fruchtbarkeitsanzeichen ist der Anstieg der Basaltemperatur (Morgentemperatur). Kurz vor, während oder nach dem Eisprung steigt die Basaltemperatur um 0,4 bis 0,6 Grad an, ein Anzeichen für die vermehrte Ausschüttung von Progesteron, einem wärmeerzeugenden Hormon. Weil Progesteron sofort nach dem Eisprung vom Gelbkörper erzeugt wird, gibt der Anstieg der Basaltemperatur den idealen Zeitpunkt für die Befruchtung des Eis an.

Dr. Serafina Corsello empfiehlt ein ganz besonderes Verfahren zur Messung der Basaltemperatur: Entleeren Sie am Morgen nach dem Aufwachen Ihren Harn in einen Styroporbecher (»Die einzig sinnvolle Verwendung für einen Styroporbecher«, sagt Frau Dr. Corsello), stellen Sie ein Fieberthermometer fünf Minuten in den Becher, und lesen Sie die Temperatur ab. Verwenden Sie jedoch stets dasselbe Meßverfahren (oral, rektal oder vaginal), da hier jeweils unterschiedliche Werte gemessen werden!

»Wenn Sie die Struktur und Konsistenz Ihres Zervixschleims regelmäßig prüfen, auf die Lage und Festigkeit des Gebärmutterhalses achten und Ihre Basaltemperatur sorgfältig aufzeichnen, dann wissen Sie, wann Sie am fruchtbarsten sind und am ehesten empfangen können«, sagte ich Anna. Als sie meine Praxis verließ, gab ich ihr ein Basaltemperatur-Thermometer mit, eine Fruchtbarkeits-Checkliste und ein Exemplar des *The Fertility Awareness Handbook*, in dem die Techniken für eine bewußte Fruchtbarkeit genau dargestellt sind (diese Technik läßt sich mit einer achtundneunzigprozentigen Sicherheit auch zur Empfängnisverhütung einsetzen; der einzige Nachteil für die Verhütung wie für die Empfängnis ist die Notwendigkeit einer ständigen aktiven Kontrolle).

Als Ergänzungsmittel empfehle ich ein natürliches Multivitamin-Mineralstoff-Präparat mit Eisen sowie 400 mg Folsäure täglich. Folsäure, das zum Vitamin-B-Komplex gehört, unterstützt das Wachstum und die Bildung von Blutzellen und kräftigt den sich entwickelnden Fetus; Studien haben gezeigt, daß bei einem Mangel an Folsäure ein erhöhtes Risiko für angeborene Schäden besteht. Sehr wichtig ist auch eine gesunde Ernährung mit viel Grüngemüse und hochwertigen Fetten wie Oliven-, Sonnenblumen- und Leinsamenöl.

An Kräutermitteln empfahl ich folgendes: Falsche Einhornwurzel für die Fruchtbarkeit, Wanzenkraut zur Stärkung der Gebärmutter, Schneeballbaum zur Entspannung und Unterstützung der Gebärmutter, Eisenkraut und Johanniskraut zur Beruhigung und Regenerierung der Nerven, zur Unterstützung des Yin und zur Beseitigung von Ängstlichkeit und Reizbarkeit, das chinesische Dong Quai (auch Dong Kwai, Dong Gwai, Dan Gui, Tang Gwei und Tang Kuei geschrieben), eine hervorragende Heilpflanze für zahlreiche Beschwerden des Verdauungs- und Hormonsystems, und Salbei (Salvia officinalis) für einen freien Blutstrom, zur Auflösung von Stauungen und zur Erzielung einer hormonellen Umstimmung, die die Fruchtbarkeit verbessert.

Empfängnisschwierigkeiten

Westliche Interpretation und Behandlung

Bei westlichen Ärzten gilt die Faustregel, daß vierzig Prozent aller Unfruchtbarkeitsprobleme auf einer mangelnden Spermienzahl beruhen, vierzig Prozent auf einem fehlenden Eisprung oder strukturellen Hindernissen und zwanzig Prozent auf ungeklärten Ursachen. Zu den strukturellen Ursachen einer Unfruchtbarkeit zählen Eileiterverschluß, Endometriose und Narbenbildung durch wiederholte Beckenentzündungen. Zu den funktionellen Ursachen zählen unregelmäßiger Eisprung durch Dysfunktion der Hypophyse, der Nebenniere oder der Schilddrüse sowie Eierstockzysten und Tumoren. Wenn das Problem mit einem fehlenden Eisprung zusammenhängt, werden ovulationsauslösende Mittel oder High-Tech-Empfängnistechniken wie die außerkörperliche Befruchtung (In-vitro-Fertilisation) eingesetzt. Bei bestimmten strukturellen Blockierungen ist ein operatives Vorgehen möglich.

Chinesische Interpretation

Die Chinesen kennen drei verschiedene Gründe für Unfruchtbarkeit oder Empfängnisschwierigkeiten:

– mangelndes Nieren-Ch'i und -Jing, wodurch im Laufe der Zeit eine allgemeine Schwäche, Vitalitätsmangel und die Unfähigkeit entstehen, ein gesundes Ei zu bilden.
– stagnierendes Leber-Ch'i (die Energie zirkuliert nicht richtig), wodurch »verdicktes Blut« entsteht (strukturelle Blockierung), und
– mangelndes Milz-Ch'i kann Flüssigkeiten nicht richtig verdauen, wodurch sich Schleim (Tan) aufbaut, der den Beckenbereich verstopft und eine Empfängnis verhindert.

Komplementäre Behandlungen

Ergänzungsmittel
- Vitamin-B-Komplex
- Folsäure (ist im Vitamin-B-Komplex enthalten; dennoch täglich zusätzlich einnehmen)
- Kalzium (500 mg täglich)
- Magnesium (1000 mg täglich)
- Zink (15 bis 30 mg täglich)
- Vitamin C (100 bis 150 mg täglich)

Körperliche Betätigung
Wenn Empfängnisprobleme durch eine Blockierung bedingt sind, ist ein leichtes Kreislauftraining außerordentlich hilfreich; wenn das Problem jedoch auf einem Mangelzustand beruht, darf das Training nicht anstrengend sein (Wandern oder Schwimmen). Natürliches Licht und Sonnenbestrahlung können die Fruchtbarkeit steigern; trainieren Sie, wenn irgend möglich, im Freien. Es können auch neuromuskuläre Ungleichgewichte des Skeletts vorliegen, die die Durchblutung der Beckenorgane behindern; besprechen Sie dies mit einem Akupunkteur, einem Physiotherapeuten oder einem Chiropraktiker.

Ernährung
Meiden Sie Koffein, Alkohol, Nikotin, rezeptfreie und rezeptpflichtige Arzneimittel.

Pflanzliche Mittel
Die nachfolgenden Mittel wirken so sanft, daß sie miteinander kombiniert werden können. Verwenden Sie Falsche Einhornwurzel als Hauptmittel, und nehmen Sie die übrigen Mittel nach Bedarf zusätzlich ein.
- Falsche Einhornwurzel (tonisiert die Sexualorgane und reguliert den Hormonhaushalt)
- Rotklee (Trifolium pratense) (reich an natürlichen Nährstoffen, kräftigt und normalisiert die Hormonfunktionen; einen Tee aus den Blüten zubereiten)

- Himbeerblättertee (ein allgemeines Kräftigungsmittel für die Gebärmutter)
- Brennesseln (reich an Eisen und Nährstoffen)
- Dong Quai (fördert die Blutbildung)

Chinesische Fertigarzneimittel
- Chai Pai Di Huang Wan (Amennorena, Phellodendron Rehmania-Tabletten) zur Stärkung des Nieren-Ch'i und zur Ableitung von Wärme aus dem Becken
- Lung Dan Xie Gan Wan (leberreinigende Enziantabletten) bei Blockierungen der Leber oder Ansammlungen von Schleim im Beckenbereich

Akupunkturpunkte
- *Bei Unterfunktion der Niere:* Empfängnisgefäß 4, Milz 7 und Magen 36
- *Bei Blockierungen der Leber und Schleim:* Empfängnisgefäß 3, Empfängnisgefäß 4, Leber 3, Perikard 6 und Magen 40

Körper, Seele und Geist
Die Symptome können folgende Fragen zum Ausdruck bringen:
- »Was gibt es noch Unerledigtes, dem ich mich zuwenden muß, bevor ich ein Kind empfangen kann?«
- »Was kann ich für mich selbst tun, damit ich die Kraft und Ausdauer habe, um ein Kind zu nähren?«
- »Gibt es Probleme in meiner Ehe (oder Partnerschaft)? Können wir als Paar einander helfen, um unser Kind zu versorgen und umhegen?«

Anna kam noch zu zehn weiteren Akupunktursitzungen. Fünf Monate nach ihrer ersten Sitzung rief sie mich an, um mir zu sagen, daß sie schwanger sei. Nachdem wir einen »telefonischen Freudentanz« aufgeführt hatten, empfahl ich ihr, täglich einen Aufguß von Himbeerblättern und Brennesseln zu trinken (Rezept siehe unten), ein wunderbares, die Gebärmutter stärkendes Schwangerschaftstonikum; außerdem empfahl ich eine Steigerung der Folsäureeinnahme auf 800 mg täglich, die weitere Einnahme von Multivitamin- und Mineralstoffpräparaten und 400 mg Vitamin E täglich. Kräuter und Akupunktur können in der Schwangerschaft außerordentlich hilfreich sein, doch verzichten die meisten Akupunkteure und Kräuterheilkundler bei der Behandlung Schwangerer auf diese Verfahren, weil sie fürchten müssen, mit dem Gesetz in Konflikt zu kommen. Ich beriet Anna weiterhin während ihrer Schwangerschaft, doch beschlossen wir, mit der Anwendung von Akupunktur und Kräutermitteln erst nach der Geburt fortzufahren.

Schwangerschaftstonikum
Himbeerblätter
Brennesseln
Frische Kräuter kaufen oder sammeln, gleiche Teile in heißes (nicht kochendes) Wasser geben und einige Stunden ziehen lassen.
Die Kräuterheilerin Susun Weed empfiehlt, 15 g einer jeden Heilpflanze beim Zubettgehen in eine Ein-Liter-Thermoskanne mit heißem Wasser zu geben; diesen Tee kann man am nächsten Morgen und den ganzen Tag hindurch trinken.

Im dritten Monat begann Anna über morgendliche Übelkeit zu klagen, und ich empfahl ihr, es mit einer kleinen Menge Ingwer zu versuchen. Man bereitet entweder einen schwachen Tee aus einem TL der pulverisierten Wurzel auf eine Tasse kochendes Wasser, den man schlückchenweise trinkt, bis die Symptome abklingen, oder man gibt einen Tropfen Ingwertinktur auf die Zunge, wenn die Übelkeit beginnt. (Ingwer kann wie viele andere Gewürze in hohen Dosen die Gebärmutter stimulieren, während kleine Dosen völlig unbedenklich sind.) Die Chinesen empfehlen Schwangeren als Mittel gegen morgendliche Übelkeit oft, getrocknete Mandarinenschalen zu kaufen. Drücken des Akupunkturpunkts Perikard 6 (»Innere Pforte«)

fünf Zentimeter oberhalb der Handgelenkfalte ist ebenfalls bei Übelkeit erstaunlich wirksam (nach einer neueren Studie ist dieser Akupunkturpunkt auch bei Übelkeit nach Operationen wirksam).

Gegen Ende von Annas Schwangerschaft besprachen wir in einer langen Sitzung Atemtechniken, um Anna auf ihre Wehen und die Geburt vorzubereiten; am Ende fragte sie mich, ob ich bei der Geburt dabeisein wollte. »Aber unbedingt!« sagte ich. Fünf Tage nach ihrem Termin kam Annas Anruf, und ich ging ins Krankenhaus, wo sie schon in den Wehen lag. Eine Hebamme kümmerte sich um sie. Während der Wehen trank sie kleine Schlückchen Himbeertee, und wenn die Wehen stärker wurden, fügte ich Wanzenkraut hinzu, das die Gebärmuttermuskulatur entspannt und gleichzeitig die Kontraktionen intensiviert.

Zehn Stunden nach Einsetzen der Wehen gebar Anna einen schönen, gesunden, vier Kilogramm schweren Knaben. Um die Austreibung des Mutterkuchens zu unterstützen, trank Anna eine Mischung aus Wanzenkraut und Frauenwurzel, gynäkologischen Kräutern der Indianer, die seit Jahrhunderten zur Kräftigung der Gebärmutter und zur Unterstützung der Kontraktionen eingesetzt werden.

Anna kommt jetzt noch viermal im Jahr, in jeder Jahreszeit einmal, zu Akupunktursitzungen und Kräutertherapie zu mir. Bei ihrer letzten Sitzung brachte sie ihr eineinhalb Jahre altes Kind mit, und während sie mit Nadeln in Bauch, Armen und Beinen auf dem Tisch lag, war ihr Söhnchen am Boden glücklich mit seinen Spielsachen beschäftigt. Anna hörte, wie ihr Kind beim Anblick eines rot, blau und gelb bemalten Hampelmanns vor Vergnügen kreischte, und sie strahlte über das ganze Gesicht.

»Ich fühle mich so voller Leben, so voller Liebe«, sagte sie. »Meine Ehe ist jetzt soviel stärker, obwohl wir weniger Zeit füreinander haben. John arbeitet jetzt weniger, um mehr Zeit für mich und das Baby zu haben. Er ist so glücklich, wie ich ihn noch nie erlebt habe, und wir beide fühlen uns viel flexibler und anpassungsfähiger. Sagen Sie mir – was bewirkt nach der chinesischen Theorie einen solchen Energieschub in unserem Leben, wenn wir eigentlich weniger Energie haben sollten?«

Ich dachte daran, wie ich Anna zum erstenmal sah: den Kopf in ein Buch vergraben, mit verlorenem Gesichtsausdruck, mit einer traurigen und hoffnungslosen Stimme. Wenn ich sie jetzt ansah, strahlte ihr Gesicht vor Liebe und Glück, und man konnte nur erstaunt sein, wie sehr sich ihr Leben verändert hatte. »Die Chinesen würden Sie bitten, den Blick auf die Natur zu richten und die Prozesse der Veränderung wahrzunehmen, die in unserem Leben ständig ablaufen«, sagte ich. »Lebensenergie entsteht aus der ständigen Wechselwirkung von Yin und Yang, und die Liebe ist nur eine der Energien, die für eine erfolgreiche Verbindung notwendig sind. Für eine gute Ehe ist wie für ein gesundes und glückliches Leben überhaupt der sorgfältige Ausgleich aller Naturkräfte notwendig.«
Ich erzählte Anna eine meiner Lieblingsgeschichten, die den Titel »Die Lektion« trägt und von einem Tonbandkurs von Don Pachuta (Traditional Acupuncture Institute in Columbia) stammt:

Ein junges Paar ging in ferner Zeit einmal zu einem alten Meister und fragte ihn: »Bitte, Meister, erzählt uns von der Ehe und dem Platz der Liebe in unserer Verbindung.«
Der Meister sprach: »Wißt, daß die Ehe eine Verbindung ist, in der sich die in uns befindlichen fünf Energien der Natur manifestieren, und daß die Liebe nur eine dieser Energien ist.«
»Bitte, Meister, erzählt uns von den Energien der Natur, die in uns wirksam sind.«
Und der Meister sprach: »Die erste Energie, die Feuer-Energie, ist wie die Sonne; sie wärmt Körper, Seele und Geist und taucht eure Beziehung in Liebe. Erfahrt diese Manifestation der Natur in euch als den Drang, zu lieben und eurem Partner diese Liebe zu zeigen.
Die Erde-Energie ist wie der Boden; sie speist euren Körper, eure Seele und euren Geist und gibt eurer Beziehung Nahrung. Erlebt diese Manifestation der Natur in euch als den Drang, fürsorglich zu sein und diese Fürsorge eurem Partner zu zeigen.
Die Metall-Energie ist wie der Edelstein und stärkt Körper, Seele und Geist. Erfahrt diese Manifestation der Natur in euch als

den Drang, stark zu sein und diese Stärke eurem Partner zu zeigen.
Die Wasser-Energie ist wie die Quelle, die Körper, Seele und Geist erfrischt und eure Beziehung im Wandel formt. Erfahrt diese Manifestation der Natur in euch als den Drang, euch zu wandeln und diesen Wandel eurem Partner zu zeigen.
Die Holz-Energie ist wie der Baum; sie prägt Körper, Seele und Geist und legt den Keim zu Wachstum in eurer Beziehung. Erfahrt diese Manifestation der Natur in euch als den Drang, zu wachsen und dieses Wachstum eurem Partner zu zeigen.
Ihr seid die Gesetze der Natur – ihr seid Liebe, ihr seid Fürsorge, ihr seid Kraft, ihr seid Wandel, ihr seid Wachstum. Wißt, daß diese Energien sich bewegen werden und selbst bewegt werden; sie suchen ihr Gleichgewicht zwischen den Kräften der Beherrschung und des Schöpfertums, und so wird auch eure Beziehung immer nach dem Gleichgewicht streben.
Nach diesen Worten wandte sich der Meister um und ging ruhig seiner Wege.

Prämenstruelles Spannungssyndrom

Im Leben einer jeden Frau gibt es tausend Tode – Eier, die nicht befruchtet wurden, Liebe, die nicht erfüllt wurde, Träume, die nicht wahr wurden, Hoffnungen, die sich nie erfüllten. Wenn ein Stück des Selbst stirbt, vergessen wir manchmal, darüber zu trauern. Das Leben geht weiter, und wir gehen mit ihm; wir nehmen uns nicht die Zeit, einen Augenblick innezuhalten und derjenigen Teile von uns selbst zu gedenken, die starben, bevor sie eine Chance hatten, ins Leben zu treten. Trauer ist aber einfach nur ein Schritt, den man zurücktritt, ein Teil des Schattenselbst: und wenn wird gezwungen sind, eine Weile innezuhalten, von Krankheit, Müdigkeit oder einem schweren Herzen gefällt, erhebt sich eine unerbetene Empfindung des Verlorenseins. In solchen schutzlosen Augenblicken trauern wir still um die Verluste unserer Vergangenheit.

Für schätzungsweise fünfzig bis sechzig Prozent aller Frauen zwischen achtzehn und fünfzig kommt jeden Monat eine Zeit des Kummers und der Trauer. Wenn ihre Hormone eine andere Gangart anschlagen und ihre Abwehr schwach ist, entsteht etwas wie ein Riß zwischen der Welt des Handelns und der Welt der Reflexion, und sie verspüren den Drang, in sich zu gehen, zu träumen, zu phantasieren, sich mit den tieferen Mysterien auseinanderzusetzen. Wenn sie sich diesem natürlichen Antrieb widersetzen, sich in die verborgenen Schatten ihres Seins zurückzuziehen, entstehen Empfindungen der Angst und Gereiztheit; ihr Gemüt verdüstert sich, und Verwirrung ergreift sie. Dieser Druck verschärft sich nach und nach, bis sich das Blut seinen Weg bahnt; dann wird die Düsternis fortgespült, die lastende Atmosphäre wird vertrieben, und alles wird reingewaschen.

Diese zyklische Wiederkehr von Trauer, Ängstlichkeit und gesteigerter Sensibilität in der zweiten Hälfte des Menstruationszyklus wird als prämenstruelles Spannungssyndrom (PMS) bezeichnet. Während der Gelbkörperphase des Menstruationszyklus (vom Eisprung bis zum Einsetzen der Menstruation) verspüren viele Frauen ein drängendes, ja überwältigendes Bedürfnis, der sich verdichtenden Energie und den aufziehenden Sturmwolken der Gefühle nachzugeben.

Dies ist, um mit Dr. Christiane Northrup zu sprechen, die Zeit, in der sich Frauen darauf vorbereiten, »etwas zu entwickeln oder zu gebären, das aus uns selbst kommt«; dies ist die Phase, in der Frauen »am stärksten auf ihr inneres Wissen eingestimmt sind und spüren, was in ihrem Leben nicht stimmt«.

Die »Gelbkörperphase« verlangt nach Einsamkeit, Stille und Innenschau. In den indianischen Kulturen gingen Frauen um diese Zeit in die Mondhütte, wo sie vom Lärm und den Aktivitäten der Außenwelt abgeschieden waren. Den Haushalt und die Kinder übernahmen andere Mitglieder des Stammes. Unsere Kultur hat keinen Raum und keine Zeit für den Mondzyklus, und deshalb müssen Frauen ihr eigenes Haus des Mondes schaffen, Freunde und ihre Familie bitten, ihnen die Zeit und den Raum zu geben, damit sie sich an einen dunk-

len, stillen Ort zurückziehen und meditieren, lesen, nachdenken und Weisheit sammeln können.
In der Geschichte der Skelettfrau (siehe Seite 266) gebar diese sich selbst, indem sie den Körper des Fischers faßte und sein Herz herausnahm. Sie hielt das Geheimnis des Lebens und der Liebe in ihren blutigen Händen, und indem sie dem Pulsschlag lauschte und ihre Seele mit diesem Rhythmus verband, trommelte sie Fleisch auf ihre Knochen und schenkte sich selbst neues Leben. Aus den Knochen des Todes wurde Leben geschaffen. So verhält es sich auch mit der Liebe, denn das Fleisch der Liebe wird aus den Knochen der Sehnsucht und des Verlangens geschaffen. Eine solche Erneuerung und Regenerierung hat keine weitere Voraussetzung, als daß wir die Notwendigkeit einer Veränderung akzeptieren und uns entsprechend verhalten. Wenn wir uns nicht die Zeit nehmen und nicht den Mut finden, hineinzufassen und das Herz zu ergreifen, um uns neu zu erschaffen, müssen wir schwer leiden; wir werden von dem Gedanken daran geplagt, was hätte sein können, und wir trauern um die toten und sterbenden Teile des unentwickelten Selbst.

Kate

»Ich liebe meine Kinder, ich liebe sie abgöttisch, sie haben in meinem Leben Vorrang vor allem, und doch habe ich das Gefühl, daß ich keine sehr gute Mutter bin, denn mindestens zwei Wochen im Monat verliere ich die Kontrolle und schimpfe und nörgle nur noch.« Kate holte tief Atem, seufzte und fuhr fort: »Meine Freunde sagen mir ständig, ich solle mir eine Arbeit suchen, etwas Kreatives tun. Ich habe etwas Kreatives getan, bevor ich heiratete und die Kinder kamen. Aber jetzt glaube ich, daß ich überhaupt nichts Produktives tue, nur den ganzen Tag bei den Kindern bin; ich tue es gerne, wirklich, ich möchte gar nichts anderes tun. Aber irgendwie werde ich doch das Gefühl nicht los, daß etwas fehlt, und ich weiß nicht, was es ist. Ich habe, um die Wahrheit zu sagen, nur eine einzige gute Woche im ganzen Monat. Die restliche Zeit bin ich nervös, launisch und unbe-

herrscht. Ich gehe wegen der albernsten Dinge in die Luft, und wenn ich an den Kindern meine Wut ausgelassen habe, fühle ich mich so schuldig, daß ich vor Scham sterben möchte.«
Kate saß auf der Kante ihres Stuhls. Ihre dunklen Augen suchten die meinigen (»Verstehen Sie, was ich meine?«), ihre Hände fuhren durch die Luft wie der Stab eines Dirigenten und schlugen den Takt zur Musik ihres Wortschwalls. Sie war eine schlanke, zart gebaute Frau mit eleganten Händen und schlanken Füßen und trug ihr langes, dunkles Haar zu einem Pferdeschwanz gebunden, der hinter ihr wippte, während sie sprach. Mit ihrem geröteten Gesicht, ihrer manischen Sprechweise, ihrer Rastlosigkeit und Übererregtheit bot Kate das Bild eines Ungleichgewichts der Feuer-Energie.
»Ich habe also einer meiner Freundinnen mein Leid geklagt, daß ich nicht mehr wüßte, wohin. Ich habe es schon [sie zählte es an ihren Fingern ab] mit Makrobiotik, Vitaminkuren, Östrogen- und Progesteronpillen versucht, und mein Arzt wollte mir Tranquilizer aufdrängen. Ich habe mich an der Schulter meiner besten Freundin ausgeweint, ihr gesagt, daß ich keine Tranquilizer nehmen will, daß ich einfach wissen will, was los ist, und sie riet mir, zu Ihnen zu gehen. Sie sagte, daß Sie auf Hormone und Akupunktur spezialisiert sind.«
Kate beugte sich zu mir und legte ihre Hand auf meinen Arm. »Aber ich will Ihnen gleich sagen, daß ich nicht an diesen alternativen Hokuspokus glaube. Ich finde es nicht so schrecklich witzig, mich mit Nadeln pieksen zu lassen. Aber ich weiß einfach nicht mehr, was ich tun soll. Wenn ich nicht schnell irgend etwas tue, dann wirft mich meine Familie aus dem Haus, und ich kann mich gleich in der Klapsmühle anmelden.«
Bei dieser ersten Sitzung sprachen Kate und ich fast eine Stunde lang. Sie erzählte mir über ihr Leben vor der Heirat, als sie Leadsängerin in einer weiblichen Rockband war. »Wir haben die ganze Nacht gefeiert und gespielt«, sagte sie mit einem wehmütigen Seufzer. »Wenn ich zurückschaue, bilde ich mir ein, daß ich damals die ganze Zeit glücklich, voller Leben, Energie und Optimismus war. Ich kann mich nicht erinnern, daß ich damals jemals übellaunig oder verstimmt gewesen wäre – jedenfalls nicht so. Ich bin nie gegenüber

meinen Freunden und meiner Familie einfach so und ohne Grund explodiert. Was ist mit mir los? Ist es das prämenstruelle Syndrom – oder spielt sich dies alles nur in meinem Kopf ab?«

Prämenstruelles Spannungssyndrom

Westliche Interpretation und Behandlung

Bis vor kurzem noch galt das prämenstruelle Spannungssyndrom als eine Form von »Hysterie« und wurde oft als »psychosomatisch« etikettiert, doch zeigen Studien überzeugend, daß die Symptome durch eine Störung der Progesteronproduktion ausgelöst sind, die vermutlich mit einer Störung der »Gelbkörperphase« zusammenhängen (siehe die Seiten 242 und 307). Die in vielen Fällen mit dem prämenstruellen Spannungssyndrom verbundene emotionale Instabilität entsteht durch Ungleichgewichte des Östrogen- und Progesteronspiegels. Das Syndrom verschärft sich meist mit zunehmendem Alter, hört jedoch mit der Menopause auf. Zu den westlichen Behandlungen zählen eine Progesterontherapie für die Allgemeinsymptome, Diuretika für das Völlegefühl, Schmerzmittel für die Kopfschmerzen, Tranquilizer für die ängstliche Unruhe sowie Antidepressiva und Psychotherapie für die Depression.

Chinesische Interpretation

Die Chinesen kennen zwei Interpretationen des prämenstruellen Spannungssyndroms, die auch unabhängig voneinander zutreffen können:

- Gestautes Leber-Ch'i führt zu einer Blockierung und Stagnation, wodurch Symptome wie Reizbarkeit, Schmerzen in der Brust, Kopfschmerzen und ein Gefühl des Aufgetriebenseins (insbesondere in den Brüsten) entstehen.

- Mangelndes Milz- und Nieren-Ch'i erzeugt die Symptome eines allgemeinen Aufgetriebenseins, einer chronischen Niedergeschlagenheit, Müdigkeit, Mattigkeit, Schmerzen am ganzen Körper und verstärktes Verlangen nach Süßem.

Komplementäre Behandlungen

Ergänzungsmittel

- γ-Linolsäure (eine essentielle Fettsäure, die unter anderem in Nachtkerzenöl, Borretsch und dem Öl der Samen von schwarzen Johannisbeeren vorkommt); 1000 bis 3000 mg täglich je nach Schwere der Symptome
- Vitamin B_6 (100 mg zweimal täglich; stets ein einzelnes B-Vitamin mit Vitamin-B-Komplex einnehmen)
- Vitamin E (400 IE täglich, α-Tokopherol)
- Magnesium (2 Einheiten Magnesium je Einheit Kalzium einnehmen; versuchen Sie es mit 500 mg Kalzium und 1000 mg Magnesium täglich; beim Beginn der Menses Magnesium auf 1500 mg täglich steigern, bis die Symptome abklingen)

Körperliche Bewegung

Da es sich beim prämenstruellen Spannungssyndrom um eine Form der »Stagnation« handelt, ist körperliche Bewegung sehr wichtig, um die Energie und das Blut in Fluß zu halten. Sie sollten mindestens dreimal pro Woche wandern, joggen oder leichte Übungen an Trainingsgeräten durchführen. Trainieren Sie möglichst im Freien, da frische Luft und natürliches Licht die Intensität der Symptome mildern.

Ernährung

Gesättigte Fette, tierisches Eiweiß und raffinierte Kohlehydrate (Zucker und Weißmehl) sollten Sie meiden.

Pflanzliche Mittel

Für die Allgemeinsymptome:

- Mönchspfeffer

- Herzgespann (harmonisiert die Hormone und dämpft Reizbarkeit)
- Falsche Einhornwurzel (bringt den Hormonhaushalt ins Gleichgewicht)
- Löwenzahnwurzel (reinigt die Leber)

Für die spezifischen Symptome:

- Aufgetriebensein: Löwenzahnblätter
- Zysten in den Brüsten und Empfindlichkeit der Brüste: Klettenlabkraut (wirkt lymphdränierend); alle koffeinhaltigen Produkte meiden, Vitamin-E-Gaben auf 800 IE täglich steigern und mit einem Umschlag aus Kohlblättern die Empfindlichkeit lindern: Kohlblätter in heißem Wasser einweichen, die Blätter anquetschen, damit die natürlichen Öle frei werden, noch heiß auf die Brüste legen und mit einem Mulltuch abdecken
- Reizbarkeit: Johanniskraut, Baldrianwurzel oder Eisenkraut
- Depression: Johanniskraut oder Damiana (Turnera diffusa oder Damiana aphrodisiaca)
- Kopfschmerzen: Salbei

Chinesische Fertigarzneimittel

- Ba Zhen Wan und/oder Wu Ch'i Pai Feng Wan bei prämenstruellem Spannungssyndrom mit Anzeichen eines Mangels (blasse, aufgedunsene Zunge und chronische Symptome wie zum Beispiel Lethargie und schwacher Puls)
- Hsiao Yao Wan (Pille des entspannten Wanderers) oder Ji Xue Teng Qin Gao Pian (flüssiger Extrakt von Milletia reticulata, hervorragend bei schwereren PMS-Symptomen) bei Anzeichen von Stagnationen der Leber oder des Blutes (rote oder purpurfarbene Zunge, akutere Symptome wie zum Beispiel stechende Schmerzen, chronische Niedergeschlagenheit, Hoffnungslosigkeit)

Akupunkturpunkte

Milz 6, Milz 8, Milz 10, Empfängnisgefäß 4, Empfängnisgefäß 6, Leber 3; bei Stimmungsschwankungen Herz 7 und Perikard 6 drücken; bei Verlangen nach Süßem oder Verdauungsbeschwerden zusätzlich Magen 36

Körper, Seele und Geist

Die Symptome können folgende Fragen zum Ausdruck bringen:

- »Hindere ich meine Kreativität daran, sich zu äußern?«
- »Verhindere ich es, daß mir andere Wärme und Fürsorge geben?«
- »Ich brauche Zeit und Raum, um auszuruhen, nachzudenken und zu träumen – achte ich zuwenig auf mich selbst?«

»Ihre Symptome sind durchaus nicht in Ihrem Kopf«, versicherte ich Kate, und ich erzählte ihr kurz die neueren Theorien über die Ursachen des PMS. Jahrelang glaubten Frauenärzte, daß die Symptome von PMS – Stimmungsschwankungen, Launen, Reizbarkeit, Panikanfälle, Schlaflosigkeit, Verwirrtheit, Depression, Wutausbrüche, ja auch die Kopfschmerzen, die Müdigkeit, die Ohnmachtsanfälle, das Herzjagen, die Krämpfe und das Völlegefühl – nur »psychisch« oder »im Kopf« seien. Genauere Forschungen und klinische Befunde haben jedoch eindeutig gezeigt, daß das PMS mit einem hormonellen Ungleichgewicht zusammenhängt, das sich nicht ohne weiteres an Laborbefunden ablesen läßt. Beim PMS handelt es sich offenbar um eine hormonelle Störung in der Gelbkörperphase, das heißt der Zeit nach dem Eisprung, wenn der Gelbkörper abgebaut und Progesteron, ein beruhigendes, entspannendes Hormon, langsam in das Blut freigesetzt wird. Der Gelbkörper zerfällt normalerweise langsam, wodurch über einen längeren Zeitraum gleichmäßig Progesteron in das Blut gelangt; bei Frauen mit einem PMS zerfällt offenbar der Gelbkörper zu schnell, wodurch das Progesteron in wenigen starken Schüben freigesetzt wird. Statt der beruhigenden Wirkungen von Progesteron stellen sich bei einer Frau mit einer Störung der Gelbkörperphase Übererregtheit und Überreizung durch einen Überschuß an Östrogen ein.

»Was ist genau die Ursache?« fragte Kate.
»Niemand weiß es genau«, sagte ich, »aber dafür gibt es Dutzende verschiedene Theorien. Ernährung, Streß, Überreizung, zuwenig Sonnenlicht – eine Fülle verschiedener Faktoren können allein oder in Kombination das empfindliche Gleichgewicht des Körpers durcheinanderbringen.«
Eine beunruhigende Erklärung für die zunehmende Zahl der an PMS leidenden Frauen sowie die zunehmende Schwere der Symptome zieht die exogenen Östrogene in Betracht, mit denen wir es in unserer modernen Gesellschaft in zunehmendem Maße zu tun haben. Unsere ganze Nahrung ist mit synthetischen Östrogenen »angereichert«, die Nutztieren entweder direkt gespritzt oder mit dem Futter gegeben werden, damit sie schneller wachsen und mehr Milch beziehungsweise Eier liefern. Diese synthetischen Hormone werden in den Fettreserven der Tiere gespeichert, und wenn wir Rindfleisch, Huhn, Eier und Käse essen, nehmen wir gleichzeitig auch die Hormone auf. Eine weitere mögliche Ursache für Störungen des Hormonhaushalts ist eine Überstimulierung in Form von Gewalt und offenen Sexszenen in Film, Fernsehen und Videospielen. Wenn das Nervensystem übermäßig belastet oder stimuliert wird, werden bestimmte Hormone (wie zum Beispiel Östrogen) vermehrt ausgeschüttet, während andere Hormone (wie zum Beispiel Progesteron) rasch abgebaut werden.
Auch die zunehmende Verwendung toxischer Chemikalien führt dazu, daß Östrogene allgegenwärtig sind. Hunderte von Chemikalien, die unsere moderne Gesellschaft verwendet – Polychlorbiphenyle für elektronische Bauteile, Polycarbonatkunststoffe in Trinkbechern und Babyfläschchen, Chlorverbindungen zum Bleichen von Wasser, oberflächenaktive Substanzen in Spülmitteln, Toilettenpapier und verschiedene Pestizide –, haben eine Molekülstruktur, die derjenigen des Hormons Östrogen ähnelt. Wissenschaftler vermuten, daß diese »Xeno-Östrogene« an die Östrogenrezeptoren des Körpers passen und den Körper dadurch veranlassen, bestimmte biologische Pfade zu öffnen beziehungsweise zu schließen. Dadurch werden Männer und Frauen mit Östrogen überschwemmt und »feminisiert«.

1940 enthielt ein Milliliter menschlichen Spermas im Durchschnitt 113 Millionen Samenfäden; 1990 war diese Zahl auf 66 Millionen gesunken. Auch Tiere sind hiervon betroffen – ein Forscher in Florida entdeckte vor kurzem, daß die Penisse männlicher Alligatoren nur noch ein Viertel der normalen Größe hatten, während ihr Testosteronspiegel so niedrig war, daß die Tiere praktisch unfruchtbar waren.

»Wie wirkt das zusätzliche Östrogen auf Frauen?« fragte Kate.

»Viele Fachleute nehmen an, daß die starke Zunahme gynäkologischer Erkrankungen, mit denen wir heute zu tun haben – Unfruchtbarkeit, PMS, Endometriose, östrogenbedingter Krebs (Brust, Gebärmutter, Endometrium, Eierstöcke, Knochen) und viele klimakterische Beschwerden – auf die unkontrollierten Östrogene in unserem Körper zurückzuführen sind. Frauen können nicht genügend eigenes Progesteron bereitstellen, um die Folgen der Östrogenüberflutung auszugleichen, weshalb Abhilfe nur durch eine Umstellung der Ernährung, Streßbekämpfungstechniken, pflanzliche Mittel und, falls nötig, eine natürliche Progesteronergänzung möglich ist.

»Ich verstehe das nicht«, sagte Kate und schüttelte den Kopf. »Ich habe gedacht, daß Östrogen das gute Hormon und Progesteron das böse ist. Freundinnen von mir haben eine Hormonbehandlung wegen der Wirkungen des Progesterons abgebrochen. Und als mir mein Arzt gegen meine Stimmungsschwankungen und meine Reizbarkeit ein Hormonpräparat verordnete, wurde alles nur noch schlimmer. Mein Herz pochte wie rasend, und ich wurde nur noch hektischer.«

Ich erklärte Kate, daß die Hormone, die die meisten Ärzte einsetzen, synthetisch hergestellt sind, weshalb sie eine etwas andere Molekülstruktur haben als natürliche Hormone. Synthetische Hormone sind im Prinzip Fremdstoffe, die die normalen Funktionen verändern und Nebenwirkungen haben wie Reizbarkeit, Migräne, Völlegefühl, Empfindlichkeit der Brüste und in schwereren Fällen Thrombosen und Krebs. Studien haben gezeigt, daß die Einnahme von synthetischem Progesteron den natürlichen Progesteronspiegel des Körpers senkt und dadurch die PMS-Symptome verschärft. Es gibt jedoch eine natürliche Progesteronquelle, nämlich die Jamswurzel, eine Pflanze, die im südlichen Mexiko wächst. Die Jamswurzel enthält einen als

Diosgenin bezeichneten Stoff, der auch in Sojaprodukten vorkommt. Dieser ist praktisch mit dem Progesteron identisch, das Frauen natürlicherweise erzeugen, und ahmt die natürlichen Wirkungen des Hormons nach, statt wie synthetische Hormone die natürlichen Körperfunktionen zu stören. Man kann das Mittel oral, perkutan (durch die Haut) oder als Rektal- oder Vaginalzäpfchen einnehmen, und es hat eine sehr gute Wirkung bei Reizbarkeit, ängstlicher Unruhe, psychischer Labilität, Schlaflosigkeit, Völlegefühl und Schmerzempfindlichkeit. Das vollkommen sichere und relativ preiswerte natürliche Progesteron regt das Knochenwachstum an und unterstützt die Bekämpfung und Vorbeugung gegen Osteoporose.

»Wenn eine Frau schwere Symptome hat und sie eine sofortige Wirkung verlangt«, sagte ich zu Kate, »dann zögere ich nicht, natürliches Progesteron zu empfehlen.«

»Ich habe schwere Symptome«, sagte Kate und legte die Hand auf ihre Stirn, als ob ihr schwindelig wurde. »Geben Sie mir sofort etwas von diesem Zeug!«

»Sehen wir zunächst nach dem übrigen«, lachte ich, »und machen wir dann eine vollständige Diagnose und einen Behandlungsplan.«

Kates Pulse fühlten sich drahtig und gespannt an – wie eine straffe, dicke Saite, die unter meinen Fingern an der Position von Leber, Niere und Herz vibrierte; dies deutete auf eine Behinderung der Energie in diesen Organsystemen hin. Der Untere Wärmer (Niere) war schwächer, während der Obere Wärmer (Herz) und der Mittlere Wärmer (Leber) unter meinen Fingern regelrecht hüpften. Diese Untersuchung zeigte mir, daß Kates Energie oberhalb des Zwerchfells blockiert war, wodurch die Symptome einer Beengung in der Brust, des Herzklopfens und der Schlaflosigkeit entstanden. Nach der chinesischen Terminologie zehrte Kates Leber das Wasser der Niere auf, weshalb übermäßige Wärme und Feuer das Herz reizten, was wiederum den Geist (Shen) irritierte und Ängstlichkeit und Unruhe hervorrief. Bei ihr lag also eindeutig eine Kombination von Holz-(Leber-) und Feuer-(Herz-)Energien vor.

Ich erläuterte Kate meine Behandlungsempfehlungen. Wir würden zunächst mit wöchentlichen Akupunkturbehandlungen beginnen;

wenn es ihr besserginge, würden wir zu einer vierzehntäglichen, dann zu einer monatlichen Behandlung übergehen. Eine Ernährungsumstellung, Vitamin- und Mineralstoffergänzungen, pflanzliche Mittel und die natürliche Progesteronsalbe würden ihre Leber- und Nierenfunktionen kräftigen, überschüssiges Feuer ableiten und Herz und Geist stabilisieren.

Bezüglich der Ernährung empfahl ich ihr viel frisches Obst, Gemüse und faserreiche Kost. Eine raumfüllende Faser wie Psyllium würde die wirksame Ausscheidung von Östrogenen über den Darm verbessern. Um die Quellung des Mittels zu fördern und ihren Körper durchzuspülen, sollte sie täglich mindestens sechs Gläser Wasser trinken (ich ziehe Psyllium synthetischen Fasern vor, die Zucker sowie Farb- und Aromastoffe enthalten). Ich legte ihr dringend nahe, den Genuß von stark östrogenhaltigen Speisen wie Rindfleisch, Geflügel und Molkereiprodukten einzuschränken. Außerdem sollte sie auf Alkohol, Koffein und Tabak verzichten, die das Blut säuern, Kalzium verbrauchen und die Leber belasten, das Organ, das für den Stoffwechsel der Hormone verantwortlich ist.

Um ihre Leber beim Abbau der umlaufenden Hormone zu unterstützen, empfahl ich ihr Nachtkerzenöl (500 mg, drei- bis viermal täglich), das die essentielle Fettsäure γ-Linolsäure enthält; Leinsamen, Borretschöl und das Öl der schwarzen Johannisbeere sind ebenfalls reich an γ-Linolsäure, das, wie es Dr. Serafina Corsello ausdrückt, die Hormonmaschine zu »ölen« scheint und für einen gesunden Menstruationszyklus sorgt. Vitamin B_6 (400 bis 800 mg täglich, kombiniert mit einem ausgewogenen B-Komplex) hilft, überschüssiges Wasser auszuscheiden und Aufgedunsenheit zu beseitigen, während Magnesium (500 mg täglich) die Gebärmutterkontraktionen verringert und Krämpfe lindert.

An Heilkräutern empfahl ich eine Tinktur von Mönchspfeffer, Löwenzahnwurzel, Herzgespann und Schneeballbaum. Als Kate jedoch den Alkohol der Tinkturen nicht vertrug, empfahl ich statt dessen zwei chinesische Fertigmittel: Wu Chi Pai Feng Wan (»Schwarzer-Hahn-Weißer-Phoenix-Pillen«), ein hervorragendes Frauenmittel bei »festsitzender« Energie, insbesondere im Unteren Wärmer (der Beckenregion), das Kräuter enthält, die die Gebärmutter erwärmen, das Yin kräftigen und Blut aufbauen und in Bewegung bringen, und Hsiao Yao Wan (»Freier-und-unbeschwerter-Wanderer-Pillen«), das Standardmittel in der chinesischen Kräuterheilkunde für »blockiertes Leber-Chi«; es hilft, Energie und Blut in einer entspannten Weise durch Körper, Seele und Geist zu leiten.

Für Kate wählte ich sechs Akupunkturpunkte (siehe auch Anhang 2): Leber 3 (»Höchste Flut«) in der Vertiefung zwischen der großen Zehe und der zweiten Zehe ist der Ursprungspunkt des Lebermeridians und der Punkt der Wahl, um Ch'i und Blut in Fluß zu bringen, wenn eine Behinderung vorliegt. Wenn dieser Punkt stimuliert wird, fließt die Energie ungehindert durch den Körper, durchbricht Schranken und Blockaden und reinigt verstopfte Kanäle. Leber 14 (»Pforte der Hoffnung«) auf der Brustwarzenlinie zwei Rippen unterhalb der Brustwarze auf beiden Seiten unterstützt direkt die Leber bei ihrer Aufgabe des Durchflutens und hilft, stagnierende Energie aufzulösen und neue Hoffnung und neuen Optimismus entstehen zu lassen.

Milz 6 (»Dreifache Yin-Kreuzung«) hinter dem Schienbein drei Daumenbreit über dem inneren Knöchel nährt das Blut, harmonisiert den Menstruationszyklus, stärkt die Yin-Energie und dämpft übermäßiges Feuer. Milz 8 (»Kernpunkt der Erde«) in einer Vertiefung acht Zentimeter unterhalb der Vorwölbung des inneren Knies reguliert die Erde-Energien und richtet sich insbesondere auf Erde-Disharmonien unterhalb des Nabels. Dieser Punkt kräftigt auch die Milz, reguliert das Blut und beseitigt Symptome wie PMS, Krämpfe, Kreuzschmerzen, abnormale Gebärmutterblutungen, Wasseransammlungen und Schmerzen und Aufgetriebensein im Abdomen oder an den Körperflanken.

Perikard 6 (»Innere Pforte«), fünf Zentimeter oberhalb der Handgelenkfalte, entspannt den Geist und beruhigt das Herz; dieser sehr wichtige Punkt wird oft in Verbindung mit Leber 3 zur Behandlung und Aufhebung der Symptome eines gestauten Leber-Ch'i eingesetzt wie zum Beispiel unkontrollierbarer Zorn, Reizbarkeit, Schlaflosigkeit, Kopfschmerzen und Hitzewallungen. Der symbolischste Punkt für Kate war Herz 7 (»Tor des Geistes«), der am häufigsten verwen-

dete Akupunkturpunkt für die Beruhigung des Geistes. »Das Tor des Geistes ist ein sehr stabilisierender Punkt«, erklärte ich Kate, als ich die Nadeln in einer Vertiefung an beiden Handgelenkfalten einsetzte. »Er beruhigt den Geist, lindert Ängste, Nervosität und Aufregung, bessert Schlaflosigkeit und löst die Hitze des Herzens auf.«
»Was ist mit meinem Herzen nicht in Ordnung?« fragte Kate.
»Das Tor des Geistes hat vor allem mit emotionalen und geistigen Problemen zu tun«, sagte ich. »In diesem Sinne bezeichnet das Herz das ›Zuhause‹, und dieser Punkt wird Ihnen entdecken helfen, wo Sie sich am meisten zu Hause fühlen, wo Ihr Herz sein möchte. Meditieren Sie über diesen Punkt, und stellen Sie sich zum Beispiel die Frage, was Sie in der Welt am meisten lieben. Was bedeutet Ihnen am meisten? Wie möchten Sie diese Liebe ausdrücken? Könnte diese Liebe blockiert sein, so daß sie nicht dorthin gelangt, wohin sie gehen soll?«
»Ich bin am liebsten bei meinen Kindern«, sagte Kate, ohne auch nur einen Augenblick zu überlegen. »Dort ist mein Herz, denn wenn ich bei ihnen bin, bin ich glücklich. Wenn ich aber mit meinen Freundinnen spreche und sie über ihre Jobs reden, das Geld, das sie verdienen, all die Menschen, denen sie begegnen, und die Städte und Länder, die sie besuchen, dann bin ich eifersüchtig und fühle mich minderwertig. Sie sind draußen in der wirklichen Welt, werden reich und berühmt oder haben zumindest ihren Spaß, und ich sitze hier zu Hause, binde Hefte ein und backe mit meinen Kindern Plätzchen. Den ganzen Tag beantworte ich die Fragen meiner Kinder, füttere sie, räume auf und wische die Tränen von ihren Wangen.«
»Und sind Sie dabei glücklich?«
»Manchmal bin ich restlos zufrieden«, sagte Kate. »Ich liebe meine Kinder über alles in der Welt. Erst dann, wenn ich darüber nachzudenken beginne, was ich alles tun könnte, wieviel schöpferischer ich sein könnte oder wieviel Geld ich verdienen könnte – dann fange ich an zu spinnen.«
»Ich frage mich, ob wir nicht alle irgendwann einmal in unserem Leben spinnen«, sagte ich. »Vielleicht sind Frauen deshalb weiser, anpassungsfähiger und leben länger als Männer, weil sie durch ihren

Menstruationszyklus lernen, daß die Verrücktheit zyklisch ist – sie kommt und geht, und dies immer wieder. Frauen wissen intuitiv, wie man verrückt und dann wieder ›normal‹ wird, wie man geduldig ist und die Geduld verliert, wie man gibt und nimmt, wie man einen Teil von sich selbst sterben läßt, damit andere, wichtigere Teile leben können.«

»Und die Verrücktheit wird noch schlimmer, wenn man Kinder hat«, sagte Kate. »Ich kann Ihnen nicht sagen, wie oft ich schon zu mir gesagt habe: ›Auch das wird noch vorbeigehen.‹ Das ist heute mein Stoßseufzer.«

»Mutter sein ist immer eine Opferaufgabe«, stimmte ich Kate zu, »denn man muß immer etwas von sich selbst wegnehmen, um den Kindern zu geben, was sie brauchen. Ich will Ihnen eine Geschichte erzählen:

> Einer der Älteren hatte seine Körbe fertig und schon Griffe angesetzt, als er seinen Nachbarn sagen hörte: ›Was soll ich tun? Der Markt fängt gleich an, und ich habe kein Material mehr, um Griffe an meine Körbe anzusetzen!‹ Daraufhin ging der Ältere hinein, nahm seine Griffe ab, gab sie dem Bruder und sagte: ›Hier, ich brauche sie nicht, nimm sie, und setze sie an deine Körbe an.‹ So sorgte er in seiner großen Nächstenliebe dafür, daß der Bruder seine Arbeit vollenden konnte, während seine eigene Arbeit unfertig blieb.« (Nach Merton)

»Ja«, sagte Kate, »es ist schön zu hören, daß man auch so darüber denken kann.«

Die Heilpflanzen, die Akupunkturbehandlungen, die Ernährungsumstellung und die Vitamin- und Mineralstoffergänzungen sowie die natürliche Progesteronsalbe wirkten bei Kate Wunder. Im Laufe von drei oder vier Monaten gingen ihre Symptome immer mehr zurück. Nach einem halben Jahr beschloß sie, die natürliche Progesteronsalbe abzusetzen (»Mal sehen, wie stark ich alleine bin«, sagte sie), und sie stellte fest, daß ihr Körper sein hormonelles Gleichgewicht

jetzt auch ohne äußere Unterstützung aufrechterhalten konnte. Heute kommt sie zur Vorbeugung fünfmal jährlich zur Akupunkturbehandlung, einmal in jeder Jahreszeit und zusätzlich einmal im Frühling, um ihre Holz-Energie zu kräftigen und sie auf die kommende Jahreszeit des Feuers (Sommer) vorzubereiten.
»Meine Leber spielt sich auf«, sagte Kate neulich bei einem Besuch, während sie ihren Rucksack auf den Boden warf und breit grinste. »Machen wir ihr ein paar Löcher, ja?«

Im Sommer, der Jahreszeit der Leidenschaft, der Hingabe und der Selbstaufopferung, lernen Frauen die Lieder zu singen, die die Knochen mit Fleisch umkleiden. Durch ihre schrankenlose, unendliche Liebe halten sie das Rad des Lebens in Gang, indem sie die Gegenwart des Todes akzeptieren, ohne ihn das Lied des Lebens auslöschen zu lassen. Leben und Tod sind zwei aufeinanderfolgende Speichen auf dem Rad; wenn die eine Speiche »Leben« singt, stöhnt die andere »Tod«. Das Rad bewegt sich, und die beiden Klänge verschmelzen zu einem gesummten Lied der Erneuerung und Wiederherstellung. Liebe treibt das Rad.
Über diese Art der Liebe, die keine Grenzen kennt, gibt es eine Geschichte. Diese Geschichte spielt vor sehr langer Zeit, als, wie es heißt, die Männer den Frauen die Kontrolle entrissen und ihre Macht zu festigen begannen. Das Leben war voller Zorn und Furcht, denn die Männer hatten noch nicht verstanden, welche Verantwortung mit der Macht verbunden ist. Sie peinigten und unterjochten Frauen und Kinder, gaben Befehle, bestimmten, welchen Mann ihre Töchter heiraten sollten, und zwangen ihre Ehefrauen zur Unterwerfung. Eine der Frauen des Stammes lehnte sich auf. Ihr Name war Tem Eyos Ki, und dies ist ihre Geschichte:

> Tem Eyos Ki ging in das Wartehaus, um ihre heilige Zeit an einem heiligen Ort zu verbringen, um auf Moos zu sitzen und ihr inneres Blut Mutter Erde zu schenken. Männer durften nicht in die Nähe des Wartehauses gelangen, weil dieser Ort zu heilig war, als daß sie es hätten verstehen können. Tem Eyos Ki blieb

mit einigen anderen Frauen, die ihre Tage hatten, im Wartehaus, und sie war dort über vier Tage.

Als sie wieder aus dem Wartehaus heraustrat, war sie eine Frau, die ein Blitzschlag getroffen, ein Wunder erschüttert, eine Macht ergriffen und Liebe erfüllt hatte. Sie ließ das Wartehaus hinter sich mit einem Blick auf ihrem Antlitz, der mächtiger als Zauber war. Keime des Lebens funkelten in ihrem Haar.

Sie lächelte und sang ein Lied von einer Liebe ohne Grenzen, einer Liebe ohne Schranken, einer Liebe, die nichts erwartete und forderte, aber alles erfüllte. Sie sang von einem so wunderbaren Ort, daß ihn sich die Menschen auch nicht annähernd vorstellen konnten, von einem Ort ohne Angst und Furcht, einem Ort ohne Einsamkeit und Unvollkommenheit.

Sie ging singend durch das Dorf, und die Frauen folgten ihr. Sie sammelten ihre Kinder, Knaben und Mädchen gleichermaßen um sich und folgten Tem Eyos Ki. Sie ließen Kochtöpfe und Webrahmen hinter sich, ließen Männer und Väter zurück.

Tem Eyos Ki ging aus dem Dorf hinaus, den Strand entlang, in den Wald hinein, und sie sang ihr Lied von Liebe und Wunder, und die Frauen folgten ihr.

Die Männer fanden das Dorf leer; der Herd war kalt, die Arbeit ungetan. Sie folgten den Frauen, zornig und voller böser Gedanken. Sie folgten den Frauen in den Wald. Sie folgten den Frauen, die Tem Eyos Ki folgten, die das Lied sang, das sie im Wartehaus gelernt hatte, als sie Liebe entdeckte.

Ein Sturmwind versuchte, die Männer mit heftigen Böen und Regen aufzuhalten. Der Wald versuchte sie aufzuhalten. Selbst der Himmel versuchte, sie mit Blitz und Donner aufzuhalten, und das Meer warf sich gegen die Felsen, um die Frauen zu warnen. Die Frauen weinten und sagten, daß sie nicht nach Hause zurückkehren wollten. Die Männer drohten, Tem Eyos Ki zu töten, um ihr Lied zu beenden, damit sie niemals mehr die Frauen von ihrem Herdfeuer weglocken könne. Sie eilten Tem Eyos Ki hinterher, um sie zu töten.

Quolus aber, eine weibliche Gestalt, die der Vater der vier Söhne war, von denen alle gewöhnlichen Menschen abstammen, schickte einen magischen Einbaum, und Tem Eyos Ki sprang hinein, ihr Lied immer noch auf den Lippen. Sie flog über die Köpfe der schreienden Männer und der weinenden Frauen und sang von Dingen, die die Menschen vergessen hatten. Der Sturm hörte auf, der Wind legte sich, der Regen fiel nicht mehr, und das Meer glättete sich. Die ganze Schöpfung lauschte dem Lied von Tem Eyos Ki. Und dann flog sie fort.

Die Männer hörten auf zu streiten und begannen miteinander zu sprechen. Die Frauen sagten, warum sie weggehen wollten. Die Männer hörten ihnen zu. Die Frauen hörten zu. Sie gingen gemeinsam nach Hause, um zu versuchen, wieder miteinander auszukommen.

Manchmal aber glaubt eine Frau, daß sie ein Lied hört, oder sie glaubt sich an schöne Worte zu erinnern, und sie wird ein wenig um die Schönheit weinen, die sie beinahe erkannt hätte. Manchmal träumt sie von einem Ort, der anders ist als dieser Ort. Manchmal glaubt sie, daß sie es beinahe weiß, was Tem Eyos Ki in ihrem Lied sang. Und sie weint um die Schönheit, die sie niemals erkannte. (Nach Cameron)

15 Herbst: Von der Matriarchin zur weisen Frau

Wer weich und nachgiebig ist, ist ein Schüler des Lebens.

Das Harte und Steife wird zerbrochen werden. Das Weiche und Geschmeidige wird Bestand haben.
Lao-tzu, Tao-te ching

Die Macht der Frau ist groß, und je mehr Zucht und Hingabe sie aufbringt, desto größer wird ihre Macht.
Paula Gunn Allen

Wenn im Herbst des Lebens einer Frau ihre fruchtbaren Jahre enden, erntet sie aus ihren früheren Erfahrungen, was sie für den Rest ihrer Reise braucht. Der Herbst ist die Jahreszeit des Reifens und der Reife. Das Obst fällt süß und schwer zu Boden, und hauchfeine Samen werden vom auffrischenden Wind fortgetragen, um irgendwo auf ihre Wiedergeburt und Erneuerung zu warten. »Hingabe« heißt das Lied der Jahreszeit, und die ganze Natur lauscht, löst sich vom Alten, um sich auf das Neue vorzubereiten. Die Bäume schütteln ihren bunten Schmuck ab und recken kahl, aber stolz, die knorrigen Muskeln ihrer Gliedmaßen zum Beweis ihrer Kraft und Ausdauer zum Himmel. Lebenspendender Saft zieht sich nach innen zurück, um die Wurzeln zu nähren und zu erhalten. Blumen lassen ihre Blütenblätter fallen, abgerissene Äste liegen am Boden, dürres Laub knistert in den Händen. Der Erdboden bedeckt sich mit Tod und Verfall und legt dadurch die Grundlage für die Schöpfung neuen Lebens.

Das Symbol des Herbstes ist der Keim, in dem künftiges Leben in vollkommener Ordnung in einer zarten, elastischen Hülle verdichtet ist. Außen trocken und leblos, innen mit dem köstlichen Potential des Wachstums und der Belebung erfüllt, entfaltet der Keim Leben in der Umarmung des Todes. »Hier im Keim«, heißt es im *I-ching*, »in der tief verborgenen Stille, ist das Ende aller Dinge an den Neuanfang geknüpft.«

»Aus solchen kleinen Anfängen, gewissermaßen einem bloßen Staubkörnchen, erheben sich mächtige Bäume«, schrieb Henry David Thoreau in *The Dispersion of Seeds*, seinem letzten Manuskript, das er in den Jahren vor seinem Tode im sechsundvierzigsten Lebensjahr verfaßte. Thoreau, der zum Kern, zur inneren Substanz und nach dem tieferen Sinn des Lebens strebte, durchwanderte die Wälder und Felder seiner Heimat Massachusetts und beobachtete, wie Samen vom Wind fortgeweht oder von Vögeln, Eichhörnchen, Füchsen und anderen Tieren des Waldes verbreitet wurden. Im Samen fand Thoreau seine Metapher für Tod und Wiedergeburt. »Wir sind in einer Welt, die schon gepflanzt ist, aber immer noch neu gepflanzt wird«, schrieb er. In den winzigen, zarten Samen des Herbstes offenbarte sich ihm die Ganzheit und Heiligkeit der Welt. »Die Erde selbst ist eine Kornkammer und eine Samenkammer, so daß manche ihre Oberfläche als die Haut eines lebenden Geschöpfes betrachten.« Wer nur das Äußerliche sieht, dem erscheinen Samenhüllen als nutzlos und unfruchtbar, vertrocknet und verdorrt. Wer aber tiefer blickt, wer sich die Mühe macht, die äußere Hülle abzuschälen, um die innere Substanz zu betrachten, dem enthüllen sich ungeahnte Schätze, denn, wie Thoreau bemerkt, »was nur die braune und verschlissene Seite des Sommers zu sein scheint und in der Erde am Straßenrand versinkt, erweist sich als Schmuckkästchen«. Das Leben flüstert in den »kleinen Dingen« leise von seinem Sinn. In einer schönen Passage, mit der Thoreau sein Manuskript über Wildfrüchte einleitet, beklagt er die Tatsache, daß so wenige Menschen »die kleinen Dinge« im Leben schätzen und die meisten ständig nur auf der Jagd nach den »großen Dingen« sind. »Der *Wellington Gigantea*, der berühmte kalifornische Baum, ist etwas Großes, der Same, dem er entsprang, etwas Kleines«, schrieb er. »Kaum je ein Reisender hat auf den Samen geachtet, und so ist es mit den Samen und Ursprüngen aller Dinge.«

Thoreau widmete sein Leben den kleinen Dingen, und seine exakten, scharfsinnigen Beobachtungen lenken unseren Blick nach unten und innen zum Kern. Mit derselben zärtlichen Fürsorge, die die Natur noch für ihre bescheidensten »Unkräuter« aufbringt, um ihr Überleben zu sichern, müssen auch wir unsere eigenen »Keime« behandeln. Wenn wir den kleinen Dingen konzentrierte Aufmerksamkeit entgegenbringen, kommen wir einem Verständnis des Sinns des Lebens etwas näher.

Im Leben des Menschen sind die zarten Samen des Herbstes die Samen von Herz und Seele. Im Herbst ihres Lebens sammelt eine Frau die Körner, Zwiebeln, Knollen und Wurzeln, von denen sie ihre restlichen Tage zehren wird. Mit ihrer Fähigkeit zur Disziplin und Hingabe sucht sie nach den wesentlichen Dingen, die sie durch den Winter bringen werden. Sie ist Sammlerin der Weisheit, Schnitterin der Erfahrung und Bewahrerin der kleinen Dinge, und sie weiß, daß sie für alles, was sie bewahrt, etwas weggeben muß. »Was ist wichtig?« fragt sie sich bei jedem Schritt. »Worauf kann ich verzichten?«

Die Indianer nennen eine Frau jenseits ihrer fruchtbaren Jahre eine »Sammlerin«. Nachdenklich, einsam, manchmal etwas exzentrisch, durchstreift sie scharfsichtig die Wälder und bewundert die Geduld und Hingabe, die die Natur für ihr Werk aufbringt. Die Indianer sagen, daß die Sammlerin bei ihrer Suche nach den wesentlichen Wahrheiten »heilig schreitet«, »in Schönheit schreitet«, in »Harmonie schreitet«. Symmetrie und Entsprechungen ziehen ihren Blick auf sich, Paradoxa erfreuen sie, die komplizierten, sich überschneidenden Muster der Natur wecken ihr Interesse. Mit der Zeit versteht sie den Wert ihres eigenen »vollkommen trockenen und spröden« Äußeren, denn ihre innere Reifung und Vollendung ist nur durch ein Opfer von Lebensenergie an der äußeren Hülle möglich. Nach und nach konzentrieren sich alle ihre Energien auf das Innere, wo die Samen von Herz und Seele umhegt werden.

Für die Chinesen ist der Herbst die Jahreszeit des Metalls, die Zeit, in der der Mensch lernt, seine inneren Ressourcen der Disziplin, der Ordnung und der Beharrlichkeit zu nutzen. Durch die Wandlungsphase des Metalls ist er für alles gerüstet; wenn auch sein Körper an Kraft verliert, so können sich sein Herz und seine Seele doch keine Schwäche leisten. »Es müssen große Hindernisse überwunden werden«, heißt es im *I-ching*, und »man muß hart wie Metall und gerade wie ein Pfeil sein, um die Schwierigkeiten zu überwinden«. Es müssen »Muskeln« der Wahrnehmungsfähigkeit, Intuition und inneren Erkenntnis entwickelt und ständig gekräftigt werden, denn wie der Körper durch Training stärker wird, so wird auch die Seele durch Disziplin und konzentrierte Aufmerksamkeit stärker. Die Jahreszeit des Herbstes ist die Zeit, in der die Muskeln der Seele entwickelt werden müssen.

Menorrhagie

Der Übergang zwischen den Jahreszeiten des Lebens vollzieht sich nicht immer glatt und reibungslos. Es treten tiefgreifende Verwandlungen ein, und Körper, Seele und Geist sind nicht immer auf die plötzlichen Energieverschiebungen vorbereitet. Eine Frau, die nicht auf der Hut ist, muß vielleicht heftig um ihr Gleichgewicht ringen und entdeckt am Ende doch, daß gerade ihre tiefsten Ängste die Quelle ihrer Kraft sind. Weil sie zu der Einsicht gezwungen ist, daß ein Teil des Selbst stirbt, und in der Trauer um das unwiederbringlich Verlorene wendet sie ihre Aufmerksamkeit nach innen, wo sie an den Samen arbeitet, sammelt und auswählt, Inventur macht und sich immer wieder dieselben Fragen stellt: »Wer bin ich jetzt? Was soll ich noch werden?« Sooft sie diese Fragen wiederholt, dringt sie tiefer in den Sinn ihres eigenen Daseins ein und wandert ruhig durch die Schatten, um schließlich in das volle Licht zu gelangen.

Claire

Die Blutung begann an einem Sonntag; am Mittwoch war Claire klar, daß dies etwas Ernsthaftes sein müsse. In weniger als drei Ta-

gen hatte sie eine Schachtel mit vierzig Tampax super und zwei Dutzend Einlagen verbraucht, und das dicke, geronnene Blut schien kein Ende nehmen zu wollen. Als sie am Samstag morgen in einer Blutlache erwachte, fuhr sie ihr Mann in die Notfallaufnahme. Dort verbrachte sie eine grauenvolle Nacht am Tropf. Es schien ihr nicht anders, als daß ihr Leben ein abruptes, blutiges Ende finden würde. Der Arzt versicherte ihr, daß ihre Blutung nicht lebensbedrohlich sei, betonte aber gleichzeitig, daß weitere Untersuchungen durchgeführt werden müßten, um die genaue Ursache der Blutung festzustellen. Claire wurde mit einem Eisenpräparat und der Empfehlung, bei ihrem Gynäkologen einen Termin für eine Ausschabung zu vereinbaren, aus der Klinik entlassen.
Der bloße Gedanke an einen chirurgischen Eingriff löste bei Claire eine Panik aus – ihr Vater war mit dreiundfünfzig an den Folgen einer harmlosen Operation gestorben. »Ich kann nicht zum Arzt gehen«, sagte Claire fast hysterisch vor Angst zu ihrem Mann. »Es graut mir davor. Ich will nicht sterben.« Ihr Mann bemühte sich verzweifelt, etwas für seine Frau zu tun; er saß stundenlang am Telefon und fragte Freunde und Verwandte, ob sie nicht eine alternative Behandlung empfehlen könnten. Claire sah, wie groß die Angst ihres Mannes war, und willigte schließlich ein, es mit Akupunktur zu versuchen.
An dem Tag nach ihrer Entlassung aus der Klinik saß Claire in meinem Sprechzimmer. Ihre Augen waren vom Weinen gerötet und verquollen, ihr Gesicht war bleich und wächsern. Ihre Stimme war schwach und ihr Tonfall monoton, was auf ein mögliches Ungleichgewicht der Holz- und/oder Erde-Energien hinwies. Der leicht grünliche Ton um ihre Augen und ihr natürlich dunkler Teint verwiesen ebenfalls auf eine Affinität zu Holz; Claire war jedoch in einer so schlechten Verfassung, daß ich mich nicht auf meine ersten Wahrnehmungen verlassen wollte. Wenn die Blutung unter Kontrolle und ihre Ängste abgeklungen sein würden, würden wir ruhiger weiterarbeiten und versuchen können, die Stärken und Schwächen ihrer Grundkonstitution nach und nach aufzuklären.
Claires Pulse waren dünn und schwach und unter meinen Fingern

kaum wahrnehmbar; diese Schwäche ihrer Pulse verwies auf einen Mangel an Ch'i und Blut, eine Diagnose, die auch durch die Blässe und Aufgedunsenheit ihrer Zunge unterstützt wurde. Hinsichtlich des bisherigen Verlaufs ihrer Menstruationen gab es praktisch keine Auffälligkeiten – ihre Periode begann mit dreizehn, und ihr Zyklus betrug konstant achtundzwanzig bis dreißig Tage ohne besonders schwerwiegende prämenstruelle Spannungen, Unterleibskrämpfe, Gerinnsel oder emotionale Labilität. Mit fünfunddreißig heiratete sie, und zwei Jahre später ließ ihr Mann eine Vasektomie durchführen. Sie wollten beide keine Kinder. Um das zweiundvierzigste oder dreiundvierzigste Lebensjahr wurde Claires Periode unregelmäßiger, wobei die Blutung drei bis vier Tage lang stärker war; im übrigen gab es nichts in ihrem bisherigen Leben, was sie auf diese plötzliche heftige Blutung hätte vorbereiten können.

»Was hat diese Blutung zu bedeuten?« fragte sie mich. »Ist eine Ausschabung unbedingt notwendig? Glauben Sie, daß ich Krebs haben könnte?«

Wenn mich eine Patientin nach ihrem Zustand fragt, und insbesondere, wenn diese Fragen so deutlich einer Angst entspringen, dann gebe ich stets praktische Informationen und versuche, die Patientin zu beruhigen, ihr neuen Mut zu geben und ihr Hoffnung zu machen.

»Starke Blutungen sind ein relativ häufiges Problem in der Übergangszeit zwischen der normalen Periode und dem Aufhören der Menstruation«, sagte ich. Dann erklärte ich ihr kurz die chinesische Theorie der »unkontrollierten Blutung«: Wenn die physischen und emotionalen Belastungen des Lebens immer mehr zunehmen, muß die Leber mehr leisten, um Energie, Blut und Emotionen in Gang zu halten; im Laufe der Zeit gehen jedoch die Reserven der Leber zur Neige. Wenn die Leber schließlich erschöpft ist, kann sie ihre Yin-Aufgabe nicht mehr erfüllen, das Blut zu kühlen und dafür zu sorgen, daß Körper, Seele und Geist gelassen und gut versorgt bleiben. Die Folge sind Reibung und Stagnation, wodurch Hitze im Blut entsteht und dieses »unkontrolliert« zu fließen beginnt. Weil das geschwächte Yin das Blut nicht unter Kontrolle halten kann, siedet es über, verläßt seine Bahnen und ruft Symptome wie Hitzewallungen, Nacht-

schweiß und Blutungen hervor. Die Chinesen betrachten starke, außergewöhnliche Blutungen auch als einen Ch'i-Mangelzustand, denn eine der Funktionen des Ch'i besteht darin, das Blut in seinen Gefäßen zu halten. Wenn das Ch'i geschwächt ist, quillt das Blut aus seinen Gefäßen, und dies weist auf ein Problem auf dem Milz-Bauchspeicheldrüsen-Meridian hin.
Die Symptome einer unkontrollierten Blutung sind oft vorübergehend und klingen von selbst ab. Weil Claire jedoch immer noch starke Blutungen hatte, mußte als erstes mittels Akupunktur und mit pflanzlichen Mitteln der Blutstrom verlangsamt werden, damit sie wieder zu Kräften kommen konnte. Anschließend würden wir uns der Erforschung des grundlegenden Problems zuwenden.
Weil Claire Angst vor einer Kürettage hatte und fürchtete, Krebs zu haben, ging ich auch hierauf ein. Ich erklärte ihr, daß nicht nur hormonelle Umstellungen starke Blutungen auslösen können, sondern auch Myome, Zysten, Hyperplasie der Gebärmutterschleimhaut, Scheidenentzündung und in seltenen Fällen auch Krebs. Es war zwar wenig wahrscheinlich, daß Claire an einer dieser schwerwiegenden Erkrankungen litt, doch mußte man sie auf alle Fälle durch einen Papanicolaou-Abstrich und verschiedene Blutanalysen ausschließen. Claire lehnte dies sofort ab und sagte, daß sie nichts mit herkömmlicher Medizin zu tun haben wolle; erst als ich ihr versicherte, daß ich sie an einen Gynäkologen überweisen würde, der sehr behutsam vorgeht, erklärte sie sich bereit, einen Termin zu vereinbaren. Bis dahin wollten wir die Blutung als ein hormonelles Ungleichgewicht behandeln und mit verschiedenen Strategien versuchen, sie unter Kontrolle zu bringen.
Akupunktur und pflanzliche Mittel sind bei der Stillung von Blutungen bemerkenswert wirksam; sie ergänzen einander und kräftigen und energetisieren den ganzen Körper. Während Akupunktur mehr auf die fünf Wandlungsphasen zielt und in einer subtilen Weise das Gleichgewicht der im Körper wirksamen Energieströmungen wiederherstellt, wirken Kräutermittel direkt auf das Gleichgewicht von Yin und Yang und den Austausch zwischen Blut, Körperflüssigkeiten und Ch'i. Kräuterheilkundler verwenden Dutzende, ja sogar Hunder-

te von Kräutern in verschiedenen Kombinationen entsprechend der individuellen Erkrankung, denn jede Heilpflanze hat eine spezifische Wirkung auf ganz bestimmte Körperfunktionen. Unterschiedliche Kräuter wirken in unterschiedlicher Weise, indem sie zum Beispiel die Ausscheidung von Giftstoffen anregen, Schweiß treiben, überschüssige Feuchtigkeit trocknen, das Blut erwärmen, Flüssigkeit aufbauen, Feuer dämpfen und das Yin stärken, während Akupunktur mehr indirekt das Gleichgewicht wiederherstellt und für einen gesunden Energiestrom durch Körper, Seele und Geist sorgt.

Bei dieser ersten Sitzung nadelte ich acht Punkte (siehe Anhang 2). Milz 6 (»Dreifache Yin-Kreuzung«) am Unterschenkel hinter dem Schienbein unterstützt die drei Yin-Meridiane (Milz, Leber und Nieren), die an diesem Punkt zusammenlaufen. Empfängnisgefäß 3 (»In der Mitte zwischen den Polen«) auf der Mittellinie des Bauchs stärkt die Yin-Energie an der Wurzel (die Nieren). Empfängnisgefäß (EG) 4 (»Pforte an der Quelle«), etwa zwei Zentimeter oberhalb von EG 3, unterstützt die Verdauungsfunktionen von Magen und Milz und kräftigt das »Ursprungs-Ch'i«, wodurch die Nieren und damit der ganze Körper gestärkt werden. Leber 3 (»Höchste Flut«) zwischen der großen und der zweiten Zehe ist der Ursprungspunkt des Lebermeridians und erneuert und stärkt die Leberfunktionen, indem er die Stagnation von Blut und Ch'i auflöst. Leber 1 (»Große Aufrichtigkeit«) und Milz 1 (»Verborgene Klarheit«) sind die Punkte der Wahl zum Beenden starker Blutungen (Leber- und Milzmeridian gelten als die beiden hierfür zuständigen Leitbahnen).

Bei Claires Behandlung mußten Kräuter eine entscheidende Rolle spielen. Bestimmte Heilpflanzen beenden Blutungen im Körper sehr rasch und wirksam, und für gynäkologische Zwecke wird vor allen Dingen ein bemerkenswertes chinesisches Fertigarzneimittel mit dem Namen Yunnan Pai Yao (»Weißes Yunnan-Pulver«) verwendet. Yunnan Pai Yao ist ein lebensrettendes Mittel bei akuten Zuständen wie Blutungen, Schock und Infektionen, wirkt aber auch hervorragend gegen den Schmerz und die Entzündungen im Zusammenhang mit Menstruationskrämpfen, Geschwüren, Zerrungen und Hämorrhoiden.

Weiterhin empfahl ich ihr ein pflanzliches Präparat aus Löwenzahn, der reich ist an Eisen und pflanzlichen Hormonen, die Nieren und Leber kräftigen, Brennessel, einer nährenden und kräftigenden Pflanze, die die Blutgefäße stärkt und reich ist an den Vitaminen A, C, D und K, an Kalzium, Kalium, Phosphor, Eisen und Sulfur, Krausen Ampfer, der Eisen enthält und Hämoglobin ergänzt, Frauenmantel, ein ausgezeichnetes Gerinnungsmittel, und Odermennig oder Hirtentäschel, zwei hervorragende Adstringentia und sehr bekannte Mittel gegen Gebärmutterblutungen.

Menorrhagie
(Starke Regelblutung) *

Westliche Interpretation und Behandlung

Starker Blutverlust während der normalen Periode kann durch Endometriose, Fasergeschwulste oder Zysten verursacht sein. Teilweise wird auch chronischer Streß als mitverursachender Faktor betrachtet. Zu den traditionellen Behandlungsmethoden zählen Progesterontherapie und orale Kontrazeptiva, die der Blutung entgegenwirken können, Ausschabung zu diagnostischen Zwecken und zur Stillung der Blutung, und Hysterektomie (Entfernung der Gebärmutter) als endgültige Maßnahme. Bei Anämie werden Eisenpräparate verordnet.

Chinesische Interpretation
Die Chinesen kennen zwei Interpretationen für starke Gebärmutterblutungen:
– Ein geschwächtes Milz- und Nieren-Ch'i kann das Blut nicht in seinen Bahnen halten; Symptome hierfür sind eine blasse, schlaffe Zunge, anhaltendes leichtes Bluten (das Blut ist nicht hellrot, sondern eher rosa), Müdigkeit und Kurzatmigkeit, und

- eine Stagnation des Leber-Ch'i, wodurch eine Erwärmung des Blutes entsteht; zu den Symptomen zählen eine dunkle Zunge mit einem gelben Belag, starke Blutung mit dunkelrotem Blut und Reizbarkeit.

Komplementäre Behandlungen

Ergänzungsmittel
- Eisen (versuchen Sie es mit Floradix Kräuterblut-S-Saft; beachten Sie die Anweisungen auf der Flasche)
- β-Karotin (25 000 IE täglich)
- Vitamin C mit Bioflavonoiden (1000 bis 5000 mg)

Ernährung
Essen Sie viel dunkelgrünes, eisenreiches Gemüse (Grünkohl, Spinat, Brokkoli und Seetang) und Wurzelgemüse (Karotten, Rettiche, weiße Rüben). Meiden Sie stark gewürzte und fette Speisen, Milchprodukte, raffinierte Kohlehydrate und Zuckerprodukte, Koffein, Nikotin und Alkohol.

Körperliche Betätigung
Versuchen sie möglichst viel zu liegen, und lassen Sie die Schwerkraft an der Heilung mitwirken.

Pflanzliche Mittel
- Krauser Ampfer (Rumex crispus) zur Versorgung mit Eisen
- Brennesseln sind reich an Eisen und anderen wichtigen Mineralstoffen und Vitaminen
- Frauenmantel gegen die Blutung

* Warnhinweis: Da anhaltende starke Blutungen schwere Ursachen haben können, müssen Sie zum Gynäkologen gehen, bevor Sie es mit einer dieser komplementären Behandlungsmethoden versuchen; es könnte eine Anämie entstehen, die behandelt werden muß.

Warnhinweis: Bei starken Blutungen Dong Quai nicht einnehmen, da dieses das Blut in Bewegung versetzt und die Blutung verschlimmern kann.

Chinesische Fertigarzneimittel

- Yunnan Pai Yao (»Weißes Yunnan-Pulver«): einnehmen, bis die Blutung aufhört
- Gui Pi Wan (»Milz-Genesungssuppe«) zur Unterstützung der Milz oder Bu Tiao (Stärkung des Blutes, Regulierung der Periode) zur Unterstützung der Nieren- und Milzenergie und zur Beseitigung von Stauungen im Beckenbereich

Akupunkturpunkte

- Zum Stillen der Blutung: Ein Spezialpunkt zum Stillen der Blutung befindet sich auf dem Gelenk der großen Zehe: an beiden Zehen kräftig drücken.
- Für mangelndes Milz- und Nieren-Ch'i: Milz 4, Milz 6, Niere 3 und Empfängnisgefäß 4
- Gegen Leberstagnation und Hitze des Blutes: zusätzlich Leber 3

Topische Behandlungen

Tampons können entzündetes Scheidengewebe reizen; verwenden Sie statt dessen Einlagen (versuchen Sie es mit Binden aus Naturfasern).

Körper, Seele und Geist

Die Symptome können folgende Fragen zum Ausdruck bringen:

- »Unterminiere ich meine Macht, und verschenke ich sie?«
- »Treibe ich Raubbau mit meinen Kräften und meiner Vitalität?«
- »Staue ich meinen Ärger auf, so daß er mein Blut erhitzt und überfließt?«
- »Klammere ich mich an Empfindungen – positive oder negative –, die ich nicht aufgeben will?«

Für die Zeit, solange die starken Blutungen anhielten, riet ich Claire, koffeinhaltige Speisen und Getränke (Tee, Kaffee, Schokolade, Colagetränke) zu meiden, weil diese die Eisenaufnahme behindern. Alkohol und Aspirin verdünnen das Blut und müssen ebenfalls gemieden werden. Heiße Bäder und heiße Duschen verbot ich ihr, weil Wärme die Blutgefäße dehnt und dadurch Blutungen verstärkt. Claire war Vegetarierin, weshalb ich ihr statt Kalbsleber, die ich ansonsten bei Eisenmangel empfehle (sehr reich an Eisen, B-Vitaminen und Vitamin A), den Rat gab, besonders eisenhaltiges Gemüse wie Spinat, Grünkohl und Seetang zu essen.

Claire ging nach dieser ersten Sitzung sehr viel hoffnungsvoller nach Hause, und sie rief am nächsten Abend an, daß die starke Blutung aufgehört habe. Als sie einige Tage später zu ihrem zweiten Termin in die Sprechstunde kam, sah sie völlig verwandelt aus. Sie wirkte belebt und gut gelaunt, hielt sich ganz gerade, hatte die Schultern nach hinten gezogen und trug den Kopf hoch. Ihr Gesicht war wieder durchblutet, und um die Schläfen entdeckte ich einen grünlich-gelblichen Ton, ein Hinweis auf ein Ungleichgewicht der Holz- und möglicherweise Erde-Energie. Ihre robuste Physis, der gutproportionierte Körper und die kräftige Stimme stützten die Diagnose überschüssiges Holz, doch drückte sich in ihrer fleischigen Haut, ihrem singenden Tonfall und einer beständigen Schwere des Geistes, als ob sie Mühe hätte, sich aufrecht zu halten, auch eine klare Affinität zu Erde aus.

Die wenigsten Menschen lassen sich eindeutig einem bestimmten Konstitutionstyp zuordnen. Wenn jemand gesund, glücklich und symptomfrei ist, dann erkennt man an ihm typischerweise eine Mischung aller fünf Wandlungsphasen. Die jeweiligen Affinitäten werden erst dann deutlich, wenn ein Ungleichgewicht oder ein Mangel besteht, und in Claires Fall erforderten Holz und Erde gleichermaßen meine Aufmerksamkeit. Als sich im Laufe der Zeit Claires Symptome besserten, gab es ständige Veränderungen in ihrer natürlichen Holz-Konstitution und ihrer starken Verbindung zu Erde; je mehr Körper, Seele und Geist ins Gleichgewicht kamen, desto schwieriger wurde es, sie einem bestimmten Typ zuzuordnen.

Bei dieser zweiten Sitzung nun teilte ich ihr die gute Nachricht des Gynäkologen mit – Claires Laborbefunde enthielten keinen Hinweis auf irgendwelche Erkrankungen oder Anomalitäten. Wir konnten also fortfahren, Claires Beschwerden als Symptome eines tieferen Hormonungleichgewichts und einer Energieblockierung zu behandeln.
»Die Symptome der Überflutung, der Gerinnung, der Lethargie und der Erschöpfung stützen die Diagnose einer, wie es die Chinesen nennen, ›gestauten‹ Energie«, sagte ich.
»Genauso fühle ich mich – als ob ich innerlich aufgestaut wäre«, sagte Claire spontan, als hätte sie nur auf das Stichwort gewartet. »Irgendwie schaffe ich den Durchbruch nicht, wie sehr ich mich auch bemühe. Ich habe ein Gefühl, als rammte ich den Kopf gegen die sprichwörtliche Mauer.«
»Die Blutung war sicher ein Durchbruch«, sagte ich.
»O ja, das ist es!« antwortete Claire, von der plötzlichen Erkenntnis überrascht.
»Was glauben Sie, was Ihr Körper sagen wollte, als die unkontrollierbaren Blutungen begannen?« fragte ich.
Claire dachte einen Augenblick nach. »Ich glaube, ich weiß es«, sagte sie dann sichtlich stolz auf sich selbst: »Ich glaube, mein Körper wollte sagen: ›Ich will nicht zurückgehalten werden.‹«
»Was haben Sie zurückgehalten?«
»Meine Kreativität – ich hatte immer dieses intensive Bedürfnis, mich auszudrücken, aber nun bin ich seit Jahren blockiert.« Claire begann zu weinen, und es brach ein Wortschwall aus ihr heraus. Sie hatte sich vor ihrer Ehe der Dichtkunst verschrieben, und nach einigen Jahren intensiver Arbeit war es ihr gelungen, einige Gedichte zu veröffentlichen. Als sie dann ihrem künftigen Mann begegnete, der ebenfalls ein aufstrebender Schriftsteller war, arbeitete sie an einem Gedichtband und hatte gerade einen Agenten gefunden. Nach der Heirat widmete sie sich aber der Arbeit ihres Mannes und half ihm, für seine Artikel zu recherchieren und diese zu redigieren. Je erfolgreicher er wurde, desto mehr ging sie in seiner Arbeit auf und vernachlässigte ihr eigenes Schaffen. Schließlich schrieb sie überhaupt nichts mehr. »Ich habe sehr gerne die Arbeit meines Mannes redi-

giert«, sagte Claire, »aber jetzt habe ich ein Gefühl, als wäre ich ausgetrocknet und hätte keinen schöpferischen Funken mehr. Ich bringe einfach die Energie für meine eigene Arbeit nicht mehr auf, und die meiste Zeit sitze ich nur zu Hause und versuche, mich für ein Buch zu interessieren, oder ich sehe mir eine Talk-Show an und esse Konservenkost.«

In der chinesischen Philosophie heißt der »schöpferische Funken« das »Hun«, und die Leber, die für den problemlosen Fluß von Energie durch den Körper verantwortlich ist, heißt »Haus des Hun«. Wenn man sich vorstellt, daß man ein hohles Bambusrohr ist, dann ist der Atem, der das Rohr erfüllt und einen besonderen Klang erzeugt, das Hun, der schöpferische Geist des Menschen. Wenn das Bambusrohr vom Atem eines anderen Menschen erfüllt ist (in Claires Fall dem ihres Mannes) oder wenn es in irgendeiner Weise verstopft ist, dann ertönt ein falscher oder unsauberer Ton. Weil eine gesunde Leber dafür sorgt, daß der Geist sich klar und deutlich ausdrücken kann, kräftigen und stärken die Chinesen mit Hilfe der Akupunktur die Leberfunktionen, um das Hun zu stärken, so daß es sich klar und unverfälscht äußern kann.

In dieser und den folgenden Sitzungen konzentrierten wir uns auf Akupunkturpunkte, die Blut und Yin aufbauen, Energieblockierungen durchbrechen und nährende Kraft tief in Claires Körper, Seele und Geist eindringen ließen. Perikard 6 (»Innere Pforte«) am Vorderarm einige Zentimeter oberhalb der Handgelenkfalte gilt als die Pforte zum Herzen; wenn man diesen Punkt stimuliert, »ölt« man die Türangeln zum Herzen, so daß sich die Pforte mühelos öffnen und schließen kann. Leber 3 (»Höchste Flut«) zwischen der großen und der zweiten Zehe hilft, Blockierungen und Behinderungen zu beseitigen, so daß das Ch'i ungehindert strömen kann. Leber 13 (»Kampferholz-Pforte« oder »Offizielle Pforte«) auf dem Brustkorb fünf Zentimeter oberhalb des Nabels und etwa fünfzehn Zentimeter zu beiden Seiten der Mittellinie unterstützt die Funktion von Milz und Bauchspeicheldrüse und würde Claire helfen, physische und emotionale Nahrung aufzunehmen. Milz 6 (»Dreifache Yin-Kreuzung«) oberhalb des inneren Knöchels und hinter dem Schienbein

baut Yin auf, nährt das Blut und harmonisiert den Menstruationszyklus.
Der wichtigste Punkt für Claire war jedoch Milz 4 (»Großvater Enkel«) auf dem inneren Fußrücken in einer Vertiefung etwa vier Zentimeter hinter dem Knöchel der großen Zehe. Dieser Punkt öffnet eine spezielle Leitbahn namens »Ghong mo« (»Eindring-Kanal«), der Blut aufbaut und stärkt und auf einer grundlegenderen Ebene Nahrung tief in Körper, Seele und Geist eindringen läßt. Nach chinesischer Auffassung können wir uns nur dann anderen gegenüber behaupten, wenn wir gut versorgt, im Gleichgewicht und ganz sind. Als ich diesen Punkt stimulierte, erklärte ich Claire, wie wichtig es ist, daß wir Nährstoffe (Nahrung, Wasser, Liebe, schöpferische Energie) in uns aufnehmen, damit diese lebenspendenden Kräfte den Körper durchfluten können, die neues Blut erzeugen, Bereiche der Stagnation aufbrechen und uns ein gesundes, kraftvolles Selbstempfinden verleihen können.
Als wir über verschiedene Strategien sprachen, wie Claire ihre Empfindungen des Festgefahrenseins und der Stagnation überwinden könnte, erzählte ich ihr einige Geschichten. Eine Geschichte aus *The Wisdom of the Desert* von Thomas Merton schien sie ganz besonders zu beeindrucken:

> Abt Markus und Abt Arsenius sprachen einmal über die Freude im Leben eines Mönchs. »Ich kannte einen Bruder, in dessen Zelle eine kleine wilde Blume wuchs, und er riß sie mit den Wurzeln aus«, sagte Abt Markus. »Ist es richtig, frage ich mich, sich selbst so kleine Freuden zu versagen?« – »Nun«, sagte Abt Arsenius, »das ist recht so. Jeder sollte seinen eigenen spirituellen Weg gehen. Aber wenn der Bruder später feststellt, daß er ohne die Blume nicht leben kann, dann sollte er sie wieder einpflanzen und sie mit sanfter Sorge und Hingabe nähren.«

»Ich habe meine berufliche Entwicklung ausgerissen, als ich mein Leben ganz meinem Mann unterordnete«, sagte Claire, die die Geschichte sofort auf ihr eigenes Leben bezog. »Eine Weile konnte ich ganz gut damit leben. Aber die Zeiten haben sich geändert, und ich will die Blume wieder einpflanzen.«

Claire beschloß, wieder mit dem Schreiben zu beginnen. Daß sie ihren eigenen Talenten nun mehr Zeit widmete, belastete die Beziehung zu ihrem Mann, und es kam schließlich zur Trennung. Ihr Leben ist jetzt dadurch in einer Übergangsphase mit einigem emotionalem und spirituellem Aufruhr, aber Claire behauptet dennoch, daß sie nie zuvor glücklicher war. »Ich muß immer noch an jenes hohle Bambusrohr denken«, sagte sie bei einer der letzten Sitzungen. »Ich habe jetzt vor, es mit reiner, sauberer Energie zu füllen. Wenn ich einmal den Klang meiner eigenen schöpferischen Stimme gehört haben werde, will ich es nie mehr zulassen, daß ich ihn vergessen könnte.«

Klimakterische Beschwerden

Die Samen der Kreativität, die im Frühjahr und Frühsommer des Lebens einer Frau in solcher Fülle aufsprießen, ruhen oft im verborgenen, wenn sie sich einem Liebhaber, einem Ehemann oder den Kindern widmet. Während jener Übergangsphase, die als die Menopause bezeichnet wird, wenden Frauen ihre Aufmerksamkeit instinktiv wieder jenen vernachlässigten Samenkörnern zu. Sie versuchen jenes einzigartige Individuum wiederzuentdecken, das sie waren, bevor Sexualität und Fruchtbarkeit ihr Leben zu beherrschen begannen. Wenn man die Menopause neu als Chance begreifen kann, sein »wirkliches« Selbst neu zu entdecken und neu zu erschaffen, den »leidenschaftlichen, idealistischen, energischen jungen Menschen, der man vor der Menarche war«, wie Germaine Greer sagt, dann können wir auch die Tiefe und das Potential dieser bemerkenswerten Metamorphose verstehen.

Zunächst muß jedoch viel Arbeit geleistet werden, um die weitverbreitete Vorstellung überwinden zu können, die Menopause wäre ein schreckliches Ereignis, das man möglichst lange aus dem Bewußtsein verdrängen müsse. Unsere moderne Kultur hat den Frauen beigebracht, den Beginn der Menopause als den Anfang vom Ende ihres Lebens zu sehen, als einen unvermeidlichen (und sich ständig beschleunigenden) Abstieg in Gebrechlichkeit, Schwäche und Abhängigkeit. Subtile Symptome werden ignoriert und bleiben in der Hoffnung unbehandelt, daß das Leben ganz normal weitergehen könnte. Unter der Oberfläche finden aber in Körper, Seele und Geist tiefgreifende Veränderungen statt, und wir müssen uns neue Quellen psychischer, physischer und spiritueller Nahrung erschließen, um den zunehmenden Belastungen gewachsen zu sein. »Ein gutes Pferd springt schon, wenn es nur den Schatten der Peitsche wahrnimmt«, sagt ein Zen-Sprichwort; unsere Kultur ist aber gegenüber Schatten immun geworden. Wir müssen heute das Brennen der Peitsche spüren – die peinigende Hitzewallung, die plötzliche Blutung, die tiefe Depression –, bevor wir bereit sind, es ruhiger angehen zu lassen und zu hören, was der Körper uns sagen will.

Gail Sheehy beschreibt in ihrem Buch *The Silent Passage* ihre persönliche Erfahrung mit dem »ersten Granateneinschlag der Schlacht mit der Menopause«:

> Es war an einem Sonntag abend. Ich saß behaglich und ganz ruhig in einem Plüschsessel und las. Neben mir mein zweiter Mann, mit dem ich seit einem knappen Jahr glücklich verheiratet war. Er las wie ich, im Hintergrund spielte Jazz, und draußen zauberte der Schnee einen Vorhang vor das Fenster. Ab und zu hoben wir den Blick und gratulierten uns dazu, daß wir in diesem Kokon der Behaglichkeit, der Sicherheit und der Liebe, den wir uns geschaffen hatten, beieinandersitzen konnten.
>
> Dann explodierte jene kleine Granate in meinem Gehirn. Ein Blitz, ein Schock – ein Stromschlag zuckte durch meinen Kopf, der mich erschütterte, meine Nerven vibrieren ließ und mich aus dem Gleichgewicht warf... ich fühlte mich zunächst heiß, dann fröstelte mich. Ich legte mich hin, aber der Schlaf konnte die Unruhe nicht dämpfen. Mein Herz raste – aber warum? Die absolute Ruhe? Ich fühlte mich, vielleicht wieder zum erstenmal in meinem Leben seit meinem dreizehnten Lebensjahr, furchtbar elend in meinem Körper.

Sie ließ sich einen Termin bei ihrem Gynäkologen geben. Dieser stellte ihr einige Fragen, schrieb ihre Symptome auf, schob ihr die übliche Kanüle in die Vene und schickte ihr Blut ins Labor. Nachdem er den Bericht erhalten hatte, konnte er ihr mitteilen, daß tatsächlich ihr Östrogenspiegel sehr niedrig war. Sie fragte, ob dann nicht eine Hormonbehandlung durchgeführt werden könnte. Er sagte ihr, dies käme nicht in Frage, weil sie noch menstruiere. Nach der streng medizinischen Definition ist die Menopause erst eingetreten, wenn man mindestens ein Jahr lang keine Menstruation mehr hatte.
Zögernd brachte sie auch das peinliche Thema ihres schwindenden Interesses am Sex zur Sprache. »Da kann ich Ihnen nicht helfen«, sagte ihr Arzt. »Ein Rückgang der Libido ist beim Älterwerden normal.« Sheehy verließ die Praxis mit einem Gefühl, als hätte man sie zum alten Eisen geworfen. Die Frage, die sie sich in ihren rastlosen Tagen und ihren schlaflosen Nächten immer wieder stellte, lautete: »Bedeutet dies, daß ich nicht mehr ich selbst sein kann?«
Wenn Frauen mit einer ähnlichen Erfahrung wie Gail Sheehy in meine Praxis kommen, dann weiß ich, daß es viel Arbeit gibt. Ich sehe ihre hängenden Schultern, ich höre ihren Äußerungen der Hoffnungslosigkeit zu, und ich habe ein Gefühl, als könnte ich ihre Verzweiflung mit Händen greifen. Ihre Begegnungen mit der westlichen Schulmedizin haben ihnen alle Hoffnung genommen; ohne Hoffnung aber fühlen sie sich machtlos und hilflos. Ihre Frage ist immer eine Variation von Gail Sheehys Frage: »Ist dies normal? Werde ich sterben? Ist das der Anfang vom Ende? Was ist mit mir los?«
Meine erste und wichtigste Aufgabe besteht dann darin, die Tore der Hoffnung wieder aufzustoßen. Dies tue ich, indem ich zuhöre, die Frauen beruhige und ihnen die Weisheit alter und moderner Heiler durch Geschichtenerzählen nahebringe. Ich erkläre ihnen, daß die westliche Auffassung der Menopause, deren Hintergrund ein manischer Kult der Jugend und Schönheit ist, nicht der einzige denkbare Rahmen ist. Wenn man die reiche Bilderwelt der Wiedergeburt und Regeneration heranzieht, wie sie Indianer, Chinesen und andere traditionelle Kulturen zu bieten haben, dann kann man sich diese kurze Lebensphase als eine Zeit des Feierns statt einer Zeit der Trauer vor-

stellen. Viele traditionelle Kulturen lehren, daß eine Frau die rein physische Welt verläßt und auf eine höhere spirituelle Ebene fortschreitet, wenn ihre Periode aufhört. So betonen zum Beispiel die Indianer die Macht, die das Menstruationsblut den »Großmüttern« des Stammes verleiht, die ihr Blut nicht mehr wegzugeben brauchen.

> Wenn bei einer Frau die Blutung aufhört, wird sie in die Hütte der Großmütter zugelassen. Ihr reiches Blut, das sie in all den Jahren ihrer Fruchtbarkeit weggeben hat, bleibt jetzt in ihr; es reinigt und erneuert sie und gibt ihr die Kraft eines mächtigen Kriegers. In der Hütte der Großmütter versammeln sie sich mit den andern weißhaarigen Frauen, um zu beraten, was sie für die Welt tun und wie sie ihre große Macht einsetzen könnten, um alles Leben zu kräftigen und zu schützen – nicht nur das Leben ihrer Kinder, ihres Stammes oder ihrer Nation, sondern das Leben der Erde selbst und aller ihrer lebenden Bewohner.
> Die große mystische Macht der weißhaarigen Frauen wird im Dienste des Friedens und zur Sicherung der Erneuerung des Lebenszyklus eingesetzt. (Nach Brooke Medicine Eagle)

Für die Indianer war das Menstruationsblut eine unschätzbare Kostbarkeit. Wenn eine Frau älter und reifer wird, gibt sie sich selbst das Geschenk des Blutes zurück; sie kräftigt und erneuert sich und wird zu einem mächtigen Krieger, dessen Weisheit von allen Angehörigen des Stammes geschätzt wird. Die Traditionelle Chinesische Medizin teilt die Auffassung, daß das Menstruationsblut etwas Mächtiges und Lebenspendendes ist. Der lange Übergang von der monatlichen Blutung bis zum Aufhören der Blutung wird zwar durchaus als Belastung der Energievorräte des Körpers gesehen, doch sollte die Menopause keine schweren und langwierigen Beschwerden verursachen, solange eine Frau in Harmonie mit der Natur lebt, genügend Ruhe, körperliche Bewegung und gesunde Nahrung bekommt. Wenn bei einer Frau über einen längeren Zeitraum Beschwerden bestehen, dann würde ein in der Traditionellen Chinesischen Medizin geschulter Arzt sie bitten, diese Symptome als Notsignale zu sehen, die sie auf einen Mangel oder ein Ungleichgewicht aufmerksam machen wollen.

Die Chinesen haben eine sehr schöne Deutung des Alterungsprozesses im Zusammenhang mit der als Jing bezeichneten Substanz. In der Schwangerschaft gibt eine Frau ihrem Kind Jing als Geschenk. Jing ist eine vererbte Form von Lebensenergie, die je nach der Gesundheit der Mutter während ihrer Schwangerschaft dreißig bis vierzig Jahre anhält. Wenn sich unser vorgeburtliches (ererbtes) Jing durch die Lebensprozesse allmählich erschöpft, müssen wir unser eigenes Ch'i und Blut erzeugen, das in postnatales Jing verwandelt und in den Nieren gespeichert wird. Dieses neue Jing ergänzt und stärkt unser ursprüngliches Erbe, und solange wir gesund und glücklich bleiben, werden Körper, Seele und Geist immer mit reichlich Jing versorgt.

Um das fünfunddreißigste bis vierzigste Lebensjahr gehen die Reserven an vorgeburtlichem Jing allmählich zur Neige, und dies markiert den Beginn des Alterungsprozesses. Wenn eine Frau in ihren fruchtbaren Jahren jeden Monat ihr Blut weggibt, bedeutet dies für sie einen erheblichen Verlust an Jing; wenn das ererbte Jing zur Neige geht, drosselt der Körper den monatlichen Blutfluß, um das kostbare Jing zu bewahren. Indem eine Frau ihr nährendes und lebenspendendes Blut zurückhält, schützt sie ihre Lebensessenz, füllt sie ihre Ch'i-Energie auf und verlangsamt den Alterungsprozeß.

Die Nieren, die Jing speichern und den gesamten Lebenszyklus von Geburt, Reife und Verfall regieren, sind nach chinesischer Auffassung Organe voller Geheimnis und Zauber, Kessel, in denen das Leben brodelt und gärt. Harriet Beinfield und Efrem Korngold, die Verfasser von *Between Heaven and Earth*, beschreiben den Nierenmeridian in lyrischen, fast mystischen Worten:

> Die Niere ist wie ein Inselmeer: An der Oberfläche träge und gelassen, von den jahreszeitlichen Regenfällen und kristallklaren unterirdischen Flüssen gespeist, steigen aus dem Untergrund warme, mineralreiche Dämpfe auf, die salzigem Wasser Erneuerung einhauchen, in dem ursprüngliches Meeresleben brodelt.

Die in uns verborgene Niere birgt die quintessentielle Schatzkammer der potenzierenden Kraft des Lebens.

Wenn um die Lebensmitte die Erstausstattung mit pränatalem Jing beinahe erschöpft ist, müssen die Nieren ständig mit neuer Energie versorgt werden. »Erzählen Sie mir, in welcher Weise Sie sich schonen«, würde ein chinesischer Arzt vielleicht eine Frau fragen, die sich ihrer Lebenswende nähert. Der Arzt würde dann von ihr hören wollen, daß sie sich viel Ruhe gönnt, täglich Gymnastik oder Sport treibt, Streß am Arbeitsplatz und zu Hause meidet, meditiert, auf ihre Ernährung achtet, verschiedene Kräuter und Tonika zur Kräftigung ihres Nieren-Ch'i einnimmt und ganz allgemein nach Harmonie mit ihren Mitmenschen strebt. Wenn sie es versäumt, Körper, Seele und Geist in dieser Weise zu unterstützen, dann werden ihre Nieren sich mit Symptomen wie Hitzewallungen, Reizbarkeit, Stimmungsschwankungen, Rückenschmerzen, Veränderungen der Libido und einem verstärkten Monatsfluß in Erinnerung bringen. Wenn diese Warnsignale ungehört bleiben, werden sie eine Reaktion in der Leber auslösen, eine Rebellion der Energie und des Blutes, wodurch immer schwerere Symptome wie starke Blutungen, Migräne, Depressionen, Erschöpfung, Schlaflosigkeit und Panikanfälle entstehen.
Akupunktur und pflanzliche Mittel wirken auf einer oberflächlichen und auf einer tieferen Ebene. Sie helfen, die Symptome zu lindern, verschaffen der Patientin Erleichterung und beheben gleichzeitig die Grundursache des Problems. Um das Gleichgewicht und die Harmonie wiederherzustellen, stärkt der chinesische Arzt die Nierenfunktionen, indem er bestimmte Akupunkturpunkte stimuliert und geeignete tonisierende Kräuter und Ergänzungsmittel verordnet. Ebenso wichtig ist jedoch, daß sich der Arzt zu seiner Patientin setzt, ihr zuhört, sie ansieht, sie berät und sie ermuntert, schöpferische Möglichkeiten zu entdecken, wie sie auf die Hilferufe von Körper, Seele und Geist reagieren kann. Wenn die Patientin einmal verstanden hat, daß ihre Symptome auf eine tieferliegende Disharmonie hinweisen, dann muß sie auch die grundlegende Weisheit akzeptieren,

daß sie die Antworten auf ihre Probleme nicht außerhalb von sich selbst finden kann, sondern nur in ihrem Inneren.

Janet

Die fünfzigjährige Janet kam in einem wunderschönen Wollkostüm mit dazu passenden Schuhen und einer ebensolchen Handtasche in meine Praxis. Ihr schon weißes Haar war straff nach hinten gekämmt und mit einer goldenen Spange befestigt; nicht eine Strähne fiel in ihr feingeschnittenes Gesicht. Sie strich ihren Rock glatt und setzte sich kerzengerade mit vorgestrecktem Kinn auf die Stuhlkante. Dann brach sie in Tränen aus.

»Ich bin ein idiotischer Fall«, sagte sie und zog ein Taschentuch hervor, um sich die Tränen zu trocknen. Sie schnurrte ihre Beschwerden wie eine Einkaufsliste herunter: Hitzewallungen, Stimmungsschwankungen, starke Regelblutung mit geronnenem Blut, Migräne, trockene Haut, Depressionen, Reizbarkeit. Dann blickte sie mir gerade in die Augen und sagte: »Ich fürchte, das ist hoffnungslos.«

»Es gibt immer Hoffnung«, sagte ich. »Zum Beispiel ist Ihr Shen sehr gut.«

»Was um Himmels willen ist Shen?« fragte sie, und ihr Stirnrunzeln ließ keinen Zweifel daran, daß sie präzise Antworten und keine unnötigen Abschweifungen wünschte.

»Nach chinesischer Auffassung kann man die Qualität des Herzens und des Geistes eines Menschen an seinen Augen ablesen, die das Fenster der Seele sind«, sagte ich. »Frische, klare, glänzende Augen zeigen ein gutes, gesundes Shen an; stumpfe Augen ohne Glanz verweisen auf eine alarmierende Schwächung der Lebenskraft. Ihre Augen sind sprühend und glänzend, was bedeutet, daß Ihr Geist kräftig ist, weshalb auch Ihre Prognose sehr gut ist.«

»Nun ja, das ist wohl positiv«, sagte Janet. Ihre Mundwinkel zuckten plötzlich, und sie begann wieder zu weinen. »Aber warum geht es mir so schlecht?«

Ich sprach über Jing und Ch'i und die natürlichen Belastungen von

Niere und Leber in der Menopause, und ich erklärte Janet, daß sie wieder sie selbst werden würde, wenn sich ihr Körper an die hormonellen Veränderungen angepaßt habe und die zugrundeliegenden Disharmonien ausgeglichen seien. Dann bat ich Janet, ihre Symptome in den Kontext ihrer Lebensumstände zu stellen. Wann und wie begannen sie? Gab es zur Zeit etwas Besonderes in ihrem Leben – ungewöhnliche Belastungen, einen Berufswechsel, Aufregungen? Waren die Stimmungsschwankungen, die Reizbarkeit und die Depressionen beständig, oder wechselten ihre Intensität und Dauer von Tag zu Tag oder von Monat zu Monat? Wie konnte sie ihr vielbeschäftigtes Leben mit diesen schmerzhaften und schwächenden Symptomen durchstehen? Welchen Einfluß hatten ihre Emotionen auf die sehr »physischen« Symptome der Hitzewallungen, starken Monatsblutungen, Migräneanfälle und der trockenen Haut?

Nach chinesischer Auffassung können heftige Gefühlsregungen – insbesondere unterdrückter Ärger, Kummer und Frustration – Hitzewallungen, starke Blutungen, Migräne und Schlaflosigkeit auslösen. Jede heftige Gefühlsregung, auch überschießende Begeisterung und Freude, verengt die Blutgefäße und ruft bestimmte Symptome des autonomen Nervensystems hervor.

»Wenn man eine Emotion unterdrückt oder erstickt, dann kann die aufgestaute Energie Hitzewallungen und andere physische Symptome auslösen«, erklärte ich Janet. »Es ist weniger der Ärger selbst, der diese Reaktion bewirkt, sondern eher das Gefühl, im Inneren aufgestaut zu sein und seine Gefühle nicht ausdrücken zu können. In der westlichen Welt versuchen wir immer, unsere Emotionen von uns fernzuhalten, aber dadurch fördern wir nur den Krankheitsprozeß. Wenn man seine Gefühle nicht an die Oberfläche kommen läßt, dann verstärkt man den Druck auf ein bereits belastetes System. Wenn wir zu unseren Emotionen stehen, auch (oder gerade) unseren negativen Emotionen, und uns die Freiheit nehmen, sie ungehindert auszudrücken, dann werden wir ›ganzer‹.«

Als Janet über ihre Probleme sprach, wurde bald klar, daß ihr emotionales Hauptsymptom ein überwältigendes Gefühl der Hoffnungslosigkeit war. Sie war überzeugt, daß irgend etwas Schwerwiegendes mit ihr nicht in Ordnung war. »Ich bin ein Ungeheuer, ohne daß man es mir ansieht«, sagte sie bei dieser ersten Sitzung, aber jeder Arzt, den sie um Rat gefragt hatte (und dies war im vergangenen Jahr ein halbes Dutzend), sagte ihr, daß *physisch* mit ihr alles in Ordnung, alles völlig »normal« sei – und wenn sie sich nur entspanne und etwas weniger arbeite, habe sie keine Probleme mehr.

»Ich habe eben doch Probleme«, sagte Janet, »und wenn dies normal ist und ich erst am Anfang der Menopause bin, wie soll ich dann die nächste Woche durchstehen, geschweige denn die nächsten fünf oder zehn Jahre?«

Weil Janet daran gewöhnt war, logisch und rational zu denken, immer die kürzeste Verbindung zwischen zwei Punkten zu suchen, wollte sie *sofort* Antworten haben. Wie sie so ihre Situation darstellte, immer sehr präzise und detailliert, begann ich ihre Kraft und Vitalität zu ahnen. Nach dem College hatte sie geheiratet und zwei Kinder aufgezogen. In ihrem Ort übernahm sie eine ehrenamtliche Stelle. Als ihre Kinder auf dem Gymnasium waren, nahm sie ihr Jurastudium wieder auf und begann wenige Jahre nach ihrem Abschluß eine erfolgreiche Tätigkeit bei einer großen New Yorker Anwaltskanzlei als Fachanwältin für Umweltrecht. Disziplin und Ordnung waren ihr wichtig, und sie hatte keine Geduld mit »oberflächlichen« Menschen, »seichten« Gesprächen und »sinnlosem« Zeitvertreib. Ihre makellose Erscheinung, ihr streng organisierter Tagesablauf und ihr hochentwickeltes ästhetisches Empfinden offenbarten eine starke Affinität zu Metall. Holz war ebenfalls ein wichtiges Element ihrer Konstitution und äußerte sich in dem abgehackten, aggressiven Ton ihrer Stimme, dem leicht grünlichen Ton um ihren Mund und ihre Schläfen und in ihrer robusten, muskulösen Physis. Viele ihrer Symptome, insbesondere die Symptome des Festgefahrenseins und der Blockiertheit – Hitzewallungen, Kurzatmigkeit, Muskelverspannungen und Blutgerinnsel –, führten zur Diagnose einer mangelnden Holz-Energie.

Die Untersuchung von Zunge und Puls lieferte die Bestätigung, daß Ungleichgewichte hinsichtlich Holz und Metall vorlagen. Janets Zunge war relativ trocken mit einer roten Spitze und roten Rändern; die

Oberfläche der Zunge war mit einem leichten gelblichen Belag bedeckt. Die Trockenheit verwies auf eine Erschöpfung der Feuchtigkeit oder des Yin (Flüssigkeit), ein deutlicher Hinweis auf mangelnde Nieren-Energie. Die Spitze der Zunge steht in einem Zusammenhang mit Herz und Lunge, während die Ränder etwas über die Gesundheit und Vitalität der Leber aussagen; die Rötung und Schwellung zeigten eine Reizung dieser Organfunktionen an. Der gelbliche Belag deutete auf leichtere Verdauungsbeschwerden hin. Als ich ihr sagte, daß vermutlich ihre Leberfunktionen nicht im Gleichgewicht seien und dadurch ihre Verdauung belastet sein könnte, bestätigte Janet, daß sie an Verdauungsstörungen litt.

Janets Puls fühlte sich am Finger wie ein dünner, straffer Faden an. Dieser schwache, kraftlose Puls stützte zusätzlich die Diagnose eines mangelnden Nieren-Yin, während die Straffheit eine Überaktivität der Leber und damit eine Hemmung der Leberenergie anzeigte. An der Lungenposition an der Pulsader der rechten Hand stellte ich einen weichen, schwachen Puls fest, der auf eine gewisse Traurigkeit oder beständige Niedergeschlagenheit oder möglicherweise eine chronische Verschleimung der Lunge hinwies.

Als ich die vierzehn bilateralen Auslösepunkte am Lebermeridian tastete, der an der großen Zehe beginnt und über die Innenseite des Beins bis zu einer Stelle zwei Rippen unterhalb der Brustwarze verläuft, zuckte Janet unwillkürlich zurück. Jeder Punkt des Lebermeridians schien berührungsempfindlich zu sein, und ich konnte die Muskelanspannung am Meridian selbst spüren, ein weiterer Hinweis darauf, daß die Energie längs dieses Meridians blockiert oder behindert war.

Nachdem ich meine Untersuchungen abgeschlossen hatte, besprach ich mit Janet meine Diagnose und meinen Behandlungsplan. Ich erklärte ihr, daß ein Ungleichgewicht ihrer Leberfunktionen bestand, das zum Teil auf einem Mangel an Nieren-Yin oder -flüssigkeit beruhte. Wenn das Nieren-Yin geschwächt ist, wird die vom Holz regierte Leber trocken, spröde und neigt zu Entzündungen, wodurch die Hitzewallungen, die Reizbarkeit und die Stimmungsschwankungen entstehen. Wenn dies der Fall ist (und bei Frauen in der Me-

nopause kommt dies häufig vor), dann stimuliert und kräftigt der Akupunkteur die verschiedenen Meridiane, indem er an ganz bestimmten Stellen Akupunkturnadeln einsticht. Kräutertherapie, Ernährungsumstellung und verschiedene Entspannungstechniken würden die zugrundeliegenden Ungleichgewichte ausgleichen.
»Werden mir Akupunktur und Kräuter langfristig helfen?« fragte Janet. »Mehrere Ärzte haben mir gesagt, daß bei meiner Kombination von Symptomen, insbesondere Depression, Schlaflosigkeit, Nachtschweiß und Hitzewallungen, eigentlich nur eine Hormonbehandlung in Frage käme. Ich persönlich bin aber nicht überzeugt, daß eine langfristige Behandlung mit allopathischen Mitteln die Lösung ist. Was würden Sie mir raten?«
Wenn ich nach meiner Meinung über Hormontherapie gefragt werde, hole ich tief Luft und bereite mich darauf vor, mich in gefährliches Fahrwasser zu begeben. Einnehmen oder nicht einnehmen, das ist die Frage, die sich viele Frauen beim Eintritt der Menopause stellen. Leider gibt es hierauf keine einfache Antwort. Frauen sollten sich über alle Vor- und Nachteile einer Hormonbehandlung informieren und dann selbst eine Entscheidung treffen. Meine Aufgabe besteht darin, bezüglich der verschiedenen Tests und Laboranalysen Beratung zu geben und Literatur zu empfehlen; im übrigen muß ich die Patientin die Entscheidung selbst treffen lassen.
Günstig wirkt eine Hormonbehandlung auf Knochen und Herz. Osteoporose ist eine über die Jahre sich entwickelnde Erkrankung, bei der die Knochen dünn und porös werden, wodurch das Risiko von Knochenbrüchen (Arme, Hüftgelenk und Wirbelsäule) zunimmt. Östrogen verzögert den Abbau von Knochensubstanz, der bei Frauen einige Jahre nach dem Aufhören der Regelblutung durch den Rückgang des Östrogenspiegels beschleunigt ist. Osteoporosegefährdet sind insbesondere schlanke, hellhäutige Frauen, die trinken, rauchen und ihr Leben überwiegend im Sitzen verbringen. Ein erhöhtes Risiko besteht auch bei Frauen, in deren Familie bereits Osteoporose aufgetreten ist oder bei denen vor dem vierzigsten Lebensjahr die Eierstöcke entfernt wurden. Solchen Patientinnen rate ich zu einer Knochenuntersuchung zur Feststellung der Dichte und

Porosität. Falls hier eine Erkrankung festgestellt wird, kann eine Hormonbehandlung über mehrere Jahre oder selbst für den Rest des Lebens (sofern die Nebenwirkungen vertragen werden) notwendig sein.
Zur Umkehrung und Verzögerung des Abbaus von Knochensubstanz bei Frauen mit einer Osteoporosedisposition empfehle ich verschiedene Umstellungen der Lebensweise, eine Progesteronsalbe (Progesteron in seiner natürlichen Form regt das Wachstum von Knochenzellen an), eine an Kohlehydraten reiche und fettarme Kost, wobei dunkles Fleisch und kohlensäurehaltige Getränke (die reich an Phosphor sind, das Knochenkalzium abbaut) stark eingeschränkt werden müssen. Außerdem sind wichtig zusätzliche Zufuhr von Vitamin A, C, D, Magnesium und Kalzium sowie Belastungsübungen wie Gehen, Laufen und Gewichtstraining. Mit sorgfältiger Ernährung, Sport und Streßbewältigungstechniken kann sich auch bei Patientinnen mit erhöhtem Risiko eine Hormonbehandlung erübrigen.
Während die Wirkung von Östrogen gegen den Verlust von Knochensubstanz eindeutig ist, ist die Schutzwirkung bei Herzerkrankungen komplexer. Östrogenergänzungen erhöhen den HDL-Spiegel (dies sind die »guten« Lipoproteine, die den Cholesterinspiegel des Blutes senken) und senken den LDL-Spiegel (der »schlechten« Lipoproteine, die den Cholesterinspiegel anheben). Da der LDL-Spiegel nach der Menopause erheblich ansteigt und dadurch Frauen ein erhöhtes Risiko von Herzerkrankungen haben, kann Östrogen dieses Risiko senken. Allerdings wurde den Studien, denen zufolge Östrogen eine Schutzwirkung gegen Herzerkrankungen hat, der Vorwurf gemacht, daß sie auf einem Auswahlfehler beruhten. Danach schützt nicht das Hormon das Herz vor einer Erkrankung, sondern die Tatsache, daß Frauen, die die Hormone einnehmen, meist der oberen Mittelschicht angehören und über einen hohen Bildungsstandard verfügen, weshalb sie sich mit hoher Wahrscheinlichkeit gesund ernähren, regelmäßig Sport treiben, einen relativ niedrigen Blutdruck haben und die Anweisungen ihres Arztes befolgen.

Die positiven Wirkungen der Hormontherapie auf das Herz sind bisher nicht sicher belegt und umstritten, während andererseits die Risiken eindeutig sind. Zahlreiche Studien, die in den letzten zwanzig Jahren durchgeführt wurden, haben ergeben, daß bei Frauen, die Östrogen einnehmen, das Risiko von Gebärmutterkrebs um das Fünffache bis Vierzehnfache erhöht ist. In einer Studie aus dem Jahre 1986 wurde gezeigt, daß das Risiko von Brustkrebs doppelt so hoch ist. Durch die Hinzufügung von synthetischem Progesteron zum Hormoncocktail konnte das Risiko von Gebärmutterkrebs auf einen normalen Wert gesenkt werden, doch schützt synthetisches Progesteron nicht vor Brustkrebs und kann dieses Risiko sogar erhöhen. In der medizinischen Fachwelt wird zur Zeit nur die *Höhe* des Risikos diskutiert; es wird von niemandem bestritten, daß schwere Risiken bestehen.

»Es ist gut möglich, daß man eines Tages die weiblichen Sexualhormone als die am leichtfertigsten verschriebenen und gefährlichsten Mittel dieses Jahrhunderts bezeichnen wird«, schreibt Dr. Sidney M. Wolfe in seinem Buch *Women's Health Alert*. Viele Ärzte, Akupunkteure und Kräutertherapeuten würden dem zustimmen und die Frage stellen, warum man überhaupt eine langfristige chemisch definierte Therapie durchführen soll, weil man wohl zu Recht sagen kann, daß die Menopause keine Krankheit ist. Ich gebe Dr. Christiane Northrup recht, wenn sie sagt, daß »der beste Schutz des Herzens ein Leben in Begeisterung und Freude ist«, und meine ganze Arbeit richtet sich darauf, Frauen bei der Suche nach Möglichkeiten zu helfen, wie sie ihre Begeisterung ausleben können. Die Entscheidung für oder gegen die Einnahme von Hormonen muß aber letztlich die Frau selbst treffen, weil sie auch die Folgen zu tragen hat.

Bei unserer Besprechung des Für und Wider einer Hormonbehandlung zeigte sich, daß Janet in der Tat Unterstützung für ihre Entscheidung suchte, keine Hormone einzunehmen. Sie hatte ein absolutes Vertrauen in die Fähigkeit des Körpers, mit den Belastungen sich wandelnder Lebensumstände fertig zu werden, und eine natürliche Abneigung gegen äußere Krücken und Hilfsmittel. Sie wußte, daß ihr Körper an sich stark und gesund war. Er hatte ihr über all die

Jahre die feste Grundlage gegeben, die sie auf den Beinen hielt, und sie fühlte eine Art Verpflichtung, ihrem Körper dies zu vergelten.

»Ich kann es nicht erklären«, sagte sie, »aber ich habe das Gefühl, daß ich es meinem Körper schuldig bin, ihm alles zu geben, was ich kann, ihn jetzt zu unterstützen, wie er mich all die Jahre unterstützt hat.«

»Akupunktur und Kräutertherapie werden Ihre Verbündeten bei dieser Entscheidung sein«, sagte ich.

Bei dieser ersten Sitzung stimulierte ich sieben Akupunkturpunkte, von denen sechs bilateral waren (siehe Anhang 2). Niere 3 (»Großer Bergbach«) zwischen innerem Knöchel und Achillessehne ist der Ursprungspunkt des Nierenmeridians und hat eine stark harmonisierende Wirkung auf die Nieren-Energien. Niere 10 (»Yin-Tal«) hinter dem Knie innen in der Vertiefung zwischen den Sehnen ist der Wasserpunkt auf dem Wasser-Meridian, der daher das Yin kräftig unterstützt. Milz 6 (»Dreifache Yin-Kreuzung«), acht Zentimeter oberhalb des inneren Knöchels hinter dem Schienbein, ist der klassische Punkt zur Stärkung des Yin. Leber 3 (»Höchste Flut«) zwischen der großen und der zweiten Zehe ist der wichtigste Punkt, um Blockierungen und Behinderungen zu durchbrechen und gestauter Energie freie Bahn zu verschaffen. Leber 8 (»Quelle an der Biegung«) innen am Knie an der Stelle, wo die Knochen an der Innenfalte aneinandergrenzen, dient zur Stützung des Yins der Leber. Die beiden letzten Punkte, Leber 14 (»Pforte der Hoffnung«), zwei Rippen unterhalb der Brustwarzen, und Empfängnisgefäß 3 (»In der Mitte zwischen den Polen), acht Zentimeter oberhalb des Schambeins auf der Mittellinie des Bauchs, waren besonders wichtig, um Janets Körper, Seele und Geist zu vitalisieren und zu verjüngen. Als ich die Nadeln einstach, bat ich sie, über die Poesie dieser Punkte zu meditieren.

»Stellen Sie sich vor, daß die ›Mittlere Stange‹ (›In der Mitte zwischen den Polen‹) tief in die Erde einsinkt und unterirdisch in einen vollkommen klaren und sauberen Wasserlauf hineinragt«, sagte ich ihr. »Stellen Sie sich vor, daß die Nadel dieses reine Quellwasser in Ihren Körper leitet, um Ihre Zellen zu reinigen und zu erneuern.«

Leber 14 ist der Standardpunkt bei Stagnation oder »Festgefahrensein«. »Dieser Punkt wird Ihnen helfen, sich von der Idee zu lösen, daß Sie an einem Punkt festgefahren sind und nicht weiterkommen«, sagte ich. »Nach Ihren Symptomen zu urteilen, haben Sie das Gefühl, als müßten Sie eine Tür öffnen, die mit Brettern vernagelt ist. Sie können diese Tür nicht öffnen, wie sehr Sie sich auch bemühen; je mehr Sie an dieser Tür rütteln, desto frustierter und mutloser werden Sie. Stellen Sie sich nun vor, wenn ich diesen Punkt stimuliere, daß Sie plötzlich von der eindimensionalen Weltsicht befreit sind. Sie haben jetzt Rundumsicht, und Sie stellen plötzlich fest, daß es noch weitere Türen mit gut geölten Scharnieren gibt. Gehen Sie zu diesen Türen, öffnen und schließen Sie sie nach Belieben. Machen Sie sich mit den vielen Möglichkeiten vertraut, die Sie haben.«

Das Setzen der Nadeln dauerte nur wenige Minuten. Anschließend sprach ich mit Jane über die Bedeutung des Metalls, über die Energie, die ihren Körper, ihren Geist und ihre Seele trug, und das Wesen der Jahreszeit, in die sie nun eintrat. Wir sprachen über Trauer und Verlust und das Loslassen, und ich erzählte ihr eine bekannte Zen-Lehrgeschichte, die die notwendige geistige Grundhaltung für diese Lebensphase illustriert:

> Zu einem alten Zen-Meister kam ein bekannter Wissenschaftler und Philosoph. »Ich habe einen großen Teil der Naturgesetze und des Weltzusammenhangs verstanden, aber vielleicht könnt Ihr dem noch etwas hinzufügen. Wollt Ihr mich lehren?«
> Der Zen-Meister lud ihn ein, sich zu setzen, und bot ihm Tee an. Der Wissenschaftler hob seine Tasse, und der Zen-Meister goß Tee hinein und goß und goß, bis der Tee auf den Boden floß.
> Der Wissenschaftler sah den Zen-Meister an und sagte: »Was tut Ihr da? Meine Tasse läuft über.«
> Lächelnd antwortete der Zen-Meister: »So ist es. Euer Geist läuft über wie diese Tasse. Leert Eure Tasse, und kommt dann wieder, um die Lehre zu empfangen. Vielleicht ist dann Platz für die Wahrheit.«

Als ich die Nadeln wieder entfernte und Janet nach ihrem Befinden fragte, sagte sie, daß sie sich »schwebend« fühlte. »Irgend etwas hat sich geändert«, sagte sie. »Alles sieht ruhiger und heller aus. Ich weiß nicht, ob ich alles verstehe, was Sie sagen, aber es klang auf eine eigentümliche Art schön, und irgend etwas ist durchgebrochen. Ich fühle eine erstaunliche Energie – es ist ein unglaubliches Gefühl.«

Mit demselben offenen Herzen und offenen Geist sprach Janet auf die Kräuter an. Als ich über die Persönlichkeiten und Eigenschaften der Kräutermittel sprach und erklärte, daß ihr Hauptzweck darin bestand, die Yin-Energie zu stärken, den Flüssigkeitsspiegel in ihrem Körper anzuheben und das Ch'i zu kräftigen und zu beleben, hörte sie mir aufmerksam zu. »Mönchspfeffer ist eine sehr erdhafte, erdverbundene Heilpflanze, die bei jedem Menschen anders wirkt und sich an die individuellen Ungleichgewichte und Mangelsituationen anpaßt«, erklärte ich ihr. »Sie wird Ihnen das Gefühl geben, physisch, emotional und spirituell auf festerem Boden zu stehen. Löwenzahnwurzel ist eines meiner Lieblingskräuter und ein wunderbares Mittel für eine belastete Leber; sie unterstützt Ihre Verdauung und füllt Ihr Leber-Ch'i wieder auf. Johanniskraut ist ein beruhigendes und linderndes Nervenmittel mit wasserähnlichen Eigenschaften; es wird Ihre Gereiztheit, Ihre ängstliche Unruhe, Ihre Niedergeschlagenheit und die Hitzewallungen dämpfen. Herzgespann, eine indianische Pflanze mit ausgleichender Wirkung auf Herz, Nervensystem und Gebärmutter, wird Ihnen helfen, sich zu entspannen, die Sorgen zu zerstreuen und nachts einen ruhigen Schlaf zu finden.«

Wir beendeten diese erste Sitzung mit einigen Gedanken zu einer gesunden Lebensweise. Bezüglich ihrer Ernährung legte ich ihr dringend ans Herz, Koffein, Alkohol und fette und stark gewürzte Speisen zu meiden, die ein Leber-Ungleichgewicht verschärfen. Ich ermunterte sie, ihr tägliches Training fortzuführen; weil sie eine sehr starke Affinität zu Holz hatte, war Training besonders wichtig, um die Neigung zu einem Stillstand, zu einem Zustand des Festgefahrenseins, zu überwinden. Sie machte gerne kleine Wanderungen, und ich empfahl ihr, täglich mindestens drei Kilometer zu gehen. Ich riet ihr weiterhin, beim Gehen kleinere Lasten zu tragen oder leichte Gewichthebeübungen durchzuführen, um die Knochen zu stärken und zu verdichten und dadurch Osteoporoseproblemen vorzubeugen. Beim Training konnte sie eine wunderbare Atemtechnik durchführen, die Spannungen abbaut und den Geist konzentriert:

- einatmen und bis sechs zählen, sich beim Einatmen vorstellen, wie reine, klare Luft in die Lungen einströmt;
- den Atem vierundzwanzig Schläge anhalten und sich vorstellen, daß die Zellen bei dieser Gelegenheit ihre Abbauprodukte in den Blutstrom abgeben;
- zwölf Schläge ausatmen und sich vorstellen, wie die Abbauprodukte mit dem Atem den Körper verlassen.

Klimakterische Beschwerden
(Hitzewallungen, ängstliche Unruhe, Depression, Verdauungsstörungen, Sexualstörungen)

Westliche Interpretation und Behandlung

Störung des Hormonhaushalts durch Absinken des Östrogenspiegels, verschärft durch psychische Beschwerden wie zum Beispiel »Leeres-Nest-Syndrom« und »Midlife-crisis«. Meist wird eine Hormonbehandlung durchgeführt. Oft werden auch die Symptome individuell behandelt: Antidepressiva gegen Depressionen, Schlafmittel gegen Schlaflosigkeit, Diuretika gegen das Aufgetriebensein und Tranquilizer gegen die ängstliche Unruhe.

Chinesische Interpretation

Die Chinesen kennen verschiedene Interpretationen für Beschwerden der Wechseljahre, die einzeln oder in Kombinationen zutreffen können. Die beiden wichtigsten Syndrome sind:

- Mangelndes Nieren-Yin hat mangelndes Leber-Yin mit Anzeichen aufsteigenden Feuers zur Folge (Ängstlichkeit, Herzjagen, Kopfschmerzen, Hitzewallungen, Nachtschweiß). Bei entsprechend disponierten Frauen kann mangelndes Leber-Yin weiterhin zu mangelndem Herz-Yin führen, wodurch Symptome wie Schlaflosigkeit, Vergeßlichkeit und Herzklopfen entstehen.
- Mangel an Nieren- und Leber-Ch'i ist durch Stagnation und Festgefahrensein charakterisiert, was Milz und Niere weiter schwächt, wodurch ein Zustand chronischer Niedergeschlagenheit und Hoffnungslosigkeit sowie Symptome wie Verdauungsstörungen, verlangsamter Stoffwechsel, Gewichtszunahme, Lethargie und Müdigkeit entstehen können.

Komplementäre Behandlungen

Ergänzungsmittel
- Vitamin B-Komplex
- Vitamin B_6 (100 bis 200 mg täglich, kombiniert mit einem B-Komplex)
- Kalzium (500 mg täglich)
- Magnesium (1000 mg täglich)
- Natürliche Progesteronsalbe, die pulverisierte Jamswurzel enthält und bei Osteoporose vorbeugend und heilend wirkt, Hitzewallungen bekämpft und ängstliche Unruhe mildert. Einen viertel bis einen halben TL ein- bis zweimal täglich oder wie von Ihrem Therapeuten angegeben an Abdomen, Innenseite der Oberschenkel oder Achselhöhlen einreiben. Wenn man noch menstruiert, verwendet man die Creme ab der Mitte des Zyklus bis zum Einsetzen der Menses; wenn man keine Periode mehr hat, jeden Monat fünfzehn Tage lang anwenden.

Training

Körperliche Bewegung ist während der Menopause äußerst wichtig. Training hält das Blut und die Energie in Bewegung und beugt Problemen im späteren Leben vor. Kreislauftraining erhält das Herz gesund, während Lastentragübungen einer Osteoporose vorbeugen.

Pflanzliche Mittel

Mönchspfeffer und Johanniskraut sind die wichtigsten Helfer in der Menopause. Empfehlungen für spezifische Symptome siehe weiter unten.

Chinesische Fertigarzneimittel

- Gia Wei Hsiao Yao Wan (»Entspannter Wanderer«), eine Abwandlung von Hsiao Yao Wan, die speziell auf Frauen in der Menopause abgestimmt ist; lindert die typischen Symptome von mangelndem Yin/aufsteigender Hitze (Hitzewallungen, Schlaflosigkeit, Nachtschweiß)
- Ding Xin Wan (herzstabilisierende Tabletten) – lindern Ängstlichkeit, Niedergeschlagenheit, Schlaflosigkeit, Vergeßlichkeit, Hitzewallungen

Akupunkturpunkte

Empfängnisgefäß 4, Niere 3, Niere 10, Leber 3, Leber 14, Perikard 6 und Herz 7.

Spezifische Symptome und Behandlungen

- *Stimmungsschwankungen:* Wichtig ist körperliche Bewegung, denn Niedergeschlagenheit und ängstliche Unruhe sind Ausdruck eines Festgefahrenseins oder einer Stagnation, und Training hilft der Leber, die blockierte Ch'i-Energie in Bewegung zu bringen. Johanniskraut stabilisiert das Nervensystem. Versuchen Sie es bei chronischen Angstzuständen mit Helmkraut *(Scutellaria)* und dem chinesischen Fertigarzneimittel An Mian Pian (»Friedlicher Schlaf«). Natürliches Sonnenlicht wirkt Depressionen entgegen; verwenden Sie für dieselbe Beschwerde auch Gui Pi Wan (»Wiederherstellung der Milz«), das die Milz kräftigt, Herz und Geist nährt und Ch'i aufbaut.

- *Verdauungsbeschwerden (Gewichtszunahme, träger Stoffwechsel, Verstopfung, Durchfall, chronische Übelkeit):* Zur Unterstützung des Stoffwechsels kann man es mit Löwenzahnwurzel versuchen. Wenn »Kälte« überwiegt (Durchfall, Frösteln, Kälteangst, blasse Zunge), Ingwer einnehmen. Zusätzlich Akupunkturpunkte Milz 6 und Magen 36 einsetzen.
- *Sexualstörungen (fehlende Libido, trockene Scheide):* Bei Trockenheit der Scheide ein Schmiermittel wie Vitamin-E-Öl oder kaltgepreßte natürliche Öle wie Sesam-, Safran-, Mandel- oder Kokosöl verwenden und mit den Fingern in die Scheide einreiben. Brennesseln und Himbeerblätter bauen behutsam Ch'i-Energie auf. Dong Quai und Ginseng unterstützen die Nierenfunktion, so daß die Schmierung verbessert und die Libido gesteigert wird. Natürliche Progesteronsalbe (mit pulverisierter Jamswurzel) hilft gegen die Trockenheit von Scheidengewebe. Kegel-Übungen (siehe Seite 385) verbessern die Durchblutung des Beckenbereichs, nähren und tonisieren das Scheiden- und Gebärmuttergewebe und vertiefen den Orgasmus. Zur Stimulierung des sexuellen Verlangens können die Akupunkturpunkte Niere 3, Niere 7, Lenkergefäß 4 und Empfängnisgefäß 4 eingesetzt werden; zur Anregung der Schmierung kann man es mit Milz 6, Niere 3 und Niere 10 versuchen.
- *Hitzewallungen:* Scharf gewürzte Speisen und Kartoffeln meiden. Zusätzlich Vitamin E (800 IE täglich) einnehmen. Geeignete Kräutermittel sind Herzgespann, Schneeballbaum, Mönchspfeffer und Dong Quai. Ein spezifisches chinesisches Fertigarzneimittel für Hitzewallungen, Schlaflosigkeit und Nachtschweiß ist Da Bu Yin Wan (»Große Yin-Ergänzung«). Natürliches Progesteron dämpft Hitzewallungen. Akupunkturpunkt: Leber 3. Fragen Sie sich: »Was verbrennt mich? Habe ich meine Leidenschaft (meinen Schmerz, meine Kreativität, meinen Zorn) unterdrückt?«

- *Gebärmutterblutung:* siehe die Übersicht »Menorrhagie« auf S. 326.

Körper, Seele und Geist
Die Symptome können folgende Fragen zum Ausdruck bringen:

- »Ich fühle mich blockiert – wie komme ich über diese Empfindungen der Stagnation und des Festgefahrenseins hinweg?«
- »Ich habe das Gefühl, daß etwas in meinem Leben vorwärtsdrängt, aber wohin geht die Reise?«
- »Ich halte mein Blut fest, damit ich stärker und weiser werden kann – wie kann ich meine Erfahrungen mit anderen teilen und kraftvoll voranschreiten?«
- »Was ist in meinem Leben wichtig? Was kann ich aufgeben? Was muß ich bewahren?«

Innerhalb der nächsten drei Monate verschwanden Janets Hitzewallungen, ihre Stimmungsschwankungen glichen sich aus, und sie schlief wieder »wie ein Baby«. Sie fühlte sich so viel besser, daß sie nur noch zweimal im Monat kam, dann monatlich und schließlich nur einmal pro Jahreszeit. Vor kurzem schickte mir Janet ein Zitat aus dem Buch *The Wit and Wisdom of Women* von Carol Spenard La Russo mit einer kurzen handschriftlichen Notiz: »Ich habe es nie verstanden, was Sie immer mit Ihrem Metall und Holz, Ihrer Leber und Ihrer Niere meinten«, schrieb sie, »aber irgendwie kam es doch bei mir an.« Das Zitat stammte von Anne Morrow Lindbergh:

> Das mittlere Lebensalter ist vielleicht (oder sollte es wenigstens sein) eine Zeit, in der man Schalen abwirft: die Schale des Ehrgeizes, die Schale materiellen Besitzes, die Schale des Ego. Vielleicht sollte man in dieser Lebensphase Hüllen abwerfen, wie man sie im Strandleben abwirft: seinen Stolz, seinen falschen Ehrgeiz, seine Maske, seine Rüstung. Hatte man diese Rüstung nicht angelegt, um sich in einer Welt der Rivalitäten zu schützen? Aber wenn man sich keinen Rivalitäten aussetzt, braucht man sie dann noch? Vielleicht kann man wenigstens im mittleren

Lebensalter, wenn schon nicht früher, ganz man selbst sein. Welch eine Befreiung wäre dies!

Gebärmuttersymptome

»Alles Heilen ist Bian-bao«, sagen die Chinesen. Wenn ein Baum einen kranken Ast hat, kann man die Symptome behandeln, indem man den Ast abschneidet, aber ein kranker Baum wird schließlich erst einen und dann noch weitere kranke Äste haben. Um das Problem verstehen zu können, muß man tiefer blicken, zur Wurzel (Bao), dann über die Wurzel hinaus auf den Boden und die Atmosphäre, die das Leben nährt und trägt. Wenn man diese Metapher fortführt, gewinnt man einen neuen Blick auf die Schwächen der westlichen Schulmedizin, die sich fast ausschließlich auf den kranken Zweig konzentriert und die Vorbeugung zugunsten der Heilung ignoriert. Wenn ein schulmedizinischer Arzt eine Frau im mittleren Lebensalter vor sich hat, die über unzählige »psychosomatische« Beschwerden klagt, dann hofft er, eine Krankheit zu finden, für die er eine Behandlung vorschlagen kann. Wenn er nichts findet und die Hormone der Frau den Laborbefunden zufolge im »normalen« Bereich sind, werden ihre Symptome entweder ignoriert oder mit Hormonen, Tranquilizern, Schlaftabletten, Antidepressiva oder Schmerzmitteln bekämpft.

»Die pragmatischen Amerikaner halten die bloße Existenz von Problemen für einen Skandal und ein Leben mit Problemen für inakzeptabel«, schrieb Luigi Barzini in *The Europeans*. »Sie sind der Auffassung, daß alle Probleme nicht nur gelöst werden müssen, sondern auch gelöst werden können und daß überhaupt der ganze Zweck des Lebens im Lösen von Problemen besteht.« Was kann man nun mit dem »Problem« Klimakterium tun? Wo ist der Feind, und wie kann man ihn ausschalten? Wenn man die »Krankheit« in der Menopause selbst sieht, dann ist es nur folgerichtig, daß die Gebärmutter als Feind ausgemacht und zur Zielscheibe des beeindruckenden Waffenarsenals der Schulmedizin wird.

»Nach der letzten gewollten Schwangerschaft wird die Gebärmutter zu einem nutzlosen, blutenden, symptomeerregenden, krebsanfälligen Organ und sollte daher entfernt werden«, forderte Dr. Ralf C. Wright im Jahre 1969. Dr. Wrights Position ist sicher extrem (und wird deshalb gern zitiert); seine Abneigung gegen den Uterus teilen aber viele Ärzte und Ärztinnen. »Die Hysterektomie (Entfernung der Gebärmutter) kommt den heutigen Bedürfnissen der Frauen entgegen«, behauptete 1971 die Gynäkologin B. Easley. »Sie ist ein hervorragendes Verfahren zur Sterilisierung. Eine Frau ist danach eine zuverlässigere Arbeitskraft. Sie hat Vorteile in der Menopause, und sei es nur insofern, als dadurch die Östrogentherapie vereinfacht wird. Ich sage den Frauen seit einiger Zeit, daß in zwanzig Jahren die Hysterektomie in der Menopause ein Routineeingriff sein wird.«

»Die Menstruation ist für die meisten Frauen eine Last, und wenn man sie unterbinden könnte, ohne die Funktion der Eierstöcke zu beeinträchtigen, wäre dies nicht nur für die Frau selbst, sondern auch für ihren Mann ein Segen«, heißt es in der 1975er Ausgabe des vielbenutzten *Nowak's Textbook of Gynecology.* Am 15. August 1987 pries ein Editorial in der britischen medizinischen Fachzeitschrift *The Lancet* die Hysterektomie als eine »attraktive« Lösung für Frauen, die es satt haben, Kinder kriegen zu müssen, denn die Operation verspricht »Befreiung von ihren Symptomen und andere vorhersehbare positive Wirkungen – weniger Ausfälle am Arbeitsplatz, ständige Möglichkeit des Geschlechtsverkehrs, Einsparungen bei den Aufwendungen für Hygiene, keine Schwangerschaften mehr und kein Gebärmutterkrebs«.

In den Vereinigten Staaten ist die Hysterektomie die zweithäufigste Operation nach dem Kaiserschnitt; neunzig Prozent dieser Eingriffe werden bei gutartigen oder idiopathischen Erkrankungen (ohne erkennbare Ursache) vorgenommen, die ohne Behandlung abklingen würden, ließe man die Zeit und die Natur ihr Heilungswerk verrichten. Sechzig Prozent der Hysterektomien werden an Frauen unter vierundvierzig durchgeführt; bei einem Drittel aller Frauen in den Vereinigten Staaten, die das sechzigste Lebensjahr erreicht haben, ist die Gebärmutter entfernt.

Daß dieser Eingriff bei Beschwerden durchgeführt wird, die nicht lebensbedrohlich sind und mit der Zeit von selbst abklingen, legt vielleicht den Schluß nahe, der Eingriff müsse völlig harmlos und frei von Komplikationen sein; in Wirklichkeit ist die Hysterektomie aber wie alle größeren Operationen mit Risiken verbunden, die teilweise nicht unerheblich sind. Eine von tausend Hysterektomiepatientinnen stirbt; bei vierzig von tausend Patientinnen treten Komplikationen auf, die einen stationären Aufenthalt notwendig machen; bei acht bis fünfzehn Prozent der Patientinnen ist eine Bluttransfusion notwendig; bei einem bis drei Prozent ist eine zweite Operation erforderlich; das Risiko einer Harninkontinenz ist bei Frauen mit einer Hysterektomie wesentlich größer; und zwischen drei- und sechsundvierzig Prozent der Frauen geben an, das sexuelle Interesse nach der Entfernung von Gebärmutter und Eierstöcken habe abgenommen. Weiterhin besteht bei solchen Frauen ein um das Doppelte erhöhtes Risiko einer arteriellen Verschlußkrankheit.
Die Gebärmutter ist auch nach der Menopause noch ein funktionelles Organ, indem es die Rezeptoren für Östrogen und Progesteron beherbergt, die nach wie vor im Blutkreislauf vorhanden sind. Die Eierstöcke erzeugen noch lange nach der Menopause Östrogen; es handelt sich zwar um einen anderen Typ von Östrogen, doch nimmt man an, daß auch diese Hormone den Cholesterinspiegel senken (gut für das Herz) und die Kalziumaufnahme fördern (gut für die Knochen). Die Gebärmutter ist außerdem einfach deshalb wichtig, um die übrigen Beckenorgane an ihrem Platz zu fixieren, und sie beeinflußt auf vielerlei Weise (vielleicht sogar durch ihre bloße Anwesenheit) das sexuelle Interesse.
In seinem Buch *Women's Health Alert* vertritt Dr. Sidney M. Wolfe die Auffassung, daß es nur drei hinreichende Gründe für die Entfernung dieses Organs gibt: Krebs der Gebärmutter, der Eierstöcke, des Gebärmutterhalses oder der Eileiter, abnormale Gebärmutterblutungen (zum Beispiel Gebärmutterriß bei der Geburt, bei einer Abtreibung oder einer Ausschabung) und schwere Infektionen der Gebärmutter und der Eileiter in Verbindung mit einer Peritonitis (Bauchfellentzündung), mit Abszessen und Schock. Selbst in diesen Fällen

sollte sich eine Frau vor ihrer Einwilligung in den Eingriff intensiv mit ihrem Arzt über Alternativen beraten.

Man sollte die Menopause als einen wichtigen und möglicherweise das Leben verwandelnden Abschnitt des Lebens sehen, ob sie nun natürlich oder künstlich (durch Hysterektomie) eintritt. Die dabei auftretenden Symptome sind wichtige Hinweise auf den inneren Prozeß des Wandels, denn sie sind im wörtlichen und übertragenen Sinne Botschaften, die auf Mängel und Ungleichgewichte hinweisen, durch die Veränderungen behindert werden können. Schmerzen und Mißbefindlichkeiten sind wie Wegweiser, die uns auffordern, anzuhalten, nachzugeben oder vor den nächsten Kurven zu bremsen; diese Symptome wirken auch als Erinnerung, daß bestimmte Dinge in Ordnung gebracht werden sollten. Wenn eine Frau sorgfältig auf ihre Symptome achtet, kann sie erfahren, wo ihre Energie blockiert ist oder stagniert, und ihrem Körper helfen, sich zu heilen.

Wenn wir kein Schmerzempfinden hätten, würden wir unsere Finger in eine Flamme halten und die Verletzung des Gewebes erst bemerken, wenn sich Blasen gebildet hätten. Schmerz lehrt und unterweist; er hat den Zweck, uns gesund und am Leben zu erhalten. Wir schreien, wenn wir Schmerzen haben, und wir haben Schmerzen, wenn ein Ungleichgewicht oder ein Mangel unsere Aufmerksamkeit erfordert. Wenn wir Schmerzen haben, ist etwas nicht in Ordnung, und es muß etwas getan werden. Der Schmerz enthüllt uns aber auch eine ganze Welt, die uns verschlossen bliebe, wenn es nichts als eitel Sonnenschein gäbe. »Die meisten Menschen öffnen sich ihrem Leben gegenüber nicht deshalb, weil es Lust gibt, sondern deshalb, weil es Schmerz gibt«, schreibt Steven Levine in seinem Buch *Who Dies?* Wir könnten niemals lernen, tapfer und geduldig zu sein, wenn es in einer Welt nur Lust gäbe.

Eine der schönsten Geschichten, die jemals über Schmerz und Verlust erzählt wurden, ist L. Frank Baums Buch *Der Zauberer von Oos*. Vier exzentrische Gestalten machen sich auf die Suche nach der Charaktereigenschaft, die ihnen fehlt und ohne die sie nicht leben zu können glauben. Dorothee sucht nach ihrem Zuhause, die Vogelscheuche braucht ein Gehirn, der Blechmann möchte ein Herz, und der

Löwe hofft, Mut zu erlangen. Voller Hoffnung und in Erwartung schneller Lösungen begeben sie sich auf die gelbe Ziegelsteinstraße (die vielbereiste Straße, die gewöhnliche Straße, den üblichen Weg zum Ziel) und lenken ihre Schritte zu Oos, überzeugt, daß der allmächtige Zauberer ihnen Gesundheit und Ganzheit geben wird.

Aber Schicksalsschläge, gute und böse Hexen, bewußtseinsverändernde Mohnfelder, singende Zwerge und fliegende Affen zwingen sie zu zahlreichen Umwegen. Schließlich müssen sich die vier ihrem Schatten stellen, dem Symbol ihrer tiefsten Ängste und Unsicherheiten, der bösen Hexe. Dorothee ist gezwungen, eine Konfrontation mit dem Bösen mit nichts als ihren eigenen Mitteln zu bestehen; sie schleudert der Hexe einen Eimer Wasser entgegen, und sie sieht das Gespenst vor ihren Augen zerfließen.

Sie versteht aber das Wesen ihrer Macht noch immer nicht, und sie setzt die Reise mit ihren getreuen Begleitern zu Oos fort, wo sie dem Zauberer gegenübertritt. Als sich herausstellt, daß der große Zauberer ein Schwindler ist, ist Dorothee am Boden zerstört. »Du bist ein sehr schlechter Mensch!« schleudert sie ihm entgegen, worauf der Zauberer freundlich antwortet: »Aber nein, Herzchen, ich bin ein sehr guter Mensch. Ich bin nur ein sehr schlechter Zauberer.« Der Zauberer weiß, daß seine Gaben in seiner Fähigkeit liegen, andere erkennen zu lassen, daß das, was sie suchten, schon immer in ihnen war. Durch Taschenspielereien, Magie, eine spektakuläre Lichtshow oder was auch immer lassen sie ihre »Klienten« verstehen: Das, was ihr sucht, haben auch wir schon immer gesucht.

In dem Buch *The Wisdom of the Desert* (Merton) findet sich eine Geschichte von einem Mönch, der einen älteren Mönch um Rat bat: »Ein Bruder hatte einen weiten Weg zurückgelegt, um Abt Moses zu sehen, und er bat ihn um ein gutes Wort. Moses sagte zu ihm: ›Geh nach Hause, setz dich in deine Zelle, und deine Zelle wird dich alles lehren.‹« Die Botschaft bei Oos und in der Zelle ist dieselbe: Sei wachsam und empfänglich für das innere Selbst, schärfe deinen Geist, nutze deinen Verstand, vertraue auf deine inneren Führer, und mißtraue den dogmatischen Formeln anderer, die dir sagen wollen, wie du zu leben hättest. Höre auf dein Herz, und du wirst deinen Weg zurück nach Hause finden.

Alice

Vor acht Jahren hatte ein Chirurg aus Alices Uterus ein Myom in der Größe eines viermonatigen Fetus entfernt. Als sich erneut eine Geschwulst bildete, die innerhalb eines Jahres auf die doppelte Größe wuchs, empfahl ihr der Gynäkologe, die Gebärmutter entfernen zu lassen. »Ich fürchte, daß sie eine Brutstätte für diese Tumoren ist«, sagte er. Alice, die sich wie eine Petri-Schale voller bösartiger Bakterien vorkam, ging zu einem anderen Frauenarzt, der ihr zu einer noch radikaleren Operation riet: »Nehmen wir das ganze Zeug heraus, den Blinddarm auch gleich«, sagte er und wies sie darauf hin, daß sie ohnehin auf die Menopause zuging und ja auch keine Kinder wollte: »Diese Organe sind völlig nutzlos.«
Alice kam entsetzt und am Boden zerstört zu mir. Sie hoffte wider alle Vernunft, eine Zauberbehandlung zu finden, die ihre Ärzte widerlegen würde und sie vor einer weiteren schweren Operation bewahren könnte. Aber sie war skeptisch. »Ich will ganz ehrlich sein«, sagte sie mit der strengen Stimme, mit der sie in ihrer vierten Klasse für Ruhe sorgte, »ich glaube nicht an diese Sachen – Kräuter, Akupunktur, New-Age-Hokuspokus. Aber ich habe Angst; ich habe das Gefühl satt, machtlos zu sein, und ich will nicht noch mehr Körperteile verlieren. Was können Sie für mich tun?«
Alice, ein vierundfünfzigjähriges Energiebündel mit roten Naturlocken, die an den Schläfen leicht grau zu werden begannen, machte nicht den Eindruck, als ob sie vor irgend etwas Angst haben könnte. Sie war von einer unbekümmerten Direktheit und nicht gewillt, um meiner Gefühle willen aus ihrem Herzen eine Mördergrube zu machen. Sie sagte mir mehr als einmal, meine Bilder und Geschichten fände sie zwar ganz nett, sie seien ihr aber zu »schwammig«. Sie betonte, daß sie keinen Wert auf metaphorische Erklärungen legte.
»Ich glaube nicht daran, daß Krankheiten einen Sinn haben«, sagte

sie in jener ersten Sitzung. »Es ist so, wie es ist, und ich habe es satt. Können Sie diese Gewächse schrumpfen lassen oder nicht?«
»Ich habe Techniken, die helfen können, aber ich kann Ihnen nicht versprechen, daß es ein vollkommenes Ende geben wird«, sagte ich.
»Ich glaube nicht an Vollkommenheit«, gab Alice zurück.
»Kennen Sie die Geschichte...«, und ich erzählte ihr eine meiner Lieblingsgeschichten aus *Stories of the Spirit* von Feldman/Kornfield:

> Mulla Nasrudin saß in der Teestube, als ein Freund aufgeregt hereinkam und ihn sprechen wollte.
> »Ich werde heiraten, Mulla«, begann sein Freund, »und ich bin ganz aufgeregt. Mulla, hast du jemals selbst daran gedacht zu heiraten?«
> Nasrudin antwortete: »Doch, ich habe einmal daran gedacht zu heiraten. In meiner Jugend wollte ich sogar sehr gerne heiraten. Ich wollte aber die perfekte Frau haben. Ich begab mich auf Reisen, um sie zu finden, zuerst nach Damaskus. Dort begegnete ich einer schönen Frau, die graziös, freundlich und sehr spirituell war, aber sie hatte kein weltliches Wissen. Ich reiste weiter und kam nach Isfahan. Dort begegnete ich einer jungen Frau, die spirituell und weltlich war, in vielerlei Hinsicht schön, aber wir konnten kein gutes Gespräch miteinander führen. Schließlich ging ich nach Kairo, und dort fand ich sie schließlich. Sie war von einer tiefen Spiritualität, graziös, in jeder Hinsicht schön, in dieser Welt und in den jenseitigen Welten zu Hause. Ich wußte, daß ich die perfekte Frau gefunden hatte.«
> Sein Freund wollte wissen: »Aber du hast sie nicht geheiratet, Mulla?«
> »Nein«, sagte Nasrudin und schüttelte den Kopf, »sie wartete leider auf den perfekten Mann.«

Alice beglückte mich mit einem kehligen Lachen, und nachdem nun das Eis gebrochen war, konnten wir uns an die Arbeit machen. Die Farbe, die unmittelbar ins Auge sprang, war Rot – Alices Haar war rot, ihr Teint war rötlich, und wenn sie aufgeregt war (und dies war sie nicht selten), dann ging das Rosa ihrer Haut in ein intensives Rot über. Ihre Pulse waren gespannt und ein wenig drahtig, insbesondere an der Leber-Position. Mir fiel auf, wie dünn der Leber- und der Herzpuls waren; sie fühlten sich wie eine Gitarrensaite an, die straff gegen meinen Finger schlug, aber ohne große dahinterliegende Kraft. Diese Pulsqualität wies darauf hin, daß die Energie, die für den Ausgleich ihrer tieferen Ungleichgewichte und Mängel aufgeboten werden mußte, allmählich ihre lebenswichtigen Organe zu schwächen begann. Alices Zunge war rot, fast purpurn, und an der Unterseite zeigten sich Erhebungen, ein Merkmal, das man oft bei Frauen mit Myomen sieht. Die Ränder und die Spitze der Zunge zeigten ein intensiveres Rot, ein Hinweis auf Wärme in der Leber und möglicherweise im Herzen, die Folge eines schweren Yin-Mangels. Hellrote Flecke an ihrer Zungenspitze bestätigten diesen Hitzezustand in ihrem Herzen, der sich typischerweise in Symptomen wie Schlaflosigkeit, Gedächtnisschwierigkeiten, Kurzatmigkeit, Ängstlichkeit und/oder Herzjagen äußert.

Das Vorhandensein von Myomen weist darauf hin, daß die Leber überlastet ist und daher ihre Aufgabe, für einen freien Strom der Energie durch ihre Kanäle zu sorgen, nicht erfüllen kann; hieraus entsteht ein Zustand, den die Chinesen »blockiertes Leber-Ch'i« nennen. Wenn sich die Ch'i-Energie erschöpft, verlangsamt und verdickt sich das Blut, was zu chronischen Schmerzen, Migränekopfschmerzen und physischen Massierungen wie Myomen und Tumoren führt. Die Standardbehandlung umfaßt eine Auflösung des »gestockten« Blutes durch Akupunktur und Kräutertherapie, so daß im Laufe einiger Wochen oder Monate Energie und Blut wieder frei fließen können.

Ich wählte acht Akupunkturpunkte zur Stimulierung (siehe Anhang 2). Empfängnisgefäß 4 (»Pforte an der Quelle«) auf der Mittellinie des Körpers etwa in der Mitte zwischen Nabel und Schambein führt zur Quelle unserer Energien – zur Zündflamme für den ganzen Körper. Empfängnisgefäß 6 (»Meer des Ch'i«), vier Zentimeter unterhalb des Nabels auf der Mittellinie, stärkt das Nieren-Ch'i und das

Yang; ich entschied mich dafür, Alices Yang-Energie zu stimulieren, weil das Yang etwas belebender wirkt als das Yin und dadurch eine energischere Bewegung in Richtung des Beckens hervorruft. Milz 6 (»Dreifache Yin-Kreuzung«) belebt zusammen mit Milz 8 (»Kernpunkt der Erde«) und Milz 10 (»Meer des Blutes«) das ganze System und löst das Blut aus seiner Erstarrung. Leber 3 (»Höchste Flut«) zwischen der großen und der zweiten Zehe spornt das Ch'i an, Blockierungen zu durchbrechen, und Herz 7, (»Pforte des Geistes«) an der inneren Handgelenkfalte kräftigt das Feuer des Herzens, stabilisiert und beruhigt den Geist und würde Alice helfen, sich zu entspannen und ihre friedliche Mitte zu finden. Perikard 6 (»Innere Pforte«) hat eine ähnliche Wirkung wie Herz 7 indem es dem Geist Ruhe und Frieden spendet, schützt aber zugleich das Herz vor schädlichen Angriffen.

An Heilpflanzen empfahl ich eine Kombination von Mönchspfeffer, einer wunderbar ausgleichenden Pflanze, die auch die Funktion des Gelbkörpers stärkt (und damit den Progesteronspiegel anhebt und dem Östrogen entgegenwirkt, das Myome wachsen läßt), Salbei, den die Chinesen als Blutanreger schätzen, weil er Stauungen und Stagnationen auflöst, Löwenzahnwurzel zur Stärkung der Leber, die Energien, Blut und Emotionen in Fluß halten muß, Rotklee, eine Pflanze, die das Blut reinigt und in Bewegung bringt und die Ausbreitung von Krebsgeschwulsten zu hemmen scheint (insbesondere an Brüsten und Eierstöcken), und Baldrianwurzel, ein mild beruhigendes Nervenmittel, das Alice helfen würde, sich zu entspannen. Weiterhin empfahl ich das chinesische Fertigarzneimittel Hsiao Yao Wan (»Freier-und-unbeschwerter-Wanderer-Pillen«), das die Pflanzen Bupleuerum und Dong Quai enthält und in China als das Standardpräparat für die Entspannung der Leber und die Anregung der Bewegung von Ch'i und Blut gilt.

Hinsichtlich ihrer Ernährung empfahl ich Alice, Fleisch, Geflügel und Milchprodukte zu meiden, weil diese mit künstlichen Östrogenen belastet sind (und das Wachstum von Myomen durch Östrogen gefördert wird) und statt dessen faserreiche Kost mit viel frischem Gemüse, Vollkorn und Sojaprodukten (Tofu, Sojasauce, Tempeh) zu sich zu nehmen. Sojaprodukte enthalten pflanzliche oder »Phyto-Östrogene«, die sich mit den Östrogenrezeptoren des Körpers verbinden und dadurch verhindern, daß die schädlicheren synthetischen Östrogene im Körper wirksam werden können. An Ergänzungsmitteln empfahl ich ihr Vitamin B_6 (100 mg täglich) und γ-Linolsäure (1000 mg täglich) sowie ein gutes Multivitaminpräparat.

Alice hielt sich getreu an meine Empfehlungen – alle zwei Wochen eine Akupunktursitzung, tägliche Einnahme der Kräutermittel, regelmäßiges Training und gesunde Ernährung. Bei den Akupunktursitzungen sprach ich weiter über den »Sinn« ihres Myoms und hoffte, sie könnte einsehen, daß diese Masse nicht einfach ein Stück Gewebe war, das an ihrer Gebärmutterwand anhaftete, sondern ein Teil von ihr, sogar ein wichtiger und bedeutungsvoller Teil. Was hatte diese »blockierte Energie« in ihrem Becken zu bedeuten? Was konnte sie von dieser Geschwulst über ihre Beziehung zu ihrem Körper, zu ihrer Kreativität und zu ihren Gefühlen lernen? Alice hörte meinen Ergüssen höflich zu, behielt aber ihre Meinung für sich.

Ein halbes Jahr nach dem Beginn der Behandlung legte sich Alice auf den Tisch, schloß die Augen und sagte, sie habe eine »Neuigkeit«. In geschäftsmäßigem Ton sagte sie mir, ihr Gynäkologe habe festgestellt, daß die Geschwulst nur noch halb so groß war.

»Phantastisch!« sagte ich. »Wie fühlen Sie sich?« Ich erwartete jetzt etwas Ähnliches zu hören wie »Das habe ich eigentlich auch erwartet«, aber statt dessen schloß Alice die Augen, legte beide Hände auf ihren Unterleib, und zum erstenmal, seit ich sie kannte, wich die Spannung aus ihrem Gesicht und ihrem Körper.

Myome

Westliche Interpretation und Behandlung

Myome sind gutartige Tumoren aus Muskelgewebe, die in oder auf der Gebärmutter wachsen; ihre Entstehungsursache ist bisher unbekannt. Der Tumor selbst ist nicht gefährlich, doch können Myome zu starken Blutungen oder durch Druck auf benachbarte Organe zu Harndrang, Inkontinenz oder durch Druck auf Nerven zu Schmerzen führen. Über fünfzig Prozent der Frauen über Vierzig haben Myome, die der Grund für ein Drittel aller Aufnahmen in gynäkologische Abteilungen sind.
Wenn das Myom keine Beschwerden macht, nehmen die meisten Ärzte eine abwartende Haltung ein, weil die Tumoren oft in der Menopause von selbst verschwinden. Manchmal werden kurzzeitig Mittel zur Einleitung einer vorzeitigen Menopause verschrieben, meist um das Myom in Vorbereitung der Operation zum Schrumpfen zu bringen. Bei Blutungen wird eine Progesterontherapie durchgeführt. Gelegentlich wird zu einer chirurgischen Entfernung des Myoms geraten, oft auch zu einer Hysterektomie (dreißig Prozent aller Hysterektomien werden wegen Myomen durchgeführt).

Chinesische Interpretation

Die Chinesen kennen zwei Interpretationen bei Myomen:
- Leber-Ch'i baut sich auf und stagniert im Unteren Wärmer (Beckenregion), wodurch es zu einer Blutverdickung kommt; wenn dies nicht behoben wird, verwandelt sich verdicktes Blut in ein Myom.
- Ein Mangel an Leber- oder Milz-Ch'i kann ebenfalls zu einer Verdickung des Blutes im Unteren Wärmer führen, denn das geschwächte Ch'i kann das Blut nicht in Bewegung halten, wodurch eine Stagnation entsteht.

Komplementäre Behandlungen

Ergänzungsmittel
- Vitamin B-Komplex
- Vitamin E (400 bis 800 mg α-Tocopherol)
- Magnesium (1000 bis 1500 mg täglich)

Topische Behandlung
Rizinusöl-Packungen

Körperliche Bewegung
Weil hier eine Stagnation vorliegt, ist tägliche körperliche Bewegung von größter Bedeutung. Akupunktur, Chiropraktik und Körperarbeit können helfen, die Energie im Beckenbereich zu lösen und zu lockern.

Ernährung
Pflanzliche Östrogene aufnehmen, wie sie in Sojaprodukten, in braunem Reis und Jamswurzel vorhanden sind. Meiden Sie synthetisch-östrogenhaltige Speisen (Fleisch, Geflügel, Milchprodukte, Eier), raffinierte Kohlehydrate (Zucker, Weißmehlprodukte), Alkohol, Koffein, Nikotin und orale Kontrazeptiva.

Heilpflanzen
- Mönchspfeffer (unterstützt die Progesteronerzeugung)
- Salbei (bringt das Blut in Bewegung und unterstützt den Kreislauf
- Falsche Einhornwurzel (harmonisiert den Hormonhaushalt)
- Löwenzahnwurzel (hilft der Leber, überschüssiges Östrogen auszuscheiden)

Eine ausgewogene Verordnung wäre vierzig Prozent Mönchspfeffer und je zwanzig Prozent Salbei, Falsche Einhornwurzel und Löwenzahnwurzel.

Chinesische Fertigarzneimittel
Hsiao Yao Wan (»Entspannter Wanderer«) unterstützt die Leber und regt den freien Strom von Blut und Ch'i an.

Akupunkturpunkte
Leber 3, Milz 6, Milz 10 und Leber 14

Körper, Seele und Geist
Die Symptome können folgende Fragen zum Ausdruck bringen:
- »Welchen Sinn hat das Myom – kann es mir sagen, in welcher Weise ich meine Energie oder Kreativität blockiert habe?«
- »Wo fühle ich mich in meinem Leben festgefahren?«
- »Wie kann ich meine Energie befreien und mehr *mein* Leben führen?«

»Ich weiß, daß es seltsam klingt, wenn so etwas von mir kommt«, sagte sie, »aber ich habe ein Gefühl, als ob dieses Myom ein Baby wäre: ich als Baby, der Mensch, der ich nie zu sein wagte. Wissen Sie, ich war immer die Rebellische, die Nervensäge, das unausstehliche Kind, das es immer fertigbrachte, sich in Schwierigkeiten zu bringen, um Aufmerksamkeit zu bekommen, während meine Eltern immer sehr auf das Äußere achteten, mich ständig ermahnten, den Bauch einzuziehen, den Kopf hoch zu tragen und meine Gedanken und Gefühle für mich zu behalten. Ich werde es nie vergessen, daß meine Mutter mich immer damit ›tröstete‹, daß es so vielen Menschen in der Welt schlechter ginge als uns und ich mich also zusammennehmen und mit meinem Selbstmitleid aufhören sollte. Jetzt sehe ich, daß dieses Gewächs mich bat, es zu bemuttern, mich um es zu kümmern, ja es sogar zu lieben. Ich fühle mich mit ihm verbunden, wie es mit mir verbunden ist; ich habe das Gefühl, es ist das ›Ich‹, das niemals erwachsen werden und seine Gefühle ausdrücken konnte.«
So sprach Alice über den »Sinn« ihres Myoms, was es für sie bedeutete und was es ihr nach ihrer Meinung sagen wollte. Sie suchte Rat in ihrem Inneren, wandte sich ihrem Körper zu und setzte dessen Weisheit ein, um mehr über ihr Herz und ihre Seele zu erfahren.
»Ich habe mir nie klargemacht, was es mir bedeutete, eine Frau zu sein, bis ich mich mit der Aussicht auseinandersetzen mußte, meine

Gebärmutter zu verlieren«, sagte sie. »Ich erinnere mich, daß ich dachte: Wie kann ich mit einem Loch in der Mitte meines Wesens leben? Und ich fragte mich, was den Platz dieses Lochs einnehmen würde – würde es sich mit Flüssigkeit auffüllen, würde Gewebe von meiner Blase und anderen Beckenorganen die Leere füllen, oder würde ich einfach für den Rest meines Lebens in meiner Mitte einen Hohlraum haben?
Und schließlich wurde mir klar, daß ich dieses lebenswichtige Organ nicht verlieren wollte«, schloß Alice. »Ich hatte nie die Möglichkeit, Kinder zu bekommen, und ich wollte im Grunde auch nie ein Kind, aber trotzdem ist meine Gebärmutter ein Teil von mir. Ich wollte den nächsten Lebensabschnitt nicht ohne sie beginnen. Nun sieht es so aus, als ob es auch nicht sein müßte. Ich fühle mich ganz, vollständig, geheilt. Zum ersten mal seit vielen, vielen Jahren habe ich das Gefühl, daß ich wieder ganz bin.«

Die Reise zur Ganzheit ist ein fortwährender Prozeß des Gebens und Nehmens, des Ergreifens und Loslassens, des Ausdehnens und Zusammenziehens. Um ganz zu werden, müssen wir etwas sterben lassen, damit etwas anderes leben kann. »Alles, was zum Leben erwacht, scheint den Tod von etwas anderem zu fordern, Zelle um Zelle«, schrieb Lewis Thomas in *The Lives of a Cell*. Dieser fortwährende Prozeß des Aufnehmens und Loslassens zeichnet das Leben von Anfang bis zum Ende aus. Frauen fühlen dies am eindringlichsten während der Menopause, denn dies ist die Zeit, in der sie sich mit dem Tod ihrer Fortpflanzungszellen auseinandersetzen müssen. In dieser Trauer um den Verlust kann die Frau aber beginnen, ihre Aufmerksamkeit auf den Gewinn zu richten: Was wird jetzt lebendig werden, welche Veränderungen werden stattfinden, wie wird sich mein Leben vervollständigen? Im *I-ching* ist das Geben und Nehmen des Lebens wunderschön beschrieben:

> Wenn die Sonne geht, kommt der Mond; wenn der Mond geht, kommt die Sonne. Sonne und Mond wechseln einander ab; so tritt Licht ins Dasein. Wenn die Kälte geht, kommt die Wärme;

wenn die Wärme geht, kommt die Kälte. Kälte und Wärme wechseln einander ab, und so vollendet sich das Jahr. Die Vergangenheit zieht sich zusammen. Die Zukunft dehnt sich aus. Zusammenziehen und Ausdehnung wirken aufeinander ein; hierdurch entsteht das Fördernde.

Im Herbst ihres Lebens nimmt die Frau diese Lehren tief in sich auf, wo sie Wurzeln schlagen und wachsen. Sie hat den Anfang und das Ende von Frühjahr und Sommer erlebt, und sie spürt den kalten Hauch des herannahenden Winters. Nachdem sie nun schon so viele Lebensjahre hinter sich hat, hat sie die Unerbittlichkeit des Wandels verstanden; statt ihn zu bekämpfen, lernt sie, das Kommen und Gehen willkommen zu heißen, den Wechsel und die Ausdehnung, das Anschwellen und Abnehmen, denn sie weiß, daß sich in diesen fortwährenden, vorhersagbaren Veränderungen der Zyklus vollendet und anschließend wieder neu beginnt.

In seinem vierundvierzigsten Lebensjahr, zwei Jahre vor seinem Tod, stand Thoreau auf einer weiten Wiese an einem Bachlauf und ließ die Samen einer Schwalbenwurz fliegen. Verzückt sah er die Samen entschweben, und sein Geist schien sich mit ihnen zu erheben:

> Wenn ich die Schoten aufbreche, schlagen die feinen seidigen Fäden sofort auseinander und öffnen sich mit einem Sprung. Ihre Überreste zerstrahlen in eine halbkugelige Form; jedes Fädchen löst sich von seinem Nachbarn, und in allen glänzen die Farben des Regenbogens auf. Diese Samen sind seitlich mit breiten, feinen Rändern oder Flügeln versehen, durch die sie offenbar in einer stabilen Bahn bleiben und nicht umherwirbeln können. Ich lasse einen Samen los, und er schwingt sich auf, langsam und unsicher zunächst, von unsichtbaren Strömungen hierhin, dann dorthin getrieben, und ich fürchte schon, daß ihn der nahegelegene Wald verschlingen wird. Aber nein – als er sich ihm nähert, erhebt er sich leicht über ihn, und ein kräftiger Nordwind trägt ihn rasch in die entgegengesetzte Richtung davon… höher und höher erhebt er sich…

An dieser Stelle wendet Thoreau den Blick von den einzelnen Samenhüllen ab und richtet ihn auf den beständigen, niemals endenden Zyklus der Jahreszeiten. Generation um Generation entschweben die Samen; jeder folgt seinem eigenen Weg, doch eint sie der Drang, sich aufzuschwingen und in unerkundetes Land fortzufliegen:

> Stellen Sie sich die große Vielzahl von Ballons vor, die sich um diese Jahreszeit mit ähnlichen Mitteln in die Lüfte erheben! Wie viele Myriaden fahren so dahin, hoch über Hügel, Wiese und Bach auf verschiedenen Pfaden, bis der Wind einschläft und sie ihr Geschlecht an neuen Orten einpflanzen ... zu diesem Zweck haben diese seidigen Wimpel sich den ganzen Sommer über vervollkommnet, behaglich in dieses leichte Gehäuse verpackt, ihrem Zweck perfekt angepaßt – eine Prophezeiung nicht nur des Herbstes, sondern auch künftiger Frühlinge. Wer möchte Prophezeiungen glauben ... daß die Welt mit diesem Sommer ihr Ende fände, solange nur eine einzige Schwalbenwurz vertrauensvoll ihre Samen zur Reife brachte?

So lernen wir im Herbst unseres Lebens, dem Beispiel der Schwalbenwurz zu folgen, unsere Flügel auszubreiten, um uns zu stabilisieren, und von unseren Nachbarn zu lösen, uns aufzuschwingen, Grenzen zu überqueren, vom Wind emporgehoben und fortgetragen, und wir lassen uns nur nieder, um uns wieder zu erheben. Wenn wir dieses tiefe Vertrauen in unsere eigenen Fähigkeiten haben, bringen wir die Samen des Herzens und der Seele zur Reife und erschaffen uns aus unserem Inneren immer wieder neu. Wenn wir die Balance zwischen Anfang und Ende halten, sehen wir, was wir nie zuvor sahen, und das Leuchten unserer Visionen erhellt den Weg vor uns.

> Bald nach seiner Erleuchtung soll der Buddha auf der Straße an einem Menschen vorübergegangen sein, der von der außerordentlichen Ausstrahlung und dem tiefen Frieden des Buddha beeindruckt war. Jener blieb stehen und fragte: »Mein Freund, wer seid Ihr? Seid Ihr ein himmlisches Wesen oder ein Gott?«

»Nein«, sagte der Buddha.
»Nun, seid Ihr eine Art Zauberer oder Hexer?«
Wiederum antwortete der Buddha: »Nein.«
»Seid Ihr ein Mensch?«
»Nein.«
»Nun, mein Freund, was seid Ihr denn?«
Der Buddha antwortete: »Ich bin erwacht.«

16 Winter: Vom Körper zur Seele

Wer in der Mitte bleibt
und den Tod mit seinem ganzen Herzen annimmt,
wird niemals vergehen.

Lao-tzu, Tao-te ching

Unser Volk sagt mit Recht, daß es eine gewaltige Verantwortung ist, das Leben zu hegen und zu erneuern, die deshalb von besonders starken Menschen übernommen werden muß. Unser Volk sagt, daß die Frauen der Mondpause besonders stark sind, weil sie das kostbare Blut des Lebens in sich zurückhalten und daher zusätzliche Energie verfügbar haben, denn sie müssen nicht mehr jeden Monat in ihrem Schoß einem Kind den Platz bereiten ... eine solche Großmutter der Mondpause ... muß eine sehr weise und visionäre Frau sein, weil sie sich jeden Mond, dreizehnmal im Jahr, all die Jahre ihrer Menstruation, oft dreißig bis vierzig Jahre lang, zur Mondsuche zurückgezogen hat. Diese Tiefe des Geistes und hohe Fähigkeit, Visionen aufzurufen, bedeutet, daß ihr mächtige Werkzeuge zur Führung des Volkes zur Verfügung stehen.

Brooke Medicine Eagle

In der zusammengezogenen und erstarrten Welt des Winters schlägt der Puls des Lebens gleichmäßig und stark. Die Samen ruhen in ihren borstigen Särgen, auf den gefrorenen Teichen begraben. Unter der Oberfläche der Erde nähren warme Quellen und unterirdische Wasserläufe die Wurzeln mit lebenspendender Feuchtigkeit. Wasser kreist in den tieferen Kanälen, sammelt und speichert Energie und erwartet geduldig das Wiederaufkeimen des Lebens im Frühjahr.

Der Winter ist die Zeit der Konzentration und des Eindringens, des Vordringens in die Tiefe und der inneren Einkehr, und sein Element ist Wasser. Vom Wasser lernen Frauen, sich anzupassen, ihre Energie in schöpferische Bahnen zu lenken, sich in die Tiefen sinken zu lassen, zu ruhen, zu reflektieren, Energie zu sammeln. Dem Beispiel des Wassers folgend, fließt eine Frau auf dem Weg des geringsten Widerstandes; sie lernt, innerhalb bestimmter Grenzen zu leben und dennoch ihren grundlegenden Charakter zu behalten. Sie sucht den tiefsten Punkt, an dem ihr alles zufließt; dort er*füllt* sie sich, erneuert sie sich, bis sie vor Lebensenergie überströmt und der Kreislauf des Lebens ohne Unterbrechung weitergeht.

In der Natur ändert Wasser seine Gestalt und durchläuft unaufhörlich die Phasen fest, flüssig und gasförmig. Flüsse erstarren, Eisbrocken schmelzen, Pfützen verdunsten und fallen als Tau wieder nieder; Dunst verdichtet sich zu Wolken, die als Regen oder Schnee wieder zur Erde zurückkommen. Immer paßt sich Wasser nachgiebig an, hält inne, ohne jemals zu ruhen, und beugt sich, ohne jemals zu brechen. Der Wandel ist seine grundlegende Natur, denn ehe ein Pulsschlag vorüber ist, hat der vorbeifließende Fluß Molekül für Molekül eine andere »Gestalt« als noch kurz zuvor.

»Man kann nicht zweimal in demselben Fluß baden«, bemerkte der griechische Philosoph Heraklit. Man ist heute nicht derselbe Mensch wie gestern oder vor einer Stunde. Der Mensch wandelt und erneuert sich nicht anders als der strömende Fluß. In den fünfzig Billionen Zellen des menschlichen Körpers laufen in *jeder Sekunde* sechs Billionen chemische Reaktionen ab, wodurch der Mensch grundlegend verändert wird. »Wenn man den Körper so sehen könnte, wie er wirklich ist, würde man ihn nicht zweimal als denselben ansehen«, schreibt der Endokrinologe Deepak Chopra in seinem Buch *Quantum Heeling*:

> Achtundneunzig Prozent der Atome in unserem Körper waren vor einem Jahr noch nicht da. Das scheinbar so stabile Skelett war vor drei Monaten noch nicht da. Die Konfiguration der Knochenzellen bleibt zwar in etwa dieselbe, doch passieren die verschiedensten Atome mühelos die Zellwände, weshalb man alle drei Monate ein neues Skelett hat.

Die Haut erneuert sich jeden Monat. Alle vier Tage hat man eine neue Magenwand, wobei sich die oberste Zellschicht, die im Kontakt mit den Speisen ist, alle fünf Minuten erneuert. Die Zellen in der Leber werden nur sehr langsam ausgetauscht, und dennoch strömen neue Atome durch sie hindurch wie Wasser in einem Flußbett, so daß man alle sechs Wochen eine neue Leber hat. Selbst innerhalb des Gehirns, dessen Zellen nicht ersetzt werden, wenn sie einmal untergegangen sind, ist der Kohlenstoff, Stickstoff, Sauerstoff und so weiter ein völlig anderer als vor einem Jahr.
Es ist so, als lebe man in einem Haus, dessen Ziegelsteine systematisch im jährlichen Zyklus herausgenommen und ersetzt würden. Wenn man den Bauplan beibehält, dann sieht es so aus, als wäre es noch dasselbe Haus – aber es sieht nur so aus.

Die grundlegende Natur des Lebens ist der Wandel, eine wissenschaftliche Beobachtung, die die dreitausend Jahre alten Lehren der chinesischen Philosophen bestätigt. Alles Leben ist vom Wandel geprägt und ihm unterworfen, und es ist letztlich der Wandel selbst, die beständige, natürliche Spannung zwischen Yin und Yang, Kreativität und Empfänglichkeit, hell und dunkel, Tag und Nacht, dem Festen und dem Nachgiebigen, der Sonne und dem Mond, der das Leben hervorbringt und erhält. Ohne die Fähigkeit zum Wandel würde das Leben aufhören, denn es hätte keine Möglichkeit, sich zu äußern. Das *I-ching*, das »Buch der Wandlungen«, beschreibt die Natur des Wandels als einen natürlichen Prozeß, der mit dem Leben selbst gleichbedeutend ist:

Die Veränderungen werden hier als natürliche Prozesse aufgefaßt, die mit dem Leben praktisch identisch sind. Das Leben hängt von der Polarität zwischen Aktivität und Empfänglichkeit ab. Hierdurch wird eine Spannung aufrechterhalten, und jede Reaktion auf diese Spannung manifestiert sich als Wandel, als ein lebendiger Prozeß. Wenn dieser Zustand der Spannung, dieses Potential aufhören würde, gäbe es kein Kriterium für das Leben mehr – das Leben könnte sich nicht mehr äußern. Zugleich werden diese polaren Gegensätze, diese Spannungen, fortwährend von den Veränderungen neu erzeugt, die dem Leben eigen sind. Wenn das Leben aufhört, sich zu äußern, dann würden diese Gegensätze ausgelöscht werden, und die Welt müßte sterben.

Nach chinesischer Auffassung werden das organische und das anorganische Leben von denselben grundlegenden Elementen (Holz, Feuer, Erde, Metall und Wasser) regiert; der fortwährende, ständig sich wandelnde Austausch zwischen diesen Elementen bestimmt die einzigartige Natur und das Schicksal des Organismus. Der Körper besteht nach dieser Auffassung aus fünf verschiedenen Schichten, die jeweils von einer der fünf Wandlungsphasen regiert werden. Die Haut, die äußerste Schicht, wird von Metall beherrscht. Unter der Haut liegt das Fleisch, das von Erde regiert wird. Die dritte Schicht sind die Blutgefäße, die unter der Kontrolle von Feuer stehen. Das nächste sind die Sehnen und Muskeln, über die Holz herrscht. Auf der tiefsten Ebene liegen die Knochen, die dem Wasser zugeordnet sind. Das durch das Mark strömende, ausschwemmende, erneuernde und belebende Wasser nährt die Knochen und sorgt dadurch für die Elastizität und Anpassungsfähigkeit des Skeletts. Die Knochen, das Fundament, auf dem alle Organe und Gewebe ruhen, symbolisieren die Essenz und Unzerstörbarkeit des Lebens.
Beim Alterungsprozeß verändern Haut, Fleisch, Blutgefäße, Sehnen und Muskeln allmählich ihre Gestalt und verlieren ihre Elastizität, während die Knochen unverändert bleiben. Wenn ein Knochen bricht, heilt er wieder. Wenn man einen Knochen zertrümmert, bleibt er trotzdem Millionen von Jahren erhalten. Verbrennt man Knochen, überdauern dennoch Stückchen des Lebens. Knochen sind der dauerhafte, unsterbliche Teil des Menschen. Ihre Botschaft ist das Leben; sie trotzen dem Tod.
In einigen Kulturen spricht man manchen weisen Älteren die Macht zu, Tote wieder zum Leben erwecken zu können. Alt und hinfällig, oft

zahnlos, immer einsam, werden sie »Knochenmenschen« genannt. Und sie warten in ihrem Unterschlupf an Flüssen oder Seen, in Höhlen oder dunklen Wäldern und geben acht, bis eine verwundete Seele, verloren und am Leben verzweifelnd, in ihr Territorium kommt. Und dann beginnt ihre Arbeit.
Die folgende Geschichte über eine Begegnung mit »Knochenmenschen« stammt aus dem Buch *Rainbow Medicine* von Wolf Moondance:

> »Warum bist du gekommen?« fragte die Frau das Skelett.
> »Um dich an den Weg zu erinnern«, antwortete das Skelett. »Um dich daran zu erinnern, daß nichts gleich bleibt... Ich rufe dich zu den Knochenmenschen. Ich bitte dich, ein hohler Knochen zu sein. Ich bitte dich, daß du – immer – die Bewegung der Weisheit beobachtest.«

Die Knochenmenschen erinnern uns daran, daß der Wandel die Natur des Lebens ist. Sie fordern uns dazu auf, uns leer zu machen, damit wir beginnen können, uns wieder aufzufüllen. In ihrem Roman *The Bone People* erzählt Keri Hulme eine seltsame, aber überzeugende Geschichte über die »Menschen der Knochen«, ebenso bekannt als die »beginnenden Menschen« oder die »Menschen, die andere Menschen machen«. Einer dieser Knochenmenschen hilft Kerewin, einer verlorenen Seele, die zu ihrem früheren Zuhause zurückgekehrt ist, um zu sterben.
»Ich verfalle nach und nach«, verzweifelt Kerewin, »mir ist kalt bis in die Knochen.«
Da erhebt sich von der Asche der Feuerstelle ein Gespenst vor ihrem Angesicht. Dünn und drahtig, mit wettergegerbtem Gesicht, mit silbernem Haar, wäßrigen Augen und krummen Zehen, bietet die Knochenfrau Kerewin ein widerwärtig schmeckendes Gebräu an und flüstert beschwichtigende Worte, ihr versichernd, daß sie noch zu voll des Lebens sei, um zu sterben. Sie kehrt in den folgenden Tagen und Nächten viele Male zurück, nährt Kerewins Körper mit Lebensmitteln und feuert ihre Seele mit einer schieren Leidenschaft für das Leben an.

Spät in der Nacht geht Kerewin dann schließlich zu dem traditionellen Aufbahrungsplatz und ruft nach der Knochenfrau, in der Hoffnung, zu erfahren, warum sie gerettet wurde und was von ihr erwartet wurde. In der Stille wartet sie auf eine Antwort.

> Unendliches Meer am Strand; Vögel in der Nacht; ihr Atem kommt. Sonst nichts.
> Ich frage, was ich tun soll, und es folgt Schweigen. Sonst nichts.
> Sie seufzt... Als sie sich abwendet, strömt eine große Wärme in sie ein. Aufwärts von der Erde unter ihren Füßen bis in ihre Magengrube, aufsteigend wie wohlwollendes Feuer, durch ihre Brust und bis zum Scheitel.
> Sie fühlt buchstäblich, wie sich ihre Haare zu bewegen beginnen. Sie schüttelt sich und lacht, mit Tränen, erschüttert bis ins Innerste vor Freude.

Die Knochenmenschen können uns keine Antworten auf unsere Fragen liefern; sie können durch ihre Anwesenheit nur die Realität des Todes und das Geschenk des Lebens bekräftigen.
»Ich habe den Tod gesehen«, schreibt Kerewin in ihr Tagebuch, als sie sich auf die Heimreise vorbereitet. »Ich war in dem wilden Gewirr ihrer Haare gefangen, sah den Schimmer ihrer Jadeaugen. Ich werde gehen, wenn die Zeit gekommen ist – ich habe keine andere Wahl! –, aber jetzt will ich das Leben!«
Im Winter unseres Lebens schickt unsere Weisheit ihre Wurzeln tief in die dunkelsten Flüsse und schattigsten Teiche unseres inneren Selbst, und dort, in der reflektiven Stille, entdecken wir, wie wir uns beugen können, ohne zu brechen, wie wir nachgeben können, ohne uns zu unterwerfen, wie wir altern, ohne zu verfallen, und sterben und trotzdem weiterleben können. Die Knochenmenschen transformieren uns mit ihrer Weisheit, sie lösen unsere müden, alten Knochen auf und hauchen neues Leben in die knöchernen Überreste; sie wirken in uns von dem Moment an, da wir geboren werden. Sie fügen Mark in die »Knochen der Seele«, sie statten die Person, die wir noch werden sollen, dann noch mit Fleisch aus, wenn wir in unser

Selbst sterben, wenn wir ins Leben zurückbringen, was tot und leblos ist. Leben in die Knochen zu hauchen ist eine einsame Arbeit, vorbehalten denen, die schon lange leben, viel geliebt und tief gelitten haben, weil uns die Erfahrungen des Lebens lehren, wie man den Lebenshauch aus dem tiefsten, wahrhaftesten Teil des Selbst schöpft. Wenn am Abend des Lebens die äußeren Schichten des physischen Körpers natürlicherweise ihre Gestalt und Substanz zu verlieren beginnen, ist die Zeit gekommen, sich auf die Suche nach den Knochen zu machen. Wenn der Körper altert, reift die Seele, denn alles, was unsere Haut, unser Fleisch, unsere Blutgefäße, unsere Muskeln und unsere Sehnen an Kraft und Flexibilität verlieren, wird dem Gewicht der Seele zugeschlagen. Weil der Körper zum Opfer bereit ist, lernt die Seele aus der tiefsten Ebene des menschlichen Wesens zu singen, aus den Knochen.

Emma

Die zarte, zerbrechlich aussehende Emma begrüßte mich mit festem Händedruck. Man ahnte noch ihre frühere Schönheit, denn selbst nach achtundsiebzig Lebensjahren offenbarten ihre Züge eine tiefe innere Kraft. Lachfältchen umgaben ihre Augen, ihre markanten Kieferknochen verrieten eine entschlossene Unabhängigkeit, und ihre seelenvollen Augen hatten die Farbe eines tropischen Meers an der Stelle, wo das Türkis des Flachwassers in ein kühleres, dunkleres Blau übergeht. Emma hatte große Knochen mit festen, breiten Schultern, einen schlanken Hals und die perfekten Hände eines Künstlermodells, aber sie war sehr mager. Die Zeit schien ihren Körper aufgezehrt zu haben; in ihrer Jugend war sie 1,68 Meter groß gewesen und hatte zwischen 51 und 54 Kilo gewogen, während sie jetzt am Ende ihres achten Lebensjahrzehnts nur noch 1,58 Meter groß war und nur noch 45 Kilo wog. Als ihre Nichte mich anrief, um einen Termin zu vereinbaren, sagte sie mir, ihre Tante würde vom Schmerz »aufgezehrt«.

»Erzählen Sie mir von Ihren Schmerzen!« bat ich sie.

»Es ist ein ›exquisiter‹ Schmerz«, sagte Emma mit einer festen, wohlklingenden Stimme. »Das sagte vor langer, langer Zeit einmal ein Arzt zu mir. ›Exquisiter‹ Schmerz. Ich habe es nie vergessen.«

Als Emma über ihre Vergangenheit sprach, wurde mir klar, daß ihre hauptsächliche Herausforderung im Leben darin bestand, Schmerzen zu ertragen, denn das Leben war für sie, wie sie betonte, gleichbedeutend mit Schmerz. Mit zweiundzwanzig erlitt sie einen Bruch der Wirbelsäule, als sie mit ihrem zweiten Kind schwanger war und das erste Kind noch auf dem Arm trug. Sie glitt aus, fiel eine lange Treppe hinab und brach sich zwei Wirbel an der Basis der Wirbelsäule. Fünfzehn Jahre lang lebte sie mit den Schmerzen. Als sie schließlich am Morgen kaum mehr aus dem Bett kam, um ihre Kinder zu versorgen, willigte sie in eine Operation zur Korrektur der zertrümmerten Bandscheiben ein, wodurch sich die Schmerzen tatsächlich besserten. Im Laufe der Jahre, als die Kinder größer wurden und aus dem Haus gingen, war sie immer mehr ans Haus gefesselt; ihre Gelenke waren arthritisch entzündet, und der »exquisite« Schmerz kehrte zurück.

Emma erzählte den Hergang ihres Unfalls und die Folgen rasch und ohne sich in Details zu verlieren. Nach wenigen Minuten saß sie da, die Hände im Schoß gefaltet, und sie sah mich mit ihren blauen Augen an, als wolle sie sagen: »Sehen Sie, es ist gar nicht so schlimm; ich kann mich doch nicht beklagen.«

Ich erlebe eine solche Resignation oft bei älteren Menschen, die zu glauben scheinen, Verfall und Demenz wären einfach ihr Schicksal und diese Beeinträchtigungen wären unausweichlicher Bestandteil des Alterns. Weil sie körperliche Beschwerden haben, halten sie sich selbst für wertlose Menschen, die kein Recht haben, vom Leben mehr zu erwarten. Sie fügen sich in den Schmerz und geben alle Hoffnung auf, daß sie sich jemals wieder besser fühlen könnten. Nach chinesischer Auffassung sollte aber der natürliche Alterungsprozeß ohne auffällige Schmerzen und körperliche Behinderungen ablaufen; wenn Schmerzen bestehen, liegt dem eine Blockierung zugrunde, und die Ursache des Problems wird sorgfältig erforscht und mit geeigneten therapeutischen Mitteln angegangen.

Ich stellte Emma eine Reihe gezielter Fragen, durch die ich die Herkunft ihrer Schmerzen zu verstehen hoffte: »Wo ist der Schmerz am intensivsten? Um welche Tageszeit sind die Schmerzen am stärksten? Welche Tätigkeiten verschärfen die Schmerzen? Was unternehmen Sie, damit sich Ihr Rücken bessert – helfen Bäder, Massagen, Ruhe oder Schlaf? Sind die Schmerzen wetterabhängig? Ist der Schmerz dumpf, scharf, gleichbleibend oder unterschiedlich? Sind Sie jemals schmerzfrei?« Als Emma diese Fragen beantwortete, wurde das Ausmaß ihrer Schmerzen deutlich, und ich erkannte, wie sehr ihr ganzer Körper, ihr Geist und ihre Seele vom Schmerz durchdrungen waren.

Weil jede Bewegung schmerzhaft war, bewegte sich Emma fast nicht mehr. Sie hatte früher begeistert Golf und Bowling gespielt, aber jetzt bereitete es ihr unerträgliche Schmerzen, auch nur eine Bowlingkugel aufzuheben oder einen Golfschläger zu schwingen. Sie konnte nicht einmal um den Block gehen, ohne alle paar Minuten stehenbleiben zu müssen. Je stärker der Schmerz wurde, desto mehr wurde sie seine Gefangene, und sie wagte sich kaum mehr aus dem Haus. Eine fast phobische Furcht beherrschte ihr Leben. Sie hatte Angst, die Treppe hinunterzufallen, Angst, größere Entfernungen zu fahren, Angst, auf dem unebenen Bürgersteig in ihrer Nachbarschaft zu gehen.

Sie war schon in ihrer Jugend sehr schüchtern gewesen und hatte jahrelang zufrieden im Schatten ihres Mannes gelebt, eines geselligen, extravertierten, beliebten Mannes mit einem großen Freundeskreis. Als ihr Mann noch lebte, sorgte sein Terminplan dafür, daß sie immer in Bewegung und aktiv blieb. Als sie dreiundsiebzig war, starb ihr Mann, und Emma wurde immer isolierter. Sie wurde die Gefangene ihres natürlichen Hangs zu Einsamkeit und Reflexion. Tagein, tagaus saß sie auf ihrem Sofa vor dem Fernseher, machte eine Nadelspitzenarbeit oder beschäftigte sich mit schwierigen Kreuzworträtseln. In dieser Routine gab es kaum Abwechslung.

In ihren Küchenschränken stapelte sich die Dosennahrung, und ihr Kühlschrank war mit tiefgefrorenem Gemüse und Fertiggerichten gut gefüllt. Ihre einzige körperliche Betätigung bestand darin, daß sie die Treppen in ihrer Wohnung hinunter- und hinaufging. Bevor sie jeden Morgen die Treppen in Angriff nahm, vergewisserte sie sich, daß sie alles Nötige dabeihatte, so daß sie erst wieder hinaufsteigen mußte, wenn sie zu Bett ging. Durch diese mangelnde Bewegung, eine Ernährung, die praktisch nur aus Konserven und Tiefgefrorenem bestand, und fünf bis sechs Tassen Kaffee täglich war Emmas Kreislauf in schlechtem Zustand. Arthritis hatte fast jedes Gelenk ihres Körpers befallen, sie litt an chronischer Verstopfung, und Harninkontinenz wurde zu einem immer größeren Problem.

Emmas starker Knochenbau, ihre blasse Farbe, die trockene Haut und die Abneigung gegen oberflächliche Konversation zeigte mir eine starke Affinität zu Metall an; ihr aktiver, neugieriger Geist und ihre Neigung zu Zurückgezogenheit und stillen Aktivitäten wiesen weiterhin auf einen bedeutenden Wasser-Einfluß hin. Ihr Gesicht war sehr bleich, fast ohne Farbe, und ein grünlichgelber Ton um ihren Mund bestätigte ihre Klagen über Verdauungsbeschwerden. Als ich meinen Finger auf ihre Pulse legte, entdeckte ich zunächst eine kräftige, hämmernde Qualität; aber als ich festeren Druck ausübte, verschwand das Hämmern. Dieser »weich hämmernde« Puls ist ein Hinweis darauf, daß an den inneren Organen, insbesondere den Nieren, ein Mangel an Energie und Flüssigkeiten besteht.

Als »Generator« oder »Zündflamme« des Körpers versorgen die Nieren alle übrigen Organe mit Jing und Ch'i. Wenn die Nieren-Energie schwach ist, verlischt typischerweise zuerst die (flüssige) Yin-Energie, und der Körper kann nur noch mit Yang-(Feuer-)Energie das Blut und das Ch'i in Bewegung halten. Wie bei einem alten, aber zuverlässigen Motor, der zu stark belastet und selten gewartet wird, beginnt das Getriebe zu mahlen; das Öl wird dick und zäh, und Qualm aus dem Auspuff und Fehlzündungen zeigen eine Überhitzung an. Diese Zeichen eines »falschen Yang« äußern sich im Körper als hämmernder Puls, Herzjagen, Muskelschmerzen und Krämpfe, pochende Kopfschmerzen, Nachtschweiß und Schlaflosigkeit.

Emmas Zunge war hellrot, was einen Mangel an Yin bestätigte, und mit zahlreichen kleinen Rissen übersät, was darauf hinwies, daß ihre Ch'i-Energie aufgezehrt wurde und beinahe erschöpft war. Kleine

»Buschfeuer« leuchteten überall in Emmas Körper auf, und der Wasserhaushalt ihres Körpers war so sehr beeinträchtigt, daß er die Funken nicht löschen konnte. Sie war nicht in unmittelbarer Gefahr, doch hätte man ihren Zustand als halbkritisch einstufen können; wenn ihre schwer erschöpften Reserven nicht aufgefüllt würden, könnte durchaus ihr ganzer Körper in Gefahr geraten.
Zu Emmas Behandlung mußten zwei verwandte, aber in unterschiedliche Richtungen zielende Strategien eingesetzt werden. Weil ihr schwerwiegendstes vordergründiges Symptom die chronischen Schmerzen waren, mußte die erste Strategie in einer »Reinigung der Oberfläche« durch Anregung des Energie- und Blutstroms durch die Muskel-Sehnen-Bahnen erfolgen, Meridiane, die denselben Verlauf haben wie die Organmeridiane, jedoch mehr an der Oberfläche in den Muskeln und Sehnen selbst liegen. In diesen Leitbahnen soll Wei-Ch'i fließen, eine Art Ch'i der Abwehrkräfte. Wenn man sich einmal vorstellt, daß die Peripherie des Körpers von den Sehnen-Muskeln-Leitbahnen bewacht wird, dann ist die Wei-Ch'i-Energie eine Art Kette von Wachposten an den Grenzen des Königreichs. Wenn eine Invasion (zum Beispiel eine Erkältung oder eine Grippe) droht, wird Verstärkung angefordert, und die Schlacht beginnt in den Muskeln und Sehnen, wodurch die bekannten Beschwerden und Schmerzen bei Erkältungs- und Grippesymptomen entstehen.
Oft ist die Energie in diesen Leitbahnen blockiert, wodurch Schmerzen entstehen; der Schmerz selbst ist ein Symptom einer Blockierung und mahnt den Akupunkteur, das Problem auf der Ebene der Sehnen und Muskeln zu behandeln, bevor es sich auf die Organmeridiane ausdehnt. Wenn der Akupunkteur den Sehnen-Muskeln-Meridian nadelt, setzt er eine aggressivere Technik ein, die »Zerstreuen« genannt wird. Zuerst werden die blockierten Bereiche lokalisiert, indem bestimmte auslösende Punkte in den schmerzhaften Bereichen gedrückt werden, sogenannte Ah-Shi- oder »Aua«-Punkte. (Zu meinem Entzücken nannte Emma sie bald »Oh-shit-«Punkte.) Wenn die Punkte der Energieblockierung ausfindig gemacht sind, werden die Nadeln nur knapp eingestochen und dann vorsichtig gedreht, um die stagnierende oder blockierte Energie zu zerstreuen.

Bei einer alten chinesischen Akupunkturtechnik namens »Gua Sya« werden die betreffenden Meridiane mit einer Salbe bestrichen; anschließend reibt man mit einem speziellen stumpfen Gerät über diesen Bereich. Dabei wird die Haut oft fleckig und tiefrot, wodurch das blockierte oder gestockte Blut unter der Oberfläche zum Vorschein kommt. Schröpfen, eine weitere Technik zur Linderung von Schmerzen, hilft ebenfalls, blockierte Energie und Blut abzuleiten. Dabei werden Schröpfköpfe aus dickem Glas auf die auslösenden Punkte aufgesetzt; anschließend wird ein Unterdruck erzeugt und die gestaute Energie an die Oberfläche gezogen, wo sie abgeleitet werden kann (die chinesische Schröpftechnik ist praktisch mit den jüdischen »Bonkas« identisch, die meine Großmutter einsetzte, wenn ich als Kind krank war). Diese Techniken mögen manchem als bizarr erscheinen, doch sind sie außerordentlich wirksam zur Bekämpfung von Schmerzen und werden seit Jahrtausenden von fähigen Therapeuten mit großem Erfolg eingesetzt.

Emma erwähnte, daß sie unter Schlaflosigkeit litt, nicht einschlafen konnte und nachts mehrmals wach wurde. Jahrelang hatte sie unter dem Wittmaack-Ekbom-Syndrom (»Syndrom der unruhigen Beine«) gelitten, einer lästigen und manchmal schmerzhaften Erkrankung mit Muskelzuckungen und nervöser Anspannung; die Chinesen interpretieren dieses Syndrom als »inneren Wind«, das heißt einen Mangel an Leber-Energie und eine Behinderung des freien Flusses von Energie und Blut durch den Körper. Die oberflächlicheren Akupunkturtechniken an den Ah-Shi-Punkten unter Verwendung der Schabe- und Schröpftechniken zur Ableitung der Blockierung und Beseitigung der Schmerzen zeigten eine unmittelbare und bemerkenswerte Wirkung auf Emmas Nervenzuckungen und die ausstrahlenden Schmerzen in ihren Beinen.

Die zweite Ebene von Emmas Behandlung zielte auf eine Unterstützung ihrer Organfunktionen. Da bei Emma eine deutliche Affinität zu Metall und Wasser vorlag und ihre Symptome eine Erschöpfung der Nieren- und Leber-Energie anzeigten, entschied ich mich für sechs Akupunkturpunkte (siehe Anhang 2). Niere 3 (»Großer Bach«) hinter dem Innenknöchel in der Vertiefung zwischen dem Knochen und der Achillessehne unterstützt die Niere als ihr Quellpunkt. Dies ist die Stelle der intensivsten Energie auf dem Meridian, an der sie direkt in das Organ selbst eindringt. Milz 6 (»Dreifache Yin-Kreuzung«) an der Innenseite des Beins über dem Knöchel ist ein wichtiger Punkt zur Anreicherung des Yin und zur Regulierung der verschiedenen Energien im Körper. Empfängnisgefäß 3 (»In der Mitte zwischen den Polen«) und Empfängnisgefäß 4 (»Pforte an der Quelle«), etwa eineinhalb Zentimeter zu beiden Seiten der Mittellinie des Bauchs, unterstützen das Nieren-Yin und -Ch'i nachhaltig. Lunge 9 (»Großer Abgrund«) stützt den Kreislauf und die Integrität der Blutgefäße; als der Ursprung der Lungen-Leitbahn stärkt dieser Punkt die grundlegende Energie des Metalls, womit er speziell Emma bei ihrer Trauer um ihren verstorbenen Mann helfen konnte. Die Verfasser des Akupunkturtextes *Grasping the Wind* sagen: »Hier ist das Ch'i reichlich und tief wie ein Abgrund.«

Als ich die Nadel in Lunge 3 (»Himmlischer Palast«) etwa acht Zentimeter unterhalb der Achselhöhle im Bizeps einstach, bat ich Emma, über die Bedeutung dieses Punkts nachzudenken, den ich nur bei psychischen oder spirituellen Beschwerden einsetze. Die Lunge hat mit Empfänglichkeit und Verfeinerung zu tun, und dieser Punkt hilft, die Verbindung zu dieser wichtigen Funktion wiederherzustellen, da er es dem Geist erlaubt, von innen nach außen auszustrahlen. »Stellen Sie sich vor, daß Sie die Treppe zu einem schmutzigen, staubigen Dachboden hinaufsteigen, auf dem die Fenster mit Spinnweben bedeckt sind«, sagte ich zu Emma. »Stellen Sie sich vor, daß an diesem Punkt die Energie zur Verfügung steht, die man braucht, um die alten Kisten zu säubern, die Fenster zu waschen, den Staub und Schmutz fortzuspülen, damit das Sonnenlicht wieder durch die Fenster scheinen und den Raum durchfluten kann.«

Zur Stärkung des Blutes, zur Kräftigung von Nieren und Leber und zur Unterstützung der Muskeln und Sehnen empfahl ich das pflanzliche Getränk *Shou Wu Chih*, dessen Hauptbestandteil Polygonum ist. Dieses Präparat kräftigt das Nieren-Ching, so daß man »in Anmut altern« kann. Darüber hinaus enthält das Getränk die Heilkräuter *Dong Quai*, das Standard-Frauentonikum zur Unterstützung des Blutes, und *Rehmania*, ein starkes Tonikum für das Nieren-Yin. *Shou Wu Chih* wird in China sehr häufig für typische altersbedingte Beschwerden verwendet, und viele ältere Chinesinnen (und Chinesen) nehmen täglich einige Eßlöffel davon als Ergänzungsmittel ein. Weiterhin empfahl ich Teufelskralle, eine entzündungswidrige Heilpflanze, Salbei, der das Blut in Bewegung bringt und Stagnation auflöst, und Süßholzwurzel, eine harmonisierende, das Yin stärkende Heilpflanze (Süßholzwurzel sollte nicht von Menschen mit hohem Blutdruck eingenommen werden).

Hinsichtlich ihrer Ernährung riet ich Emma nachdrücklich, den Genuß von Koffein und raffinierten Kohlehydraten einzuschränken und statt dessen mehr Vollkorn, Fasern (Kleie, Metamucil und so weiter) sowie frisches Obst und Gemüse zu essen. An Vitaminergänzungen empfahl ich ihr ein Multivitaminpräparat und 1000 mg Magnesium täglich (Magnesiummangel wurde in einem Zusammenhang mit Krämpfen, Reizbarkeit und Wittmaack-Ekbom-Syndrom gebracht).

Zur Vorbeugung gegen Stauungen und Stagnation ist körperliche Bewegung unbedingt wichtig, doch war dies bei Emma ein Problem, weil jede Bewegung, bei der sie ihre Beine belasten oder ihre Wirbelsäule strecken oder biegen mußte, starke Schmerzen verursachte. Ich erklärte ihr die chinesische Philosophie des Schmerzes, der zufolge eine Blockierung vorliegt, wenn Schmerzen bestehen, und umgekehrt angenommen wird, daß keine Blockierung vorhanden ist, wenn kein Schmerz besteht. Schmerz gilt als Anzeichen einer Energiestörung, und die Aufgabe des Akupunkteurs besteht darin, die Behinderung ausfindig zu machen und mit Hilfe von Nadeln aufzulösen. Die Schmerzbeseitigung zählt zu den großen Stärken der Akupunktur, und Kräutermittel könnten Emma helfen, das Blut und die Energie in Bewegung zu bringen; allerdings mußte Emma auch selbst Verantwortung übernehmen, um mit ihrem Schmerz fertig zu werden. Es war klar, daß sie wegen der Schwere ihrer Rückenverletzung, der Bildung von Narbengewebe, den tieferen Blockierungen und des dadurch entstandenen Mangels an Flexibilität sowie des Drucks auf ihre Nerven und Muskeln niemals ganz schmerzfrei sein würde. Das Ziel der Behandlung bestand aber darin, ihr zu helfen, mit dem Schmerz umzugehen, so daß sie das Gefühl haben konnte, Herr über sich selbst zu sein, statt ihr Leben an den Schmerzen ausrichten zu müssen. Emma willigte ein, an einem Wasser-Aerobic-Kurs für Senioren teilzunehmen und es mit einigen einfachen Yoga-Dehnungsübungen zu versuchen.

»Wie wäre es mit einer wöchentlichen Massage?« fragte ich.

»Nein, das kann ich nicht«, sagte sie und wurde tiefrot. Ich appellierte an ihren Wagemut und sagte ihr, daß eine Rückenmassage doch nicht so schlimm sein könne, wenn sie sich andererseits sogar bereit fand, sich Nadeln in den Körper stechen zu lassen.

»Es ist ein Luxus, den ich nicht verdient habe«, gestand sie schließlich.

»Gut, ich habe einen Witz für Sie«, sagte ich. »Wie viele jüdische Großmütter braucht man, um eine Glühlampe auszuwechseln?« Als Emma den Kopf schüttelte, sagte ich mit meinem besten jüdischen Akzent, den ich zustande brachte: »Keine. *›Mach dir keine Sorgen um mich, Liebling, ich sitze genausogern im Dunkeln.‹*«

Emma lachte Tränen. »Schon gut, schon gut, ich lasse mich massieren«, sagte sie.

Im Laufe des nächsten halben Jahres sagte Emma, daß es ihr langsam, aber stetig besserginge. Die Schmerzen hatten nachgelassen, und sie konnte an einem Stück die Treppen hinauf- und hinuntergehen, ohne eine Pause einlegen zu müssen. Kostumstellung, regelmäßige körperliche Bewegung und tägliche Einnahme von Metamucil regulierten ihren Stuhlgang, während tägliche Kegel-Gymnastik (eine Methode der Beckenbodengymnastik) ihre Blasenkontrolle ganz wesentlich verbesserte. Yoga-Übungen, Schwimmen und Massage bauten ihre Muskelverspannungen ab und steigerten ihre Elastizität.

Osteoporose

Westliche Interpretation und Behandlung

Osteoporose ist eine potentiell schwere Erkrankung mit einer Abnahme der Knochenmasse und einer Zunahme der Knochensprödigkeit; sie tritt sehr häufig bei Frauen nach der Menopause auf. Die Ursachen sind multifaktoriell und umfassen unter anderem familiäre Disposition, Östrogenmangel, mangelnde Bewegung, ungesunde Ernährungsweise, Rauchen und Alkoholgenuß. Zur Feststellung der Knochendichte und Porosität werden Röntgenuntersuchungen durchgeführt.
Für die meisten Ärzte ist Osteoporose ein Hormonmangelsymptom, wobei vor allen Dingen ein Östrogenmangel verantwortlich gemacht wird. Eine Östrogenersatztherapie ist üblicherweise die Behandlung der Wahl; aufgrund des erheblich ansteigenden Risikos östrogenbedingter Krebserkrankungen werden heute synthetische Progesterone hinzugefügt. Die Hormontherapie beugt einer Osteoporose vor, doch setzt sich der Verlust von Knochensubstanz bei Absetzen des Mittels fort und verschärft sich oft. Deshalb muß eine Hormontherapie oft lebenslang durchgeführt werden. Weiterhin werden Kalziumzufuhr und Training zur Verbesserung der Knochendichte und Elastizität empfohlen.

Chinesische Interpretation

Nach chinesischer Auffassung werden die Knochen von den Nieren beherrscht, und Osteoporose gilt als Ausdruck einer geschwächten Nierenfunktion, insbesondere eines Mangels an (flüssiger) Yin-Energie. Die Verschlechterung der Nierenfunktion wird als natürlicher Teil des Alterns betrachtet, und ein gewisser Verlust an Knochendichte wird erwartet und gilt als nor-

»Altern in Anmut« unmöglich macht, werden aggressive Verfahren empfohlen. Wie stets in der Traditionellen Chinesischen Medizin wird der Nachdruck auf die Vorbeugung gelegt.

Komplementäre Behandlungen

Ergänzungsmittel

- Kalziumcitrat entweder in Orangensaft mit Kalziumzusatz oder in Form von Kalziumcitrat-, -saccharat- oder -lactat-Kapseln (500 bis 1000 mg täglich). Dolomit, Knochenmehl und Austernschalen meiden, die Blei und weitere schädliche Schwermetalle enthalten; weiterhin Antazida meiden, die vom Körper nur schwer resorbiert werden, Nierensteine verursachen und sich in Gelenken ansammeln und arthritische Erkrankungen verschärfen können.
- Magnesium unterstützt die Kalziumaufnahme im Knochen. Doppelt soviel Magnesium wie Kalzium einnehmen (500 bis 1000 mg Kalzium und 1000 bis 2000 mg Magnesium täglich).
- Vitamin D (400 IE täglich) verbessert ebenfalls die Kalziumresorption. Der Körper braucht Sonnenlicht, um Vitamin D aufnehmen zu können; versuchen Sie, fünfzehn bis zwanzig Minuten täglich direktes Sonnenlicht einwirken zu lassen.
- Zink (30 bis 50 mg täglich) kräftigt die Knochen, das Immunsystem und die Nieren-Energie.
- Natürliche Progesteronsalbe beugt Osteoporose vor und kann sie durch die Unterstützung des Aufbaus neuer Knochensubstanz umkehren (Östrogen verzögert den Abbau alter Knochenzellen, doch sind viele komplementäre Therapeuten der Ansicht, daß Östrogen die Knochen härter und weniger elastisch macht. Da natürliches Progesteron ein Vorläufer von Östrogen ist, kann Progesteronsalbe für die Vorbeugung und Behandlung von Osteoporose ausreichend sein).

Training

Da Inaktivität oder Mangel an geeigneter Bewegung zu Knochenverlust führen kann, sind Belastungsübungen dringend anzuraten. Empfohlen werden Laufen oder Wandern mit leichten Gewichten, Radfahren, Aerobic, Treppensteigen und andere Hebeübungen. Bauen Sie Belastungsübungen in Ihre alltäglichen Verrichtungen ein, indem Sie zum Beispiel Ihr Auto nicht unmittelbar am Geschäft parken und Ihre Einkäufe ein Stück weit tragen.

Ernährung

Zusätzlich kalzium- und magnesiumreiches Gemüse (Spinat, Grünkohl, Brokkoli, Seetang) essen; außerdem Samen, Nüsse, Hülsenfrüchte, Vollkorn, fettarmen Joghurt und Meeresfrüchte. Die nachfolgenden Speisen, Getränke und Genußmittel meiden, da sie zu Kalziumverlusten führen oder die Kalziumresorption behindern: Koffein, Alkohol, Nikotin, Zucker und raffinierte Kohlehydrate, ein Übermaß an Eiweiß (Fleisch, Milchprodukte, Geflügel) und Phosphate (Colagetränke).

Pflanzliche Mittel

- Brennesseln (eine kräftigende, nähr- und mineralstoffreiche Pflanze)
- Schachtelhalm (Equisetum arvense), reich an Kieselsäure, die für einen gesunden Knochenaufbau wichtig ist

Ein hervorragendes Tonikum wäre eine Mischung aus Brennesseln und Schachtelhalm zu gleichen Teilen.

Chinesische Fertigarzneimittel

- Liu Wei Di Huang Wan (»Rehmania mit sechs Aromen«) für mangelndes Nieren-Yin *oder*
- Shou Wu Chih, ein weinähnliches Getränk mit Shou Wu (Polygonum multiflorum), Dong Quai und Ginseng (einen Eßlöffel zweimal täglich) zur Kräftigung des Nieren-Jing und um »in Anmut altern« zu können

Akupunkturpunkte
Niere 3, Niere 10 und Milz 6

Körper, Seele und Geist
Die Symptome können folgende Fragen zum Ausdruck bringen:

- »Mangelt es mir an Unterstützung?«
- »Wie kann ich meine Energien pflegen und andere um Unterstützung bitten, wenn ich Hilfe brauche?«
- »Was ist meine Grundlage – wie kann ich sie stärken?«
- »Wo bin ich hart, spröde oder starr geworden? Was kann ich tun, um flexibler und anpassungsfähiger zu werden?«

Während der Akupunktursitzungen begann Emma über den Tod und ihre allgegenwärtige Trauer zu sprechen. Sooft die Rede auf ihren Mann kam, traten ihr die Tränen in die Augen. Bei unseren ersten Sitzungen trocknete sie ihre Tränen mit einem Taschentuch, nahm einen tiefen Atemzug und wechselte rasch das Thema. Im Laufe der Zeit aber begann sie, offener über ihre Trauer zu sprechen. Manchmal brachte sie das Gespräch auf die tragische Situation ihrer älteren Schwester, die in einem Pflegeheim war und tagaus, tagein nur über die Leere ihres Lebens klagte. Weil Emma wußte, daß ich ein Geschichtensammler war, erzählte sie mir eine Geschichte aus James Hillmans Buch *A Blue Fire*. Hilman, ein jungianischer Analytiker, beobachtete eine ältere Frau, die von einem Psychiater interviewt wurde:

> Sie war schon alt und gebrechlich und saß in einem Rollstuhl. Sie sagte, daß sie tot sei, weil sie ihr Herz verloren hätte. Der Psychiater bat sie, die Hand auf ihre Brust zu legen und ihr Herz schlagen zu fühlen: Es müsse doch dasein, wenn sie es pochen fühlen konnte. »Das«, sagte sie, »ist nicht mein wirkliches Herz.« Der Psychiater und sie blickten sich an. Es gab nichts mehr zu sagen.

Wie der Primitive, der seine Seele verloren hat, hatte sie die liebevolle, mutige Verbindung zum Leben verloren – und dies ist das wirkliche Herz, nicht die Pumpe, die auch isoliert in einem Glasbehälter pulsieren könnte.

»Das Herz meiner Schwester schlägt noch«, sagte Emma, als wir über die Bedeutung dieser Geschichte sprachen, »aber wie jene ältere Frau hat sie die tiefere Verbindung zum Leben verloren.«
Eines Tages erzählte mir Emma von einer schwierigen Entscheidung, die sie treffen mußte. Ihre drei Töchter lebten in einem Umkreis von einhundertsechzig Kilometern an der amerikanischen Westküste und wollten, daß sie in ein Seniorenwohnheim ganz in der Nähe ihrer jüngsten Tochter umziehen solle. »Neun meiner vierzehn Enkel leben im Westen«, sagte sie. »Meine beiden Söhne leben an der Ostküste, aber sie sind beide so sehr mit ihrem eigenen Leben beschäftigt, daß ich sie nicht sehr oft sehe. Ein Umzug hätte also Vorteile, aber ich habe Bedenken, meine Unabhängigkeit aufzugeben. Ich möchte niemandem zur Last fallen. Ich habe das Gefühl, daß es für alle besser wäre, wenn ich bleibe, wo ich bin.«
»Aber bedenken Sie doch, welches Geschenk Sie Ihren Enkeln machen würden!« sagte ich. »Sie würden den Rest ihres Lebens gerne an Sie zurückdenken.«
»Hm, so habe ich es noch gar nicht betrachtet«, sagte Emma nachdenklich. Plötzlich füllten sich ihre Augen mit Tränen. »Aber ich kann Jim nicht zurücklassen. Wer würde sich um das Grab kümmern, wer würde ihm Blumen bringen?« Die Trauer, die Emma so lange zurückgehalten hatte, brach nun plötzlich aus ihr heraus. Eine indische Geschichte über den Tod schien sie zu trösten:

Als Ramana Maharshi im Sterben lag, drang das Weinen seiner Anhänger an sein Ohr. Er fragte einen seiner Begleiter: »Warum sind sie so verzweifelt?«
Jener antwortete: »Weil Ihr sie verlaßt, Meister.«
Ramana wandte sich ihm erstaunt zu: »Aber was glauben sie, wo ich hingehen könnte?« (Nach Feldman/Kornfield)

Einige Wochen später brachte Emma das Buch *Ageless Body, Ageless Mind* von Deepak Chopra mit. »Wußten Sie, daß eine Biene älter und dann wieder jung werden kann?« fragte sie mich, und ihre Augen leuchteten vor Begeisterung. »Hören Sie sich das an«, sagte sie und las mir aus dem Buch vor.

> Die gewöhnliche Honigbiene ... kann ihr Alter nach Belieben ändern. Jeder Stock braucht junge Arbeiterinnen, die sich drinnen um die neu ausschlüpfenden Larven kümmern. Nach drei Wochen sind diese Arbeiterinnen erwachsen und fliegen aus, um Blütenpollen zu sammeln.
> Manchmal gibt es jedoch zuwenig junge Arbeiterinnen und zu viele alte Sammlerinnen. Im Frühjahr schlüpfen manchmal so viele Larven aus, daß es im Stock an reifen Sammlerinnen mangelt und rasch Nachwuchs benötigt wird. Wenn dies der Fall ist, reifen die jungen Arbeiterinnen in einer statt der üblichen drei Wochen zu Sammlerinnen heran und fliegen aus. Wenn sich andererseits ein Bienenschwarm teilt, um eine neue Kolonie zu bilden, besteht er überwiegend aus älteren Sammlerinnen. Wenn nun einige dieser älteren Sammlerinnen bemerken, daß ein Mangel an jungen Arbeiterinnen besteht, verjüngen sie sich – sie erzeugen die Hormone junger Arbeiterinnen neu und lassen sogar die geschrumpften Drüsen nachwachsen, die sie zur Ernährung der ausschlüpfenden Larven brauchen.

»Stellen Sie sich vor, man könnte dies tun«, staunte Emma.
»Bienen sind nicht die einzigen Geschöpfe, die sich verjüngen können, während sie älter werden«, sagte ich. Ich erzählte Emma von den Tarahumara-Indianern in den nördlichen Sonorabergen in Mexiko, die am Tag sechzig bis hundertzwanzig Kilometer laufen. Als die stärksten und fittesten gelten die Sechzigjährigen. Als Physiologen die Lungenkapazität, die Herzleistung und die Ausdauer dieser Marathonläufer maßen, stellten sie fest, daß die älteren Läufer in der Tat die beste Kondition hatten.
»Die Tarahumara glauben, daß die Älteren des Stamms körperlich,

geistig und seelisch die Stärksten sind, und die älteren Läufer treten den Beweis hierfür an«, sagte ich. »In unserer Kultur dagegen unterwerfen wir uns einer, wie es die Harvard-Psychologin Ellen Langer nannte, ›vorzeitigen kognitiven Festlegung‹, womit die Annahme gemeint ist, daß wir beim Älterwerden zwangsläufig gebrechlicher und schwächer werden. Dies ist dieselbe geistige Haltung, die das Schicksal einer Gruppe von Stubenfliegen prägte, die einige Tage lang in einem kleinen Glas gefangengehalten wurden. Diese Fliegen glaubten schließlich, daß das Glas ihre ganze Welt sei; als der Deckel abgenommen wurde und sie wieder frei fliegen konnten, flogen sie weiterhin ihre vertrauten Bahnen und wagten sich nicht aus dem vertrauten beschränkten Raum hinaus. Ihre Welt war buchstäblich auf die Grenzen ihres Vorstellungsvermögens beschränkt.«

Emma schüttelte sich unwillkürlich. »Dann möchte ich doch lieber eine Biene sein, eine jener alten Matronen, die sich umsieht, feststellt, daß der Schwarm sie braucht, und sofort wieder jung wird. Was für eine herrliche Vorstellung, in diesem alten Körper mit dem Geist und der Seele einer Zwanzigjährigen umherzuschwirren!« Sie legte einen Finger an die Wange und zwinkerte mir zu. »Aber halt – das dritte Lebensjahrzehnt war mit dem Kinderkriegen, Kochen und Aufräumen ziemlich unruhig. Vielleicht möchte ich lieber dreißig oder vierzig sein – das waren zwei wunderbare Jahrzehnte. Aber auch das sechste und siebte Lebensjahrzehnt waren nicht schlecht, und das achte ist eigentlich auch nicht so übel. Vielleicht fliege ich einfach ein bißchen hin und her, von einem Jahrzehnt zum nächsten. Was meinen Sie?«

»Sie sind wunderbar«, sagte ich.

Einige Monate später entschloß sich Emma, nach Kalifornien zu ihren Töchtern und Enkeln zu gehen. Ich habe sie nun einige Jahre nicht mehr gesehen, doch schickt sie mir jedes Jahr zu Weihnachten eine Karte, in der sie über die jüngsten Veränderungen in ihrem Leben berichtet. Sie nimmt weiterhin jede Woche eine Stunde Wasser-Aerobics und schrieb sich vor kurzem für einen Hatha-Yoga-Kurs ein. Als ihr Syndrom der unruhigen Beine wieder begann und ihren »Schönheitsschlaf« störte, wie sie sich ausdrückte, machte sie einen qualifizierten Akupunkteur und Kräuterheilkundler ausfindig, zu dem sie einmal im Monat zum »Check-up« geht. Die Fußballspiele und Tanzaufführungen ihrer Enkel versäumt sie nie, und sie beschäftigt sich jetzt mit Fotografie und hat verschiedene Kurse belegt, um ihre Dunkelkammertechnik zu vervollkommnen.

Zweimal im Jahr, am Geburtstag ihres Mannes und zum Hochzeitstag, reist Emma an die Ostküste, um ihre beiden Söhne zu besuchen und Blumen auf das Grab ihres Mannes zu legen.

Die Begegnung in der Mitte

Tau verdunstet,
und unsere ganze Welt
ist Tau... so kostbar,
so erfrischend, so vergänglich.

Kobayashi Issa (1763–1827)
zum Tod seines Kindes

Das Leben ist durch den Tod begrenzt, aber ebenjene Schranke zwingt uns, über den Sinn und Zweck unseres Daseins nachzudenken. »Wenn man akzeptiert, daß es klar definierte Grenzen des Lebens gibt, dann sieht man auch, daß das Leben eine Symmetrie hat«, schreibt Sherwin B. Nuland in dem Buch *How We Die*. Dann entdecken wir im Tod das notwendige Gegengewicht zum Leben, denn der Tod lehrt uns die Notwendigkeit des Gleichgewichts und der Ausgewogenheit, die Notwendigkeit, mit beiden Beinen fest im gegenwärtigen Augenblick zu stehen und so intensiv zu leben, daß unser Leben vollständig und ganz wäre, wenn es jetzt in diesem Augenblick enden müßte. »Der Tod ist der einzige weise Ratgeber, den wir haben«, belehrte Don Juan seinen Schüler Carlos Castaneda. »Wende dich deinem Tod zu – alles andere zählt nicht.«

Sich dem eigenen Tod zuzuwenden liegt den Jungen und Unerfahrenen freilich fern. Wenn man jung und ganz von sich selbst erfüllt ist,

ist der Tod weit, ein Gespenst, das alle anderen bedroht, nur nicht einen selbst. Indem wir den Tod bewußt am Rande unserer Wahrnehmung halten, vermeiden wir es, ihm ins Auge zu sehen. Im Laufe der Jahre aber wandert der Tod von der Türschwelle in die Mitte des Raums und zeigt seine Bedeutung als Heiler und Lehrer. In gewissem Sinne drängt uns der Tod aus der Mitte, denn wir beginnen zu verstehen, daß es im Leben nicht um »mich« oder »dich« oder »die anderen« geht. Der Sinn des Lebens läßt sich nur in den fortwährenden, ständig sich ändernden Zusammenhängen mit allem Lebenden entdecken. Wenn wir jeden Augenblick wissen, daß der Tod vor uns hintreten könnte, dann wird jeder Augenblick zu einer Gelegenheit, das Wunder zu zelebrieren, leben zu dürfen:

Die alte Frau saß am Feuer. Sie blickte in die Flammen und rief die Gesichter all derjenigen wach, die vor ihr gekommen und gegangen waren. Als sie das Klopfen an der Tür vernahm, war sie bereit.
»Ich habe einen langen Weg hinter mir«, sagte der Tod an der Tür, »und ich bin müde.«
»Ich weiß«, sagte die alte Frau, indem sie den Reisenden hereinbat, »denn ich habe dich viele Male auf meiner Reise gesehen.«
Sie setzten sich zum Feuer, und nach einer Weile begann die alte Frau zu sprechen. »Du warst da, als mein Haus überflutet war«, begann sie. »Und du warst da, als unser Geschäft blühte. Du erschienst, als der Blizzard Schnee vor unsere Tür häufte. Als im Frühjahr kein Regen kam, um das Grün sprießen zu lassen, spürte ich deine Nähe. Du warst im Zimmer bei mir, wenn ich krank war. Wenn Freunde kamen und gingen, bliebst du bei mir. Wenn meine Kinder krank waren, leistetest du mir Gesellschaft. Als ich meine Schönheit verlor, standest du bei mir. Als ich allein war, tröstetest du mich. Gerade ein Jahr ist es her, daß du meinen Mann in deine Arme schlossest und seine Schmerzen stilltest.
Ich begegne dir in jedem meiner Atemzüge, in jedem Tag, der vergeht, im Anfang und Ende einer jeden Jahreszeit, im sterben-

den Laub des Herbstes und in den grünen Trieben, die durch den Schnee des Winters brechen. Du hast mich den Unterschied zwischen Furcht und Bereitschaft gelehrt.«

Die alte Frau hatte lange gesprochen. Sie nahm einen letzten tiefen Atemzug, lächelte und ergriff die Hand des Todes: »Gehen wir miteinander, mein Freund, denn jetzt kenne ich den Weg.«

(Nach Estés)

Der Tod wartet nicht irgendwo in der Ferne auf uns. Der Tod ist hier, bei Ihnen und bei mir, im Einatmen und Ausatmen, im Untergang der Sonne und dem Aufgang des Mondes, in den blühenden Blumen und den Samen, die schrumpeln, bevor sie Wurzeln schlagen, im Laub, das grünt und in bunter Farbenpracht stirbt. Jeder vorüberziehende Augenblick bereitet uns auf unseren eigenen Tod vor, denn jeder Augenblick kann als vollständiger Zyklus betrachtet werden, als Geburt und Tod eines Augenblicks. Wenn wir jeden Augenblick als vollkommen und ganz willkommen heißen, dann verstehen wir, daß der Tod nicht vor uns und auch nicht hinter uns ist, sondern jederzeit in uns, eine ständige Erinnerung an die Vergänglichkeit des Lebens.

In einem seiner kürzesten Gedichte schrieb Robert Frost: »Wir tanzen vermutend im Kreis/doch das Geheimnis sitzt in der Mitte und weiß.« Wenn wir älter und weiser werden, treten wir in den Kreis und stellen uns dem Geheimnis. Was ist es, was das Geheimnis »weiß«? Viele weise Frauen und Männer sagen, »das Geheimnis« liege schlicht darin, daß man jeden Augenblick voll lebt. Im Augenblick zu leben ist eine Kunst, und man könnte mit Recht sagen, daß dies die Kunst des Lebens schlechthin ist.

»Kein Gedanke, kein Handeln, keine Bewegung, völlige Stille – nur so kann man die wahre Natur und das Gesetz der Dinge unbewußt und aus dem Inneren zum Vorschein bringen und schließlich eins mit Himmel und Erde werden«, schrieb Lao-tzu vor Jahrtausenden. Eine ähnliche Empfindung drückt die moderne Schriftstellerin Iris Mordoch (zitiert nach Stein) aus:

Es gibt kein Jenseits,
Es gibt nur das Hier,
Die unendlich kleine,
Unendlich große und überaus
Anspruchsvolle Gegenwart.

In der Gegenwart sind wir zentriert und im Gleichgewicht, was paradoxerweise bedeutet, daß wir uns aus der Mitte wegnehmen – als Zentrum der Aufmerksamkeit, als zentrale Gestalt, als Brennpunkt – und unsere Aufmerksamkeit nach außen auf die ganze Welt richten, die alles Lebende umschließt und in sich birgt. Unsere Wahrnehmung der Welt verändert sich, so daß wir nicht mehr glauben, alle anderen Menschen würden uns ständig mustern, uns prüfen und beurteilen; wir blicken vielmehr hinaus in die Welt und bemühen uns, andere nicht zu richten und zu rügen. Wenn wir mit den Augen der Seele statt mit den Augen des Ichs sehen, dann wird »dich« und »dein« wichtiger als »mich« und »mein«. Viele Weisheitssammler haben versucht, diese beinahe mystische Erfahrung der Zentriertheit und des Gleichgewichts zu beschreiben, doch hat niemand diese Erfahrung so schön erfaßt wie Black Elk vom Stamm der Oglala-Sioux (zitiert nach Neihardt), der als Siebenundachtzigjähriger starb.

Dann stand ich auf dem allerhöchsten Berg, und zu meinen Füßen breitete sich der ganze Reifen der Welt. Als ich dort stand, sah ich mehr, als ich sagen kann, und ich verstand mehr, als ich sah, denn ich sah in einer heiligen Weise die Gestalt aller Dinge im Geiste und die Gestalt aller Gestalten, wie sie als ein Wesen zusammenleben müssen. Ich sah, daß der heilige Reifen meines Volkes einer von vielen Reifen war, die einen Kreis bildeten, weit wie das Tageslicht und das Sternenlicht, und in der Mitte wuchs ein mächtiger blütentragender Baum, der allen Kindern einer Mutter und eines Vaters Obdach gab. Und ich sah, daß dies heilig war...
Aber die Mitte der Welt ist überall.

Die Mitte ist überall, eine sich ausdehnende Serie von Kreisen wie Wellen in einem Teich, in dem jeder aufeinanderfolgende Ring den Kreis erweitert, ohne die zentrale Wahrheit zu verändern. Ann Cameron erzählt eine Geschichte von Copper Woman, einer weisen Alten, die die Frauen in ihrem Stamm über die Macht des Blutes belehrte. Als die Zeit kam, da sie ihren Körper verlassen sollte, flüsterte sie die unsterblichen Wahrheiten und bereitete sich darauf vor, ihren Tod zu begrüßen, denn sie wußte, was auch Ohiyesa von den Santee-Sioux wußte, daß nämlich »jede Seele der Morgensonne, der neuen lieblichen Erde und dem Großen Schweigen allein gegenübertreten muß«.

> Copper Woman sagte zu [ihrer Tochter] Hai Nai Yu, deren Name »die Weise« oder »die Wissende« bedeutet, die Weisheit müsse immer Frauen weitergegeben werden, und erinnerte sie daran, daß die Menschen aller Hautfarben vom selben Blut abstammen; das Blut aber ist heilig. Sie sagte, es würde eine Zeit kommen, in der die Weisheit beinahe verschwinde, aber sie ginge niemals unter, und wenn sie benötigt würde, dann fände man eine Möglichkeit, sie den Frauen mitzuteilen, die dann entschieden, ob sie sie annehmen wollten oder nicht. Und Hai Nai Yu sagte, daß es, wenn ihre Zeit gekommen wäre, gewiß jemanden geben würde, der ihren Platz als Hüterin der Weisheit einnehme.
>
> Copper Woman mahnte Hai Nai Yu, die Welt werde sich ändern und Zeiten kämen, in denen Wissen nicht mehr dasselbe sei wie Handeln. Und sie sagte ihr, es sei immer sehr wichtig, sich zu bemühen.
>
> Dann nahm sie eine letzte Mahlzeit mit ihrer Familie ein. Sie umarmte und küßte alle und versicherte ihnen, sie werde immer dasein, wenn sie gebraucht würde.
>
> Dann ging sie zum Strand, setzte sich nieder und wartete, bis die Sonne untergegangen war und der Mond hoch am Himmel die Wellen mit Silber übergoß. Sie stand auf, sagte die Worte, sang die Lieder, tanzte die Tänze und sprach die Gebete.

> Dann ließ sie ihr Fleisch in der Hülle ihrer Haut zurück, nahm ihre Knochen mit und wurde ein Geist. Sie wurde zu Old Woman. Ihre Knochen verwandelte sie in einen Besen und einen Webstuhl.

Die Knochen enthalten den unsterblichen Geist des Menschen; der Geist bleibt von einer Generation zur nächsten unverändert. Aus ihren Knochen schuf Copper Woman einen Besen, der ihren Nachfahren helfen würde, den notwendigen Raum für Meditation und Reflexion zu schaffen, und einen Webstuhl, mit dessen Hilfe die Fäden von Körper, Seele und Geist zusammengewoben werden konnten, die alle für das Ganze unverzichtbar waren, die alle ein Bogenstück auf dem großen Kreis des Lebens bildeten.
Copper Woman ist der weibliche Geist, der die Zyklen, Sphären und Spiralen des Lebens auswählt, der webt, spinnt und flicht. Mit ihrem Besen und ihrem Webstuhl schafft sie einen großen Teppich des Lebens, der das goldene Licht der Sonne und das silberne Licht des Mondes aufnimmt, von einem Augenblick zum anderen seine Form und Struktur ändert und den strahlenden Geist der natürlichen Welt widerspiegelt. Sie ist die Essenz der Veränderung, das Skelett des Sinns, das Herz, das niemals zu schlagen aufhört, das Geschenk, das wir unseren Kindern und unsere Kinder ihren Kindern schenken und so fort durch alle Generationen. Bei den Apachen heißt sie Changing Woman:

> Wenn Changing Woman ein bestimmtes Alter erreicht hat, dann geht sie nach Osten. Nach einer Weile sieht sie sich selbst in der Ferne, und sie sieht aus wie ein junges Mädchen, das auf sie zugeht. So gehen sie beide aufeinander zu, bis sie sich begegnen und wieder eins sind. Dann ist sie wieder ein junges Mädchen.
>
> (Nach Niethammer)

Die alte Frau reist in Zeit und Raum rückwärts, um ihr jüngeres Selbst zu entdecken; das Kind bewegt sich nach vorwärts, und so begegnen sie sich in der Mitte, »wo sie eins sind«. Anfang und Ende sind miteinander verbunden, die beiden Hälften vereinigen sich, die auseinandergefallenen Teile sind geheilt, Leben und Tod umarmen einander. Der Kreis schließt sich.

Anhang

Anhang 1
Anrufung der Göttin – Kräuterverzeichnis

In diesem Verzeichnis beschreiben wir Geist, Persönlichkeit und Anwendungsgebiete von einundzwanzig Kräutern, die für ihre günstige Wirkung bei Frauenleiden bekannt sind. Einige dieser beliebten pflanzlichen Helfer haben eine mehr allgemeine Wirkung als Anregungsmittel für das Immunsystem, als Kräftigungsmittel für das Herz oder Tonika für Leber und Nieren, doch liegt der Schwerpunkt hier auf spezifischen Frauenbeschwerden. Generell stützen diese Kräuter aus indianischen, europäischen, mediterranen und asiatischen Kulturen und Traditionen die Yin-Qualitäten; sie dämpfen Feuer, unterstützen die Körperflüssigkeiten (Chi, Blut und Wasser) und sorgen für einen harmonischen Energiestrom durch Körper, Seele und Geist.
Wenn ich meinen Patientinnen eine bestimmte Heilpflanze oder eine Kombination von Kräutern empfehle, weise ich sie stets darauf hin, daß die Einnahme der Kräuter an sich schon ein Heilungsritual ist. Die Macht der Großen Göttin lebt im Geist und in der Persönlichkeit der Heilpflanze fort, und wenn wir um die Hilfe der Pflanze bei der Förderung der Heilung und der Ganzheit bitten, dann könnten wir uns vorstellen, daß die Göttin im Inneren ihren Zauber wirkt, daß sie uns mit diesen schlichten Gaben, die Mutter Erde so reichlich für uns bereithält, stärkt, wiederherstellt und erneuert.
Der Leserin, die mehr über diese wichtigen weiblichen Helfer wissen oder sich in die heilenden Eigenschaften weiterer bemerkenswerter Heilpflanzen vertiefen möchte, empfehlen wir die nachfolgenden Kräuterbücher:

Allgemein

Mabey, Richard: *Das neue BLV Buch der Kräuter*, München 1989
Hoffmann, David: *Das Findhorn-Kräuter-Heilbuch*, München 1992

Kräuterbücher für Frauen
Brooke, Elisabeth: *Kräuter für Frauen*, Münsingen 1994
Weed, Susun: *Naturheilkunde für schwangere Frauen und Säuglinge*, Berlin 1994
Weed, Susun: *HeilWeise*, München 1993

Göttinnen
Zur Information über die Göttinnen der Antike empfehlen wir die nachfolgenden Quellen:
Bolen, Jean Shinoda: *Göttinnen in jeder Frau*, Basel 1993
Bolen, Jean Shinoda: *Göttinnen in jedem Mann*, Basel 1991
Eisler, Riane: *Kelch und Schwert*, München 1993

Verzeichnis der Kräuter

Baldrian (Valeriana officinalis)
Bärentraube (Arctostaphylos uva ursi)
Brennessel (Urtica dioica)
Dong Quai (Angelica sinensis)
Eisenkraut (Verbena officinalis)
Falsche Einhornwurzel (Chamaelirium luteum)
Frauenmantel (Alchemilla vulgaris)
Ginseng (Panax Ginseng, Panax quinquefolium, Eleutherococcus senticosus)
Herzgespann (Leonorus cardiaca)
Himbeerblatt (Rubus idaeus)
Ingwer (Zingiber officinale)
Johanniskraut (Hypericum perforatum)
Kegelblume (Echinacea angustifolia)
Knoblauch (Allium sativum)
Löwenzahn (Taraxacum officinalis)
Mariendistel (Carduus marianus)
Mönchspfeffer (Vitex agnus castus)
Salbei (Salvia officinalis)

Schneeballbaum, Amerikanischer (Viburnum prunifolium)
Wanzenkraut (Cimicifuga racemosa)
Weißdornbeeren (Crataegus oxyacantha)

Baldrian (Valeriana officinalis)

Baldrian, früher als Allheilmittel bei zahlreichen körperlichen, seelischen und geistigen Beschwerden eingesetzt, wird heute vor allem als Beruhigungsmittel bei Ängstlichkeit und zum Abbau von Spannungen verwendet. Im Gegensatz zu anderen sedierenden Mitteln erzeugt Baldrian keine Benommenheit. Er hat einen verdienten Ruf als Stärkungsmittel für das Nervensystem und wirkt bei starker Ermüdung sogar leicht anregend.
In dieser Heilpflanze hat Kuan-yin ihren Sitz, die chinesische Mutter der Barmherzigkeit. Kuan-(»Erde«-)yin (die spirituelle Energie, die anschwillt und abebbt) erfüllt uns mit der Kraft ihrer sanften Heilwirkung, lindert unsere Schmerzen und unsere Einsamkeit, deckt unsere Empfindungen des Verletztseins zu, führt zu Versöhnung und stärkt unsere Fähigkeit zu Liebe und Hingabe.

Anwendungsgebiete

- Bewirkt einen Zustand der Gelassenheit und Ruhe.
- Vermindert Ängstlichkeit.
- Bessert die Symptome im Zusammenhang mit prämenstruellem Spannungssyndrom (Krämpfe, Anspannung, Reizbarkeit, Verwirrtheit, Müdigkeit, Niedergeschlagenheit, Ängstlichkeit).
- Lindert klimakterische Beschwerden wie Niedergeschlagenheit, Reizbarkeit, Schlaflosigkeit und Herzjagen (Tachykardie).
- Hilft bei Migräne.

Bei den Indianern galt Bärentraube als Visionspflanze, die sie oft bei ihren heiligen Ritualen rauchten. In europäischen und indianischen Traditionen wurde dieses Mittel seit jeher als allgemeines Tonikum für die Harnwege benutzt. Bärentraube hat antiseptische (bakteriostatische) und adstringierende (zusammenziehende) Wirkung, wodurch sie bei der Behandlung von Infektionen der Harnwege, bei Darmreizungen und Scheiden- oder Gebärmutterausfluß ein sehr wichtiges Mittel ist.
In dieser heiligen Pflanze regiert die Zulu-Göttin Mbaba Mwana Waresa, die große Regenmutter des Alls. Mbaba Mwana Waresa reinigt, kühlt und nährt alles Leben in ihrem heiligen Wasser; der Regenbogen, heißt es, ist ihr Lächeln. (Dies ist ein wunderbares Bild, das die starke Verbindung der Göttin mit Mutter Erde bestätigt, denn wenn der Regenbogen ihr Lächeln ist, dann muß ihr Kopf in der Erde vergraben sein!)

Anwendungsgebiete

- Ein wirksames Antiseptikum und Antibiotikum für die Harnwege; zur Vorbeugung und Behandlung von Blasenentzündung, Harnleiterentzündung und Prostataentzündung (siehe Warnhinweis).
- Beruhigt und stärkt das Gewebe der Harnwege.
- Wirkt stark harntreibend (siehe Warnhinweis), vermindert das Aufgetriebensein bei prämenstruellem Spannungssyndrom.
- Bekämpft Durchfall.
- Lindert Darmreizungen.

Warnhinweis: Hohe Dosen und längerfristige Anwendung vermeiden. Das Mittel absetzen, wenn Nierenbeschwerden (Schmerzen im Nierenbereich am Rücken) auftreten. Da Bärentraube stark harntreibend wirkt, in der Schwangerschaft nur unter ärztlicher Anleitung anwenden.

Brennessel (Urtica dioica)

Brennesseln haben eine große spirituelle Tradition und wurden früher zur Abwehr von Flüchen und Schadenzauber eingesetzt, der auf den Urheber zurückgelenkt wurde. Die Brennessel ist eine außerordentlich kraftvolle und intensive Pflanze, die Nährstoffe in hohen Konzentrationen (vor allem Eisen, Vitamin C, Kalzium und Chlorophyll) aus dem Boden holt, die sehr vielfältige und intensive Wirkungen auf den Menschen haben. Brennesseln wurden und werden mit großem Erfolg zur Behandlung von arthritischen Erkrankungen und Entzündungen, zur Kräftigung der Nieren- und Blasenfunktion und zur Bekämpfung von Blutungen eingesetzt. Die Indianer benutzten Brennesseln hauptsächlich für Frauenkrankheiten und als allgemeines Gebärmuttertonikum zur Steigerung der Fruchtbarkeit, in der Schwangerschaft, zur Stillung von Blutungen bei der Geburt und zur Erleichterung des Übergangs durch die Menopause. In dieser Heilpflanze hat Artemis ihren Sitz, die griechische Göttin des Mondes und Beschützerin der Kinder. Wiewohl Artemis insbesondere Frauen und Kindern gegenüber liebevoll und fürsorglich war, konnte sie auch wie eine Brennessel »stechen« und strafte schnell, wenn man sie beleidigte. Die komplexe und vielschichtige Gestalt der Artemis hatte in der Antike eine fast unbegrenzte Macht.

Anwendungsgebiete

- Steigert die Fruchtbarkeit.
- Regt bei Stillenden den Milchfluß an.
- Sorgt für eine gute Ernährung und Gesundheit während der Schwangerschaft.
- Stellt eine regelmäßige Periode her.
- Wirkt starken Blutungen aus der Gebärmutter entgegen; wird weiterhin bei Nasenbluten, Bluthusten und sonstigen Blutungen eingesetzt.
- Hat günstige Wirkungen auf Nieren und Nebennieren; hervorra-

gend für Arthritis und Gicht, indem sie die Ausscheidung von Harnsäure und anderen toxischen Stoffwechselprodukten unterstützt.
- Sorgt für kräftige, elastische Knochen.
- Stärkt die Nerven, verbessert die Ausdauer und die Energie, ohne die Nerven zu belasten.
- Lindert klimakterische Beschwerden wie ängstliche Unruhe, Niedergeschlagenheit, Müdigkeit, Reizbarkeit, Stimmungslabilität und Erschöpftheit.
- Verstärkt und nährt das Scheidengewebe.
- Lindert Juckreiz und Brennen der Scheide bei Pilzinfektionen.

Dong Quai (Angelica sinensis)

Dong Quai, eines der beliebtesten und meistverordneten chinesischen tonisierenden Heilkräuter, gilt als die Frauenpflanze schlechthin. Sie wird eingesetzt zur Steigerung der Fruchtbarkeit, zur Unterstützung und Stabilisierung in der Schwangerschaft, zur Harmonisierung des Menstruationszyklus und zur Sicherstellung eines gesunden und beschwerdefreien Klimakteriums. Nach chinesischer Auffassung steigert Dong Quai die Empfänglichkeit, indem es die Fruchtbarkeit vermehrt und Geist und Seele für offenbarende Visionen öffnet.
Das entspannende und nährende Dong Quai erinnert an die chinesische Göttin Chang-O, die die Macht und das Mysterium des Menstruationsblutes hütet und über den unaufhörlichen Zyklus von Leben, Tod und Wiedergeburt herrscht.

Anwendungsgebiete

- Harmonisiert die Regelblutung und steigert die Fruchtbarkeit (in China werden Patientinnen vor der Einnahme dieser Pflanze gewarnt, wenn sie *nicht* schwanger werden wollen!).

- Lindert schmerzhafte Perioden und Unterleibskrämpfe.
- Lindert die Symptome des prämenstruellen Spannungssyndroms.
- Ein hervorragendes Tonikum für die Menopause; lindert Hitzewallungen, Reizbarkeit, trockene Haut und trockene Scheidenschleimhaut.
- Stabilisiert die Herzfunktion und senkt den Cholesterinspiegel; dadurch Vorbeugung gegen Herzerkrankungen und Besserung des Herzrasens im Klimakterium.
- Hellt Bedrückungen der Seele auf und stillt Unruhe des Geistes.

Warnhinweis: Aufgrund der gefäßerweiternden und durchblutungsfördernden Wirkung darf Dong Quai nicht eingesetzt werden, wenn man unter starken Regelblutungen leidet. Das Mittel gilt zwar auch in der Schwangerschaft als unbedenklich, sollte aber dennoch nur unter ärztlicher Überwachung eingenommen werden. In seltenen Fällen kann Dong Quai zu Durchfall führen; bei Auftreten solcher Symptome das Mittel absetzen.

Eisenkraut (Verbena officinalis)

In alter Zeit galt Eisenkraut als heilige Pflanze mit magischen Kräften, die böse Geister abwehren konnte, einen Geist des Friedens und der Harmonie schuf, Treue sicherstellte und für ein glückliches Eheleben sorgte. In der Mondhütte der Indianer wurde Eisenkraut zur Anregung der Menstruation, zur Linderung von Krämpfen, zur Verminderung der Blutung und zur Steigerung der Libido eingesetzt.
Man kann sich diese beruhigende, harmonisierende Heilpflanze als Juno Lucina vorstellen, die römische Göttin des himmlischen Lichts, die über Ehe und Familienangelegenheiten herrschte. Ihre feste Hand und ihre sanfte Weisheit geleitet uns durch die dunklen Phasen des Lebens und führt uns sicher zum Licht. Jeden Monat, so wird erzählt, versetzt Juno Lucina ihren halbmondförmigen Anhänger an den Himmel; wenn die Mondsichel das silberne Licht auffängt, das von ihrem Angesicht ausstrahlt, leuchtet sie auf.

Anwendungsgebiete

- Vertreibt Niedergeschlagenheit.
- Verringert chronische Ängstlichkeit und Unruhe.
- Lindert Schlaflosigkeit und sorgt für erholsamen Schlaf.
- Bessert Kopfschmerzen, insbesondere wenn diese durch nervöse Anspannung bedingt sind (zum Beispiel Migräne).
- Regt den Milchfluß an.
- Bringt verspätete Monatsblutungen in Gang.

Warnhinweis: Eisenkraut wird oft bei ängstlicher Unruhe während der Schwangerschaft eingesetzt, doch sollte es dann nur in sehr geringer Dosierung und stets unter ärztlicher Aufsicht eingenommen werden.

Falsche Einhornwurzel (Chamaelirium luteum)

Diese indianische Heilpflanze wird seit Jahrhunderten für die verschiedensten Frauenbeschwerden von zu schwacher und zu starker Periode bis zu drohender Fehlgeburt und morgendlichem Erbrechen eingesetzt; ihre am meisten geschätzte Eigenschaft ist jedoch die Steigerung der Fruchtbarkeit bei Frauen und Männern. Falsche Einhornwurzel ist eine »anpassungsfähige« Heilpflanze, die ihre Wirkung automatisch an die spezifischen Bedürfnisse des Betreffenden anpaßt.
In dieser milden Pflanze lebt die altirische Erdgöttin Danu. Aus ihren Brüsten und dem Blutfluß, der aus der Höhle zwischen ihren Beinen floß, schuf Danu alles Leben auf der Erde. Sie gebar den Mond, indem sie ihren Muttermund herausnahm und an den Himmel versetzte, und seit dieser Zeit sind Frauen mit der Macht gesegnet, im Rhythmus mit den Zyklen des Mondes zu bluten.

- Steigert die Fruchtbarkeit.
- Beugt Fehlgeburten vor (besonders wirksam in Kombination mit Schneeballbaum)
- Stellt die Regelmäßigkeit der Periode wieder her, wenn der natürliche Rhythmus verlorengegangen ist.
- Hilft bei chronischer Nierenbeckenentzündung (besonders wirksam in Kombination mit Echinacea).
- Lindert die Symptome des morgendlichen Erbrechens.
- Stellt bei unregelmäßigen und starken Perioden in der Prämenopause und Menopause die Harmonie wieder her.

Warnhinweis: Wie die meisten Kräuter sollte auch Falsche Einhornwurzel in der Schwangerschaft nur unter ärztlicher Anleitung eingenommen werden.

Frauenmantel (Alchemilla vulgaris)

Frauenmantel hat eine lange Geschichte als heilende, magische Pflanze; in alter Zeit sammelten Alchimisten den Tau, der sich am Blattgrund sammelte, und versuchten damit ihren Rezepturen besondere Kraft zu verleihen. Die Hauptwirkung dieser Heilpflanze liegt in ihrer Adstringenz, wodurch sie das Mittel der Wahl bei zu starken Regelblutungen, bei Durchbruchsblutungen oder starkem Ausfluß (Leukorrhö) ist. Frauenmantel verbessert außerdem die Durchblutung der Sexualorgane, wodurch die Menstruation stimuliert und die Regelblutung harmonisiert wird. Die bewiesenen entzündungshemmenden Eigenschaften bestätigen seine historische Rolle als wirksames Heilmittel für Wunden.
Frauenmantel erinnert an die nordische Göttin Freyja, Mutter des Alls, Göttin der Liebe, Göttin des Pflugs, die wegen ihrer großen Fruchtbarkeit verehrt wurde. Freyja verkörperte Schönheit, Sinnlichkeit, Leidenschaft und Fortpflanzungskraft; ihre magische Zahl

war die Dreizehn, die für die heiligen dreizehn Monate des Menstruationszyklus standen.

Anwendungsgebiete

- Wirkt gegen starke Monatsblutungen und Ausfluß (besonders wirksam in Kombination mit Odermennig).
- Reguliert den Menstruationszyklus.
- Steigert die Fruchtbarkeit.
- Tonisiert und kräftigt Gebärmutter und Eierstöcke.
- Regt die Menstruation an.
- Dient als wirksames Mundwasser bei Entzündungen und Aphthen im Mundbereich sowie als Gurgelmittel bei Kehlkopfentzündungen.

Ginseng (Panax Ginseng, Panax quinquefolium, Eleutherococcus senticosus)

Ginseng wird seit Jahrzehnten als Magenmittel, Lungentonikum, zur Kräftigung der Immunabwehr, als Energietonikum (zur Verjüngung und zur Steigerung der sexuellen Leistungsfähigkeit) und als Allgemeinmittel zur Steigerung der Klarheit des Denkens eingesetzt. Ginseng gibt es in vielen Varietäten, die trotz geringfügiger Wirkungsunterschiede weitgehend austauschbar sind. Amerikanischer Ginseng *(Panax quinquefolium)* ist milder und etwas weniger stimulierend als die asiatischen Varietäten; er stärkt vor allem die Yin-(Wasser-)Qualitäten. Koreanischer und chinesischer Ginseng *(Panax Ginseng)* und Sibirischer Ginseng (Taigawurzel; Eleutherococcus senticosus) sind thermogener und stimulierender (das heißt, sie unterstützen die Yang- oder Feuer-Qualitäten).
Auch wenn Ginseng hauptsächlich als männliches (Yang-)Tonikum gilt, ist er doch reich an Spurenelementen, die für den weiblichen Hormonhaushalt wichtig sind. Die Pflanze hat ausgeprägte Östro-

genwirkung, wodurch sie die Feuchtigkeit und Elastizität der Scheide verbessert, die Libido stärkt und zahlreiche klimakterische Symptome lindert. Nach chinesischer Auffassung läßt Ginseng Männer und Frauen gleichermaßen »in Anmut altern«. Seine wichtigste Eigenschaft dürfte jedoch die individualisierte Wirkung auf die Nebennieren sein, wodurch er das perfekte Tonikum für die Belastungen des modernen Lebens ist.

Im Reich der Göttinnen erinnert Ginseng an Cerridwen, die alte keltische Göttin der Einsicht, Erkenntnis und Inspiration. Cerridwen besaß einen magischen Kessel, in dem sie kostbare Kräuter kochte, und wer vom »Kessel der Tiefe« trank, wurde mit Macht und Weisheit erfüllt. Es heißt, daß Merlin, der Zauberer der Artussagen, alle seine magischen Fähigkeiten von Cerridwens Kessel empfing.

Anwendungsgebiete

- Lindert Streß und löst Anspannung auf.
- Wirkt gegen Niedergeschlagenheit und Ängstlichkeit.
- Steigert die Kraft und Ausdauer.
- Wirkt Hitzewallungen entgegen oder beseitigt sie.
- Lindert klimakterische Kopfschmerzen.
- Hält die Scheidenschleimhaut elastisch und feucht.
- Verringert zu starke Menstruationsblutungen.
- Stellt den normalen Rhythmus des Menstruationszyklus wieder her.
- Senkt den Cholesterinspiegel.
- Reguliert den Blutdruck.
- Verbessert die Verdauung.
- Senkt den Blutzuckerspiegel.

Warnhinweis: Ginseng kann insbesondere in Kombination mit Koffein stimulierende Wirkung haben; deshalb sollten bei regelmäßiger Einnahme von Ginseng andere Stimulantia gemieden werden. Bei hohem Blutdruck sollte Ginseng nur unter ärztlicher Überwachung eingenommen werden. Wenn der Menstruationszyklus sehr unregelmäßig ist, sollte man Ginseng meiden.

Herzgespann (Leonorus cardiaca)

Diese hervorragende und vielseitige Heilpflanze wirkt besonders bei klimakterischen Beschwerden und den Spannungszuständen beim prämenstruellen Syndrom. Die beruhigende (aber nicht betäubende) Wirkung erstreckt sich auch auf Seele und Geist und hilft durch den Abbau von Spannungen, Ängstlichkeit, Verwirrtheit und Reizbarkeit das emotionale Gleichgewicht wiederherzustellen.
Bei dieser Pflanze kann man an die edle und mutige ägyptische Göttin Isis denken, die Mutter des Alls. Als ihr Gemahl Osiris ermordet wurde, hauchte die treue Isis seinem Körper neues Leben ein und entzündete seinen Geist neu. Im alten Ägypten repräsentierte Isis den Thron, den Sitz der Macht, und die Pharaonen saßen auf ihrem Thron, wie ein Kind auf dem Schoß seiner Mutter sitzt.

Anwendungsgebiete

- Lindert und verringert Hitzewallungen.
- Verringert die Krampfbeschwerden während der Periode (unter anderem bei prämenstruellem Spannungssyndrom).
- Stimuliert die Monatsblutung und sorgt für eine regelmäßige Periode.
- Lindert die Schmerzen und die Mißbefindlichkeit im Zusammenhang mit der Menstruation.
- Verstärkt und befeuchtet die Scheidenwand.
- Lindert Angst und Reizbarkeit.
- Fördert die Nachtruhe.
- Tonisiert und kräftigt den Herzmuskel und die Blutgefäße.
- Lindert Herzflattern, beruhigt ein zu schnell schlagendes Herz (Tachykardie) und sorgt für einen gleichmäßigen Puls.

Warnhinweis: Herzgespann während der Schwangerschaft nicht einnehmen, da es die Wehentätigkeit anregen kann.

Himbeerblatt (Rubus idaeus)

Himbeerblatt, eines der wenigen pflanzlichen Mittel, die nach allgemeiner Auffassung unbedenklich auch während aller Phasen der Schwangerschaft eingenommen werden können, steigert die Fruchtbarkeit, kräftigt die Gebärmutter in der Schwangerschaft und beugt Fehlgeburten vor.

Bei Einnahme in der Schwangerschaft sorgt Himbeerblatt für eine sanfte Linderung der morgendlichen Übelkeit und der Magen-Darm-Beschwerden. Während der Wehen lindert die Heilpflanze Schmerzen, macht die Gebärmutterkontraktionen wirksamer (jedoch nicht *stärker*) und beugt einem zu starken Blutverlust vor. Nach der Geburt baut die Pflanze Gebärmuttergewebe neu auf und tonisiert und kräftigt die Muskeln.

Als milde und dennoch kräftig unterstützende Pflanze erinnert Himbeere an die große Muttergöttin Huitaca, die die Chibcha Kolumbiens verehrten. Huitaca, die Königin der Liebe und der Freuden, wacht über den fortwährenden Zyklus der Erneuerung und Schöpfung und stellt die Fruchtbarkeit und die ungefährdete Geburt gesunder Babys sicher. Es heißt, daß der Geist dieser verspielten Bauerngöttin unter der Haut derjenigen lebt, die sie kennen, und sie daran erinnert, die einfachen Freuden des Lebens nicht zu vergessen – Essen, Trinken, Tanzen, Lieben.

Anwendungsgebiete

- Erhöht die Fruchtbarkeit (besonders wirksam in Kombination mit Falscher Einhornwurzel).
- Unterstützt und kräftigt die Gebärmutter, beugt Fehlgeburten vor und sorgt für eine problemlose Schwangerschaft.

- Lindert Symptome des morgendlichen Erbrechens und Magen-Darm-Beschwerden.
- Regt bei stillenden Müttern die Milchbildung an.
- Tonisiert und kräftigt die Gebärmutter nach der Geburt.
- Bringt abnormalen Gebärmutterfluß zum Verschwinden.

Ingwer (Zingiber officinale)

Ingwer genießt weltweit einen Ruf als Gewürz, das Körper, Geist und Seele durchwärmen kann. Schamanen, weise Frauen und Medizinmänner alter Kulturen benutzten Ingwer seit jeher in Liebestränken, um die »Hitze« zu erzeugen, die das Feuer der Leidenschaft entzündet. Heute wird Ingwer für strengere Indikationen eingesetzt – als Digestivum bei Übelkeit und Erbrechen, als wirksames Kreislaufmittel und zur schnellen Besserung der Symptome von Erkältung und Grippe. In der Frauenheilkunde wird Ingwer als Mittel geschätzt, das die Durchblutung des gesamten Beckenraums verbessert, die Symptome der Dysmenorrhö (Unterleibskrämpfe vor und während der Menstruation) verringert und den Monatsfluß anregt.
Ingwer erinnert an die griechische Göttin Hestia, eine großmütterliche Gottheit, die den Herd und das häusliche Leben beherrschte. Sie hütete die ewige Flamme der häuslichen Ruhe, um den Menschen Sympathie, Hingabe, Intimität und Zuwendung zu schenken.

Anwendungsgebiete

- Lindert Menstruationskrämpfe.
- Regt den Monatsfluß an.
- Lindert die Symptome des morgendlichen Erbrechens (siehe Warnhinweis).
- Bessert Übelkeit und Verdauungsbeschwerden, hilft bei Magenverstimmungen und wird oft zur Vorbeugung gegen Reisekrankheit eingesetzt.

- Ein hervorragendes Kreislaufstimulans, insbesondere bei kalten Händen und Füßen.
- Senkt den Cholesterinspiegel.
- Zur Behandlung und/oder Vorbeugung von Erkältungen, Grippe und Erkrankungen der Atemwege.

Warnhinweis: Während der Schwangerschaft keine großen Mengen von Ingwer einnehmen. Gegen morgendliches Erbrechen trinkt man am besten eine Tasse eines schwachen Ingwertees, oder man gibt einen Tropfen einer Ingwertinktur auf die Zunge. Oft genügt schon ein Gläschen Ginger Ale, um den Magen zu beruhigen!

Johanniskraut (Hypericum perforatum)

Im Mittelalter wurde Johanniskraut im Herd verbrannt, um das Haus und seine Bewohner mit schützender Energie zu umgeben. Johanniskraut, eine sehr wirksame stärkende und beruhigende Heilpflanze, wurde und wird mit großem Erfolg zur Linderung von Symptomen nervöser Anspannung wie Schlaflosigkeit, Unterleibskrämpfen, Darmkoliken, Reizkolon und allgemeiner ängstlicher Unruhe eingesetzt. Neben seiner Fähigkeit, Spannungen und Krämpfe abzubauen, beruhigt Johanniskraut das Nervensystem, behebt Angst und Reizbarkeit, lindert Depressionen und mildert Schmerzen. Die sanft harmonisierenden Wirkungen dieser Pflanze – ihre Fähigkeit, die Nerven zu stärken, die Energie und Widerstandskraft zu verbessern, den Geist zu stabilisieren und Verspannungen und Muskelkrämpfe aufzuheben – machen sie in ihrer Gesamtheit zu einem wertvollen Helfer für Frauen, die Schwierigkeiten haben, den Übergang vom Sommer zum Herbst (die Jahre des Klimakteriums) zu bewältigen. Diese sanfte, aber nachhaltig wirkende Pflanze kann man sich als Hekate vorstellen, die griechische Göttin der Weggabelungen. Hekate, die so alt ist wie die Erde selbst, erscheint bei Neumond und tröstet und schützt Reisende, die sich verirrt haben, und Menschen, die bei schwierigen Lebensentscheidungen Hilfe brauchen.

Anwendungsgebiete

- Lindert Reizbarkeit und Niedergeschlagenheit.
- Verbessert die Energie und die Ausdauer.
- Vertieft den Schlaf, beugt Schlaflosigkeit vor.
- Beruhigt und kräftigt die Nerven.
- Beseitigt Muskelverspannungen und Krämpfe; hilfreich bei Darmkoliken und Reizkolon.
- Dämpft Schmerzen und die Intensität von Menstruationskrämpfen.
- Lindert klimakterische Symptome wie Hitzewallungen, Nachtschweiß, Flüssigkeitsretention, Müdigkeit, ängstliche Unruhe und Verwirrung.
- Das aus den Blättern und Blüten der Pflanze extrahierte Öl ist äußerst wirksam zur Wundheilung, bei Verbrennungen und Hautbeschwerden wie Ekzem, Schuppenflechte und Lippenbläschen und schafft als Einreibemittel bei steifen und schmerzenden Gelenken und Muskeln rasch Linderung.

Kegelblume (Echinacea angustifolia)

Die indianische Heilpflanze Kegelblume wurde von Indianern und weißen Siedlern gegen unzählige Beschwerden und Erkrankungen eingesetzt, unter anderem Schlangenbisse, Verbrennungen, Abschürfungen, Fieber, Infektionen, Kopf- und Halsschmerzen. Vorbeugend stärkt Echinacea das Immunsystem bei der Abwehr von Keimen und Erkrankungen; wenn bereits eine Erkrankung besteht, bekämpft die Heilpflanze die eingedrungenen Erreger und stellt die Gesundheit und Ganzheit wieder her.
Diese sanfte, aber sehr wirksame Pflanze erinnert an Athene, die griechische Göttin der Weisheit, deren Kelch Friedens- und Harmonieliebe repräsentiert. In der griechischen Mythologie ist Athene als schützende Kriegergöttin mit Helm, Speer und Schild dargestellt. Diese beiden Manifestationen der Göttin, die weise, friedliebende Matrone und die mächtige Heldin, die den Bedrängten Sicherheit

und Zuflucht bot, finden sich in der Kegelblume, einer Pflanze, die sowohl die Weisheit der Vorbeugung als auch die Macht des Heilens besitzt.

Anwendungsgebiete

- Stärkt das Immunsystem, beugt Erkältungen und Grippe vor und steigert die Widerstandskraft gegen Krankheiten.
- Wirkt schweißtreibend zur Bekämpfung von Fieber.
- Wirkt gegen Pilzinfektionen sowohl bei innerer Einnahme wie auch bei vaginaler Anwendung (als Zäpfchen oder Spülung).
- Vorbeugend und heilend bei Blasen-, Nierenbeckenentzündung, Herpes und anderen Virus-, Pilz- und Bakterieninfektionen.
- Wird traditionell als umstimmendes Mittel mit entgiftender, reinigender und ausscheidender Wirkung zur Behandlung von Hauterkrankungen wie Ekzem, Schuppenflechte, allergischer Dermatose, Furunkeln und Akne eingesetzt.

Knoblauch (Allium sativum)

Knoblauch wird nicht nur in der Küche, sondern seit jeher für die verschiedensten Anwendungen eingesetzt. In Sanskrittexten, die über fünftausend Jahre alt sind, werden seine erstaunlichen Heilwirkungen ausführlich beschrieben; die Chinesen benutzen die Pflanze seit über dreitausend Jahren zu Heilzwecken, und die Ägypter und Griechen verwendeten Knoblauch für so unterschiedliche Beschwerden wie hohen Blutdruck, Ohrenschmerzen, Infektionen, Durchfall, Ruhr und Scheidenentzündung. Im Mittelalter hängte man Knoblauchzöpfe vor die Haustür, um sich vor der Pest zu schützen, und Knoblauchzwiebeln unter dem Kopfkissen sollten Kinder nachts vor dem Bösen bewahren. Die römischen Legionäre benutzten die Pflanze als Antiseptikum und zur Behandlung von Lungenkrankheiten, und im Ersten Weltkrieg wurde diese Tradition fortgesetzt, als Knob-

lauch zur Sterilisierung von Wunden und zur Vorbeugung gegen Gangrän eingesetzt wurde, wodurch Tausende von Menschenleben gerettet wurden. Die beiden Hauptfunktionen des Knoblauchs – die Wirkung gegen Mikroben (Pilze, Bakterien und Viren) und die Stärkung von Herz und Kreislauf – sind inzwischen wissenschaftlich erforscht und bestätigt.
In dieser einfachen, aber mächtigen Pflanze wirkt die Kraft der alten Göttin Gaia, der Personifikation der Erde selbst. Gaia, die alles hervorbringt und alles nährt, war die göttliche Mutter, das Symbol der weiblichen Fähigkeit, Fürsorge, Schutz, Trost und Heilung zu geben.

Anwendungsgebiete

- Vorbeugung und Linderung bei Erkältung und Grippe.
- Heilt Magen- und Darminfekte und Entzündungen von Ruhr bis Reizkolon.
- Wirkt sanft, aber nachhaltig bakteriostatisch bei Infektionen der Harnwege und verschiedenen Nierenerkrankungen.
- Bekämpft die Ursache und die Symptome von Nierenbeckenentzündungen und verschiedenen Arten von Scheidenentzündungen.
- Wird eingesetzt bei allen Entzündungen und Infektionen der Atemwege wie chronischer Nebenhöhlenentzündung, Bronchitis und Lungenentzündung.
- Senkt den Blutdruck.
- Senkt den Cholesterinspiegel (senkt den schädlichen LDL-Spiegel und erhöht den günstigen HDL-Spiegel).
- Hemmt das Wachstum von Geschwulsten; eine antikarzinogene Wirkung wird vermutet.
- Gleicht den Blutzuckerspiegel aus und kann zur Behandlung von Hypoglykämie und Diabetes eingesetzt werden.

Löwenzahn (Taraxacum officinalis)

Es gibt eine Geschichte von einem Mann, der alles nur Erdenkliche unternahm, um den Löwenzahn aus seinem Garten zu vertreiben. Nachdem er es mit allen bekannten Verfahren versucht hatte, wandte er sich an einen erfahrenen Gärtner, der ihm den Rat gab: »Ich empfehle Ihnen, den Löwenzahn lieben zu lernen.« Wenn man einmal die erstaunlichen Heilwirkungen dieses einfachen »Unkrauts« erkannt hat, wird man seine Allgegenwart bald zu schätzen wissen. Löwenzahn, eine Pflanze mit besonders hohem Nährwert und ein Eckpfeiler der traditionellen Kräutermedizin, ist das Lebertonikum schlechthin: Er hilft diesem lebenswichtigen Organ, das Blut zu entgiften und zu reinigen. Daneben ist Löwenzahn auch als stärkendes Nierentonikum sehr geschätzt. Das französische Wort für Löwenzahn, *pissenlit*, belegt die stark diuretische Wirkung der Pflanze nachdrücklich. Außerdem hat Löwenzahn eine sehr gute Wirkung bei Frauenleiden; insbesondere hilft er, Völlegefühl und Verdauungsbeschwerden im Zusammenhang mit prämenstruellem Spannungssyndrom und der Menopause zu lindern. Weitere positive Wirkungen sind eine Steigerung der Energie, Anregung der Verdauung und Verbesserung des Stoffwechsels.
Löwenzahn erinnert an Yemanjá, die mächtige nigerianische Meeresmutter. Yemanjá durchströmt unaufhörlich alles Leben, wäscht Unreinheiten fort, heilt Verwundungen des Körpers, des Geistes und der Seele, schützt, tröstet und leistet Beistand.

Anwendungsgebiete

- Wird traditionell für alle Beschwerden von Leber und Gallenblase eingesetzt wie zum Beispiel Nahrungsmittelunverträglichkeiten, Hepatitis und Leberzirrhose; außerdem zur Vorbeugung gegen Gallensteine und Infektionen der Gallenblase.
- Unterstützt die Verdauung, verbessert den Stoffwechsel und sorgt für gute Resorption der aufgenommenen Speisen und Getränke.

- Wirkt gegen Völlegefühl und/oder Wasserretention; besonders wirksam bei prämenstrueller Flüssigkeitsretention.
- Wirkt leicht blutreinigend zur Beseitigung von Akne, juckender und empfindlicher Haut und anderen Hautbeschwerden.
- Reguliert den Blutzuckerspiegel und beseitigt hormonell bedingte Blutzuckerschwankungen.
- Durch seinen hohen Eisengehalt ist Löwenzahn für Frauen mit starken Blutungen von unschätzbarem Wert.

Mariendistel (Carduus marianus)

Mariendistel wird seit Jahrtausenden zur Anregung der Milchproduktion bei stillenden Müttern angewandt; in Europa nahmen Ammen diese Pflanze regelmäßig ein, damit der Milchfluß nicht versiegte. Im Mittelalter entdeckten Kräuterheilkundige den Wert der Mariendistel als lebertonisierendes und -reinigendes Mittel; zahlreiche Studien belegen inzwischen das breite Spektrum der klinischen Einsatzmöglichkeiten für Leber- und Gallenblasenbeschwerden. Da die Leber dasjenige unserer lebenswichtigen Organe ist, das unter den Belastungen des modernen Lebens und den allgegenwärtigen Umweltgiften am stärksten zu leiden hat, empfehle ich Mariendistel regelmäßig zur allgemeinen Unterstützung der Leberfunktion und spezifisch in Zeiten großer Anspannung oder Ermüdung.
Mariendistel erinnert an die mittelamerikanische Muttergöttin Mayahuel, die Frau mit den vierhundert Brüsten. Auch »Muttergefäß der Welt« und »die endlos Milchgebende« genannt, nährt, erhält und verwandelt Mayahuel die Welt und teilt ihre Gaben großzügig aus, damit andere leben und gedeihen können. Mayahuel ist zeitlos und ewig, und es heißt, daß sie das Lied singt, das nie ein Ende hat.

- Ein vorzügliches Lebertonikum, das die Funktion von Leber und Gallenblase kräftigt und diesen Organen hilft, abgestorbene oder sterbende Zellen zu erneuern und zu regenerieren.
- Wirkt leberreinigend und unterstützt die Ausscheidung von Giftstoffen aus der Leber.
- Regt den Milchfluß bei stillenden Müttern an.
- Befreit den Geist von Depressionen.
- Lindert die physiologischen Wirkungen von Streß, Müdigkeit und Überanstrengung.

Mönchspfeffer (Vitex agnus castus)

Mönchspfeffer ist wie eine »weise Mutter« – er nährt und unterstützt Körper, Seele und Geist und stellt im ganzen System Gleichgewicht und Harmonie wieder her. Mönchspfeffer wird vor allem von Frauen geschätzt, die unter dem prämenstruellen Spannungssyndrom leiden oder Schwierigkeiten mit dem Übergang vom Sommer zum Spätherbst haben, den Jahren des Klimakteriums. Weiterhin erweist er sich bei einem breiten Spektrum weiterer Frauenkrankheiten als hilfreich. Die Wirkung tritt meist erst nach zwei bis drei Monaten regelmäßiger Einnahme ein; für eine langfristige Besserung ist manchmal eine Einnahme über ein bis zwei Jahre notwendig.
Mönchspfeffer erinnert an Demeter, die gütige, fürsorgliche griechische Göttin, die die Erntemonate regierte und als Beschützerin der Frauen und Kinder galt. Demeter, die auch als die Göttin des abnehmenden Mondes bezeichnet wurde, gewährleistete einen reichen Ertrag an Obst und Korn und stellte den Fortgang des Lebens im Geheimnis des Samens sicher.

- Lindert Symptome des prämenstruellen Spannungssyndroms wie Reizbarkeit, Niedergeschlagenheit, Kopfschmerzen, Völlegefühl und Unterleibskrämpfe.
- Lindert klimakterische Beschwerden wie Hitzewallungen, Nachtschweiß, Depression, Angstanfälle, Gebärmutterblutungen und starke Perioden.
- Harmonisiert und reguliert die Regelblutung.
- Wirkt gegen Myome.
- Hilfreich bei Endometriose (das versprengte Auftreten von Gebärmutter-Schleimhautgewebe außerhalb der Gebärmutter).
- Beseitigt hormonell bedingte Akne und andere Hautbeschwerden.
- Schützt vor Osteoporose und Krebs der Sexualorgane (insbesondere Brust- und Endometriumkrebs).
- Erzeugt emotionale Gelassenheit.

Salbei (Salvia officinalis)

»Wo Salbei gut und kräftig wächst, dort herrscht eine starke Frau«, heißt es. Salbei, ein häufig verwendetes Küchengewürz, zählt zu den heiligsten und beliebtesten offizinellen Pflanzen. Die Indianer benutzten Salbeirauch, um die Luft zu reinigen und dem Großen Geist den Weg zu ebnen. In Europa wurde Salbei über der Haustür befestigt, damit er böse Geister aufsauge, die eindringen wollten. In China gilt Salbei als hervorragender »Blutanreger«, der Ch'i und Blut physische und emotionale Behinderungen überwinden läßt, um den Zustand des »Festgefahrenseins« aufzulösen.

Salbei erinnert an die indische Göttin Maya, die die unermüdliche Lebenskraft repräsentiert, wie sie sich in dem Kreislauf von Wachstum, Verfall und Erneuerung manifestiert. Maya ist immer in Bewegung, wandelt ihre Gestalt und führt Energie von einem Zustand in einen anderen über. Es heißt, daß man in der »Leere, die in die Fülle fließt, die in die Leere der Maya fließt«, Erleuchtung finden kann.

- Bekämpft oder beseitigt Hitzewallungen, Nachtschweiß und kalten Schweiß im Zusammenhang mit dem Klimakterium.
- Harmonisiert den weiblichen Sexualzyklus.
- Verringert oder beseitigt Kopfschmerzen, insbesondere im Zusammenhang mit den Veränderungen des Klimakteriums.
- Löst Empfindungen des Blockiertseins oder Festgefahrenseins auf.
- Lindert Gereiztheit, vertreibt Depressionen, gleicht Stimmungsschwankungen aus.
- Lindert Menstruationsbeschwerden.
- Hilft Müttern beim Abstillen.
- Liefert ein wirksames Mundwasser und Gurgelmittel bei Lippenbläschen, Aphthen, Heiserkeit und Kehlkopfentzündung.

Warnhinweis: Salbei nicht verwenden, wenn der Mund beziehungsweise die Scheide sehr trocken ist. Die Pflanze nicht in hohen Dosen über einen längeren Zeitraum anwenden.

Schneeballbaum (Viburnum prunifolium)

Die indianische Heilpflanze Schneeballbaum wird seit Jahrhunderten bei drohender Fehlgeburt, gegen übermäßige Monatsblutungen und bei Menstruationsbeschwerden eingesetzt. Wie seine Schwesterpflanze Gemeiner Schneeball entspannt der Amerikanische Schneeballbaum die glatte Muskulatur des Körpers und wirkt insbesondere beruhigend auf die Gebärmutter. Diese sanfte und mütterliche Pflanze beruhigt den unruhigen Geist, stärkt den im Mutterschoß wachsenden Embryo und schützt den sich entwickelnden Fetus vor schädlichen Einwirkungen.
Der Geist der Ops, der römischen Göttin der Fülle und der Fruchtbarkeit, lebt in dieser lindernden Pflanze. Ops, eine fürsorgliche, liebevolle Göttin, herrschte über die fruchtbaren Kräfte der Erde, gab

den Bedürftigen Nahrung und Obdach und wachte über Schwangere und Neugeborene.

Anwendungsgebiete

- Lindert Gebärmutterkrämpfe und Dysmenorrhö (schmerzhafte Regelblutung).
- Beugt Fehlgeburten vor (besonders wirksam in Kombination mit Falscher Einhornwurzel).
- Löst Verspannungen und Angespanntheit (besonders wirksam in Kombination mit Baldrianwurzel).
- Bekämpft eine übermäßig starke Periode (besonders wirksam in Kombination mit Frauenmantel).
- Senkt den Blutdruck.

Wanzenkraut (Cimicifuga racemosa)

Seit Jahrtausenden kauen Afrikaner und Indianer die Wurzel dieser Pflanze, um ihre Nerven zu beruhigen und ihren Geist zu erheben; Schamanen vermischten die Pflanze mit Wasser und sprengten einen Raum damit aus, um böse Geister zu vertreiben. Diese Pflanze wird in der Frauenheilkunde sehr vielfältig eingesetzt. Sie dient traditionell zum Ingangbringen einer verspäteten Monatsblutung und zur sanften Einleitung der Wehen, besitzt aber auch krampflösende Eigenschaften, die nervöse Anspannung lindern und den Blutdruck senken. Weiterhin bessert Wanzenkraut zahlreiche klimakterische Beschwerden wie Hitzewallungen, Kopf-, Gelenkschmerzen, Harnverhaltung und Müdigkeit (klinische Studien haben gezeigt, daß Wanzenkraut bezüglich dieser Symptome ebenso wirksam ist wie eine Hormonbehandlung).
Diese Heilpflanze erinnert an die nordafrikanische Göttin Lamia (»Schlangenfrau«), deren Herz langsam und stetig schlug, deren Körper stets flexibel und anpassungsfähig blieb und deren Geist sich

jedesmal erneuerte, sooft sie sich häutete. Lamia ist eine der vielen Schlangengöttinnen, »deren Gegenwart die Gewähr dafür bot, daß der rätselhafte Zyklus der Natur Bestand haben und ihre lebenspendende Kraft nicht verlöschen würde«, wie die Archäologin Marija Gimbutas schrieb.

Anwendungsgebiete

- Bringt eine verspätete Menstruation in Gang.
- Lindert Spannungen und Unterleibskrämpfe bei prämenstruellem Spannungssyndrom.
- Leitet in einer sanften, entspannenden Weise die Wehen ein (besonders wirksam in Kombination mit Frauenwurzel; diese beiden Pflanzen wirken synergistisch, indem sie Kontraktionen auslösen und zugleich die Mutter entspannen und kräftigen).
- Hilft bei Empfindlichkeit der Brüste.
- Lindert oder beseitigt klimakterische Beschwerden wie Hitzewallungen, arthritische Degeneration der Gelenke, Kopfschmerzen und Müdigkeit.
- Wird in Europa hauptsächlich zur Linderung von Neuralgien (Nervenschmerzen), Muskelkrämpfen und entzündlichen Zuständen im Zusammenhang mit Krämpfen und Verspannungen eingesetzt.

Weißdornbeeren (Crataegus oxyacantha)

Weißdorn, manchmal auch »Ginseng des Herzens« genannt, wird seit jeher als herzstabilisierendes Mittel zur Besserung von Arrhythmien wie Herzflattern und Tachykardie (Herzjagen) sowie als Kreislaufmittel eingesetzt, das die Durchblutung der Gefäße steigert. Weißdorn wirkt langsam, aber zuverlässig. Er ist ein vorzügliches Mittel für das Klimakterium, da er den Herzmuskel stärkt und die Durchblutung des Beckenbereichs und der Peripherie verbessert. Er ist in jedem Alter als beruhigendes, kräftigendes und harmonisie-

rendes Mittel für Menschen geeignet, die unter starker emotionaler Anspannung stehen (die »Feuer«- oder »Herz«-Typen in der Traditionellen Chinesischen Medizin).
Weißdorn erinnert an die sanfte, aber mächtige sumerische Göttin Inanna, die Herrin des Morgen- und Abendsterns. Inanna herrschte mit großer Güte über ihr riesiges Reich, heilte die Kranken und Verwundeten, versorgte die Hungrigen, schützte verlorene Seelen und tröstete die Trauernden.

Anwendungsgebiete

- Verbessert die Durchblutung des Herzens, tonisiert und kräftigt Herz und Blutgefäße.
- Stabilisiert den Puls und ist besonders hilfreich bei Arrhythmien und Herzjagen.
- Senkt hohen Blutdruck.
- Lindert Hitzewallungen.
- Beruhigt die Emotionen.
- Wirkt gegen Schlaflosigkeit (ohne die betäubende Wirkung vieler Schlafmittel).
- Verbessert die Durchblutung des Beckens und ist daher hilfreich zur Behandlung von Nierenbeckenentzündung und Endometriose.
- Bekämpft Durchfall und Eingeweidekrämpfe.
- Wird in China traditionell als Verdauungsmittel eingesetzt.

Anhang 2
Poesie der Punkte – Verzeichnis wichtiger Akupunkturpunkte

Es gibt viele Bücher über die Traditionelle Chinesische Medizin, in denen die Lage und die allgemeinen Funktionen spezifischer Akupunkturpunkte dargestellt sind; dieser Anhang ist jedoch mehr einem ausführlicheren Blick auf die spirituelle Natur der Punkte gewidmet. Jeder der 365 Akupunkturpunkte des menschlichen Körpers besitzt eine besondere Energie oder Essenz, die in seinem Namen und seinen Wirkungen auf Körper, Seele und Geist Ausdruck findet. Wenn ein bestimmter Punkt genadelt (oder gedrückt) wird, trägt oft eine Meditation über die »Poesie des Punktes« zu einer Beschleunigung des Heilungsprozesses bei. In der Akupunktur und der Kräutermedizin werden Körper, Geist und Seele als etwas Untrennbares betrachtet; wenn sie sich frei untereinander austauschen können, dann werden Harmonie und Gleichgewicht rasch wiederhergestellt.

In dem nachfolgenden Verzeichnis sind zwanzig Akupunkturpunkte dargestellt, die traditionell insbesondere für die Behandlung von Beschwerden und Symptomen eingesetzt werden, wie sie in Pubertät, Schwangerschaft, bei der Geburt, während der Menopause und in der Postmenopause auftreten. Die Auswahl der Punkte beruht zum Teil auch auf persönlichen Vorlieben, da jeder Akupunkteur »Lieblingspunkte« hat, auf die er sich verläßt, wie man in Zeiten des Kummers oder einer Krise einer treuen Freundin vertrauen würde. Diese enge, persönliche Beziehung zu den Punkten soll in diesem Anhang Ausdruck finden.

Es wurden hier nur solche Punkte aufgenommen, die man relativ einfach auffinden und durch direkten Druck auf den Punkt (sogenannte »Akupressur«) selbst stimulieren kann. Lesen Sie zum Auffinden des Punkts die allgemeine Beschreibung seiner Lage, und lassen Sie sich dann von dem Punkt selbst führen, indem Sie den Finger über den angegebenen Bereich gleiten lassen, bis Sie eine natürliche Vertiefung finden, die etwas berührungsempfindlicher ist als der umliegende Bereich. Wenn ein Ungleichgewicht oder eine Disharmonie der Energie besteht, ist der Akupunkturpunkt oft bei Berührung äußerst empfindlich oder schmerzt sogar.

Wenn sich die Leserin weiter in die Technik und Praxis der Akupunktur vertiefen möchte, empfehlen wir beispielsweise die nachfolgenden Bücher:

Gach, M. R.: *Heilende Punkte zur Selbstbehandlung*, Knaur-Tb. 76002

Kaptchuk, Ted: *Das große Buch der Chinesischen Medizin*, München 1994

Verzeichnis der wichtigsten Akupunkturpunkte

Dickdarm 4 (He gu), »Verbindung der Täler« oder »Der große Ausscheider«, Di 4

Empfängnisgefäß 3 (Zhong Ji oder Ren 3), »In der Mitte zwischen den Polen« oder »Mittlere Stange«, EG 3

Empfängnisgefäß 4 (Guan yuan), »Pforte an der Quelle« oder »Feuer der Lebenspforte«, EG 4

Empfängnisgefäß 17 (Dan Zhong), »Altar der Mitte, Meer des Brust-Ch'i«, EG 17

Herz 7 (Shen men), »Pforte des Geistes«, H 7

Leber 3 (Tai chong), »Höchste Flut«, Le 3

Leber 14 (Ch'i men), »Pforte der Hoffnung«, Le 14

Lenkergefäß 4 (Ming men), »Feuer der Lebenspforte«, LG 4

Lunge 7 (Lie que), »Unterbrochene Folge«, Lu 7

Lunge 9 (Tai yuan), »Großer Abgrund«, Lu 9

Magen 36 (Su san li), »Dreimeilenpunkt«, Ma 36

Magen 40 (Feng long), »Üppiger Glanz« oder »Vorwölbung der Fülle«, Ma 40

Milz 4 (Gong sun), »Großvater Enkel«, Mi 4

Milz 6 (San yin jiao), »Dreifache Yin-Kreuzung«, Mi 6

Milz 9 (Yin ling qan), »Quelle am Yin-Hügel«, Mi 9

Milz 10 (Xue hei), »Meer des Blutes«, Mi 10
Niere 3 (Tai xi), »Großer Bach«, N 3
Niere 7 (Fu liu), »Anregung des Flusses«, N 7
Niere 10 (Yin gu), »Yin-Tal«, N 10
Perikard 6 (Nei guan), »Innere Grenzpforte« oder »Innere Pforte«, P 6

Wichtige Akupunkturpunkte

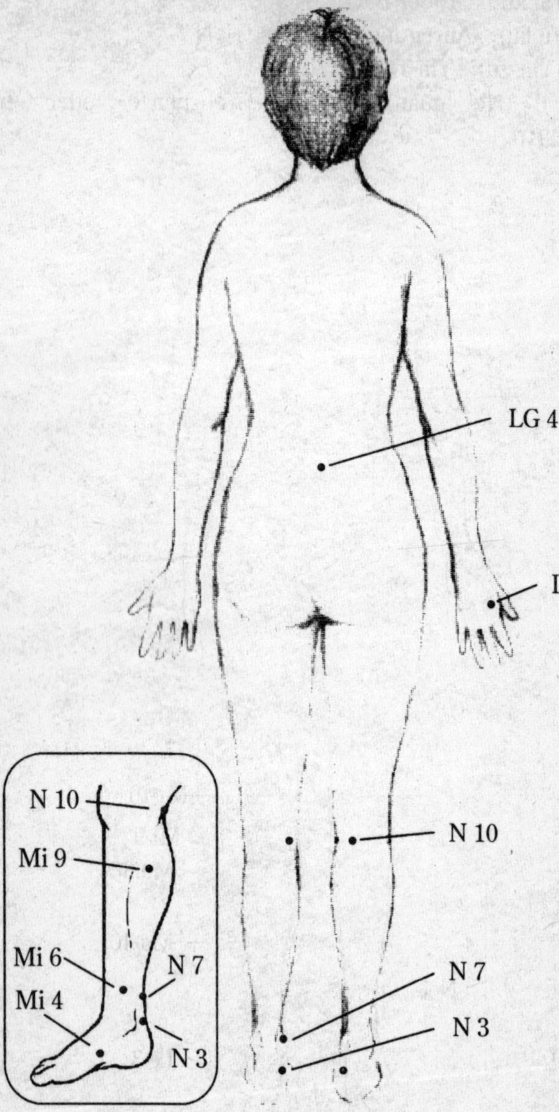

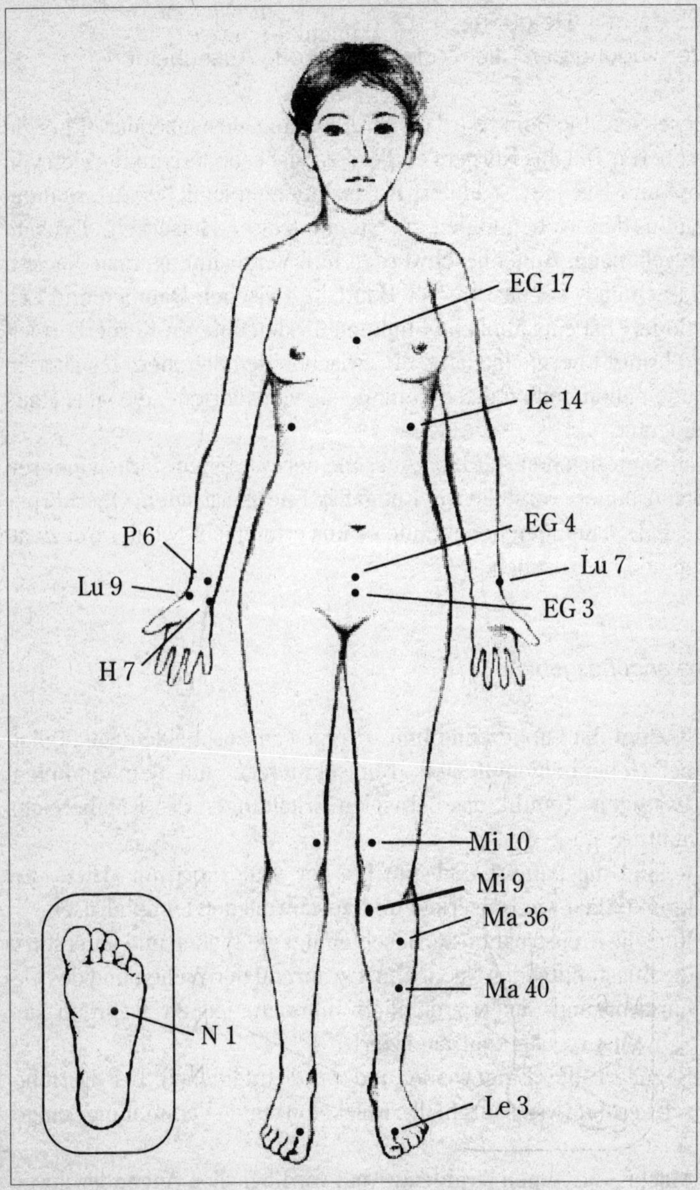
EG 17
Le 14
P 6
EG 4
Lu 7
Lu 9
EG 3
H 7
Mi 10
Mi 9
Ma 36
Ma 40
N 1
Le 3

Dickdarm 4 (He gu)
»Verbindung der Täler« oder »Der große Ausscheider«

Dieser sensible Punkt wird oft zur Ableitung »festsitzender« Energie im oberen Teil des Körpers eingesetzt, insbesondere im Bereich von Kopf und Nacken. Er lindert Kopfschmerzen jeglicher Art, Stauungen in den Nebenhöhlen, verstopfte Nase, Heiserkeit, Drüsenschwellungen, Augenbeschwerden und Verspannungen an Nacken und Schulter. Leber 3 (in der Hautfalte zwischen Daumen und Zeigefinger) hat eine ähnliche Funktion für den unteren Körperbereich und bringt Energie in Gang, die zwischen den Schultern festsitzt; in Kombination heißen diese Punkte »die vier Pforten«, die »das Haus reinigen«.
Man kann sich den »Großen Ausscheider« als einen starken inneren »Staubsauger« vorstellen, der negative Energie aus dem Oberkörper absaugt, Stauungen behebt und es uns ermöglicht, wieder frei zu atmen und klarzusehen.

Anwendungsgebiete

- Kräftigt die Lungen und hilft, Erreger auszuscheiden; vorzüglich bei Nebenhöhleninfekten, Kopfschmerzen und dem dumpfen, »wattigen« Gefühl, das bei vielen Erkältungen des Kopfbereichs auftritt.
- Reinigt die Lungen und hilft bei der Auflösung von »Hitze«-Erkrankungen wie Heiserkeit und geschwollenen Lymphdrüsen.
- Regt die Menstruation an, beschleunigt die Wehen und unterstützt die Ausstoßung der Nachgeburt; während der Wehen und des Geburtsvorgangs außerordentlich hilfreich, jedoch während der Schwangerschaft kontraindiziert.
- Reguliert die Eingeweide und wird traditionell bei Darmbeschwerden wie Durchfall, Reizkolon und Verstopfung eingesetzt.
- Macht »die Augen strahlend« und wird bei allen Augenbeschwer-

den wie Juckreiz und Reizung der Augen, Bindehautentzündung und Schwellung der Augen angewandt.

Lage: am Handrücken in der Falte zwischen Daumen und Zeigefinger.

Empfängnisgefäß 3 (Zhong Ji oder Ren 3)
»In der Mitte zwischen den Polen« oder »Mittlere Stange«

Empfängnisgefäß 3 ist der Punkt, an dem die drei Yin-Leitbahnen – Milz, Niere und Leber – ihre Kräfte vereinen und sich mit der Yin-Leitbahn schlechthin verbinden, dem Empfängnisgefäß. Dieser Punkt wirkt wie Milz 6 ausgesprochen kräftigend auf das Yin (flüssige oder Wasser-Energie) und wird traditionell für fast alle Frauenleiden eingesetzt. Er liegt direkt über der Gebärmutter und leitet die Energien in den unteren Beckenbereich, wo er eine unmittelbare Wirkung auf Uterus und Eierstöcke ausübt.
Wenn ich diesen Punkt stimuliere, bitte ich die Patientin, sich eine feste, elastische Stange vorzustellen, die, von ihrem Bauch ausgehend, tief in die Erde hineinreicht. Wenn die Stange die unterirdische Quelle des Wassers und der Lebensenergie erreicht, kann das flüssige Licht auf der »Mittleren Stange« nach oben gezogen werden, um Körper, Seele und Geist mit Yin-Essenz zu nähren.

Anwendungsgebiete

- Kräftigt die Nierenfunktion, insbesondere den Yin-Aspekt der Niere. Die Niere gilt als der Ursprung von Yin und Yang und spielt eine wesentliche Rolle für die Sexualfunktion; daher wird dieser Punkt zur Behebung einer Trockenheit der Scheide, zur Wiederherstellung des Interesses am Sex, zur »Abkühlung« von Hitzewallungen und zur Dämpfung von Ängstlichkeit und allgemeiner Reizbarkeit eingesetzt.

- Stärkt und nährt die Gebärmutter und harmonisiert den Menstruationszyklus; wird für zahlreiche Beschwerden wie Nierenbeckenentzündung, Myome, unregelmäßige Menses, prämenstruelles Spannungssyndrom und Amenorrhö eingesetzt.
- Wird auch als der (unterstützende) Mu-Punkt für die Harnblase bezeichnet; regt die Harnausscheidung an und wird oft bei Blasenentzündung und Inkontinenz eingesetzt.

Lage: auf der Mittellinie des Abdomens etwa ein Daumenbreit (statt »Daumenbreit« wird oft auch der Begriff »Körperzoll« [Cun] verwendet) unterhalb der Mittellinie zwischen dem Nabel und der Oberkante des Schambeins (etwa 2,5 cm unterhalb von EG 4).

Empfängnisgefäß 4 (Guan yuan)
»Pforte an der Quelle« oder »Feuer der Lebenspforte«

EG 4 wird auch als der mittlere »Tan-t'ien«-Punkt bezeichnet. Hier liegt der Schwerpunkt, der Ort des völligen Gleichgewichts. Dieser Akupunkturpunkt, der direkt mit der Niere und der Gebärmutter verbunden ist, heißt auch »Zündflamme« und gibt Zugang zu verborgenen Vorräten von Yuan-Ch'i (ursprünglichem Chi) und regt alle Lebensfunktionen an.
Wenn sich eine Patientin zerschlagen oder am Boden zerstört fühlt, bitte ich sie, die Hände auf ihr mittleres »Tan-t'ien« zu legen und sich vorzustellen, daß sie ihre Ch'i- und Yang-Energien wie einen Schweißbrenner benutzen kann, um die gebrochenen Rohrleitungen zu den tieferen Energiespeichern zu reparieren. Indem sie dann tief atmet, kann sie die Energie zu ihrer Mitte hochziehen, von wo aus sie in Körper, Seele und Geist verteilt wird.

- Tonisiert und kräftigt Nieren und Gebärmutter.
- Unterstützt das Ch'i und wird bei jeglichen Formen einer Erschöpfung eingesetzt wie zum Beispiel Müdigkeit, Lethargie, mangelndem Selbstinteresse und fehlender Motivation.
- Erwärmt die Gebärmutter und den unteren Beckenbereich und wird zur Regulierung der Menstruation eingesetzt; hilft bei der Behandlung von Beschwerden wie Amenorrhö (Ausbleiben der Periode), unregelmäßiger und zu schwacher Periode, prämenstruellem Spannungssyndrom, Unfruchtbarkeit, Lethargie und/oder Depressionen in der Menopause.
- Hilfreich bei Verdauungs- und Darmbeschwerden.
- Unterstützt den Dünndarm bei seiner Aufgabe, »Reines« von »Unreinem« zu trennen, das heißt bei der Ausscheidung von toxischen Substanzen aus Körper und Geist.

Lage: auf der Mittellinie des Körpers in der Mitte zwischen dem Schambein und dem Nabel (etwa eine Handbreit unter dem Nabel).

Empfängnisgefäß 17 (Dan Zhong)
»Altar der Mitte, Meer des Brust-Ch'i«

Der Altar der Mitte hilft bei der Regulierung der physiologischen Aktivitäten der Brustorgane – Lunge, Herz und Perikard. Da diese Organe auch eine Verbindung zum spirituellen Bereich haben, wird dieser Punkt üblicherweise bei Shen-Disharmonien wie zum Beispiel Verwirrtheit des Denkens, Schlafbeschwerden, manischem Verhalten und Depressionen eingesetzt. Bei emotionalen Anspannungen kann man oft spüren, wie sich die Energie in diesem Bereich staut; die Symptome einer solchen Gestautheit oder Stagnation des Ch'i sind Atembeschwerden, Spannungsgefühl in der Brust, Herzjagen und andere Arrhythmien.
Stellen Sie sich bei der Stimulation dieses Punkts vor, daß Sie einen

kräftigen Energiestrom durch die Brust schicken, um die Anspannung zu zerstreuen und aufzulösen, damit das Licht und die Lebensenergie in die Dunkelheit eindringen können.

Anwendungsgebiete

- Kräftigt und unterstützt Herz und Perikard (Herzbeutel) und beruhigt den Geist; hilfreich bei allen emotionalen Störungen wie Schlaflosigkeit, ängstlicher Unruhe und Rastlosigkeit.
- Unterstützt die Lungenenergie und kann bei allen Lungenbeschwerden wie Erkältung, Grippe, Spannungsgefühl in der Brust, Atembeschwerden, Asthma und Bronchitis eingesetzt werden.
- Regt die Milchbildung an; wird bei zahlreichen Brustbeschwerden wie Aufgetriebensein, Schmerzen oder Empfindlichkeit der Brüste, Zysten, Stillproblemen und Brustentzündung eingesetzt.

Lage: auf dem Brustbein genau zwischen den Brustwarzen.

Herz 7 (Shen men)
»Pforte des Geistes«

Dieser Punkt beruhigt den Geist. Das Herz speichert nach chinesischer Auffassung Geist oder Shen, der sich in den Augen spiegelt. Wenn die Augen funkeln und strahlen, ist das Shen kräftig und der Betreffende gesund; wenn die Augen stumpf oder trüb sind, ist das Shen schwach, und es bestehen ernsthafte körperliche oder geistige Beschwerden.

Man kann sich »Pforte des Geistes« als den Eingang zu dem Palast vorstellen, in dem Shen gespeichert ist; wenn dieser Punkt stimuliert wird, führt dies zur Beruhigung eines verwirrten oder ängstlichen Geistes, und das Herz kann sich entspannen und wieder in einem gleichmäßigen Rhythmus schlagen.

- Beruhigt und befriedet den Geist, wodurch Störungen des Shen behoben werden, zum Beispiel allgemeine Ängstlichkeit, Nervosität, Manie, zwanghaftes Verhalten, Aufgeregtheit, Gedächtnis- und Schlafstörungen.
- Reguliert und stabilisiert das Herz-Ch'i und ist hilfreich bei vielen Herzproblemen wie Herzjagen und Arrhythmien.
- Kräftigt das Yin des Herzens und beseitigt die Hitze; hilft bei klimakterischen Beschwerden wie Nachtschweiß und Hitzewallungen.
- Senkt den Blutdruck.

Lage: auf der Falte des inneren Handgelenks in einer Vertiefung etwa 1 cm innerhalb der Handkante.

Leber 3 (Tai chong)
»Höchste Flut«

Le 3, der Ursprungspunkt des Lebermeridians, wird oft eingesetzt, wenn die Leberenergie blockiert oder unzureichend ist. Die Leber regiert nach chinesischer Auffassung »Fließen und Ausbreitung« und ist für die Verteilung von Blut und Ch'i im ganzen Körper verantwortlich. Wie nach westlicher Ansicht filtert, reinigt und entgiftet die Leber alle Substanzen, die wir in unseren Körper aufnehmen; nach chinesischer Auffassung entgiftet sie zusätzlich aber auch den Geist. Einer der Äste des Lebermeridians zieht zu den Augen; die Chinesen glauben daher, daß die Leber innere und äußere Probleme mit dem »Sehen« regiert.
»Höchste Flut« kann man sich als eine physische, emotionale und spirituelle »Reinigungsspirale« vorstellen, die Blockierungen und Behinderungen beseitigt und Energie und Blut wieder frei durch den Körper fließen läßt. Ein Bach, der hoch am Berg entspringt und ungehindert und ohne Unterbrechung in das Meer fließt, gilt als ge-

sund und voller Lebensenergie; wenn das Wasser auf ein Hindernis trifft, durch das es nicht hindurchgelangen kann, muß Krankheit entstehen.

Anwendungsgebiete

- Kräftigt die Leber und sorgt für einen freien Fluß von Energie und Blut.
- Lindert Frauenbeschwerden wie Krämpfe, Reizbarkeit, Ängstlichkeit, Depression, schwere Regelblutung (insbesondere mit Blutgerinnseln), Kopfschmerzen (vor allem Migräne) und durch Streß bedingte Verdauungsbeschwerden.
- Beseitigt »Wind«-Erkrankungen, die nach chinesischer Auffassung durch ein Ungleichgewicht des Leber-Ch'i entstehen; hierzu zählen Beschwerden wie Zittern, Muskelzuckungen, Schmerzen, die von Gelenk zu Gelenk oder von Muskel zu Muskel zu ziehen scheinen, Schwindel und Kopfschmerzen.
- Wirksame Schmerzlinderung bei »Wind«-Erkrankungen.
- »Macht die Augen hell« und hilft, physiologische und psychologische Probleme beim »Sehen« zu beseitigen.

Lage: am Fußrücken in der Vertiefung zwischen der großen und der zweiten Zehe.

Leber 14 (Ch'i men)
»Pforte der Hoffnung«

Le 14, der »Alarmpunkt« für den Lebermeridian, wird sehr berührungsempfindlich, wenn die Leber belastet oder der Erschöpfung nahe ist. »Pforte der Hoffnung« hilft, eine Energiestagnation zu beseitigen, indem sie die Beweglichkeit von Energie, Blut und Ch'i anregt und Hoffnung und Vertrauen auf die Zukunft weckt.
Wenn ich diesen Punkt stimuliere, bitte ich die Patientin, sich vorzu-

stellen, daß sie an einem bestimmten Ort steht und an einer Tür rüttelt und zieht, die sich nicht öffnen lassen will, wie sehr sie sich auch bemüht. Statt nun weiter ihre Energie zu vergeuden, rate ich ihr, sich den anderen Türen zuzuwenden, die sich leicht öffnen lassen und ihr jederzeit Zutritt gewähren. Wenn sie so ihre Perspektive ändert, kann sie ihre ganze Welt verändern.

Anwendungsgebiete

- Unterstützt die Leberfunktionen, stimuliert den Fluß des Ch'i und hilft, Blockierungen aufzuheben; hilft über emotionale »Festgefahrenheit« und Empfindungen der Macht- und Hoffnungslosigkeit hinweg.
- Beherrscht das »Fließen« und hilft, einen normalen Menstruationszyklus herzustellen; sehr wirksam bei prämenstruellem Spannungssyndrom, vor allem gegen Spannungsgefühl in den Brüsten, Aufgetriebensein, Krämpfe und emotionale Störungen.
- Verwandelt »gestocktes Blut« durch Aktivierung des Energiestroms durch die Meridiane und Aufhebung von Blockierungen; hilfreich bei Beschwerden wie Mammazysten, Eierstockzysten und Myomen (nach chinesischer Auffassung sind alle Massen die Folge von »gestocktem Blut«).
- Lindert die stechenden Schmerzen (ebenfalls ein Symptom von »gestocktem Blut«) bei Endometriose, Migränekopfschmerz, Magen-, Brust- und Genitalbeschwerden.
- Regt die Verdauung an, lindert Verstopfung und Völlegefühl.

Lage: zwei Rippen unterhalb der Brustwarzen auf der Brustwarzenlinie zwischen den Rippen.

Lenkergefäß 4 (Ming men)
»Feuer der Lebenspforte«

Dieser Punkt, der als die »Zündflamme« von Körper, Seele und Geist gilt, liegt auf dem Lenkergefäß (LG), einer wichtigen Leitbahn, die längs der Mitte der Wirbelsäule über den Scheitel zum Gesicht verläuft, wo sie sich mit dem Empfängnisgefäß verbindet. Wenn man eine gerade Linie vom Nabel durch den Körper zur Wirbelsäule ziehen könnte, würde man diesen Punkt berühren; wie der Nabel uns mit der Mutter verbindet, so verbindet uns der Punkt »Feuer der Lebenspforte« mit dem Ursprung der Lebensenergie. Als wichtigster Yang-(Feuer-)Punkt im Körper belebt Feuer der Lebenspforte das ganze System und »befeuert« das Leben neu.
Man kann sich diesen Punkt als das lebenerzeugende und lebenerhaltende Streichholz vorstellen, das das Feuer in den Nieren entzündet.

Anwendungsgebiete

- Stärkt die Nierenenergie und das Nieren-Yang.
- Kräftigt den Kreuzbereich und gibt die Kraft, die eigenen Interessen zu vertreten.
- Reguliert den Menstruationszyklus.
- Erzeugt das »Feuer«, das Scheidenausfluß trocknen kann.
- Steigert die sexuelle Vitalität bei Frauen und Männern.

Lage: auf der Wirbelsäule in der Mitte des Kreuzbereichs an dem zentralen Punkt zwischen den Nieren (etwa eine Handbreit über dem Steißbein).

Lunge 7 (Lie que)
»Unterbrochene Folge«

Lu 7 öffnet das Empfängnisgefäß, die wichtigste Leitbahn für die Yin-Eigenschaften von Körper, Seele und Geist. Dieser Punkt wird traditionell zur Kräftigung der Lungen eingesetzt, indem er Lungenenergie zirkulieren läßt und Erkältungen, Infektionen der Atemwege und asthmatische Symptome beseitigt. Durch seine Verbindung mit dem Empfängnisgefäß trägt Lu 7 auch zur Harmonisierung des Hormonhaushalts bei, indem er Yin-Energie aktiv anregt und durch den ganzen Körper schickt.
Wenn ich diesen Punkt stimuliere, stelle ich mir gerne vor, daß ich Schleusen an einem aufgestauten Fluß öffne und die Kraft und Vitalität des Wassers durch Körper, Seele und Geist strömen lasse, um die lebenswichtigen Organe zu nähren, zu befeuchten und zu beleben.

Anwendungsgebiete

- Unterstützung und Anregung der Energie der Lunge; hilfreich bei allen Stauungsbeschwerden der Lunge wie Asthma, Bronchitis, Nebenhöhleninfektionen, Husten und Verschleimung (besonders wirksam in Kombination mit Dickdarm 4).
- Unterstützt die Bildung von Wei-Ch'i, der chinesischen Entsprechung des Immunsystems.
- Öffnet und schließt die Hautporen, so daß Toxine durch Schweißbildung ausgeschieden werden, während lebenswichtiges Ch'i zurückgehalten wird.
- Unterstützt die Verteilung von Yin durch das Empfängnisgefäß.
- Stärkt bei Stimulation in Verbindung mit EG 3 und 4 das Selbstbewußtsein und Selbstvertrauen, so daß wir mehr in uns selbst »zu Hause« sind.

Lage: 5 cm oberhalb der Handgelenkfalte auf dem inneren Unterarm (mit den Fingern längs dem Knochen an der inneren [Daumen-]Seite des Unterarms über den Knochen gleiten, bis man zu einer Vertiefung gelangt).

Lunge 9 (Tai yuan)
»Großer Abgrund«

Dieser Ursprungspunkt des Lungenmeridians wird zur Aktivierung und Energetisierung des Lungen-Ch'i verwendet. Lu 9 wird oft zur Kräftigung von »Metall«-Energien eingesetzt, die aus dem Gleichgewicht geraten sind (Metall ist die Wandlungsphase, die die Lungenaktivitäten regiert).
Dieses Ch'i kann man sich als einen Wasserfall vorstellen, der von einem hohen Berg in den »großen Abgrund« des Körperinneren stürzt und als mächtige Energiequelle dient.

Anwendungsgebiete

- Unterstützt und kräftigt das Lungen-Ch'i und hilft, Lungenbeschwerden wie Erkältungen, Bronchitis, Asthma und Nebenhöhleninfekte zu beseitigen.
- Unterstützt das Wei-Ch'i (Immunenergie), das seinen Ursprung in den Lungen hat.
- Reguliert die Blutgefäße und wird oft eingesetzt, um das Blut zu kräftigen und in Bewegung zu setzen und um starke Blutungen zu stillen.
- Kräftigt das Yin, insbesondere das Brust-Yin, und ist hilfreich bei Ängstlichkeit, Herzjagen und Reizbarkeit. Besonders wirksam in Kombination mit He 7 und Pe 6.

Lage: auf der Handgelenkfalte in der Vertiefung an der Basis des Daumens etwa 1 cm von der Außenseite des Handgelenks entfernt.

Magen 36 (Su san li)
»Dreimeilenpunkt«

Ma 36 unterstützt Magen und Milz bei ihrer Aufgabe, Nährstoffe in verwertbare Energie zu verwandeln. Dieser kräftig energetisierende Punkt fördert die Resorption von fester und flüssiger Nahrung und wandelt Nährstoffe aktiv in Ch'i und Blut um.
Der Dreimeilenpunkt, einer der am häufigsten eingesetzten Reizpunkte (gynäkologisch und bei anderen Beschwerden), hat seinen Namen aus der Zeit, als Mönche große Entfernungen zu Fuß zurücklegten, um andere Klöster zu besuchen. Wenn sie erschöpft waren und nicht mehr weitergehen konnten, nadelten oder drückten sie diesen Punkt und gewannen so Energie für weitere drei Meilen.

Anwendungsgebiete

- Energetisiert und stärkt Milz, Magen, Dünndarm und Dickdarm und hilft bei der Beseitigung von Verdauungsbeschwerden.
- Baut Ch'i auf, indem er Magen und Milz hilft, »erworbenes Chi« zu erzeugen, und die Niere bei ihrer Aufgabe unterstützt, ihre Vorräte an »ererbtem Chi« zu schützen.
- Stellt die Gesundheit nach schwächenden Krankheiten oder Erschöpfung wieder her; ein sehr wirksamer Punkt zum Aufbau von Ch'i nach Schwangerschaft und Geburt.
- Kräftigt »rechtes« Ch'i und wird traditionell zur Vorbeugung gegen Vorfallerkrankungen wie Hämorrhoiden, Leistenbrüche, Gebärmutter- und Blasenvorfall eingesetzt.
- Befreit den Körper von übermäßiger Feuchtigkeit und hilft, Ödeme (Flüssigkeitsretention), Scheidenausfluß und jegliche sonstigen Formen »emotionaler und spiritueller Feuchtigkeit« wie zum Beispiel Gliederschwere, unklares Denken und Lethargie zu beseitigen.
- Wirkt unterstützend bei zahlreichen gynäkologischen Beschwerden: bringt die Regelblutung in Gang, hilft bei der Regulierung der

Periode, regt die Milchbildung an und lindert klimakterische Beschwerden.

Lage: etwa 8 cm unterhalb der Vertiefung an der Außenseite des Knies, etwa 3 cm vom Kamm des Schienbeins entfernt in einer Vertiefung des Muskels.

Magen 40 (Feng long)
»Üppiger Glanz« oder »Vorwölbung der Fülle«

Ma 40 ist der Standardpunkt zur Auflösung übermäßiger Feuchtigkeit auf dem Magenmeridian; er hilft bei Symptomen wie Lethargie, unklarem Denken, Gliederschwere und Gelenkschmerzen.
Wenn ich diesen Punkt stimuliere, stelle ich mir gerne vor, daß ein starker »Wind« von Energie Körper, Seele und Geist durchweht, dabei den Nebel vertreibt und den »üppigen Glanz« zum Vorschein bringt, der eigentlich hier herrschen soll. Wenn sich die Wolken heben, werden Körper, Seele und Geist durch die heilenden Strahlen der Sonne erwärmt und verjüngt.

Anwendungsgebiete

- Vertreibt und verwandelt Feuchtigkeit und geronnene Flüssigkeiten; hilfreich bei Ansammlungen von übermäßigem Schleim und Ödemen und damit zusammenhängenden Erkrankungen wie Blähungen, Flüssigkeitsretention und chronischem Durchfall.
- Reguliert die Funktionen von Magen und Milz durch Unterstützung des Stoffwechsels und Ausscheidung von Tan (unverdaute Flüssigkeit).
- Beruhigt den Geist und löst den von den Chinesen so bezeichneten »Herzschleim« auf, der die Ursache von verwirrtem Denken, Emotionslosigkeit, undeutlicher Sprache und Niedergeschlagenheit ist.

- Kräftigt die Lungen und beseitigt Schleimansammlungen wie bei chronischer Bronchitis, chronischer Nebenhöhlenentzündung und Asthma.

Lage: in der Mitte zwischen Knöchel und Knie außen am Unterschenkel, 5 cm seitlich des Schienbeins außen in einer Vertiefung des Wadenmuskels.

Milz 4 (Gong sun)
»Großvater Enkel«

Mi 4 ist der Eröffnungspunkt auf einer speziellen Leitbahn, die als »Chong mo« oder Eindringleitbahn bezeichnet wird, die der Nahrung einen direkten Weg tief in unser inneres Wesen öffnet. Chong mo hängt immer mit der Erschließung und Nutzung der ererbten Energie zusammen, die als Jing bezeichnet wird, das Geschenk, das vom Vorfahren auf den Nachfahren übergeht (daher der Name dieses Punkts). Indem wir die Eindringleitbahn öffnen, bestätigen wir, daß wir der Nahrung würdig sind – nicht nur der physischen, sondern auch der emotionalen und spirituellen Nahrung.
Mi 4 ist ein besonders wichtiger Punkt für Menschen, die dazu neigen, ihre Freunde und Angehörigen zu bemuttern, aber umgekehrt Schwierigkeiten haben, andere für sich sorgen zu lassen.

Anwendungsgebiete

- Reguliert die Bildung und die Qualität des Blutes.
- Löst Stauungen des Blutes auf und ist daher für Symptome eines »gestockten Blutes« hilfreich, zum Beispiel schmerzhafte Periode, Myome und starke Periode mit Bildung von Gerinnseln.
- Normalisiert den Menstruationszyklus.
- Kräftigt und reguliert die Funktionen von Milz und Magen und verbessert die Resorption von fester und flüssiger Nahrung.

- Beseitigt Verdauungsbeschwerden durch die Auflösung einer Stagnation im Verdauungssystem; wirkt bei Symptomen wie Gastroenteritis (Magen-Darm-Erkrankungen), Flatulenz (Blähungen) und Völlegefühl, chronischer Übelkeit und chronischem Erbrechen.

Lage: an der Innenseite des Fußes am Fußrücken (»an der Stelle, wo rote und weiße Haut aneinandergrenzen«) in einer Vertiefung 4 cm hinter dem Grundgelenk der großen Zehe.

Milz 6 (San yin jiao)
»Dreifache Yin-Kreuzung«

An dieser Stelle treffen die drei Yin-Meridiane (Leber, Niere und Milz) zusammen, weshalb dies einer der am häufigsten benutzten Punkte der Akupunktur bei erschöpftem Yin oder gestörtem Yang ist. Wie viele der in Anhang 1 besprochenen Heilkräuter (insbesondere Falsche Einhornwurzel und Mönchspfeffer) hat Mi 6 eine »adaptogene« Wirkung, das heißt, der Punkt kann sich an die spezifischen Bedürfnisse der Betreffenden anpassen.
Man kann sich die Dreifache Yin-Kreuzung, die als ein universeller gynäkologischer Punkt gilt, als drei Bergbäche vorstellen, die sich gischtsprühend zu einem Fluß vereinigen. An der breitesten und tiefsten Stelle des Flusses wird die Energie dieses Punktes erzeugt und fortwährend erneuert.

Anwendungsgebiete

- Nährt das Blut.
- Unterstützt und harmonisiert den Menstruationszyklus und wird für praktisch alle Frauenleiden verwendet.
- Nährt und stärkt das Yin, bessert Yin-Mangelzustände, zum Beispiel trockene oder juckende Haut, Schlaflosigkeit, Verstopfung.

- Dämpft das Yang: lindert Hitzewallungen, Nachtschweiß, Reizbarkeit, Nervosität und Hautreizungen.
- Kräftigt die Funktion von Magen und Milz, verbessert die Verdauung und die Resorption von Nährstoffen.

Lage: etwa drei Daumenbreit über dem inneren Knöchel in einer Vertiefung neben dem Schienbein.

Milz 9 (Yin ling quan)
»Quelle am Yin-Hügel«

Wenn in den Sommermonaten Hitze und Feuchtigkeit zunehmen, werden zuflußlose Teiche von Bakterien überschwemmt, und das Wasser wird im Laufe der Zeit schlecht. Die Quelle am Yin-Hügel liefert reichlich frisches, nährstoffreiches Wasser, mit dem man die verschmutzten Teiche ausschwemmen kann. Dieser Reizpunkt befreit die Wasserwege des Körpers von »feuchter Hitze«, die entsteht, wenn Wasser ins Stocken gerät und dadurch Schwellungen und Entzündungen auftreten.
Auf einer tieferen (organischen) Ebene kann man Mi 9 zur Kräftigung der Funktionen des Milz- und Magenmeridians einsetzen; hier ist er auch eine wertvolle Unterstützung aller Behandlungen zur Ergänzung der Yin-Energien und zur Verbesserung der Versorgung mit Nährstoffen.

Anwendungsgebiete

- Vermehrt die Harnausscheidung und beseitigt Ödeme.
- Vermindert Schwellungen im Bereich der Knöchel und lindert arthritische Beschwerden.
- Ein hervorragender Punkt zur Behandlung von Blasenentzündung und Urethritis (sowie Prostatitis bei Männern).
- Unterstützt die Funktion von Milz und Magen und beseitigt

»Feuchtigkeit« im Verdauungstrakt, die zu Symptomen wie Durchfall, Völlegefühl und Magengeräuschen führt.

Lage: in der Vertiefung an der Innenseite des unteren Beins unterhalb des Knies (bei abgewinkeltem Knie die Finger an der Innenkante entlangführen, bis sie in eine natürliche Vertiefung zu liegen kommen; dieser Punkt ist oft äußerst druckempfindlich).

Milz 10 (Xue hei)
»Meer des Blutes«

Mi 10 nährt und bewegt das Blut und gilt als der Standardpunkt für praktisch alle Beschwerden, die mit dem Blut und der Menstruation zusammenhängen, insbesondere bei bestehender Stagnation oder Erschöpfung (dieser Punkt ist bei zu starker Menstruationsblutung oder schweren Durchbruchsblutungen kontraindiziert).
Stellen Sie sich beim Nadeln oder Drücken dieses Punkts in sich ein Meer vor, in dem Blut gespeichert und ständig mit Strömen von Lebensenergie und Nährstoffen aufgefüllt wird. Die Stimulation dieses Punkts schafft neue Bahnen für das Meer, so daß es durch den Körper kreisen, Giftstoffe ausschwemmen und die Zellen mit Sauerstoff und Nährstoffen versorgen kann.

Anwendungsgebiete

- Bringt stagnierendes Blut in Bewegung und hilft bei allen gynäkologischen Beschwerden wie Schmerzen, Krämpfen, prämenstruellem Spannungssyndrom und Migräne.
- Löst »gestocktes Blut« auf und hilft bei Symptomen wie Myomen, Eierstockzysten und anderen Gewächsen im Körper.
- Kräftigt und nährt das Blut und hilft bei der Bekämpfung von »Blutmangelzuständen«, zum Beispiel unregelmäßiger Periode oder Ausbleiben der Periode (Amenorrhö).

- Unterstützt die Behandlung von Hautbeschwerden, die für die Chinesen Symptome einer »übermäßigen Hitze« im Blut sind.

Lage: auf der Schenkelinnenseite im fleischigen Teil der Vorwölbung etwa 7 cm oberhalb der Kniescheibe.

Niere 3 (Tai xi)
»Großer Bach«

Ni 3 ist der Ursprungspunkt des Nierenmeridians; er tonisiert und kräftigt alle Aspekte der Nierenfunktion einschließlich Yin, Yang, Ch'i und Ching. Als Erzeugerin und Ursprung der Yin- und Yang-Energie braucht die Niere Unterstützung bei vielen Formen einer Erschöpfung der Energie. Die Stimulation dieses Punktes ermöglicht es uns, Körper, Seele und Geist im »großen Bach« der Lebensenergie zu erfrischen.
Stellen Sie sich bei der Stimulation dieses Punktes vor, daß Sie in einen eiskalten Bergbach springen; spüren Sie das belebende Wasser, wie es tief in Ihr Wesen eindringt – durch die Haut, Sehnen und Muskeln hindurch, durch die Gewebe und Organe hindurch bis in Ihre Knochen, um das Leben im innersten Kern zu erneuern und zu regenerieren.

Anwendungsgebiete

- Kräftigt und nährt die Nieren.
- Hilft bei Nierenbeschwerden, die durch Erschöpfung der Energie bedingt sind, unter anderem Kreuz- und/oder Knieschmerzen, Harninkontinenz oder -verhaltung, Mangel an sexueller Kraft und/oder an sexuellem Interesse; hilft auch bei emotionaler Erschöpfung wie Lethargie und Antriebsschwäche.
- Nährt das Nieren-Yin und unterstützt indirekt das Leber-Yin. Wird üblicherweise bei Erschöpfungszuständen eingesetzt, bei denen

»Hitze«-Symptome überwiegen, zum Beispiel Erregungszustände, Hitzewallungen, Nachtschweiß, Schlaflosigkeit, unruhiger Schlaf und »heiße« (juckende oder gereizte) Augen.

Lage: in der Vertiefung zwischen dem inneren Knöchel und der Achillessehne (mit den Fingern in der Vertiefung suchen, bis man die empfindliche Stelle gefunden hat).

Niere 7 (Fu liu)
»Anregung des Flusses«

Dieser Punkt, der traditionell zur Unterstützung und Kräftigung der Nieren-Energie in allen ihren Formen eingesetzt wird, spielt eine wichtige Rolle bei zahlreichen Frauenbeschwerden, insbesondere im Bereich der Harnwege. Ni 7 verleiht einen kräftigen Schub Vitalenergie, die durch Streß, eine lange Krankheit oder einen allgemeinen Erschöpfungszustand verbraucht ist.
Wenn ich diesen Punkt stimuliere, stelle ich mir gerne vor, daß ich eine starke Quelle elektrischer Energie anzapfe, die ich einsetzen kann, um den lebenswichtigen »Fluß anzuregen«.

Anwendungsgebiete

- Kräftigt die Vitalenergie in Körper, Seele und Geist.
- Reguliert und harmonisiert den Menstruationszyklus.
- Stärkt das Immunsystem und hilft, schützende Wei-Ch'i-Energie aufzubauen und zu harmonisieren, die chinesische Entsprechung des Immunsystems.
- Regt die Schweißbildung an, wenn der Körper sich von Toxinen und Pathogenen befreien muß (bei Erkältungen, Grippe und so weiter), und dämpft andererseits bei Mangelzuständen übermäßige Schweißbildung und den Verlust von lebenswichtigem Ch'i.

Lage: zwischen der Achillessehne und dem inneren Knöchel 5 cm über Ni 3

Niere 10 (Yin gu)
»Yin-Tal«

Ni 10, der Wasserpunkt auf der Nierenleitbahn (ein Wassermeridian), heißt auch der »Hauptpunkt«, weil er für eine Kräftigung der Yin-Energien sorgt.
Stellen Sie sich bei der Stimulation dieses Punktes ein schönes Tal vor, das von Wasser durchflutet ist; unterirdische Quellen verteilen das Wasser in den umliegenden Wäldern und Äckern und versorgen die Erde in natürlicher Weise reichlich mit flüssiger Nahrung. Wenn man unter einer »Hitze«-Erkrankung wie zum Beispiel Scheiden- oder Blasenentzündung mit Brennen beim Wasserlassen leidet, kann man sich vorstellen, das Wasser würde in die »tiefergelegenen« (Becken-)Regionen geleitet, wo es die Hitze und das Feuer vertreibt.

Anwendungsgebiete

- Unterstützt die Nieren, insbesondere hinsichtlich ihrer Yin-Funktionen.
- Beseitigt Hitze aus dem Unteren Wärmer (den Organen unterhalb des Nabels).
- Beseitigt Hitze aus dem Blut und hilft bei Symptomen wie Akne, Furunkeln und anderen Entzündungen der Haut wie Ekzem und Schuppenflechte.

Lage: an der Kniegelenkfalte zwischen den beiden großen Sehnen.

Perikard 6 (Nei guan)
»Innere Grenzpforte« oder »Innere Pforte«

Die »Innere Pforte« ist eine Metapher für die Funktion des Herzbeutels (Perikard), des Muskels, der das Herz schützend umgibt. Wenn die »Pforte« sich mühelos öffnet und schließt, können Blut, Energie und Nährstoffe in Körper, Seele und Geist gelangen, während Streß, Giftstoffen und schädlichen Gedanken der Zugang verwehrt wird. Erkrankungen treten auf, wenn die Angeln der »Inneren Pforte« rostig sind und die Pforte sich entweder nicht öffnen oder nicht schließen läßt. Sobald dies geschieht, sind wir nicht mehr in der Lage, den Zugang zu unserem inneren Wesen zu überwachen.
Pe 6 wird traditionell für eine Vielzahl Symptome – von Übelkeit, Reisekrankheit und morgendlichem Erbrechen bis zu Spannungsgefühl in der Brust, Panikanfällen und Herzjagen – eingesetzt. Dieser Punkt dient auch zur Auflösung von blockiertem Leber-Ch'i und sorgt dadurch für einen freien und ungehinderten Fluß von Energie und Blut durch Körper, Seele und Geist.
Wenn ich diesen Punkt drücke oder nadele, bitte ich meine Patientin, sich vorzustellen, daß sie die Angeln ihres Herzens ölt und schmiert. Durch die Stimulation dieses Punktes kann sie den Eingang zum Allerheiligsten ihres Herzens gewähren oder verweigern; sie kann sich vor physischen und psychischen Verletzungen schützen, während sie andererseits wichtige Informationen und Nährstoffe eindringen läßt.

Anwendungsgebiete

- Tonisiert und kräftigt die Herzfunktionen.
- Beseitigt »Herzungleichgewichte«; so werden in der Traditionellen Chinesischen Medizin Symptome wie Herzjagen, Ängstlichkeit, Schlafstörungen und Gedächtnisschwäche bezeichnet.
- Beruhigt »aufrührerisches Magen-Ch'i«, eine traditionelle Bezeichnung für Symptome wie Übelkeit und Sodbrennen (die west-

liche Medizin weist solchen Symptomen oft einen psychosomatischen Ursprung zu).

- Löst Muskelverspannungen in der Brust, hilft bei Angespanntheit und Kurzatmigkeit.
- Lindert die Symptome des morgendlichen Erbrechens. Für die Übelkeit, das Sodbrennen und das Aufgetriebensein in den ersten Schwangerschaftsmonaten ist eine Kombination von Kräutern und Akupunktur besonders wirksam. In der westlichen Kräuterheilkunde ist Ingwer das Mittel der Wahl, während die Vertreter der Traditionellen Chinesischen Medizin eher Orangenschale verwenden.

Lage: am inneren Unterarm zwei Daumenbreit oberhalb der Vertiefung zwischen den beiden Sehnen.

Adressen

Die in diesem Buch genannten chinesischen Fertigarzneimittel sind in Deutschland verschreibungspflichtig. Anders ist es beispielsweise in Holland und anderen europäischen Ländern, wo sie frei verkäuflich sind.

Bei der nachstehend genannten Versandadresse können die Mittel über Arzt oder Apotheke bestellt werden. Die gängigsten Arzneien sind meist vorrätig, die Firma kann aber fast jedes Mittel aus China von ihrer dortigen Agentur ordern, wozu allerdings eine Apothekenbestellung per Fax oder Brief vorliegen muß.

Chinesische Heilkräuter
Peter Weinfurth
Herner Str. 299, Haus 6
44809 Bochum
Tel.: 0234/9536630
Fax: 9536961

Weitere Bezugsmöglichkeit:

Chinamed
Holzhausen 10
83317 Teisendorf
Tel.: 08666/7951

Sie können die Mittel in jeder Apotheke bestellen. Bei den nachstehend aufgeführten Apotheken handelt es sich um eine Auswahl derjenigen, die viele der chinesischen Mittel vorrätig haben:

Sonnen-Apotheke
Marktstr. 11
93444 Kötzting
Tel.: 09941/1217

Park-Apotheke
Hindenburgstr. 30
91126 Schwabach
Tel.: 09122/1 31 32

Apotheke am Viktoriapark
Großbeerenstr. 52
10965 Berlin
Tel.: 030/7857882

Aeskulap-Apotheke
Rothenbaumchaussee 71
20148 Hamburg
Tel.: 040/443605

Es gibt Krankenhäuser, die nach der Traditionellen Chinesischen Medizin therapieren, zum Beispiel die folgenden:

Traditionelle Chinesische Medizin GmbH
Ludwigstr. 2
93444 Kötzting
Tel.: 09941/6090

Institut für
Traditionelle Chinesische Medizin
St.-Vinzenz-Krankenhaus
Schloßstr. 85
40477 Düsseldorf
Tel.: 0211/9582905

Waschbare Damenbinden erhalten Sie in vielen Bioläden oder beispielsweise bei folgender Firma:

Waschbär
Umweltprodukt Versand GmbH
Abrichstr. 4
79108 Freiburg
Tel.: 0761/13060

Weitere Adressen:

Deutsche Akupunkturgesellschaft
Dr. Stux
Goltsteinstr. 26
40211 Düsseldorf
Tel.: 0211/369099

Internationale Gesellschaft für Chinesische Medizin
Franz-Joseph-Str. 38
80801 München
Tel.: 089/335674

Arbeitsgemeinschaft für klassische Akupunktur
und Traditionelle Chinesische Medizin e.V.
Badallee 2
25832 Tönning
Tel.: 04861/6551

Adressen von Therapeuten, die nach den Methoden der Traditionellen Chinesischen Medizin heilen, können Sie auch von der Firma Chinesische Heilkräuter in Bochum (s. o.) erfahren.

Literaturverzeichnis

Achterberg, Jeanne: *Woman as Healer*, Boston 1990; dt.: *Die Frau als Heilerin*, Bern, München, Wien 1993

Allen, Paula Gunn: *The Sacred Hoop: Recovering the Feminine in American Indian Traditions*, Boston 1992

Barzini, Luigi: The Europeans, London und New York 1984

Beinfield, Harriet, und Efrem Korngold: *Between Heaven and Earth: A Guide to Chinese Medicine*, New York 1991

benShea, Noah: *Jacob the Baker, Gentle Wisdom for a Complicated World*, New York 1989; dt.: Shea, Noah B.: *Die Lebensweisheiten von Jakob dem Bäcker*, München 1991

Boyd, Doug: *Rolling Thunder*, New York 1974; dt.: Knaur-Tb. 4142

Brooke Medicine Eagle: *Buffalo Woman Comes Singing*, New York 1991

Buckley, Thomas, und Alma Gottlieb (Hg.): *Blood Magic: The Anthropology of Menstruation*, Berkeley und Los Angeles 1988

Cameron, Ann: *The Daughters of Copper Woman*, Vancouver 1981

Campbell, Joseph: *The Power of Myth*, New York 1988

Capra, Fritjof: *The Turning Point. Science, Society, and the Rising Culture*, New York 1983; dt.: *Wendezeit, Bausteine für ein neues Weltbild*, Bern, München, Wien 1982

Castaneda, Carlos: *Journey to Ixtlan, The Lessons of San Juan*, New York 1972; dt.: *Reise nach Ixtlan*, Frankfurt 1976

Chopra, Deepak: *Quantum Healing: Exploring the Frontiers of Mind/Body Medicine*, New York 1989

Chopra, Deepak: *Ageless Body, Timeless Mind: The Quantum Alternative to Growing Old*, New York 1993

de Mello, Anthony: *The Song of the Bird*, New York 1982

de Mello, Anthony: *One Minute Wisdom*, New York 1988

Easley, Dr. Eleanor B.: »The Dilemma of Women in Our Culture: Gynecologic Repercussions, Part II«, in: *American Journal of Obstetrics and Gynecology* 110 (1971)

Estés, Clarissa Pinkola: *Women Who Run with the Wolves*, New York 1992; dt.: *Die Wolfsfrau*, München 1993

Feldman, Christina, und Jack Kornfield: *Stories of the Spirit. Stories of the Heart: Parables of the Spiritual Path from Around the World*, New York 1991

Francia, Luisa: *Dragontime: Magic and Mystery of Menstruation*, Woodstock, N. Y., 1983; dt.: *Drachenzeit. Die verborgene Kraft der Menstruation*, München 1987

Franck, Frederick: »The Mirrors of Mahayana«, in: *Parabola* 11:2, Mai 1986

Gimbutas, Marija: *The Goddesses and Gods of Old Europe*, Berkeley und Los Angeles 1974

Greer, Germaine: *The Change: Women, Aging and the Menopause*, New York 1992; dt.: *Wechseljahre*, Düsseldorf 1991

Griggs, Barbara: *The Green Pharmacy*, Rochester, Vt., 1981

Hillman, James: *A Blue Fire: Selected Writings by James Hillman*, New York 1991

Hulme, Keri: *The Bone People*, New York 1986

Guazzo, Francesca Maria: *Compendium Maleficarum (The Montague Summers Edition)*, übersetzt von E. A. Ashwin, New York 1988

Illich, Ivan: *Medical Nemesis: The Expropriation of Health*, New York 1976

Lao-tzu: *Tao te Ching*, übersetzt von Stephen Mitchell, New York 1991; dt.: Laotse: *Tao te king,* Text und Kommentar, übersetzt von Richard Wilhelm, München 1978

LaRusso, Carol Spenard (Hg.): *The Wisdom of Women*, San Rafael, Cal., 1992

Levine, Stephen: *Who Dies? An Investigation of Conscious Living and Conscious Dying*, New York 1982; dt.: *Wer stirbt? Wege durch den Tod*, Bielefeld o. J.

Maruca, Dominic: »A Reflection on Guilt«, in: *Human Development* 3:1, Herbst 1982

Mendelsohn, Robert S.: *Confessions of a Medical Heretic*, Chicago 1990; dt.: *Trau keinem Doktor! Bekenntnisse eines medizinischen Ketzers*, Laer-Holthausen 1990

Merton, Thomas (Übers.): *Wisdom of the Desert*, Boston und London 1994
Moondance, Wolf: *Rainbow Medicine*, New York 1994
Moyers, Bill: *Healing and the Mind*, New York 1993
Neihardt, G.: *Black Elk Speaks*, New York 1959; dt.: Black Elk: *Ich rufe mein Volk*, Zürich 1992
Niethammer, Carolyn: *Daughters of the Earth: The Lives and Legends of American Indian Women*, New York 1977
Northrup, Christiane: *Women's Bodies, Women's Wisdom*, New York 1994; dt.: *Frauenkörper, Frauenweisheit*, München 1994
Nuland, Sherwin B.: *How We Die*, New York 1994; dt.: *Wie wir sterben*, München 1994
Owen, Lara: *Her Blood is Gold: Celebrating the Power of Menstruation*, New York 1993
Plotkin, Marc J.: *Tales of a Shaman's Apprentice*, New York 1993
Ram Dass und Paul Gorman: *How Can I Help? Stories and Reflections on Service*, New York 1988; dt.: *Wie kann ich helfen?* Berlin 1988
Reps, Paul: *Zen Flesh, Zen Bones: A Collection of Zen and Pre-Zen Writings*, New York 1961
Robin, Eugene: *Matters of Life an Death: Risks vs. Benefits of Medical Care*, Stanford, Cal., 1984
Robbins, Tom: *Another Roadside Attraction*, New York 1991
Shah, Idries: *Tales of the Dervishes*, New York 1970
Sheehy, Gail: *The Silent Passage: Menopause*, New York 1991
Shibayama, Zenkei (Abt des Nanzenji-Klosters, Kioto/Japan): *A Flower Does Not Talk*, übersetzt von Sumiko Kudo, Rutland, Vt., 1970
Shuttle, Penelope, und Peter Redgrove: *The Wise Wound*, New York 1986
Spiegel, David: *Living beyond Limits. New Hope and Help for Facing Life-Threatening Illness*, New York 1993
Stein, Melissa: *The Wit and Wisdom of Women*, Philadelphia 1993
Stone, M.: *When God was a Woman*, New York 1976
Thomas, Lewis: *The Lives of a Cell*, New York 1975
Thoreau, Henry David: *Faith in a Seed*, Washington, D. C., 1993
Twerski, Abraham: *Living Each Day*, New York 1988

Wilhelm, Richard, und Carey F. Baynes (Übers.): *The I Ching*, Princeton 1967; dt.: *I Ging. Text und Materialien*, übersetzt von Richard Wilhelm, München 1973

Wolfe, Sidney M. u.a.: *Women's Health Alert*, Reading, Mass., 1991

Wolkstein, Diane, und Samuel N. Kramer: *Inanna: Queen of Heaven and Earth*, New York 1983

Wright, Ralph C.: »Hysterectomy: Past, Present and Future«, in: *Obstetrics and Gynecology* 35 (1965)